U0638962

本书为国家社科基金重点项目

"西方马克思主义学术史研究"（17AKS017）的最终结项成果

Research on the Academic History
of Western Marxism

西方马克思主义
学术史研究

王雨辰 ◎ 等著

天津出版传媒集团

天津人民出版社

图书在版编目（ＣＩＰ）数据

西方马克思主义学术史研究 / 王雨辰等著. –– 天津:
天津人民出版社, 2024.5
ISBN 978-7-201-20187-0

Ⅰ.①西… Ⅱ.①王… Ⅲ.①西方马克思主义—研究
Ⅳ.①B089.1

中国国家版本馆 CIP 数据核字(2024)第 034981 号

西方马克思主义学术史研究
XIFANG MAKESIZHUYI XUESHU SHI YANJIU

出　　版	天津人民出版社
出 版 人	刘锦泉
地　　址	天津市和平区西康路35号康岳大厦
邮政编码	300051
邮购电话	（022）23332469
电子信箱	reader@tjrmcbs.com
责任编辑	王佳欢
装帧设计	汤　磊
印　　刷	天津新华印务有限公司
经　　销	新华书店
开　　本	710毫米×1000毫米 1/16
印　　张	28.25
插　　页	2
字　　数	430千字
版次印次	2024年5月第1版 2024年5月第1次印刷
定　　价	138.00元

版权所有　侵权必究
图书如出现印装质量问题,请致电联系调换(022-23332469)

目　录

导　论

本书为 2017 年度国家社科基金重点项目"西方马克思主义学术史研究"（17AKS017）的最终结项成果。按照申报课题时的约定，本书的研究范围为广义上的西方马克思主义，即包括从卢卡奇到阿尔都塞的"经典西方马克思主义"，以及 20 世纪 70 年代以后产生的生态学马克思主义、分析学马克思主义和女性主义的马克思主义。

一、西方马克思主义学术史研究是对西方马克思主义思想史研究的拓展与深化

（一）我国西方马克思主义研究的历程与现状

1982 年，徐崇温先生在天津人民出版社出版《"西方马克思主义"》一书，标志着我国学术界对西方马克思主义系统研究的开始。我国学术界一般把 2005 年国务院学位办设立"国外马克思主义研究"这个二级学科看作实现从西方马克思主义研究到国外马克思主义研究转换的标志。从研究范式上看，我国的西方马克思主义研究经历了以"辩证唯物主义与历史唯物主义"研究范式为主导，到"辩证唯物主义与历史唯物主义"研究范式、"问题式"研究范式、"实践唯物主义"研究范式、"马克思主义哲学中国化"研究范式同时并存的格局；从研究内容上看，我国的西方马克思主义研究经历了对西方马克思主义理论性质的探讨和争论，到对西方马克思主义理论家代表人物、流派的理论观点的评介和理论问题的研究的发展过程；从对西方马克思主义解释

史、接受史上看,经历了全盘否定、否定中有肯定到以肯定为主导的发展过程,从而呈现出对西方马克思主义从拒斥到肯定和接受的发展过程;从西方马克思主义在中国的理论和实践效应上看,经历了从批判、拒斥西方马克思主义,到肯定和把西方马克思主义作为中国马克思主义理论建设和解决中国现代化建设中出现的"现代性问题"的思想资源。总的来看,我国学术界对西方马克思主义的研究取得了丰硕的成果,体现在:

第一,西方马克思主义理论家的代表性著作逐渐被翻译成中文,为我国西方马克思主义研究提供了必要的基础和前提,主要体现为:重庆出版社组织出版了"国外马克思主义和社会主义研究丛书",生活·读书·新知三联书店组织出版了"现代西方学术文库",上海译文出版社组织出版了"二十世纪西方哲学译丛",南京大学出版社组织出版了"当代学术棱镜译丛",中国人民大学出版社组织出版了"马克思主义研究译丛",中央编译出版社组织出版了"国外马克思主义和社会主义研究丛书",中国社会科学出版社组织出版了"知识分子图书馆"丛书,北京师范大学出版社组织出版了"国外马克思学译丛",天津人民出版社组织出版了"世界马克思主义研究文库",社会科学文献出版社组织出版了"当代马克思主义研究文库",西北大学出版社组织出版了"精神译丛",河南人民出版社组织出版了"人文科学译丛"等,这些丛书都包含西方马克思主义理论家的代表作,再加上商务印书馆、人民出版社等其他出版社零星出版的西方马克思主义理论家的代表性著作,西方马克思主义理论家的代表性著作陆续被翻译成中文,为学术界进一步理解和认识西方马克思主义理论提供了基础和前提。

第二,出版了多部西方马克思主义研究的通史著作和教材。代表性的主要有:易克信研究员主编的《马克思主义哲学史》(第八卷,北京出版社 1996 年版);陈学明教授主编的《20 世纪西方马克思主义哲学历程》(第一至四卷,天津人民出版社 2013 年版);陈学明教授、王凤才教授主编的《20 世纪马克思主义发展史:20 世纪上半期马克思主义在西方国家的发展》(第四卷,中国人民大学出版社 2020 年版);陈学明教授、王凤才教授主编的《20 世纪马克思主义发展史:20 世纪下半期马克思主义在西方国家的发展》(第七卷,中国人民大学出版社 2021 年版);俞吾金教授、陈学明教授合著的《国外马克思主义哲学流派新编·西方马克思主义卷》(上、下册,复旦大学出版社 2002 年版);张一兵教授主编的《当代国外马克思主义哲学思潮》(上、中、下,江苏人民出版社 2012 年版);张一兵教授、胡大平教授的《西方马克思主义哲学的历史逻辑》(南京大学出版社 2003 年版);衣俊卿教授的《西方马克思主义概论》(北京大学出版社 2008 年版);何萍教授的《马克思主义哲学史教程》(上、下册,人民出版社 2009 年版);陈振明教授的《"新马克思主义":从卢卡奇、科尔施到法兰克福学派》(厦门大学出版社 1992 年版);李忠尚教授的《"新马克思主义"论》(中国人民大学出版社 2011 年版);胡大平教授的《西方马克思主义哲学概论》(北京师范大学出版社 2010 年版);仰海峰教授的《西方马克思主义的逻辑》(北京大学出版社 2010 年版);张秀琴教授的《西方马克思主义发展史》(人民出版社 2017 年版);孔明安教授等的《当代国外马克思主义新思潮研究:从西方马克思主义到后马克思主义》(中央编译出版社 2012 年版);夏莹教授的《从批判到抗争:西方马克思主义的嬗变及其当代形态》(清华大学出版社 2019 年版);王维教授等的《20 世纪西方的马克思主义思潮》(首都师范大学出版社 1999 年版);刘敬东教授等主编:《国外马克思主义思潮评介》(北京师范大学出版社 2021 年版);铁省林教授、房德玖教授的《国外马克思主义概论》(山东人民出版社 2012 年版),以及笔者主笔的《西方马克思主义哲学概论》(湖北科学技术出版社 2013 年版,2020 年再版),等等。这些通史和教材的出版,一方面体现了国内学者的研究水平不断提升,同时为研究队伍的建设提供了学术保障。

第三,我国的西方马克思主义研究从理论性质的争论转向以问题为导向的具体研究。西方马克思主义在系统传入中国学术界的一段时间里,学术界关注的核心问题是"西方马克思主义与马克思主义的关系",这一问题的实质就是西方马克思主义的理论性质问题。学术界秉承不同的马克思主义哲学观对这一问题展开了多次激烈的争论,极大地激发了人们研究和认识西方马克思主义理论的兴趣。但由于这一问题是一个价值问题的研究,不仅很难达成共识,而且带有一定的政治意识形态风险,使得 20 世纪 90 年代以后,学界主要关注点已经从理论性质的争论转向以问题为导向的具体研究,针对西方马克思主义理论家及流派,如卢卡奇、柯尔施、葛兰西、阿尔都塞、法兰克福学派、阿多诺、马尔库塞、弗洛姆、哈贝马斯、列斐伏尔、萨特,生态学马克思主义及其代表人物、分析学马克思主义及其代表人物、女权主义的马克思主义及其代表人物的思想都出版多部研究专著，对西方马克思主义的总体性理论、辩证法理论、空间理论、文化批判理论、现代性理论、生态学理论等都作了专题性研究，这种从宏观定性研究到微观理论研究的转换标志着我国的西方马克思主义思想史研究不断走向深入。

第四，多种研究范式同时并存和对西方马克思主义认识的深入，学术界逐渐把西方马克思主义思想史研究与中国马克思主义理论建设和现代化实践有机联系起来。虽然在如何认识和看待西方马克思主义的理论性质问题上，学术界依然存在着争论和不同的观点，但学术界已经从否定和拒斥西方马克思主义，转向了理解和接受西方马克思主义，西方马克思主义成为中国马克思主义理论创新和解决中国现代化进程中出现的现代性问题的重要思想资源。伴随着我国学术界对马克思主义哲学教科体系的反思和改革，出现了对马克思主义哲学的多种解释，也使我国的西方马克思主义研究从"辩证唯物主义与历史唯物主义"的研究范式占主导，到"辩证唯物主义与历史唯物主义"的研究范式、"问题式"研究范式、"实践唯物主义"研究范式、"马克思主义哲学中国化"研究范式同时并存的转换，使得我国学术界对西方马克思主义理论形成了不同的认识和评价，并形成了 1986 年到 1989 年[①]和 20世纪 90 年代末到 21 世纪初[②]的两次如何看待西方马克思主义理论性质的争论，这种争论不仅使我国学术界对西方马克思主义从否定和拒斥走向了肯定和接受，而且由于西方马克思主义所提出的异化消费理论、科学技术社会效应和技术理性批判理论、生态批判等问题伴随着中国现代化实践的深入逐渐显现，也使得学术界能够真正理解西方马克思主义的理论意义，西方马克思主义理论由此被看作中国马克思主义理论建设和解决中国现代化进程中的现代性问题的思想资源。也要看到，学术界关于西方马克思主义理论性质的两次争论虽然推进了我国的西方马克思主义研究，但是由于西方马克思主义理论性质这个问题的实质是如何判断西方马克思主义与马克思主义关系的问题，这个问题不仅具有较强的意识形态性质和政治风险，而且难以达成共识。学术界基于规避意识形态风险和进一步推进西方马克思主义

---

①　参见洪廉德编：《西方马克思主义论战集》，台湾森大图书出版公司，1990 年。

②　参见张一兵：《中国西方马克思主义哲学研究的逻辑转换》，《中国社会科学》，2004 年第 6 期。

研究的需要,部分学者建议用一个纯地域性的"国外马克思主义研究"的概念代替地域性和意识形态属性的"西方马克思主义"概念,得到了人们的赞同,并迅速在学术界流行起来。

2005 年国务院学位办设立"国外马克思主义研究"这个二级学科,正式标志我国学术界实现了从西方马克思主义向国外马克思主义研究的转换,这一转换使得我国学术界从主要研究西方马克思主义转向了对国外马克思主义新思潮、新流派和新人物的追踪研究,这种转换的积极意义在于拓展了学术界对国外的马克思主义研究现状和趋势的了解和把握,为推进马克思主义中国化提供了更广阔的理论视野。其消极意义则在于:一是当学术界已经具备对西方马克思主义展开细致和深入研究的条件时,学术界却把研究的热情和重点转向了对国外马克思主义新思潮的追踪研究,相对于国外马克思主义新思潮的追踪研究的热潮,西方马克思主义显得相对冷落;二是没有做到返本和开新的有机结合,即没有把新进思潮的跟踪研究和经典问题的研究结合起来,不仅阻碍了学术史的整体把握,也无法给国外马克思主义新思潮以恰当的理论定位,无法真正实现我国国外马克思主义研究的目的和意义。因为任何一种理论研究的最终目的都应当是在把握其具体理论观点和理论问题的基础上,判断其所属的理论谱系、理论性质、理论地位和理论价值,否则就只能使研究仅仅停留于理论观点的评介和引进的水平上。

第五,研究群体不断扩大,研究机构不断增多。我国最初展开西方马克思主义研究的群体主要是从事马克思主义哲学和外国哲学研究的群体,20世纪 90 年代以后,从事西方马克思主义研究的群体进一步扩展到从事文化批判、社会批判和文学研究的群体。研究机构不断增多也是我国西方马克思主义研究不断深入的重要标志。我国学术界最初研究西方马克思主义的机构和研究中心主要是复旦大学、南京大学和黑龙江大学,由他们发起的"国外马克思主义论坛"至今已举办十六届,极大地推进了我国学术界对包括西方马克思主义在内的国外马克思主义的研究。正是在上述三个研究机构和研究中心的支持和推动下,北京大学、中国人民大学、武汉大学、中南财经政法大学、山西大学、东北师范大学、华南师范大学、西南大学等高校都成立了专门的研究机构,配备有专门的研究队伍,并专门招收研究西方马克思主义的硕士研究生和博士研究生。研究机构的不断增多,为展开包括西方马克思主义研究在内的国外马克思主义研究培养了大批的研究人员，有力地推进了研究特色的形成和研究水平的提高。

（二）我国西方马克思主义研究中存在的主要问题

虽然我国西方马克思主义研究取得了丰硕的成果，有较大的进展，但是这种研究主要停留于对西方马克思主义思想发展史的研究，凸显了展开西方马克思主义学术史研究的必要性和重要性。具体如下：

第一，尽管我国学术界对西方马克思主义理论家、流派的理论观点和具体理论问题展开了研究，并出版了多部论著，但总的来看还停留在对西方马克思主义的具体理论观点和理论问题的评介与引进上，很难说把握了西方马克思主义理论的内在实质与发展的内在逻辑。20 世纪 90 年代以后，我国的西方马克思主义研究从探讨西方马克思主义的理论性质转向了对理论家思想的研究和具体理论问题的研究，并取得了丰硕的研究成果，原本具备了对西方马克思主义理论的本质和发展的内在逻辑展开深入研究的基础和条件，但由于从西方马克思主义研究向国外马克思主义研究的转换，我国学术界把研究的重点和热情转向了对国外马克思主义新思潮的追踪研究，而这种追踪研究一方面割裂西方马克思主义与国外马克思主义新思潮的内在联系，看不到国外马克思主义新思潮的产生或者是继承了探讨西方马克思主义理论家所提出的理论问题，并加以深化；或者是借用和引申西方马克思主义的方法和理论观点，探讨西方社会出现的新问题的结果。另一方面对国外马克思主义新思潮的追踪研究主要停留于对其理论观点的引进与评介，并错误地把这种对国外马克思主义新思潮的引进和评介当作国外马克思主义的前沿问题研究，而冷落西方马克思主义研究，部分学者甚至认为西方马克思主义研究已无新话可说。事实上，虽然我们对西方马克思主义的理论观点非常熟悉，但由于历史条件和研究范式的限制，西方马克思主义理论家为什么要提出这样的理论观点，在这些理论观点的背后蕴含着什么理论问题，这些理论问题发展的内在逻辑以及他们所提出的理论问题之间的内在关联及其理论效应，我们很难说真正把握了西方马克思主义的问题逻辑与理论实质，因此我们对西方马克思主义的研究不仅远远没有达到无新话可说的地步,恰恰相反,还有继续深入研究的必要。

第二,我国的西方马克思主义研究从总体上看还停留在就西方马克思主义研究西方马克思主义,对于西方马克思主义研究的目的和价值归宿问题的认识还存在着偏差。研究西方马克思主义显然不能仅仅停留于客观地引进和评介西方马克思主义的具体理论观点,更不是为了发展西方马克思主义,其根本目的应当是通过提炼西方马克思主义所提出的理论问题、他们对当代资本主义社会新变化的研究成果以及对社会主义实践的经验教训的反思,作为推进中国马克思主义理论建设和服务于中国特色社会主义实践的思想资源,这实际上涉及的是西方马克思主义研究应当秉承何种价值立场的问题。对此,陈学明教授在反思我国西方马克思主义研究历程时指出:"不是把对'西方马克思主义'的研究与对整个马克思主义的研究内在地结合在一起,而只是就'西方马克思主义'研究'西方马克思主义'……没有把前者视为后者的一个有机组成部分。"①这种做法实际上是把西方马克思主义研究的任务简化为引进资料和客观评介其理论观点,这种价值立场决定了我们既不可能把握西方马克思主义的理论问题与理论逻辑,也不可能真正实现我国西方马克思主义研究的目的,彰显我国西方马克思主义研究的价值与意义。只有秉承服务于中国马克思主义理论建设和现代化实践这一价值立场,才能真正把我国的西方马克思主义研究推向深入。这就要求我们在西方马克思主义研究过程中应当强化问题意识和现实意识。所谓问题意识就是要求我们超越简单的资料评介和理论观点的引进,而应当在理解和把握西方马克思主义的具体理论观点的基础上,把握西方马克思主义理论的实质,提炼西方马克思主义所提出的理论问题;所谓现实意识就是指我们应当从中国特色社会主义现代化建设过程中遭遇的理论和现实问题出发,实现西方马克思主义研究与中国马克思主义理论建设和现代化实践的有机结合,将西方马克思主义研究内化为中国马克思主义研究的组成部分,进而实现西方马克思主义研究的价值和目的。

正如习近平总书记所言,"发展 21 世纪马克思主义,当代中国马克思主义,必须立足中国、放眼世界,保持与时俱进的理论品格"②。他特别强调,"对

---

① 陈学明:《情系马克思:陈学明演讲集》,武汉大学出版社,2010 年,第 172 页。

② 《习近平谈治国理政》(第二卷),外文出版社,2017 年,第 65 页。

国外马克思主义研究新成果,我们要密切关注和研究,有分析、有鉴别,既不能采取一概排斥的态度,也不能搞全盘照搬"①,并明确指出推进 21 世纪马克思主义研究和理论创新,既应当总结包括中国在内的当代世界社会主义实践的经验教训,也应当批判地吸收国外马克思主义学者针对资本主义当代变迁的研究结论,并据此深化对于人类社会历史发展规律的认知。而"当代世界马克思主义思潮,一个很重要的特点就是他们中很多人对资本主义结构性矛盾以及生产方式矛盾、阶级矛盾、社会矛盾等进行了批判性揭示,对资本主义危机、资本主义演进过程、资本主义新形态及本质进行了深入分析。这些观点有助于我们正确认识资本主义发展趋势和命运,准确把握当代资本主义新变化新特征,加深对当代资本主义变化趋势的理解"②。习近平总书记这里所讲的当代世界马克思主义思潮当然也包括西方马克思主义。无论是对马克思主义哲学的本质、理论形态、功能和使命,还是对当代资本主义社会的新变化、矛盾和危机的新的表现形式以及当代资本主义社会面临的新问题,西方马克思主义都展开了深入的理论探索,形成了丰富的理论成果。我国的西方马克思主义研究只有真正理解和把握了他们所提出的理论问题,才能使西方马克思主义成为促进中国马克思主义理论建设和服务于解决中国现代化建设实践中出现的新问题的思想资源。

第三,我国的西方马克思主义研究没有联系马克思主义的世界化和民族化这一宏大的视野展开研究,造成了脱离不同形态的马克思主义理论产生和发展的社会历史条件与文化传统,脱离马克思主义理论与实践相统一辩证法,把一种形态的马克思主义理论当作评判其他形态的马克思主义理论得失的标准。马克思主义理论的本性是科学性与革命性的有机统一,这种理论本性使得马克思主义发展史必然是马克思主义基本原理与各国社会历史条件、文化传统相结合的世界化与民族化的进程,也决定了马克思主义发展史的多形态、多流派的发展格局。西方马克思主义正是西方共产党内的理论家、西方进步的知识分子运用马克思主义基本理论和方法,探索作为整体的无产阶级和作为个体的西方个人的自由和解放而形成的有别于其他形态的马克思主义理论。

---

①② 《习近平谈治国理政》(第二卷),外文出版社,2017 年,第 67 页。

但是在相当长的时间里，我国学术界不去考察对马克思主义哲学的不同解释模式形成的社会历史条件和文化根源，而是采取非此即彼的研究方法，把他们绝对对立起来。在这种两极对立的形而上学思维方式支配下展开研究，我国学术界脱离 20 世纪马克思主义世界化与民族化的实际进程，要么把西方马克思主义看作一股非马克思主义思潮或反马克思主义思潮予以否定；要么认为西方马克思主义是把握了马克思哲学真谛的"学术版本"的马克思主义，区别于作为"政治版本"的马克思主义的苏俄马克思主义，他们甚至借口恢复马克思主义理论的学术性，要斩断马克思主义理论的现实性，割裂马克思主义理论的科学性与革命性的有机统一。上述两种态度都无法正确研究和认识西方马克思主义。事实上，如果立足马克思主义理论世界化和民族化的发展进程的宏大历史视野，苏俄马克思主义、中国马克思主义和西方马克思主义等不同形态的马克思主义都是马克思主义理论世界化和民族化的必然结局，都属于马克思主义发展史的内在组成部分，不能以一种形态的马克思主义理论作为评判其他形态的马克思主义理论得失的标准，只能以是否科学地反映和回答了其面临的时代问题来判断。不同形态的马克思主义应当在平等的基础上展开对话和理论争鸣，以达到对马克思主义哲学基本原则的共识。

第四，没有立足马克思主义发展史的过程和整体性来研究西方马克思主义，难以揭示西方马克思主义理论之间、西方马克思主义与国外马克思主义新思潮之间的逻辑联系。西方马克思主义理论家之间存在着相互影响和相互联系的关系，如卢卡奇基于技术理性的盛行而提出的异化理论被后来的西方马克思主义理论家当作用来批判资本主义社会的工具，相继形成了消费异化理论、日常生活异化理论和总体异化理论等；早期西方马克思主义理论家所奠定的对马克思主义哲学的批判性和现实性有机统一的学术传统以及其哲学批判、文化批判和意识形态批判，也被后来的西方马克思主义理论家所继承和发展，显示了西方马克思主义理论家之间的理论问题的内在联系；而国外马克思主义新思潮的理论建构或者是借用西方马克思主义的方法，如后马克思主义的理论建构则是错误地引申葛兰西的文化领导权理论、阿尔都塞的"多元决定论""意识形态理论"，并把他们与后现代主义相结合，建构以否定历史必然性和阶级政治为基础，强调偶然性、差异性、多元性为特征的激进民主理论；英国的文化研究思潮就是在葛兰西的文化主义方法和阿尔都塞的结构主义方法之间来回摇摆，最终背离了历史唯物主义理论而走向单纯的文化意识形态批判；晚期马克思主义则深受阿尔都塞和卢卡奇总体性方法和空间理论的影响，并力图坚持马克思的生产方式理论，把文化批判与政治经济学批判有机结合起来，力求使地方反对个别资本的微观斗争上升为反对总体资本的总体革命。这在方法论上实际上是一个是否立足以马克思主义发展的整体性和过程性推进理论研究的问题，在内容上则是西方马克思主义的理论效应问题。

上述问题凸显了加强西方马克思主义研究的紧迫性和必要性，而基于学术史的视域考察正是对西方马克思主义已有研究成果的继承和研究视域的拓展。

（三）西方马克思主义学术史研究与西方马克思主义思想史研究的关系

所谓"学术史"就是学术的历史或学术研究的历史。对于学术史与思想史研究的关系，我们认为是既有联系又有区别的。思想史研究主要是探讨理论家的具体理论观点、理论问题和思想发展历程的研究；学术史研究就是以思想史研究为基础，并结合社会历史背景，探讨思想史发展的内在规律和效应。也就是说："学术思想史主要是对学术思想依据思想史研究的见地加以梳理和描述，进而探索这种学术思想演变的规律；而学术史研究则是依据文化演变的总体背景，对于学术的各个层面做具体的揭示并考察其相互关系，进而探讨学术现象的演变规律。"①也就是说，学术史研究与思想史研究是既有联系，又有区别的。这主要体现在学术史研究必须在将思想史研究作为基础的同时，在内容层面丰富和拓展思想史的研究内容。据此观照我国的西方马克思主义研究，必然得出西方马克思主义思想史和学术史既有联系也相互区别的结论。大体而言，前者关注的是西方马克思主义理论家和理论流派的思想演进史；而后者则侧重以思想史研究为基础，并进一步将关注点拓展

---

① 吴汉全主编：《中国马克思主义学术史》（第1卷），人民出版社，2019年，第222页。

到对理论家的理论问题与理论问题史、理论效应与实践效应史、在中国的解释史、认识史和接受史的研究。也就是说,西方马克思主义学术史研究是以西方马克思主义思想史研究为基础和前提,对西方马克思主义思想史研究的进一步拓展和深化。西方马克思主义学术史研究除了包含西方马克思主义思想史研究之外,还包括如下研究内容:

第一,西方马克思主义的理论问题与理论问题史研究。这一研究不仅要探讨西方马克思主义理论问题的逻辑起点,而且要探讨西方马克思主义所提出的理论问题以及理论问题的逻辑演进史。本书认为,西方马克思主义所提出的理论问题的起点是基于对西方社会主义革命道路的探索,对马克思主义哲学本质的追问,由此形成的马克思主义哲学观。其马克思主义哲学观的基本特点是注重在同西方近代哲学的断裂点上阐释马克思的唯物主义哲学的特殊性,进而把马克思主义哲学阐释为一种以探讨人的自由和解放为目的和使命的现代形态的唯物主义哲学,形成了注重马克思主义哲学的批判性和现实性辩证统一的学术传统,并运用他们所理解的马克思主义哲学批判当代资本主义社会,立足人的自由和解放这一本体论维度研究当代资本主义社会出现的现实问题,使得其理论问题具体展开为文化批判理论、意识形态批判理论、技术理性批判理论、生态批判理论、对平等和正义追求的政治哲学等理论问题,上述理论问题之间是相互联系、相互影响的关系,其目的或者是通过揭示当代资本主义社会基本矛盾表现形式的新变化,批判资本主义社会的不正义性;或者揭示资本主义统治方式的新变化,力图通过对资本主义社会的批判,形成城市的无产阶级意识和个体的自主且独立的人格,进而找寻推动社会总体革命的现实途径。

第二,研究西方马克思主义的理论效应和实践效应。前者主要包括两方面内容:一是讨论西方马克思主义对于后马克思主义等新进理论思潮的影响,二是关注西方马克思主义对当代中国马克思主义理论建设的影响。西方马克思主义的实践效应既包括对西方社会主义运动和西方新社会运动的影响,也包括对如何解决中国现代化进程中所出现的现代性问题的影响。通过对西方马克思主义的理论效应和实践效应的探讨,凸显西方马克思主义理论的价值和意义。

第三,对西方马克思主义在中国的解释史、认识史和接受史的研究。其核心是探讨支配我国西方马克思主义研究的马克思主义哲学理念的演变，揭示我国学术界对西方马克思主义的解释史、认识史和接受史，进而揭示西方马克思主义对中国马克思主义理论建设的影响和价值，明确我国西方马克思主义研究的目的和价值归宿，并由此揭示改革开放以来中国马克思主义哲学发展的内在逻辑。

西方马克思主义学术史研究的上述内容，必将使我们超越仅仅停留于了解和把握其具体理论观点，在把握其理论问题及其实质的基础上，从而推进和深化我国学术界对西方马克思主义的研究和认识。

二、西方马克思主义学术史研究的方法论

西方马克思主义学术史研究是在揭示西方马克思主义理论思考的总问题的基础上，探讨西方马克思主义的理论问题与理论逻辑，揭示其理论效应与实践效应和在中国学术界的解释史、认识史和接受史，进而把握西方马克思主义的理论实质以及对当代马克思主义理论研究的价值，坚持科学的方法论对于实现上述目的具有尤其重要的意义。在笔者看来，从方法论的角度看，应当从西方马克思主义的历史维度、文化维度、理论维度和实践维度四个维度，展开西方马克思主义学术史的研究。

（一）西方马克思主义学术史研究的历史维度

所谓西方马克思主义学术史研究的历史维度，就是指应当从西方马克思主义理论家所面临的社会历史条件和时代问题，研究和把握西方马克思主义理论家理论建构的根源，揭示他们所提出的理论问题及其理论效应和实践效应。

我国学术界对西方马克思主义研究的认识和评价之所以在否定和肯定两极之间来回摇摆，一个重要的原因就在于我们脱离西方马克思主义所处的社会历史条件和时代问题，抽象地解读其理论文本，并把它们与我们所信奉的马克思主义的具体理论观点作抽象的对比，评判其理论得失，这就导致了我们不仅无法把握西方马克思主义理论家理论建构的现实根源和所提出

的理论命题的真意,而且满足于简单地对比中、西马克思主义具体理论观点的差异,使得我国学术界评价西方马克思主义的理论得失不取决于其理论是否真实反映了他们所面临的时代问题,而取决于我们所秉承何种马克思主义哲学理念,这种抽象的研究方法当然既无法揭示西方马克思主义理论的实质,也无法凸显西方马克思主义理论的价值。

事实上,任何理论的产生和发展都是由其社会历史条件所决定的。西方马克思主义理论的产生与发展与他们所面临的社会历史条件密切相关。西方马克思主义的产生根源于他们对西方社会主义革命道路的探索。对此,英国学者佩里·安德森在《西方马克思主义探讨》一书中指出:"西方马克思主义是第一次世界大战后欧洲资本主义先进地区无产阶级革命失败的产物。"①佩里·安德森这里所指的欧洲资本主义先进地区无产阶级革命失败,是指西方共产党遵循共产国际的要求,按照俄国十月革命的模式展开的西方社会主义革命相继失败,由此引发了西方共产党内的理论家的反思。他们从分析西方与俄国社会历史条件的不同出发,认为俄国没有政治社会和市民社会之分,只要打碎政治暴力机关,革命就可以取得成功。而西方存在着政治社会和市民社会之分,资产阶级实行的是包括政治暴力统治和文化意识形态在内的"总体统治",这就意味着西方革命应当采取有别于俄国十月革命模式的"总体革命",并把西方革命失败的原因归结为在资产阶级意识形态的控制和市场经济物化意识的侵蚀下,无产阶级的阶级意识出现了危机。他们由此批评当时的马克思主义阵营把马克思主义哲学解释为一种经济决定论和技术还原论,把马克思主义哲学理解为近代形态的知识论哲学,不注重对马克思主义哲学的意识形态功能的发挥和对无产阶级阶级意识的培育,强调西方革命的关键就在于无产阶级是否具备成熟的阶级意识,他们由此批评第二国际和苏俄马克思主义没有真正理解马克思所实现的哲学革命的本质与意义,并在与近代西方哲学的断裂点上解释马克思主义哲学,把实践和辩证法置于马克思主义哲学的基础地位,注重马克思主义哲学的文化意识形态功能,强调马克思主义哲学是以探讨人的自由和解放为目的的现代实践论哲学,由此形成了不同于苏俄的西方马克思主义哲学。

---

① [英]佩里·安德森:《西方马克思主义探讨》,高铦等译,人民出版社,1981年,第117页。

　　而西方马克思主义的发展也是西方社会历史条件变化的产物。伴随着二战以后的科学技术革命,西方社会进入一个稳定发展的时期。西方马克思主义反对资产阶级意识形态所宣扬的西方社会已经进入一个无社会矛盾和实现了人的自由的社会,强调资本主义社会矛盾不仅没有消失,只是以另外一种形式表现而已;西方社会更不是一个实现了人的自由的美好社会,恰恰相反,西方社会对人的控制已经深入到了人的内心世界。在他们看来,与马克思和恩格斯时代资本主义社会的基本矛盾以经济危机的形式表现出来不同,当代资本主义社会的基本矛盾的表现形式是社会发展的总体化、一体化发展趋势与个人个性化自由发展要求之间的矛盾;从当代西方社会统治方式的变化看,当代西方社会不仅依靠政治暴力维系其统治,而且借助于科学技术进步所带来的巨大的社会物质财富,或者制造服从和服务于资本追求利润的"虚假需求",把人们的兴奋点牵引到对商品占有和在商品消费中体验自由和幸福,造成人们的政治意识淡化、批判否定意识弱化,成为只知道追求物质财富占有和消费的单向度的人;或者借助科学技术所带来的社会物质财富,建立了广泛的社会福利制度,从而获得了人民群众对资本主义制度和统治秩序的认同。

　　正是基于当代西方社会的上述变化, 西方马克思主义借助马克思的《1844 年经济学哲学手稿》在 1932 年的首次公开出版,在强调马克思主义哲学的批判性和现实性特点的基础上,以《1844 年经济学哲学手稿》中的"异化"和"人道主义"思想为基础,把马克思主义哲学解释为一种反抗异化和实现人的自由与解放的人学, 并对当代资本主义的社会结构与基本矛盾的表现形式、法西斯主义产生的文化心理根源、科学技术的社会效应、消费主义文化等问题展开了系统的探讨,在当代西方社会产生了重要的影响,形成了西方马克思主义发展史上影响较大的法兰克福学派;苏共二十大引发了对马克思主义的教条主义与政治实用主义的批判和反思, 如何理解马克思主义理论的科学性和意识形态的关系问题是西方马克思主义理论家关注的重点问题之一。阿尔都塞、列斐伏尔、萨特与科莱蒂等人对上述问题展开了讨论,不仅形成了人本主义流派的西方马克思主义的大发展,而且也使得科学主义流派的西方马克思主义得以产生和发展。20 世纪 70 年代以后,西方社会发展过程中出现的诸如生态问题、平等与正义问题、女性问题等新的现实问题,引发了西方马克思主义理论家的反思,并借助不同的理论资源,促使生态学马克思主义、分析学马克思主义和女权主义的马克思主义等西方马克思主义新流派的产生和发展。

只有联系西方马克思主义所处的社会历史条件的变化,我们才能真正理解西方马克思主义的理论建构和理论主题的变化,这就要求我们始终立足历史维度,展开对西方马克思主义学术史的研究。

(二)西方马克思主义学术史研究的文化维度

西方马克思主义的产生与发展不仅与他们所处的社会历史条件密切相关,而且也离不开他们所处的大的哲学文化背景和各自理论家所处的文化传统,并赋予了其理论个性和理论运思的基本特点。佩里·安德森对此指出:"西方马克思主义共同传统的最为突出的一个特性,或许是:其中始终存在着种种类型的欧洲唯心主义及其影响。两者之间的联系范围一直是复杂的,既相吸又排斥,既有借用又有批评。至于这种反应的确切的融合形式,则因事而异。"①

事实上,西方马克思主义学者的理论建构过程不可能外在于其所身处的理论和实践场域,这就突出地表现为他们大多反对从近代理性主义的哲学立场解读马克思主义哲学。由于以现代性价值体系为指导的西方现代化,出现了生产力发展、社会财富增加与人的发展相背离的现象,西方出现了一股反思理性和批判理性的现代哲学文化思潮。其理论特点是批评近代哲学在哲学本体论上把世界划分为现象世界和本体世界,寄希望于运用理性透过现象世界去把握世界的普遍规律和绝对本质。现代哲学家则批评这种做法不仅是一种理性的狂妄,而且是把虚妄的本体世界凌驾于真实的人的现实生活世界之上,近代哲学本质上是一种敌视人的哲学。现代哲学由此要求哲学回归到人的现实生活世界,或者探讨人生存的价值和意义问题,或者探讨现象世界的规律和知识增长的方法,前者发展为现代人本主义哲学,后者则发展为现代科学主义哲学。现代哲学文化思潮还进一步批评了近代哲学

① [英]佩里·安德森:《西方马克思主义探讨》,高铦等译,人民出版社,1981 年,第 73 页。

在价值观上奉行的是追求效率的工具理性，遗忘了对人的价值尊重和关怀的价值理性，造成了西方现代化的结果是物的价值上升和人的价值下降的负面现象。上述大的哲学文化背景使得西方马克思主义理论家都反对把马克思主义哲学解释为一种近代形态的知识论哲学。

西方马克思主义理论家的理论建构也深受各自所处的哲学文化传统的影响，构成了其理论鲜明的个性。具体来说：卢卡奇在回顾他的理论探索的历程时指出，他对《资本论》的阅读和理解深受齐美尔、马克斯·韦伯思想的影响，导致一开始把马克思看作一个社会学家。后来又受到了文德尔班、李凯尔特和狄尔泰思想、工团主义理论家索列尔、社会民主党理论家考茨基、卢森堡思想的影响，并用黑格尔的眼光看待马克思。正是上述浪漫的反资本主义的人本主义哲学文化思潮和各种庞杂思想的影响，一方面使卢卡奇的《历史与阶级意识》一书既作出了诸多理论创新，另一方面也存在着诸多矛盾和缺陷。对于上述矛盾，卢卡奇在反思自己走向马克思主义的道路时指出，《历史与阶级意识》的突出问题在于他反对马克思主义的本体论根基，并片面地将其作为关于社会的理论或哲学，消解了其关于自然的解释力。正因为如此，卢卡奇在《历史与阶级意识》一书中虽然创造性地提出了异化论题，但是在黑格尔哲学的影响下，他把"异化"与"对象化"混同起来，其结果使异化永恒化；他在批评恩格斯的自然辩证法把马克思主义哲学实证化，正确地强调了实践和辩证法在马克思主义哲学中的地位的同时，却又把"马克思主义基本范畴，作为社会与自然之间的物质变换的中介的'劳动'遗忘了……这意味着，作为这种物质变换基础的自然的本体论的客观性必须消失"①。脱离了卢卡奇所处的哲学文化背景，就无法真正理解和把握《历史与阶级意识》一书的主题和二重性质。

葛兰西的理论建构则深受西方历史主义文化哲学传统和意大利马克思主义哲学传统的影响，这使得他既反对从自然科学唯物主义的立场解释马克思主义哲学，又立足哲学、历史、政治三者一致的原则解释马克思主义哲学，进而把马克思主义哲学解释为"实践哲学"和"绝对历史主义哲学"，指出实践哲学的功能和使命不是要发现什么不变的形而上学规律，而是要通过

---

① ［匈］乔治·卢卡奇：《历史与阶级意识》，杜章智等译，商务印书馆，2004年，第11页。

文化意识形态的斗争,形成无产阶级统一和成熟的"集体意识"。

法兰克福学派借助于弗洛伊德精神分析学,力图把马克思主义的宏观经济分析与弗洛伊德的微观心理分析结合起来,不仅揭示了法西斯主义在西方兴起的文化心理根源,而且通过对当代西方社会展开的文化批判、意识形态批判、技术批判和社会批判,揭示了当代西方社会是如何控制人的内心世界的,强调西方革命的前提就是要通过对资本主义社会展开总体批判和大拒绝的革命方略,通过艺术审美使人们摆脱西方社会和文化意识形态对人们的束缚,形成自主意识和具有追求自由解放的政治功能的"新感性"。

阿尔都塞的理论建构则深受法国科学认识论传统和西方实证主义哲学思潮,特别是巴歇拉尔的科学认识论和结构主义思潮的影响,由此提出了重视共时态研究的"理论总问题"的研究方法和"科学与意识形态对立论"的"认识论的断裂"的命题,强调马克思正是同资产阶级哲学的人道主义理论总问题断裂,而创立历史唯物主义科学的,并提出了马克思主义是理论上的"反人道主义""反历史主义"和"历史无主体论"的命题。阿尔都塞在建构其意识形态理论时,又深受弗洛伊德主义,特别是拉康的镜像理论的影响。

分析学马克思主义受分析哲学的影响,展开了对历史唯物主义的理论研究。受西方政治哲学和道德哲学的影响,实现了政治哲学研究的转向。

生态学马克思主义就是在反思和批评生态主义思潮和人类中心主义生态思潮的过程中,受北美民粹主义文化的影响,并运用历史唯物主义的阶级分析法和历史分析法,探讨生态危机的根源和解决途径的结果。可以说,西方马克思主义理论家所处的民族文化传统赋予了其理论个性,并对他们实现理论创新起了重要的推动作用。

(三)西方马克思主义学术史研究的理论维度

我们研究西方马克思主义的目的不仅仅是对他们的理论观点作简单的评介和资料引进,而且应当透过其具体理论观点,揭示他们提出的理论问题、理论逻辑,考察他们的理论效应,这构成了西方马克思主义学术史研究应当坚持的理论维度,主要包括三个方面的内容:

第一,应当揭示支配西方马克思主义理论思考的范式与理论总问题。

"范式"是指学术共同体所共同遵循的世界观、价值观、研究原则与方法,是科学共同体的学术传统。对此,科学哲学家库恩在《科学革命的结构》一书中强调范式是学术共同体共同遵循的准则和方法,它不仅决定了科学共同体如何思考问题和建构理论,而且也决定了理论体系的理论性质。"理论总问题"的概念是阿尔都塞在《保卫马克思》一书中提出的,其含义是指支配理论家的理论思维方式或理论生产方式,它决定了理论家如何思考、回答时代问题和提出理论问题。只有把握理论家的"理论总问题",才可能理解理论家的理论思维方式和理论生产方式,并透过其具体理论观点,把握理论家是如何思考他们所面临的时代问题,并揭示其理论探索和建构的内在逻辑;也只有把握理论家的"理论总问题",才能对理论家不同发展阶段的理论文本与理论性质作科学的评判。

第二,应当考察和解释西方马克思主义理论家提出的理论问题、理论效应。我们研究西方马克思主义的目的应当定位于有利于促进中国马克思主义理论建设和中国特色社会主义实践,这就要求我们应当把握他们所提出的理论问题以及在马克思主义发展史上的理论效应。实际上,无论是西方马克思主义理论家对马克思主义哲学本质的探索,还是从哲学本体论的维度对现实问题的研究,都提出了具有重要价值的理论问题。从西方马克思主义理论家对马克思主义哲学本质的探索看,他们围绕马克思主义的哲学形态问题、本质问题、功能问题、理论体系、实践问题、辩证法问题和认识论问题等的探讨,对我们反思马克思主义哲学的真谛,探讨马克思主义哲学世界化和民族化的内在机理,促进中国马克思主义哲学理论创新具有重要的价值;从他们以哲学本体论的维度对现实问题的研究看,他们提出的异化理论、文化意识形态理论、技术理性批判理论、消费主义社会批判理论、生态批判理论、政治哲学、当代资本主义理论和社会主义理论等,无论是对于中国马克思主义理论开拓新的理论空间,还是对于我们解决中国特色社会主义实践出现的现代性问题都具有重要的借鉴意义。要真正理解和把握西方马克思主义理论的价值,还必须考察他们的理论效应。他们的理论效应主要可分为三个方面的内容:一是西方马克思主义理论家之间的理论对话、理论争论和理论的批判继承关系;二是他们的理论和方法对国外马克思主义新思潮的理论建构和形成的理论主题;三是对中国马克思主义理论建设的影响,特别是对于重新理解马克思主义哲学的本质和功能，重新建构马克思主义哲学的理论体系，开启新的研究论域。

第三，应当考察支配我国西方马克思主义研究的哲学理念的演变，揭示中国学术界对西方马克思主义的解释史、认识史和接受史演变的根源，并探寻中、西马克思主义理论互动的过程，进而一方面使我们更加准确地把握改革开放以来中国马克思主义哲学演变的内在逻辑，另一方面为我们推进当代马克思主义理论研究和构建 21 世纪马克思主义提供理论资源。

西方马克思主义学术史研究的理论维度是西方马克思主义学术史研究的核心内容，对于我们理解和把握西方马克思主义理论的本质，凸显我国西方马克思主义研究的价值和目的具有重要的意义。

（四）西方马克思主义学术史研究的实践维度

西方马克思主义学术史研究还必须把握西方马克思主义理论与西方社会主义运动、与西方新社会运动及其对中国特色社会主义实践的影响，通过揭示其实践维度来把握其理论的实质与价值。

部分国内学者由于没有看到西方马克思主义与西方社会主义运动和西方新社会运动的内在关联，片面地将西方马克思主义看作用西方社会思潮消解和钝化马克思主义的科学性和批判性的非马克思主义思潮。事实上，西方马克思主义原本是马克思主义阵营中的一个反对派，即在西方革命的战略与策略上反对共产国际和苏俄马克思主义的主张，并由此导致如何理解马克思主义哲学的本质的争论。这原本应该是马克思主义发展史上的正常现象，但是由于共产国际中的教条主义和政治实用主义的指导思想，解决这场争论的方式不是以理论争论的方式，而是依靠政治强力，其结果正如佩里·安德森所指出的，在教条主义和政治实用主义的指导思想下，西方马克思主义理论家中"在个人经历上与共产主义运动有密切联系的重要知识分子拒绝离开党或者与党决裂，并同他们的党达成一个默契：只要不怎么触动他们的理论著作（不论其最终的实际意义如何），他们就对政治问题不加评论"[1]。

---

① [英]佩里·安德森：《西方马克思主义探讨》，高铦等译，人民出版社，1981 年，第 54 页。

西方马克思主义理论家要么选择继续留在共产党内，以获得阅读马克思主义著作的权利，与工人运动保持名义上的接触，并对党的政治路线保持沉默，卢卡奇、阿尔都塞是这种抉择的例证；另一种抉择则是置身于党之外，作为一个自由知识分子而获得自由表达政治见解的权利，但他们与工人运动没有本质的联系，萨特和马尔库塞是这种抉择的体现；最后的抉择是将两者都一起抛弃，既不参加党，也完全不谈政治，阿多诺在战后的德国就采取了这种态度。可以看出，佩里·安德森认为西方马克思主义与工人的政治实践相脱离，并非西方马克思主义理论家的本意，而是由当时共产国际的政治强力所致。事实上，西方马克思主义理论家非常重视对西方革命的战略与策略问题的探讨，非常重视分析资本主义现实条件的变化对于工人阶级的阶级意识和西方个人的自主意识的影响，强调个人的精神发展程度是西方社会主义革命成败的关键，并就西方革命的战略与策略提出了"运动战"与"阵地战"，"大拒绝"和总体革命的主张，并对于西方社会应该建立一种什么样的社会主义社会提出了自己的理论主张。只有我们看到了西方马克思主义与西方社会主义运动之间的有机联系，我们才能真正理解他们所提出的理论命题的含义与价值。此外，西方马克思主义对西方新社会运动产生了很大的影响，无论是 1968 年的青年造反运动，还是后来的女权运动、生态运动、城市权利运动以及全球化与反全球化运动等新社会运动，其背后都可以看到西方马克思主义理论的身影。

西方马克思主义对中国特色社会主义实践的影响主要体现在如下三个方面：

第一，对于正确处理现代化实践中出现的由于消费主义价值观弥漫而导致的精神迷茫的负面现象具有借鉴作用。西方马克思主义对消费主义生存方式和价值观的批判刚传入中国时，我国现代化建设才刚刚起步，因而对他们的这种批判还显得有隔膜和无法真正接受。随着中国现代化实践的发展和社会物质财富的迅速增加，消费主义生存方式、享乐主义价值观逐渐盛行，西方马克思主义的消费社会批判理论对我们解决上述问题具有重要的理论借鉴价值。

第二，西方马克思主义的技术批判理论对于我们反思和处理现代化进程中的唯科学主义和科学技术崇拜问题，处理现代化进程中的科技与人文、科学技术与人的欲望、科技运用与人的自由全面发展的关系具有积极的借鉴作用。

第三，生态文明理论研究和生态文明建设是当前我国走生态文明发展道路中面临的重大理论问题和现实问题。我国的生态文明理论研究开始于20世纪80年代，主要是通过引进、评介、借鉴和认同西方生态中心论和人类中心论的环境思潮来建构生态文明理论。但由于西方生态中心论和人类中心论的环境思潮在理论上是建立在割裂自然观与历史观辩证统一的抽象的生态共同体思想的基础上的，其特点是不去考察一定的生产方式下人类与自然的实际的物质与能量交换的过程，把生态问题简单地归结为生态价值观问题，进而撇开资本主义现代化和全球化抽象地探讨生态危机的根源和解决途径，客观上起到了为资本推卸全球环境治理应当承担的责任和义务的作用，是一种维护资本利益的西方中心主义的生态思潮。这就决定了借鉴和认同生态中心论和人类中心论的环境思潮的概念、研究范式建构生态文明，既无法摆脱生态文明理论研究的西方霸权话语，又无法维护包括中国在内的发展中国家的发展权和环境权。直到20世纪90年代我国学术界对生态学马克思主义展开系统研究以后，学术界才开始挖掘、整理马克思主义生态文明理论，并借鉴生态学马克思主义的理论成果，提出了以"历史唯物主义研究范式"为基础，建构中国形态的生态文明理论的理论主张，其特点是以历史唯物主义和习近平生态文明思想为指导，借鉴生态学马克思主义对生态文明本质的理解，既克服了生态中心论的生态思潮把自然与历史割裂开来，把人类的利益与维系生态系统整体性的和谐关系对立起来，把生态文明建设与经济发展、技术进步对立起来的缺陷，也克服了人类中心论的生态思潮把生态文明的本质归结为保护资本主义再生产自然条件的环境保护，把生态文明建设的目的归结为维系资本利益的可持续发展的缺陷，而是把经济发展、技术运用与生态文明建设有机结合起来，提出了生态文明建设的目的和价值归宿是满足人民基本生活需要和对美好生活追求的"环境民生论"，彰显了生态学马克思主义对我国生态文明理论研究和建设实践的巨大的促进作用。

三、西方马克思主义学术史研究的意义

西方马克思主义学术史研究不仅包含了我国学术界提出的从研究范式的转型、推进基本理论问题研究和研究视野的扩展等方面深化西方马克思主义研究的理论主张,而且具有上述主张所无法包含的内容,在一定意义上具有填补学术空白的作用,具有重要的价值和意义。

第一,西方马克思主义学术史研究是对以往关于深化西方马克思主义研究的主张的继承与超越。由于秉承不同的哲学理念、研究方法和价值立场,我国学术界对于如何看待和评价西方马克思主义的问题曾经发生过多次激烈的争论,这些争论促进了我国学术界对西方马克思主义研究的热情和认识。学术界在争论中相继提出了应当通过从实现研究范式的转型、研究视野的扩展和推进基本理论问题研究等方面深化西方马克思主义研究的理论主张。所谓研究范式的转型,就是应当从以"辩证唯物主义与历史唯物主义"研究范式转换到"问题式"研究范式、实践唯物主义研究范式和"马克思主义哲学中国化"研究范式等,通过研究范式的转换,摆脱以简单的具体理论观点的对比,评价西方马克思主义理论实质和理论得失的做法;所谓研究视野的转换,就是要从马克思主义世界化和民族化的宏大历史视野,研究包括西方马克思主义在内的不同形态和不同流派的马克思主义理论,通过平等的理论对话,推进西方马克思主义研究和中国马克思主义理论建设;所谓推进基本理论问题研究,就是要摆脱简单地评介和引进西方马克思主义具体理论观点的做法,透过其具体理论观点,提炼和研究他们所提出的理论问题,把握西方马克思主义理论的实质,并使西方马克思主义成为中国马克思主义理论建设和促进现代化实践的思想资源。应当说,上述不同的观点都不同程度地推进和深化了我国的西方马克思主义研究。西方马克思主义学术史研究不仅内在地包含了上述主张,而且还具有上述观点所不具备的内容。这是因为:西方马克思主义学术史研究是在西方马克思主义思想史研究的基础上,并要求坚持从历史维度、文化维度、理论维度和实践维度进一步把握西方马克思主义的理论问题、理论逻辑、理论效应和实践效应。这四个维度要求我们研究西方马克思主义必须立足西方马克思主义理论家所处的社

会历史条件、文化传统来研究和把握西方马克思主义基本理论问题、理论逻辑、理论效应,内在地包含了研究范式的转换、研究视野的转换和推进西方马克思主义基本理论问题的研究。西方马克思主义学术史研究还要求探讨西方马克思主义理论问题的逻辑演进、理论效应和实践效应,这是其独特的内容,不仅进一步扩大了我国西方马克思主义研究的范围,而且通过西方马克思主义理论效应和实践效应的研究,既坚持了把西方马克思主义理论置于马克思主义发展史的整体中予以研究,又强调应当从西方社会主义运动、西方新社会运动、中国马克思主义理论建设与中国特色社会主义实践中予以研究,通过考察它们之间的互动关系,能够更深入地把握西方马克思主义的理论实质、理论得失,凸显我国西方马克思主义研究的目的和价值。

第二,相对于西方马克思主义研究而言,西方马克思主义学术史研究是一个尚待开拓的全新研究领域,必将进一步深化我国的西方马克思主义研究。西方马克思主义研究侧重于对西方马克思主义发展史、思想史的研究,而西方马克思主义学术史研究则是以此为基础,更加侧重于对西方马克思主义理论问题和理论问题的逻辑演进史、西方马克思主义理论的解释史、认识史和接受史的研究,进而揭示西方马克思主义对于马克思主义发展史、社会主义运动和中国马克思主义理论建设的影响,对上述问题的研究不仅拓展了西方马克思主义研究的内容,而且也能够更准确地把握西方马克思主义的理论得失、理论影响和理论价值。

第三,西方马克思主义学术史研究对西方马克思主义在中国的解释史、认识史和接受史的研究,本质上是对中国学术界的马克思主义哲学理念演变史的研究,这就意味着西方马克思主义学术史研究能够使我们反思改革开放以来中国马克思主义哲学理论的改革和建设的历程,揭示中国马克思主义哲学理念变化的理论根源和现实根源。既起到促进中国马克思主义哲学的理论建设的作用,又起到使中国马克思主义哲学建立与中国现代化建设、中国人的生活世界有机联系的作用。

第一章　西方马克思主义的历史发展与理论问题的逻辑起点

西方马克思主义是西方共产党和西方进步的知识分子探索适合西方的社会主义革命道路的结果。它产生于 20 世纪 20 年代初,最初原本是马克思主义阵营中在革命的战略和策略问题上不同意在西方采取俄国十月革命模式,主张应当按照西方的社会历史条件和文化传统,采取包括文化心理革命、经济革命和政治革命在内的"总体革命";在哲学上不同意第二国际和苏俄马克思主义立足近代理性主义哲学立场对马克思主义哲学的"辩证唯物主义与历史唯物主义"的解释模式,主张立足近代哲学的断裂点,把马克思主义哲学解释为一种以"实践"和"辩证法"为基础的现代形态的主体实践论哲学。这种对革命战略、策略和对马克思主义哲学的不同解释,原本是马克思主义发展过程中的一个正常现象。但是由于共产国际的教条主义和政治实用主义的指导思想,使得这种分歧不是以说理的方式解决,而是把政治权力作为评判分歧的工具。早期西方马克思主义理论家卢卡奇被迫作自我批评,柯尔施由于不愿作自我批评而被开除出党,使得西方马克思主义不得不在党外发展,并逐渐发展成为包括人本主义和科学主义流派,在当代西方产生重要影响的理论思潮。西方马克思主义力图探讨适合西方的社会主义革命道路,形成了强调马克思主义哲学的批判性和现实性有机统一的学术传统,提出了诸多新的理论论题和理论创新,但是由于客观原因使他们丧失了同有组织的工人运动的联系,这使得他们的理论来源日益庞杂,不同的理论家与历史唯物主义的内在联系也有所差别, 在探讨西方马克思主义发展历史的基础上,揭示其理论问题、理论逻辑、理论和实践效应,对于我们把握西方马克思主义理论的本质和价值具有重要的意义。

一、西方马克思主义的发展过程

（一）20 世纪 20 年代至 40 年代西方马克思主义的产生与西方马克思主义的学术传统

西方马克思主义产生于西方共产党对西方社会主义革命的探索。共产国际要求其所属各支部,按照俄国十月革命的模式展开社会主义革命,但是 20 世纪初的西方革命却相继失败, 由此引发了西方共产党内的理论家的反思。他们把西方革命失败的原因归结为无产阶级阶级意识的危机,这种危机根源于西方社会的社会结构和统治方式, 以及当时马克思主义阵营对马克思主义哲学的经济决定论的理解,忽视历史规律与自然规律的区别,只看到了历史发展进程中客观因素的作用,忽视历史发展进程中主观因素的作用,不注重对无产阶级阶级意识的培育, 其结果导致了无产阶级阶级意识的危机。在他们看来,俄国没有政治社会与市民社会之分,政治统治就是一切,只要打碎政治暴力机关,革命就可以取得成功。与俄国不同,西方社会自近代以来就有政治社会和市民社会之分, 政治社会和市民社会不仅以不同的方式行使其统治功能, 而且二者之间存在着相互支撑与配合的张力。具体而言,资产阶级不仅通过政治社会的暴力机关维系其政治统治,而且通过市民社会的文化意识形态来支配和控制人的精神世界, 西方社会对人们实行的是包括政治暴力统治和文化意识形态控制在内的"总体统治"。对于政治社会与市民社会的不同功能及其相互关系,葛兰西指出:"在俄国,国家就是一切,市民社会处于原始状态,尚未开化;在西方,国家和市民社会关系得当,国家一旦动摇, 稳定的市民社会结构立即就会显露。国家不过是外在的壕沟,其背后是强大的堡垒和工事。"[①]这就意味着西方革命应当采取有别于俄国十月革命的"总体革命"模式。西方马克思主义在分析西方社会的社会结构特殊性的同时, 也批评当时的马克思主义阵营不注重对无产阶级阶级意识的培育, 使得无产阶级在资产阶级的意识形态的束缚和市场经济的物化

① [意]安东尼奥·葛兰西:《狱中札记》,曹雷雨等译,中国社会科学出版社,2000 年,第 194 页。

意识的侵袭下出现了阶级意识的危机。造成这一结果的根源在于,当时马克思主义阵营秉承的是对马克思主义哲学的经济决定论和技术还原论的解释,这种解释的问题在于强调的是马克思的唯物主义与旧唯物主义的共性,没有突出马克思的唯物主义与旧唯物主义的特殊性,没有真正阐发马克思所实现的哲学革命变革的实质与意义。基于以上认识,卢卡奇、柯尔施和葛兰西等人反对立足近代理性主义哲学的立场,把马克思主义哲学阐释为一种近代形态的知识论哲学,卢卡奇从哲学方法论的角度、柯尔施和葛兰西从哲学主题转换的角度论述了马克思主义哲学的特质。

卢卡奇强调哲学方法论的性质决定哲学的性质,甚至认为马克思主义的"正统"就在于是否坚持了马克思主义的哲学方法论,而这种方法论在他看来就是理论与实践相统一的"总体性辩证法"。卢卡奇由此通过论述马克思的"总体辩证法"和近代理性主义哲学方法论的区别,由此凸显马克思主义哲学的特质。在他看来,近代理性主义哲学的哲学方法论是近代自然科学的实证主义方法,其特点是以孤立、静止的观点看待它所研究的对象,把这一方法运用于分析资本主义社会,必然无批判地看待资本主义社会,看不到资本主义社会的暂时性质而使资本主义社会永恒化,当时马克思主义阵营正是以这种方法论为基础来解释马克思主义哲学,必然使马克思主义实证化,从而丧失马克思主义哲学的批判价值向度。马克思主义哲学则是以总体性辩证法为方法理论基础的,"总体范畴,整体对各个部分的全部的、决定性的统治地位,是马克思取自黑格尔并独创性地改造成为一门全新科学的基础的方法的本质。……总体范畴的统治地位,是科学中的革命原则的支柱"[①]。卢卡奇把"总体性辩证法"既看作主客体相互作用的主体辩证法,又看作以人类实践为基础的历史辩证法。它不仅决定了马克思主义哲学的批判价值向度,而且决定了马克思主义哲学的研究对象和使命。从其研究对象看,马克思主义哲学不是像近代哲学那样把整个世界作为自己的研究对象,而是把以人类实践为基础的人与人、人与自然的关系作为自己的研究对象;从其使命看,它不像近代哲学那样把探寻整个世界的普遍规律和绝对本质作为自己的使命,而是把如何实现人的自由和解放作为自己的使命。这就决定了

---

① ［匈］乔治·卢卡奇:《历史与阶级意识》,杜章智等译,商务印书馆,2004 年,第 77 页。

不应当立足近代理性主义哲学的立场来阐发马克思主义哲学，进而把马克思主义哲学理解为一种近代形态的哲学，而应当立足现代哲学的立场阐发马克思所实现的哲学革命及其实质。

葛兰西和柯尔施则主要从哲学主题的转换的角度论述他们对马克思主义哲学的理解。葛兰西把马克思主义哲学称为"实践哲学"，并认为实践哲学是一种具有独创性的"绝对历史主义哲学"。"实践哲学不可以混同于或者归结为任何其他哲学。它的独创性不仅在于它对先前哲学的超越，而且也在于，并首先在于它开辟了一条全新的道路，从头到脚地更新了设想哲学自身的整个方式。"①为了批判那种立足近代自然科学唯物主义立场来解释马克思主义哲学的做法，葛兰西通过分析科学和哲学如何看物质来阐发实践哲学的特质。在他看来，与自然科学主要研究的是物质的物理属性、化学属性和机械属性等不同，哲学研究的则是物质如何进入人类实践，并影响人类生活的。也就是说，哲学是立足实践研究物质，探求的是物质进入人类实践后所形成的一种人类关系。葛兰西由此批评以布哈林为代表的对马克思主义哲学的自然科学唯物主义解释离开人类实践和辩证法去讨论外部世界的客观性问题，必然陷入把客观现实和认识看作是脱离人的存在的神秘主义结局。葛兰西实际上把实践哲学看作以人类实践为基础，以现实的人为出发点，既克服了旧唯物主义的直观性，又克服了唯心主义的片面性，是关于人、自然、社会相互关系的理论，实践哲学关注的重点应当是历史唯物主义。因此，他强调："人们忘记了在涉及一个非常普通的用语[历史唯物主义]的情况下，人们应当把重点放在第一个术语——'历史的'——而不是放在具有形而上学根源的第二个术语上面。"②一句话，葛兰西实践哲学所要阐发的马克思主义哲学是唯物主义和辩证法相统一的哲学，其使命并不是为了发现自然界某种形而上学的规律，而是要在揭示历史发展进程中主观因素与客观因素如何通过相互作用决定历史发展的基本趋势的基础上，起到改变人们的心态的传播无产阶级的新文化的功能。"哲学是一种世界观，哲学活动也不要看成只是'个人'对于系统的、融贯一致的概念的研究，而且也要并首先

---

① ［意］安东尼奥·葛兰西：《狱中札记》，曹雷雨等译，中国社会科学出版社，2000年，第382页。

② 同上，第383页。

要把它看成是改变群众的'心态',传播哲学新事物的一场文化上的战斗。"①

柯尔施从反对对马克思主义哲学的经济决定论的解释出发,批评这种解释不过是把马克思主义哲学解释退回到了他已经超越了的把物质与精神、思维与存在对立起来的旧式形而上学,他由此要求复苏马克思主义的哲学意识,恢复马克思所继承和发展的自德国古典哲学以来的理论与实践统一的辩证法传统,把马克思主义解释为一种包括文化意识批判、经济批判和政治批判的总体性理论。在阐释马克思主义哲学的特质时,他强调马克思主义哲学虽然承认外部自然界的优先地位,但那不是马克思主义哲学的出发点,马克思主义哲学考察的是进入人类实践领域的自然,是一种有别于自然科学唯物主义的历史唯物主义哲学。他由此认为马克思的唯物主义哲学的特殊性体现为"马克思以双重的对立,即一方面同康德、费希特、黑格尔的哲学唯心主义相对立,另一方面同费尔巴哈的纯粹自然主义的唯物主义相对立,而阐明的如下尖刻的反题是适用的'不是人们的意识决定人们的存在,相反是人们的社会存在决定人们的意识'"②。柯尔施指出,马克思主义哲学从不脱离实践和历史,像费尔巴哈那样抽象地谈论自然,马克思的唯物主义哲学当然承认自然界的优先地位,但是由于处于人类实践和人类历史之外的自然界并不直接影响人类历史,马克思的唯物主义哲学所研究的对象并不是处于人类实践活动和人类历史之外的自然界,而是社会的、历史的自然,从这个意义上讲,马克思的唯物主义本质上是历史唯物主义。

可以说,反对立足近代哲学的立场解释马克思主义哲学,主张立足现代哲学的立场,把马克思主义哲学解释为现代形态的主体实践论哲学,把马克思主义哲学的功能和使命看作如何实现人的自由和解放,是早期西方马克思主义理论家的共同点。他们由此强调马克思主义哲学的文化意识形态批判功能和对人的现实生存境遇的关怀,形成了注重马克思主义哲学的批判性和现实性有机统一的学术传统。运用这一学术传统在探索西方社会主义革命的过程中,他们创造性地提出了诸如物化论题、意识形态文化领导权理论等论题,不仅形成了有别于苏俄马克思主义的西方马克思主义哲学,而且

---

① [意]安东尼奥·葛兰西:《狱中札记》,曹雷雨等译,中国社会科学出版社,2000年,第260页。

② [德]卡尔·科尔施:《卡尔·马克思——马克思主义的理论和阶级运动》,熊子云等译,重庆出版社,1993年,第111~112页。(因翻译问题,柯尔科与科尔施为同一人。——编辑注)

奠定了西方马克思主义的哲学批判、文化批判和社会批判的理论主题,对西方马克思主义的发展产生了深远的影响。

(二)20 世纪 40 年代至 60 年代西方马克思主义的发展与理论主题

20 世纪 40 年代至 60 年代是西方马克思主义发展的繁荣期,西方马克思主义不仅在西方共产党内的理论家那里进一步发展,而且在西方共产党外也得到了较大的发展。他们继承早期西方马克思主义理论家所奠定的注重马克思主义哲学的批判性和现实性有机统一的学术传统,在继续深化对马克思主义哲学的解释的基础上,注重对当代西方社会现实问题的研究,扩展了马克思主义哲学的论域,提出了诸多理论创新,并发展成为在当代西方社会具有重要影响的包括人本主义和科学主义流派在内的理论思潮。这一时期促使西方马克思主义理论家思考的问题主要有:

第一,二战后由于新科学技术革命极大地提高了生产力,社会物质财富极大丰富,西方社会结构发生了很大的变化,资本主义社会矛盾得到了一定程度的缓解,资本主义社会进入了稳定发展的时期,资产阶级意识形态宣扬资本主义社会进入了无矛盾的丰裕社会。如何看待资本主义社会的新变化,资本主义社会是否依然存在矛盾,西方社会主义革命是否存在可能,对这些问题的反思促进了西方马克思主义的发展。西方马克思主义认为,科学技术进步带来了西方社会结构的变化,使工人阶级分化为白领工人和蓝领工人,由于存在着机器排挤工人的现象,白领工人因为受教育程度高,待遇较好,因此求稳怕变;而蓝领工人受教育程度低,工作条件和待遇较差,具有一定的革命性。同时由于资本主义统治方式发生了根本性的变化,体现在资本借助科学技术带来的巨大物质财富,在全社会制造服从和服务于资本追求利润的"虚假需求",并利用其控制的大众媒体在全社会宣扬消费主义价值观和生存方式,通过控制人们的内心世界,牵引人们到对商品的追求和消费中去体验自由和幸福,不仅造成了人们的异化的生存状态,而且也使得人们的政治意识、革命意识日益淡漠,如何处理革命力量的分化和组合,寻找革命主体成为西方马克思主义理论家反复探讨的问题。西方马克思主义进一步对资产阶级意识形态所宣扬的西方社会是一个无矛盾的社会的观点展开了批判。在西方马克思主义理论家看来,资本主义社会虽然是一个社会财富极大丰富和物质丰裕的社会,但这并不意味着资本主义社会是一个已经实现了人的自由和无矛盾的社会,恰恰相反,资本主义社会对当代西方人展开了更加全面的统治。如果说古典资本主义社会对无产阶级的统治主要是政治暴力统治和经济剥削的话,当代西方社会对人们的统治则是包括政治暴力统治和通过文化意识形态全面控制人的内心世界的总体统治,西方人不仅没有实现自由和全面发展,而且处于总体统治的异化生存境遇。西方社会也绝不是一个无矛盾的理想社会,只不过与古典资本主义社会的基本矛盾以经济危机的形式表现出来不同,当代西方社会的基本矛盾主要体现为社会发展的总体化、一体化发展趋势与个人个性化发展要求之间的矛盾,这就意味着要实现西方人的自由和解放,就必须对当代资本主义社会展开哲学文化批判、社会批判和政治意识形态批判,使人们从资本主义社会的总体控制的状态下解脱出来,形成自主意识和具有否定资本主义社会的政治功能的"新感性",正是对上述问题的讨论,形成了霍克海默的《批判理论》《理性之蚀》,霍克海默和阿多诺的《启蒙辩证法》,阿多诺的《否定的辩证法》,马尔库塞的《爱欲与文明》《单向度的人》《审美之维》,弗洛姆的《健全的社会》以及哈贝马斯的《合法性危机》《作为"意识形态"的技术与科学》等哲学名著。以这些哲学名著为基础,形成了他们对实证主义哲学的批判理论、技术批判理论、大众文化批判理论、总体异化理论等,极大地促进了西方马克思主义的发展。

第二,为什么工人阶级没有走向西方共产党和社会民主党,反而走向了拥抱法西斯主义,导致了 20 世纪 30 年代以后法西斯主义在西方世界的兴起,这个问题引发了西方马克思主义理论家的反思与探讨。与正统马克思主义主要揭示法西斯主义兴起的经济根源和政治根源不同,西方马克思主义在肯定法西斯主义产生的经济根源和政治根源的同时,把理论重点转向了揭示法西斯主义兴起的文化心理根源。卢卡奇在《理性的毁灭》一书中,揭示了非理性主义哲学的发展历史及其与法西斯主义的内在关联。阿多诺在《弗洛伊德理论和法西斯主义宣传模式》一文中,在肯定文化心理因素在法西斯主义兴起中的作用的同时,认为法西斯主义兴起的真正根源应当到社会经济关系中去找寻。阿多诺认为法西斯主义主要借助了弗洛伊德精神分析学的有关原理,通过类似于暗示、催眠等方式的宣传,唤醒人们内心深处的"自

居机制"和"受虐机制",把人的性本能转换成为对领袖的追随,心甘情愿地
受人支配。赖希在《法西斯主义大众心理学》中强调,既不能把法西斯主义产
生的根源归结为希特勒搞阴谋诡计的结果,也不能简单地从经济和社会方
面揭示其根源,关键在于法西斯主义的意识形态唤醒了人内心深处以无意
识方式存在的"独裁主义性格",具有这一性格的人既屈从于权威,同时又对
下级采取独裁主义的态度。因此,要消灭法西斯主义,就应该培育与"独裁主
义性格"相反的"民主主义性格"。弗洛姆则在《逃避自由》《为自己的人》和
《在幻想锁链的彼岸》等著作中,分析了西方文化中存在的"虐待倾向"和"受
虐倾向"对于形成逃避自由的心理机制形成的作用,以及对权威主义人格和
权威主义道德观形成的影响,分析了资产阶级意识形态是如何通过过滤器
来过滤人们的思想,进而控制人们的内心世界的,强调应当通过培育人的自
主意识和独立人格,做一个敢于追求自己真实利益的"为自己的人"。弗洛姆
系统地考察了西方人从追求自由到逃避自由的发展历程,指出现代人虽然
从对自然和群体的依赖中摆脱出来,但是自由却也使人失去了安全感、归属
感和依赖感,并由此带来一种焦虑感。为了克服这种焦虑感,西方人选择逃
避和放弃自由,形成了逃避自由的心理机制,从而为法西斯主义的产生提供
了心理基础。西方马克思主义的上述探讨虽然存在着把法西斯主义产生的
社会经济、阶级根源和文化心理根源割裂开来的倾向,但是他们对法西斯主
义产生的文化心理根源的揭示,对于我们更加全面地揭示法西斯主义产生
的根源是具有积极意义的。

　　第三,如何解释和看待马克思的《1844年经济学哲学手稿》一书的价值
的问题引发了西方马克思主义的激烈讨论。中国台湾学者李超宗甚至认为
西方马克思主义就是"以马克思的《1844年经济学哲学手稿》为基点的学说
作的新的解释和研究"[①]。一般来说,人本主义流派的西方马克思主义理论家
都高度肯定《1844年经济学哲学手稿》一书中的"人道主义"和"异化"思想,
科学主义流派的西方马克思主义则把《1844年经济学哲学手稿》一书中的思
想看作马克思思想发展的一个不成熟的阶段。人本主义学派的西方马克思

---

　　① 　李超宗:《新马克思主义思潮——评介"西方马克思主义"》,台湾桂冠图书股份公司,1988
年,第87页。

主义理论家继承了早期西方马克思主义理论家从探索马克思和黑格尔思想的联系,从人、人道主义和异化这些角度来解释马克思主义哲学的做法,强调应当以《1844年经济学哲学手稿》中关于人、异化和人道主义的思想来解释马克思主义和科学社会主义。如马尔库塞就强调,《1844年经济学哲学手稿》使"历史唯物主义的由来、本来含义以及整个'科学社会主义'理论的讨论置于新的基础之上"[①]。弗洛姆则把马克思的哲学归结为一种反对异化的人的哲学。他指出:"马克思的哲学也代表一种抗议,抗议人的异化,抗议人失去他自身,抗议人变成物。……马克思的哲学在《经济学—哲学手稿》中获得最清楚的表述,它的核心问题就是现实的个人的存在问题,人就是他实际上呈现出的那个样子。"[②]列斐伏尔在1939年出版的《辩证唯物主义》一书中强调,马克思的《1844年经济学哲学手稿》一书的主题就是批判资本主义社会是一个崇拜金钱,把无产阶级异化为资本追逐金钱的工具,所谓人的解放就是要破除资本主义社会中人的异化和破碎化现象,使人回归到"总体的人"的生存状态。科学主义流派的西方马克思主义理论家如阿尔都塞,则反对把《1844年经济学哲学手稿》中的马克思的思想等同于成熟时期的马克思的思想,他一方面强调《1844年经济学哲学手稿》的发表是理论界的一件大事,同时也强调应该把《1844年经济学哲学手稿》看作"马克思思想形成过程中的一个阶段看待,它同思想发展的其他各阶段一样,虽然预示着未来的发展,但也确定了一个不可变更的、独特的现在"[③]。可以说,《1844年经济学哲学手稿》一书的出版及其对它的不同解释极大地促进了西方马克思主义的发展。

第四,苏共二十大后,如何看待现实社会主义实践及其发展进程中所出现的诸如个人崇拜、高度集权、马克思主义理论教条化和政治实用主义化等问题,引发了西方马克思主义者的反思和批判。这种反思主要围绕着如何摆脱对马克思主义哲学的经济决定论和教条主义的理解、如何处理马克思主义理论的科学性与意识形态功能的关系两个问题展开。

---

① [美]赫伯特·马尔库塞:《历史唯物主义的基础》,载《西方学者论〈一八四四年经济学—哲学手稿〉》,复旦大学哲学系现代西方哲学教研室编译,复旦大学出版社,1983年,第93页。

② [美]埃里希·弗洛姆:《马克思关于人的概念》,载《西方学者论〈一八四四年经济学—哲学手稿〉》,复旦大学哲学系现代西方哲学教研室编译,复旦大学出版社,1983年,第15页。

③ [法]路易·阿尔都塞:《保卫马克思》,顾良译,商务印书馆,2006年,第146页。

阿尔都塞在《保卫马克思》一书中,反对关于马克思与黑格尔思想关系的"颠倒说",认为秉承这种"颠倒说"必然会导致对马克思主义哲学的经济决定论和技术还原论的解释。他由此强调马克思是通过实现同近代哲学"理论总问题"的断裂,既改造了黑格尔哲学的术语以及术语之间的关系,又改造了黑格尔哲学的历史观和辩证法,反对黑格尔哲学建立在绝对精神基础上的"一元决定论"而创立历史唯物主义科学的,并明确地把历史唯物主义规定为"多元决定论",即历史唯物主义坚持经济因素具有归根结底的决定作用,但是上层建筑因素具有自己的相对独立性,并在一定条件下能够起决定作用。马克思主义理论的科学性与意识形态职能的关系问题是阿尔都塞理论思考的主题。为了解决马克思主义理论的科学性和意识形态职能的关系问题,阿尔都塞将马克思主义理论划分为"历史唯物主义科学"与"辩证唯物主义哲学"两部分,他把历史唯物主义科学限定在思维领域,其功能主要是提供科学认识,与政治意识形态无关;辩证唯物主义哲学则不提供科学认识的职能,只承担政治意识形态功能,不仅先后提出了辩证唯物主义哲学是"关于理论实践的理论"和"哲学领域的阶级斗争"等命题,而且还提出了意识形态国家机器为主要内容的意识形态理论。他力图通过以上区分,既捍卫马克思主义理论的科学性,又捍卫马克思主义理论的意识形态职能。但他的这种做法却是以割裂辩证唯物主义与历史唯物主义的内在统一为前提和代价的,并没有真正解决以上问题。但是他的理论探索却对后来的马克思主义理论的发展产生了重要的影响。

萨特在《辩证理性批判》一书中则批判了苏联马克思主义哲学的经济决定论和教条主义倾向,指出这种解释或者把理论扔在一边,使之不受经验的影响,理论变成绝对的和僵硬的知识(教条主义);或者把实践扔在一边,使马克思主义变成一种无原则的经验主义(经济决定论),并由一群不愿意承认错误的官僚主义者强制执行的计划,变成一种强加于现实的暴力,其必然结果是害怕展开真正的马克思主义理论研究和理论争论会损害党的思想的统一,马克思主义理论由此沦为论证政策合理性的实用工具,马克思主义理论既无法指导实践,也使理论逐渐走向僵化。具体体现在将马克思主义理论只是先验地设定为由经济决定论、阶级及其阶级利益等因素所构成的解释模式,这种解释模式排斥人和人的主观性因素,从而使人的行动及其历史事件的意义屈从于这种先验的解释模式,无法真正解释历史发展的实际进程。

列斐伏尔在《马克思主义的当前问题》一书中指出,既不能把历史唯物主义归结为一种经济决定论,也不能把历史唯物主义解释为一种超历史的哲学,这只能导致把历史唯物主义教条化和政治实用主义化的结局。历史唯物主义应当"被定义为一种具有历史内容和(社会的)实践内容的概念的哲学,也是这些概念的总和"[①]。列斐伏尔在《马克思的社会学》一书中进一步反对把马克思主义哲学解释为某一种实证科学,强调马克思主义哲学是一种包含经济学、历史学、社会学等具体科学,又超越这些具体科学的"总体性"理论。

总的来看,20 世纪 40 年代至 60 年代是西方马克思主义发展的繁荣期,正是对当代西方社会现实问题的关注和社会主义实践中出现的一系列问题的反思和批评,一方面使得西方马克思主义发展成为在当代西方产生重要影响的包括人本主义流派和科学主义流派在内的理论思潮,另一方面也提出了诸如哲学批判与马克思主义哲学的本性、马克思主义理论的科学性与意识形态职能的关系、消费主义文化批判、总体异化、文化工业论、意识形态国家机器论等全新的理论论题,产生了重要的理论和现实影响。

(三)20 世纪 70 年代以后西方马克思主义哲学的新发展

从卢卡奇到阿尔都塞的西方马克思主义我们称之为"经典西方马克思主义",把阿尔都塞以后产生的生态学马克思主义、分析学马克思主义和女性主义的马克思主义称为西方马克思主义新流派,他们共同构成了广义上的西方马克思主义。[②]西方马克思主义新流派的形成与 20 世纪 70 年代后西方社会出现的新变化密切相关。具体来说:

第一,20 世纪 70 年代以后西方资本主义经济出现了全面的衰退,导致了凯恩斯主义受到质疑和新自由主义的崛起。新自由主义理论体系是建立在亚当·斯密古典自由主义基础上的,其基本特点是在经济上强调以市场为

---

① [法]亨利·勒斐弗尔:《马克思主义的当前问题》,李元明译,生活·读书·新知三联书店,1966 年,第 50 页。(因翻译问题,勒斐弗尔与列斐伏尔为同一人。——编辑注)

② 参见王雨辰:《加强经典西方马克思主义研究:观念与方法》,《河北学刊》,2009 年第 4 期。

导向,坚持自由化、私有化和市场化;在政治上坚持否定公有制、社会主义和国家干预;在战略和政策方面,主张资本主义全球化。新自由主义的完成形态是"华盛顿共识"。①特别是在 90 年代苏东剧变后,借助信息革命所带来的西方资本主义经济的巨大发展,新自由主义得以高歌猛进,成为西方发达资本主义国家主流的意识形态。新自由主义的盛行,进一步挤压了西方左翼力量的政治空间,也使西方马克思主义理论无法产生像 60 年代那样的影响,而只能与新社会运动和新哲学文化思潮相结合,导致了西方马克思主义理论走向了多元化和更加复杂化的发展道路。

第二,西方资本主义国家在经济进一步发展的同时,也出现了发展性危机,孕育出了西方的新社会运动。西方资本主义的发展性危机主要体现为生态问题和文化价值观的危机。具体体现在:20 世纪 70 年代后,科学技术的巨大发展和运用,既给人类带来了物质财富和物质享受,但消费主义生存方式和价值取向也使人们在物质享受中迷失了自我,拜金主义、享乐主义、极端个人主义、纵欲主义等现象迅速弥漫;同时科学技术也带来了诸如人口爆炸、环境污染、能源危机等全球性的生态问题,严重地制约着人类发展的后劲和生存的基础,科学技术的负面效应日益突出。针对这些发展性危机,西方资本主义国家出现了以生态运动和女权运动为代表的新社会运动,和这些新社会运动相结合,出现了生态学马克思主义和女权主义的马克思主义。

第三,伴随着西方社会从现代社会向后现代社会的转型,西方哲学文化出现了后现代转型。20 世纪初,西方社会已经初步实现了从近代社会向现代社会的转型,西方哲学也由此从近代形态向现代形态转换,西方哲学通过批判近代哲学的理性主义、本质主义、基础主义和在场的形而上学,回归到了人们的生活世界,其核心是批判近代理性的抽象性、片面性。而在后现代哲学看来,现代哲学虽然正确地批判了近代哲学的缺陷,但其哲学思维方式并没有实现根本转换,体现在现代哲学依然没有摆脱近代哲学的本质主义和基础主义,只不过近代哲学强调的是"理性",而现代哲学强调的是"非理性"。因此,后现代哲学对于西方哲学进行了进一步解构,强调多样性、不确定性、

---

① 参见何秉孟主编:《新自由主义评析》,社会科学文献出版社,2004 年;黄平、崔之元主编:《中国与全球化:华盛顿共识还是北京共识》,社会科学文献出版社,2005 年,第 63~86 页。

流动性和非统一性。后现代哲学的出现与流行一方面弱化了马克思的唯物史观和西方马克思主义理论对资本主义社会展开批判的理性基础，另一方面又使西方马克思主义同后现代哲学思潮相结合，形成了后马克思主义思潮。同时，部分西方学者，如柯亨、威廉姆·肖等用当代实证主义方法，特别是分析哲学的方法和范畴来分析、规范马克思的历史唯物主义，这在学理上有利于马克思主义的发展，形成了"分析学的马克思主义"；如约翰·罗默则在反思了现实社会主义模式的基础上，把市场和公有制有机结合起来，力图在实现生产的效率和分配的公平的基础上，为生产资料公有制作辩护，形成了"市场社会主义"思潮，代表人物还有法国的比岱等人。他们的主要观点是：市场不是区分社会主义和资本主义的本质标志，为了保证生产的有效率和多元民主的制度，防止官僚主义和权力过分集中，对资源进行市场配置是完全必要的；市场是实现公平竞争、政治、经济民主和社会主义的手段；社会主义经济是国有制，但具体经济运行机制不一定是公有制，劳动者应有生产过程的决策和管理权利等。市场社会主义是西方马克思主义对苏联模式社会主义的批判反思的结果。

西方马克思主义的产生与发展历程与其所处的社会历史条件的变化和文化传统密切相关，西方马克思主义从探索作为整体的无产阶级的自由解放和作为西方个人的自由解放这一目的出发，对马克思主义哲学的本质问题、哲学形态问题、哲学的功能和使命问题以及西方社会发展过程中出现的现实问题作了系统的探索，提出了诸多新的论题，既扩展了马克思主义哲学的理论空间，建立了马克思主义哲学与现实世界的有机联系，也使西方马克思主义理论形成了鲜明的特点。

二、西方马克思主义的理论特点

西方马克思主义是在西方社会历史条件和文化传统下产生和发展的，他们所要面对和解决的问题与经典马克思主义哲学、东方马克思主义哲学是存在着差异的，正是在回答他们所面临的问题的过程中，形成了他们的理论特点。具体而言：

(一)重视对马克思哲学的基本理论问题研究

西方马克思主义理论家着力探讨的问题是：如何理解马克思的哲学革命变革道路与所实现的哲学革命变革的实质，马克思主义哲学的基础、对象、功能和使命问题，马克思主义哲学的理论体系应当如何建构。通过对上述问题的探讨，他们反对从近代理性主义哲学思维方式和近代自然科学方法来理解马克思哲学，强调马克思对近代哲学的超越，强调马克思主义哲学相对于近代哲学的独创性，着力揭示马克思的唯物主义哲学相对于近代唯物主义哲学的特殊性，认为应当从现代实践论哲学思维方式理解马克思主义哲学，强调"人及其实践"在马克思哲学中的中心和基础地位，强调人类社会高于自然界以及人的主观因素在历史进程中的决定作用，强调马克思主义哲学的批判价值功能，认为马克思主义哲学的目的和使命在于实现人的自由和解放，对上述问题的探讨形成了他们的马克思主义哲学观，既促进了学术界对马克思主义哲学的本质、哲学形态、理论功能与使命和理论体系的思考，也在学术界引发了广泛的争论。

(二)重视对当代资本主义社会现实问题和现代性问题的研究

重视对当代资本主义社会现实问题的研究是西方马克思主义的突出理论特点，也是他们之所以在西方世界产生重大影响的根本原因。他们对西方社会现实问题的研究始终是围绕着如何求得西方无产阶级和西方个人的自由和解放这一主题展开，并且擅长把这些现实问题提到哲学的高度予以探讨。这些问题主要包括：当代资本主义社会结构的变化和统治方式的新变化，阶级意识问题，阶级剥削、社会公正、平等问题，资本主义社会文化和意识形态问题，科学技术的社会效应问题，消费主义价值观与总体异化问题和生态问题等。通过对上述问题的研究，既拓展了马克思主义哲学的理论空间，凸显了马克思主义哲学的实践精神，同时又深化了我们对当代资本主义社会新变化、新矛盾的认识。

（三）重视对总体性问题的研究和总体革命模式的探索

西方马克思主义理论家认为，历史唯物主义的任务并不是揭示类似自然规律那样的历史规律。因为物质世界和精神世界、存在和思维并不存在简单的决定与被决定的关系，它们共同构成了历史的总体，历史规律就体现在历史总体的各因素的相互作用和相互影响中。历史唯物主义的理论任务在于揭示历史发展过程经常起作用的因素和历史发展的趋势。同样地，资本主义社会对工人阶级的统治是一种包括政治、经济和文化统治在内的"总体统治"，因此西方必须采取"总体革命"的社会主义革命模式，其首要前提就是要进行文化心理革命，唤醒工人阶级的政治意识和自主意识，在此基础上再进行经济革命和政治革命。因此，能否实现"总体革命"的关键在于工人阶级的主观精神发展程度，这就凸显了培育无产阶级政党的知识分子的重要性。

三、对马克思主义哲学本质的追问是西方马克思主义理论问题的逻辑起点

（一）对西方革命道路问题的争论引发了对马克思主义哲学本质的追问

英国学者佩里·安德森在《西方马克思主义探讨》一书中指出："西方马克思主义是第一次世界大战后欧洲资本主义先进地区无产阶级革命失败的产物，它是在社会主义理论和工人阶级实践之间愈益分离的情况下发展起来的。"[①]在共产国际要求下，按照俄国十月革命的模式在西方进行的社会主义革命相继失败，西方共产党内的理论家从分析西方社会与俄国的社会结构和历史文化传统的差异出发，提出西方革命应当采取有别于俄国的"总体革命"模式，由此引发了当时马克思主义阵营关于西方革命的战略问题与策略问题的争论，并必然会反映在如何理解马克思主义哲学本质问题的争论。对此，柯尔施在《马克思主义和哲学》一书中指出，当时马克思主义阵营的争

---

① ［英］佩里·安德森：《西方马克思主义探讨》，高铦等译，人民出版社，1981年，第117页。

论主要是在第二国际和共产国际共同反对以卢卡奇、葛兰西和他自己为代表的"西方共产主义""西方马克思主义"之间展开,争论的原因在于他和卢卡奇等西方马克思主义者反对在西方照抄照搬俄国十月革命的模式,争论的内容是西方革命的战略和策略问题,并由此在马克思主义阵营内形成了"以考茨基的旧马克思主义正统派和新的俄国'列宁主义'正统派之间的联盟为一方(尽管他们之间有次要的、暂时的或琐碎的冲突),而以当代无产阶级运动中所有批判的进步的理论趋向为另一方"①之间的争论。柯尔施认为,这场争论原本是都反对第二国际的共产国际和西方马克思主义者之间关于西欧革命战略和策略的争论,但一方面由于当时马克思主义阵营受政治实用主义和教条主义指导思想的影响,致使原本是马克思主义阵营内部的一个流派的西方马克思主义变成了共产国际内部的一个敌对的哲学流派;另一方面,这场关于西欧革命战略和策略的争论进一步引发为一场如何理解马克思主义哲学本质问题的争论,争论的结果是出现了不同于苏俄的西方形态的马克思主义哲学。

(二)对马克思主义哲学本质的追问构成了西方马克思主义理论问题的逻辑起点

对马克思主义哲学本质的追问体现为马克思主义哲学的本质到底是其具体结论,还是"理论与实践相统一"的辩证法,并构成西方马克思主义问题逻辑的理论起点。卢卡奇、柯尔施、葛兰西等早期西方马克思主义者都强调马克思主义哲学的本质是辩证法。卢卡奇的《历史与阶级意识》一书的副标题就是"关于马克思主义辩证法的研究"。在他看来,"我们姑且假定新的研究完全驳倒了马克思的每一个个别的论点。即使这点得到证明,每个严肃的'正统'马克思主义者仍然可以毫无保留地接受所有这种新结论,放弃马克思的所有全部论点,而无须片刻放弃他的马克思主义正统。所以,正统马克思主义并不意味着无批判地接受马克思研究的结果。它不是对这个或那个论点的'信仰',也不是对某本'圣'书的注解,恰恰相反,马克思主义问题中的正统仅仅是指方法。它是这样一种科学的信念,即辩证的马克思主义是正

---

① [德]卡尔·柯尔施:《马克思主义和哲学》,王南湜等译,重庆出版社,1989年,第57页。

确的研究方法,这种方法只能按照其创始人奠定的方向发展、扩大和深化。而且,任何想要克服它或者'改善'它的企图已经而且必将只能导致肤浅化、平庸化和折中主义"①。这种辩证方法在卢卡奇看来就是主客体相互作用的"总体性辩证法"。卢卡奇强调"总体性辩证法"既是一种批判和革命的主体性辩证法,它决定了马克思主义哲学的批判价值向度;同时又是以人类实践为基础的历史辩证法,它决定了马克思主义哲学的研究对象是人类社会历史以及进入人类实践领域的自然界,是一种关于人与人、人与自然关系的实践唯物主义学说。基于以上认识,卢卡奇批评恩格斯、第二国际以及苏俄马克思主义哲学忽视和抛弃了这种"总体性辩证法",并立足自然科学的实证主义方法和近代理性主义哲学的立场,把马克思主义哲学解释为探讨整个世界普遍规律和绝对本质的知识论形态的哲学,钝化了马克思主义哲学的批判价值功能,无法对抗资产阶级意识形态和市场经济物化意识的侵袭,造成了西方无产阶级的主观革命意识的危机。

柯尔施与葛兰西同样反对立足自然科学的方法和近代理性主义哲学立场来阐发马克思主义哲学的实质与内涵。柯尔施反对那种对马克思主义哲学的经济决定论解释,要求立足德国古典哲学的"理论与实践相统一"的辩证法传统,恢复马克思主义的哲学意识,进而把马克思主义哲学解释为以人类实践为基础,包含经济批判、政治批判和文化意识形态批判在内的"总体性"理论。葛兰西则立足西方历史主义文化传统和意大利马克思主义哲学传统,并坚持从"哲学、历史与政治三者一致"的原则,批评那种对马克思主义哲学的自然科学唯物主义和机械决定论的解释必然割裂马克思主义哲学与现实的有机联系,把马克思主义哲学明确称之为"实践哲学",强调实践哲学的形成离不开哲学史、文化史和对日常生活的批判,强调"实践哲学"的功能和使命不在于要发现某种不变的形而上学规律和历史发展的具体阶段,"问题不是要'发现''决定论'的形而上学规律,甚至也不是要确定'普遍的'因果律,而是要弄明白,以某种规律性和自动性发挥相对经常作用的力量是怎样在历史演变中形成的"②,而是要通过研究人与人、人与自然的关系,揭示

---

① [匈]乔治·卢卡奇:《历史与阶级意识》,杜章智等译,商务印书馆,2004年,第47~48页。

② 中共中央编译局编:《葛兰西文选》(1916—1935),人民出版社,1992年,第487页。

社会诸要素之间相互作用的内在机理和有机联系，把握历史发展的基本趋势，并通过发挥实践哲学的批判价值功能，传播无产阶级的文化意识形态，夺取无产阶级的文化意识形态领导权，改变人们的心态和形成无产阶级统一的"集体意识"。

以卢卡奇、柯尔施、葛兰西为代表的早期西方马克思主义理论家对马克思主义哲学本质理解的共同点在于：他们都反对立足自然科学唯物主义、近代理性主义哲学的立场来理解和阐发马克思唯物主义哲学，他们关注的不是马克思的唯物主义与旧唯物主义的共同点，而是强调应当在与近代哲学的断裂点、与旧唯物主义的特殊性上阐释马克思主义哲学的特质。反对对马克思主义哲学机械决定论、经济决定论的解释，强调从哲学形态上看，马克思主义哲学不是近代知识论哲学，而是一种现代哲学形态的主体实践论哲学，并力图把社会发展进程中的主客观因素相互作用的总体看作决定社会发展趋势的决定因素，在肯定社会历史发展中的客观因素的决定作用的前提下，强调历史发展进程中主观因素的作用，强调马克思主义哲学与人们生活世界的有机联系，由此形成了西方马克思主义的马克思主义哲学观注重批判性和现实性的学术传统，并最终形成了对马克思主义哲学本质问题的人本主义和科学主义两大解读模式。

人本主义解读模式主要代表流派和人物是早期西方马克思主义、法兰克福学派、列斐伏尔、萨特、生态学马克思主义等；科学主义解读模式主要代表流派和人物是阿尔都塞，以德拉·奥尔佩、科莱蒂为代表的意大利学派以及分析学的马克思主义等。这两种解读模式虽然在具体理论观点上存在着分歧和争论，但他们却存在着如下的共同点。具体来说：

第一，都主张在同近代西方哲学的断裂点上理解和阐发马克思主义哲学的本质，反对把马克思主义哲学解释为一种近代理性主义的知识论哲学和实证主义哲学。法兰克福学派反对把马克思主义哲学看作近代意义上的本体论的唯物主义。霍克海默将近代理性主义哲学和现代实证主义哲学看作缺乏批判向度的"传统理论"，把马克思主义哲学称为"批判理论"。他认为"传统理论"是以在历史和现实生活之外的孤立个体和事实为研究对象，以笛卡尔的方法论为基础，以获得知识为目的的实证理论。而马克思的批判理论则是有别于经济决定论和自由主义的以社会整体和人们的社会生活为研究对象,"以马克思的政治经济学批判为基础"①,以变革现实和实现人的自由和解放为目的的社会批判哲学。阿多诺则强调马克思主义哲学以"否定的辩证法"为工具,反对实证主义哲学的同一性原则,批判由交换原则所支配的资本主义社会否定人的自由和个性所形成的总体统治,探求人的自由与解放的社会批判理论。施密特既批判第二国际理论家将马克思的唯物主义等同于旧唯物主义的做法,又反对从实证主义的立场解释马克思的唯物主义,强调应当在看到马克思的唯物主义与旧唯物主义的联系的同时,把握马克思的唯物主义的特殊性。他由此明确断定马克思的唯物主义哲学的本质不是过去那种本体论的哲学唯物主义,而是以人类实践为中介,历史地考察人类与自然的关系的实践唯物主义。马尔库塞和弗洛姆则认为,马克思主义哲学的本质规定应当根据《1844 年经济学哲学手稿》中的异化和人道主义思想来解释,强调《1844 年经济学哲学手稿》"使关于历史唯物主义的由来、本来含义以及整个'科学社会主义'理论的讨论置于新的基础之上"②。并认为马克思的理论在本质上是一种包括哲学批判、政治经济学批判和革命实践在内的总体性理论,指出马克思的哲学"代表一种抗议,抗议人的异化,抗议人失去他自身,抗议人变成为物。这是一股反对西方工业化过程中人失去人性而变成自动机器这种现象的潮流"③,是一种以反抗异化和追求人的自由解放为目的的"劳动本体论"和"人学"学说。列斐伏尔批评那种对马克思的历史唯物主义的经济决定论解释使历史唯物主义 "被化约为一种简单的历史主义"④,认为历史唯物主义是对黑格尔辩证法超越的结果,是以实践为基础,以消除异化和追求人的自由解放为目的的一种"总体性理论"。生态学马克思主义理论家奥康纳、福斯特等人则既反对对马克思主义哲学的经济决定论、技术还原论的解释,又反对把马克思的唯物主义哲学与旧唯物主义哲学等同起来的做法,他们或者将"文化"和"自然"维度引入历史唯物主义理

---

①　[德]马克斯·霍克海默:《批判理论》,李小兵等译,重庆出版社,1989 年,第 230 页。

②　[美]赫伯特·马尔库塞:《历史唯物主义的基础》,载《西方学者论〈一八四四年经济学—哲学手稿〉》,复旦大学哲学系现代西方哲学教研室编译,复旦大学出版社,1983 年,第 93 页。

③　[美]埃里希·弗洛姆:《马克思关于人的概念》,载《西方学者论〈一八四四年经济学—哲学手稿〉》,复旦大学哲学系现代西方哲学教研室编译,复旦大学出版社,1983 年,第 15 页。

④　[法]亨利·列斐伏尔:《马克思的社会学》,谢永康译,北京师范大学出版社,2013 年,序言第 2 页。

论中,强调历史唯物主义是以人类实践为中介,关于人与人、人与自然的文化唯物主义哲学;或者通过考察唯物主义思想发展史以及马克思和恩格斯对待近代自然科学的态度来阐发马克思的唯物主义哲学的特质。在他们看来,唯物主义发展史上存在着德谟克利特的决定论和伊壁鸠鲁的有机论两种传统,马克思和恩格斯继承的是伊壁鸠鲁的有机论传统,这使得马克思和恩格斯既避免了神学目的论,又避免了机械决定论,并在超越黑格尔的辩证法和费尔巴哈直观的唯物主义哲学的基础上,总结和反思近代自然科学的成就,创立了以实践为基础的关于人与自然、人与人关系的生态唯物主义哲学。

与人本主义流派一样,西方马克思主义中的科学主义流派同样强调从与近代哲学的断裂点上解释马克思唯物主义哲学的特质。阿尔都塞在《保卫马克思》《读〈资本论〉》等一系列著作中,从"理论总问题"和"科学与意识形态对立论"的方法论出发,反对当时马克思主义阵营对马克思主义理论的经济决定论、技术还原论的解释,反对马克思主义发展史上流行的把马克思主义是对黑格尔思想颠倒的观点,强调马克思主义理论是对包括黑格尔在内的整个近代哲学决裂的结果,这种决裂体现为理论总问题的转换。在他看来,支配包括黑格尔在内的整个近代哲学的理论思考的是人道主义、历史主义和经验主义的理论总问题,是一种非科学的意识形态,马克思是通过创立生产方式理论总问题来创立历史唯物主义科学的。历史唯物主义科学从其特征看是理论上的反人道主义、反历史主义和反经验主义,从其内容看则是以经济结构为最后决定作用的"多元决定论"。可以说,从与近代哲学的断裂点上解释马克思主义哲学的特质是整个西方马克思主义的共同点。

第二,强调马克思主义哲学的批判价值功能。在西方马克思主义理论家看来,西方革命失败的原因就在于当时马克思主义阵营将马克思主义哲学解释为一种经济决定论的实证主义的知识论哲学,钝化了马克思主义哲学的批判价值功能,使得西方共产党不注重对无产阶级阶级意识的培育,无法对抗资产阶级意识形态的束缚和市场经济物化意识的侵袭,造成了无产阶级阶级意识的危机。基于以上认识,西方马克思主义理论家特别重视对马克思主义哲学批判价值功能的阐发,并力图实现马克思主义理论的科学性和批判价值功能的统一。但他们并没有很好地解决马克思主义理论的科学性与批判价值功能的辩证关系,而是在二者之间来回摇摆。对此,本·阿格尔在

《西方马克思主义概论》一书中指出："西方马克思主义的历史是一部危机触发革命的决定论与政治和谐及阶级和解时期形成的社会主义变革的悲观论之间不断交错的历史……许多马克思主义者不是夸大决定论倾向就是夸大意志论倾向。"①他们的上述缺陷不仅对国外马克思主义的后来发展产生了深远的影响，形成了脱离历史唯物主义的政治经济学批判，片面强调文化意识形态批判的后马克思主义思潮、文化研究思潮，以及力图立足政治经济学批判，展开文化意识形态批判的晚期马克思主义，而且对当代中国马克思主义理论研究产生了重要的影响。

第三，整个西方马克思主义都非常强调马克思主义哲学与人的现实生活世界的联系，注重对资本主义现实问题的探讨，形成了诸多理论创新。由于西方马克思主义理论家反对把马克思主义哲学解释为一种近代理性主义的知识论哲学，要求重建马克思主义哲学与人的生活世界的有机联系，探索实现作为整体的西方无产阶级和西方个人的自由解放之路，这使得西方马克思主义理论家非常关注对资本主义社会现实问题的反思与探讨，关注西方资本主义现代化发展与人的生存境遇的探讨，由此形成了他们的文化意识形态批判理论、异化与日常生活批判理论、技术理性批判、生态批判理论和政治哲学等理论论题，极大地扩展了马克思主义哲学的理论空间。

可以看出，对马克思主义本质的追问形成了西方马克思主义的马克思主义哲学观，也构成了西方马克思主义理论的逻辑起点。西方马克思主义正是运用他们的马克思主义哲学观，在探讨西方社会主义革命道路和研究西方社会现实问题的过程中，形成了他们的理论问题，并在马克思主义发展史上产生了深远的影响。

---

① ［加拿大］本·阿格尔：《西方马克思主义概论》，慎之等译，中国人民大学出版社，1991 年，第15页。

第二章 西方马克思主义的马克思主义哲学观

    所谓哲学观，就是对"哲学是什么"这一问题的回答，哲学上的重大变革往往体现为哲学观的变革。"人们对哲学的其他所有问题的理解与解释，都取决于对'哲学究竟是什么'这个哲学观问题的回答。"[①]所谓马克思主义哲学观，就是对马克思主义哲学的本质、功能、使命、理论形态和理论体系等关乎如何理解马克思主义哲学的根本性问题的回答。西方马克思主义理论家在追问马克思主义哲学的本质这一问题时，形成了系统的马克思主义哲学观，成为他们理论问题和理论问题演进的逻辑起点。西方马克思主义的马克思主义哲学观总的看可分为三种模式。具体来看，一是实践唯物主义的解读模式，主要以早期西方马克思主义理论家和生态学马克思主义理论家为代表；二是人道主义的人本学或人学解读模式，主要以法兰克福学派、萨特、列斐伏尔为代表；三是科学主义的解读模式，主要以阿尔都塞和柯亨为代表。前两种解读模式属于对马克思主义的人本主义理解，后一种则是科学主义理解。研究西方马克思主义的马克思主义哲学观的主要内容，揭示其理论共性和理论个性，对于我们认识和把握西方马克思主义理论的本质和问题逻辑具有重要的意义。

一、西方马克思主义对马克思主义哲学的实践唯物主义解读

    以早期西方马克思主义理论家和生态学马克思主义等为代表的西方马克思主义理论家，基于各自不同的社会历史背景和文化传统，提出了对马克

[①]　孙正聿：《哲学通论》，辽宁人民出版社，1998年，第22页。

思主义哲学的实践唯物主义解读模式。

(一)早期西方马克思主义的马克思主义哲学观

早期西方马克思主义学者认为，无产阶级的意识危机是西方社会主义革命失败的直接原因，他们据此强调马克思主义哲学的意识形态功能，希冀以此摆脱资本物化意识的侵袭，这在本质上是一种以主体意识为核心的主观革命理论，这就要求破除那种对马克思主义哲学的自然科学唯物主义和经济决定论的理解，重新理解马克思主义哲学的本质。为此，卢卡奇从哲学方法论的角度、柯尔施和葛兰西从哲学研究的主题的角度，论述了马克思主义哲学的特质，其核心是要通过揭示马克思主义哲学同近代哲学的断裂，以及马克思的唯物主义哲学相对于旧唯物主义哲学的特殊性，从而阐明马克思所实现的哲学革命变革的实质。

马克思主义哲学的本质问题到底是其具体结论，还是应当把它看作理论与实际相联系的辩证法的问题，早期西方马克思主义理论家对这个问题展开了探讨。如果不顾时间、地点和条件的变化，片面地把马克思主义哲学的本质规定为其具体结论，必然会导致理论脱离实际的教条主义错误。教条主义的本质特点就是主观与客观相脱节、普遍性与个性相脱节以及理论与实践相脱节。教条主义既违背了马克思主义哲学理论联系实际的辩证法，也必然会堵塞马克思主义发展的道路。这种教条主义不是用马克思主义哲学基本原理去分析现实，而是用马克思主义哲学的具体结论去裁剪现实，造成了主观与客观的脱节、理论与实践的脱节，西方革命失败的重要原因之一就是不顾西方社会历史条件和文化传统，生搬硬套俄国十月革命的经验。卢卡奇等早期西方马克思主义者由此非常重视对马克思主义辩证法的研究。卢卡奇的《历史与阶级意识》一书的副标题就是"关于马克思主义辩证法的研究"；柯尔施在《马克思主义和哲学》一书中要求复苏马克思主义的哲学意识，把马克思主义哲学意识归结为自德国古典哲学以来的"理论与实践相一致"的辩证法传统，并把复苏马克思主义的哲学意识看作恢复马克思主义哲学的批判价值功能的前提；葛兰西在《反〈资本论〉的革命》和《狱中札记》等著作中，认为不能把马克思主义理解为与社会现实无关的意识形态及教条，而是应当从"哲学、历史、政治三者一致"的原则出发去积极地改变社会环境。

卢卡奇在《历史与阶级意识》一书中把"辩证法"看作马克思主义哲学的本质，强调作为一个马克思主义者就必须坚持马克思主义哲学的理论与实践相统一的革命辩证法。卢卡奇这里所说的方法就是"总体性辩证法"。为了说明"总体性辩证法"的实质，卢卡奇一方面通过论述"总体性辩证法"与近代自然科学的理性主义方法的区别，来揭示马克思主义哲学方法论的特质；另一方面强调马克思主义哲学的方法论基础是"总体性辩证法"，而不是近代自然科学的理性主义方法，并进一步论述马克思主义哲学与近代哲学的根本区别，强调马克思主义哲学是同近代哲学断裂的结果，由此论述了马克思主义哲学在研究对象、功能、使命和理论体系上的特殊性。

卢卡奇认为，哲学方法论的性质决定了哲学的性质。从哲学方法论上看，近代哲学的特点是把近代自然科学的实证主义方法直接移植到其哲学中，这就直接决定了近代哲学的特征。在他看来，近代自然科学实证主义研究方法的特点是将它所要研究的"事实"从社会生活中抽象出来，把它放到不受外界干扰的环境中，探究"事实"的本质和规律，并将这些本质和规律归结为纯粹数学和数与数量关系，从而使得近代自然科学方法具有非历史性、非总体性和非批判性的特点。所谓"非历史性"是指近代自然科学的方法抽象地看待它所研究的对象，看不到它所研究的对象的过去、现在和未来发展趋势，非历史地看待它所研究的"事实"；所谓"非总体性"就是指近代自然科学的方法不是立足总体来研究部分，而是把总体分割为彼此没有联系的部分加以研究，既无法把握总体的性质，也无法确定部分在总体中的意义；所谓"非批判性"就是指近代自然科学的方法不承认它所研究的对象中存在着矛盾和对抗，只是无批判地研究总体的本质和内在结构。卢卡奇强调，自然科学的研究方法运用于研究自然时，能够起到促进科学发展的进步作用。但是把这种方法运用于认识资本主义社会时，必然非历史地、非批判地和孤立地看待资本主义社会，进而看不到资本主义社会存在的历史性质，看不到人类社会发展的基本趋势。因此，卢卡奇认为如果将马克思主义的哲学方法混同于资产阶级的实证主义方法，必然钝化马克思主义本有的批判价值功能，进而导致无产阶级的阶级意识危机。卢卡奇由此认为，马克思主义哲学的方法论基础不应当是自然科学的理性主义方法，而应当是与之相对立的"总体性辩证法",他正是通过论述"总体性辩证法"的特点来阐发他的马克思主义哲学观。

在卢卡奇那里,"总体性辩证法"是一种既坚持总体高于部分,又坚持部分具有相对独立性的方法论,它要求对社会生活进行总体和全面的研究,并强调孤立的、个别的社会现象的意义只有在与社会的总体的联系中才能得到理解,这与自然科学的理性主义"非总体性"的方法是存在根本区别的;"总体性辩证法"又是一种以人类实践为基础的辩证法,它包含两个层次的内涵:一是它是一种主客体相互作用的主体性辩证法和实践辩证法,在卢卡奇看来,马克思超越了黑格尔的唯心主义辩证法和费尔巴哈的直观唯物主义立场,一方面把人理解为社会存在物,另一方面把实践理解为改变现实的感性活动,要求从主体实践的原则理解社会和人类历史;二是它是一种历史辩证法,它只能限制在历史领域。卢卡奇由此批评恩格斯的"自然辩证法",认为恩格斯脱离人类实践和人类社会历史谈论辩证法的做法,只会使马克思主义哲学实证化而丧失其批评性。由于卢卡奇把"总体性辩证法"看作马克思主义哲学的方法论基础,实际上意味着他提出了一种新的马克思主义哲学观。

首先,卢卡奇批评第二国际和苏俄马克思主义理论家抛弃"总体性辩证法",立足自然科学实证主义的方法来解释马克思主义哲学,必然会钝化马克思主义哲学的批判性,导致无批判地和非历史地看待资本主义社会,也必然使无产阶级丧失历史主体的地位。"什么是历史唯物主义呢?无疑,它是按其真正的本质理解过去事件的一种科学方法。但是,同资产阶级的历史方法相反,它同时也使我们有能力从历史的角度(科学地)考察当代,不仅看到当代的表面现象,而且也看到实际推动事件的那些比较深层的历史动力。"①

其次,由于"总体性辩证法"既是主体性辩证法,又是实践辩证法,而"总体性辩证法"是马克思主义哲学的方法论基础,这就决定了马克思主义哲学的基础和出发点不可能是"自然",只能是"人类实践",这意味着马克思主义哲学具有"生成性"和"历史性"特征。如果脱离了"总体性辩证法",一方面会否定马克思主义的主体性原则,另一方面也必然忽视马克思主义哲学的生

---

① [匈]乔治·卢卡奇:《历史与阶级意识》,杜章智等译,商务印书馆,2004年,第312页。

成性和历史性原则,马克思正是把"实践性原则"和"历史性原则"贯彻到底,才超越近代哲学直观认识论立场,而实现哲学革命,创立历史唯物主义的。"如果理论的这一中心作用被忽视,那末构造'流动的'概念的优点就会全成问题,成为纯'科学的'事情。那时方法就可能按照科学的现状而被采用或舍弃,根本不管人们对于现实的基本态度如何,不管现实被认为能改变还是不能改变。"①

最后,"总体性辩证法"是一种历史辩证法,这就意味着马克思主义哲学的研究对象只能是人类社会历史和进入实践中的"自然",其功能和使命也不是为了探讨世界的普遍规律和绝对本质,而只能是以探讨人的自由和解放为使命,关于人与人、人与自然关系的实践唯物主义学说。

可以看出,卢卡奇所提出的马克思主义哲学观是不同于第二国际和苏俄马克思主义哲学的。第二国际和苏俄马克思主义从近代哲学的知识论立场出发,将马克思的唯物主义哲学简化为以揭示世界的普遍规律和不变本质为目的的庸俗唯物主义。卢卡奇认为上述观点实际上并未抓住马克思基于感性活动而引发的存在论革命,其在本质上依旧是一种旧唯物主义哲学,不仅没有真正揭示马克思所实现的哲学革命的实质和马克思的唯物主义哲学的特殊性,而且必然会使马克思主义哲学实证化,弱化了马克思主义哲学的批判价值职能,无法对抗资产阶级意识形态和市场经济物化意识对工人阶级的侵蚀,使无产阶级丧失了相对于资产阶级的唯一优势,无法有效地指导西方社会主义革命。

基于以上认识,卢卡奇特别强调马克思哲学的批判性、实践性和历史性辩证统一的特点,反对自恩格斯、列宁以来对马克思主义哲学的"辩证唯物主义与历史唯物主义"解读模式,认为马克思主义哲学应当是一种以"人类实践"为基础,以"人类社会历史"为研究对象,以探讨无产阶级的自由和解放为目的的现代形态的实践唯物主义哲学。卢卡奇的马克思主义哲学观特别强调马克思主义哲学与近代哲学的断裂,特别强调马克思的唯物主义与旧唯物主义的特殊性,特别强调发挥马克思主义哲学的批判价值职能对于西方革命的重要性,并由此批评当时的马克思主义者不理解马克思主义哲

---

① ［匈］乔治·卢卡奇:《历史与阶级意识》,杜章智等译,商务印书馆,2004 年,第 50 页。

学的上述特质,脱离辩证的总体性来观察人类社会,其结果必然是陷入经验主义和空想主义中,理所当然无法把握历史发展的趋势和历史的总体,有效地指导无产阶级的革命实践。卢卡奇的马克思主义哲学观不仅强调发挥马克思主义哲学的批判价值职能,而且强调马克思主义哲学应当发挥其关注现实的特点,揭示无产阶级的现实生存境遇,并由此形成了对西方马克思主义的发展具有重要影响的"物化理论",从而奠定了西方马克思主义重视马克思主义哲学的批判性与现实性有机统一的学术传统。

卢卡奇的上述理论主张得到了柯尔施和葛兰西的赞同,只是他们主要是从哲学主题的转换的角度论述马克思主义哲学的特质。柯尔施在《马克思主义和哲学》一书中批判了对马克思主义哲学的经济决定论、技术还原论的解释,强调复苏马克思主义哲学意识的重要性。基于以上看法,柯尔施批评第二国际和苏俄马克思主义否定马克思主义哲学中所包含的哲学内容,抛弃唯物史观中的辩证法,把马克思主义哲学曲解为一种实证的经济决定论,这种做法也为资产阶级学者所利用,并以康德哲学、马赫主义等唯心主义哲学补充和篡改马克思主义哲学。柯尔施认为这种做法不仅是肤浅的,而且完全违背了马克思主义哲学的本性。这是因为:

第一,马克思主义哲学继承了自德国古典哲学以来的"理论与实践相统一"的辩证法传统。由于思想运动和革命运动存在着内在的联系,自康德到黑格尔的德国古典哲学本质上不过是以思想的方式反映资产阶级革命这一现实的结果,德国古典哲学鲜明地体现了理论与实践相统一的辩证法。但是随着资产阶级在 19 世纪中叶以后已不再是革命的阶级,革命的主体变成了无产阶级,马克思主义哲学开始代替德国古典哲学登上了历史舞台。而德国古典哲学的"理论与实践相统一"的辩证法原则被马克思主义哲学所继承和发展,看不到马克思主义哲学与德国古典哲学的辩证法原则的内在联系,就无法真正理解马克思哲学革命的实质与意义。

第二,以经济决定论的方式理解马克思主义哲学实际上钝化了马克思主义哲学的批判价值向度。在柯尔施看来,马克思主义哲学的本性是批判性的,马克思主义哲学对资本主义社会批判的目的是实现人类的自由和解放这一价值追求,这同时也决定了马克思主义理论与资产阶级的社会理论存在着根本性的区别。资产阶级的社会理论在反封建主义的斗争性时坚持了革命性和历史性原则,但是资产阶级取得胜利以后,资产阶级的社会理论就丧失了其批判性和历史性原则,不仅把资本主义制度看作人类文明的终点,而且把"发展"理解为资本主义制度内的"进化",这根源于资产阶级的阶级局限;马克思主义理论的目的是立足人类的利益和人类的解放,因此马克思主义理论对资本主义制度展开彻底的哲学意识形态批判、经济批判和政治批判,把人类社会看作从低级阶段向高级阶段不断发展的过程。可以说,批判性和历史性原则是马克思主义理论的内在本性,也是区别于资产阶级社会理论之所在。

第三,对马克思主义哲学的经济决定论解释不仅忽视了马克思主义的辩证法,而且又回到了被马克思和恩格斯所实现的近代哲学把"物质与精神""思维与存在"绝对对立的旧式形而上学的立场,是一种忽视辩证法,割裂理论与实践辩证关系的知识论哲学。经过上述分析,柯尔施具体论述了马克思主义哲学的特质。在他看来,马克思的唯物主义具有历史和辩证的特性,它不仅在理论上意识到了社会历史的整体性质,同时也试图通过实践活动扬弃这个整体。马克思的上述论点不仅超越了以康德和黑格尔为代表的唯心主义历史观,同时也扬弃了以费尔巴哈为代表的旧唯物主义的历史观,并旗帜鲜明地提出社会存在决定社会意识的历史唯物主义原理。

就"自然"概念来说,不同于费尔巴哈的抽象理解,马克思始终将自然的解读纳入社会历史范畴,强调其所关注的自然始终是被纳入人类实践范畴中的自然,而那些先在于人类而存在的纯粹自然和人类历史并不具有直接相关性。这种自然观实际上就决定了马克思的唯物主义本质上是历史唯物主义,它不仅有力回击了资产阶级理论家试图将资本主义永恒化为"自然规律"的意识形态神话,同时也看到了人与自然的关系危机实际上是人与人的危机,生态问题必须纳入社会历史的发展和演进范畴中方可理解和解决。

葛兰西把马克思主义哲学称为"实践哲学",这固然与他为了逃避监狱检察官的检查有关,但也鲜明体现了葛兰西对马克思主义哲学的理解。葛兰西是立足意大利社会主义革命实践的现实,在西方历史主义文化传统和意大利马克思主义哲学传统下理解和解释实践哲学的内涵与特质的。西方历史主义文化传统是以西方历史主义文化哲学为基础的,西方历史主义文化哲学起源于意大利思想家维科,由德国思想家赫尔德最终奠定其理论体系,其理论特点是反对用理性主义方法来理解和解释历史，反对用某种既定的标准来衡量不同民族文化的价值，要求坚持"哲学与历史相一致"的原则，把哲学思维和历史思维有机结合起来，去探索不同民族文化的历史发展及其价值。这股历史主义文化思潮在20世纪被狄尔泰、文德尔班等人进一步发展成为现代历史主义和人文主义的文化哲学思潮。其核心是强调自然科学与人文科学的不同研究对象和不同的研究方法，认为人文学科不应当采取自然科学的研究方法，强调只有采取解释、体验、领悟等人文科学的方法，才能把握历史的内在精神和历史事件的文化意义，追寻人的生命的价值和意义。他们这种对自然科学方法的批判被尼采、胡塞尔、海德格尔以及结构主义和后结构主义进一步发展为对整个西方知识论传统中的基础主义、本质主义和理性主义的批判，促进了20世纪西方文化哲学的兴起与发展。

意大利马克思主义哲学传统是由意大利马克思主义哲学家拉布里奥拉所奠定的，其核心就是强调历史唯物主义不是先验和思辨的理论体系，要求坚持"哲学、历史、政治三者一致"的原则解释马克思主义哲学，并将马克思主义哲学与现实生活有机结合起来。在西方历史主义文化思潮和意大利马克思主义哲学传统的影响下，葛兰西一方面反对立足用近代理性主义和自然科学唯物主义的立场解释实践哲学，并使得他对实践哲学的理解具有鲜明的反实证主义的倾向；另一方面要求不应当把实践哲学的目的和使命看作发现某种不变的形而上学的规律，而是应当把实践哲学理解为传播无产阶级的世界观和价值观，改变人们心态，形成无产阶级的意识形态领导权和统一的"集体意志"。基于以上价值取向，葛兰西批评了布哈林外在于实践和辩证法的解读模式实际上模糊了自然和历史规律的界限，是一种违背马克思主义哲学的"实践原则"和"历史原则"的经济决定论，不利于发挥人们政治参与的主动性和积极性，造成了西方革命中的自发论倾向。他在肯定克罗齐思想中的强调历史发展进程中的主观因素作用的同时，批评了克罗齐哲学中的主观唯心主义，认为鉴于克罗齐哲学在意大利思想界的重要影响，应当模仿恩格斯的《反杜林论》，写一本《反克罗齐论》，以揭示其哲学中主观唯心主义的错误。"一切具有思辨性质的历史主义理论尤其值得重新考察和批判。可以写一部新的《反杜林论》，从这种观点出发，这将是一部《反柯罗齐论》，它不仅把反对思辨哲学的论战，而且也把反对实证主义、机械论的论战,同反对变了质的实践哲学本身的论战结合在一起。"①可以说,葛兰西是既反对唯心主义地解释马克思主义哲学,又反对立足近代理性主义哲学和自然科学唯物主义的立场解释马克思主义哲学,他是以《关于费尔巴哈的提纲》为基础,并通过区分科学与哲学的不同研究对象,来阐明实践哲学的特质。

葛兰西认为,与其他哲学以系统的理论形式表达不同,实践哲学是以格言的形式表达的。"实践哲学是在格言警句和因为纯粹偶然的缘故而提出的实际标准的形式中诞生的。因为实践哲学的创始人将其智慧用在了其他问题、特别是经济问题(他对它进行了系统的论述)上;但在这些实际标准和格言警句中却暗含着整个世界观,暗含着一种哲学。"②葛兰西这里所讲的"格言"和"警句"实际上就是指来自《关于费尔巴哈的提纲》中的论断。他强调《关于费尔巴哈的提纲》中暗含的哲学和世界观既反对旧唯物主义,又反对唯心主义,它不仅是超越了旧唯物主义和唯心主义的独创性的哲学,而且使理解哲学的方式从头到尾焕然一新,并把这种哲学命名为"实践一元论"。在葛兰西看来,所谓"一元论"既不是唯物主义一元论,也不是唯心主义一元论,它实际上是"具体历史行为中对立面的同一性,也就是与某种组织化(历史化)的'物质',以及与被改造过的人的本性具体地、不可分割地联系起来的人的活动(历史-精神)中的对立面的同一性"③。显然,可以看出,葛兰西反对唯心主义地理解实践哲学,问题是怎么理解他所说的实践哲学也不是唯物主义一元论呢? 要理解这一点,就必须联系葛兰西对机械唯物论的批判。葛兰西批判和反对的是机械论的唯物主义,而不是马克思的实践唯物主义。葛兰西强调的是马克思的实践唯物主义反对传统机械唯物论脱离人类的实践去考察物质世界的规律,实践哲学当然承认外部物质世界的客观实在性,但是实践哲学所要考察的重点是"人类社会历史",因此他认为,历史唯物主义的重点在于"历史"这个词,而不在于具有形而上学根源的后者。

葛兰西进一步通过区分科学与哲学如何看待"物质"这一问题,来论证他的上述观点。对实践哲学来说,"物质本身并不是我们的主题,或成为主题的是如何为了生产而把物质社会历史地组织起来,而自然科学则应相应地

① [意]安东尼奥·葛兰西:《狱中札记》,曹雷雨等译,中国社会科学出版社,2000 年,第 286 页。

② 同上,第 342 页。

③ 同上,第 287 页。

被看作一个历史范畴,一种人类关系"。他实际上是力图通过区分自然科学的物质概念和哲学的物质概念的不同,从而把实践哲学的唯物主义和自然科学唯物主义、机械唯物主义区别开来。在他看来,自然科学主要研究的是物质的物理的、化学的和机械的属性,而哲学研究的则是这些物质是如何被纳入物质生产力之中,成为生产力的要素的。也就是说,实践哲学不是仅从自然科学的直观唯物主义的立场和角度来研究物质,而是要从主体实践的角度来研究物质。因此,葛兰西实际上是反对机械唯物主义脱离人的实践及其历史,来对世界的物质本原问题作经院哲学式的探讨,认为这样只能使哲学陷入神秘主义方向。他眼中的实践哲学是以人类实践为基础,以现实的人为出发点,既克服了旧唯物主义的直观性,又克服了唯心主义的片面性,是关于人、自然、社会相互关系的理论。

(二)生态学马克思主义的马克思主义哲学观

生态学马克思主义产生于对当代生态问题的研究,他们对生态问题的研究大致可分为两种路径:

一条路径是通过对马克思主义哲学是否包含生态维度这一问题的回答。他们既回应西方生态中心论和人类中心论的生态思潮对马克思主义哲学是否能作为解决生态问题的工具的质疑,又批评苏俄马克思主义秉承的近代知识论哲学的立场实际上消解了马克思主义哲学的生态内涵。他们或者通过修正对马克思主义哲学的经济决定论、技术还原论的解释,指出马克思主义哲学蕴含的生态视角;或者直接阐发马克思主义哲学的生态内涵。这一类型的生态学马克思主义理论家都非常重视对马克思主义哲学的研究,并形成生态学马克思主义的马克思主义哲学观。其代表人物主要有詹姆斯·奥康纳、约翰·贝拉米·福斯特、戴维·佩珀、瑞尼尔·格伦德曼、乔纳森·休斯以及本·阿格尔等人。

另一条路径则是主要通过分析技术、消费和生态之间的关系,来揭示生态危机的根源和找寻解决生态危机的途径。其代表性人物主要有威廉·莱斯、安德烈·高兹以及乔尔·科威尔等人,他们不注重对马克思主义哲学的研究。本节主要讨论第一种类型的生态学马克思主义理论家对马克思主义哲学的研究。

西方生态中心论和人类中心论的生态思潮攻击马克思主义哲学秉承的是与生态思维相对立的机械论、还原论的研究方法，不承认"自然的极限"，坚持科学技术乐观主义的生产力发展观，秉承的是以"控制自然"为核心的人类中心主义价值观，因而马克思主义哲学不可能成为分析和解决生态危机的理论工具。对此，生态学马克思主义展开了系统的反驳，并在批评苏俄马克思主义对马克思主义哲学的经济决定论的理解的基础上，系统论述了马克思的唯物主义哲学的特质，强调马克思主义哲学不仅与生态思维相一致，而且在分析生态问题上比西方生态中心论和人类中心论的生态思潮更有优势。具体来说：

第一，马克思主义哲学不仅坚持与生态思维相一致的普遍联系、整体论和有机论的辩证方法，而且马克思主义哲学所秉承的研究方法比生态中心论分析生态问题更有优势。对此，生态学马克思主义理论家佩珀、休斯和福斯特作了系统的分析。佩珀在《生态社会主义：从深生态学到社会正义》一书中专设"历史唯物主义的方法"展开了探讨。佩珀指出，马克思解释历史的方法是反对把历史看作观念进步的历史，而是坚持物质生活是历史发展的起点的唯物主义方法。这种唯物主义方法不仅坚持社会是由经济基础和上层建筑构成的有机体，而且要求我们"注意到一种关系——一种联系——在经济生产方式即在社会的物质'基础'中所发生的一切和盛行的价值、道德、观念及其在社会制度中（政府、法律、教育）的嵌入即社会的'上层建筑'之间的关系"①。只有把握了这种关系，才不会像生态中心论那样，脱离生产方式谈论上层建筑的作用。因此，马克思主义的历史研究的科学方法不同于实证主义的机械论的方法，而是要求在坚持生产方式的决定作用的前提下，考察历史中诸种因素的相互作用，透过历史的表面现象去把握历史的本质。

休斯在《生态与历史唯物主义》一书中把生态学划分为"科学的生态学"和"哲学生态学"两种类型，指出后者是借助于自然科学所揭示的生态整体性规律，反对还原论的思维方式，树立与维系生态和谐与稳定相一致的整体论和有机论的思维方式。马克思主义哲学坚持的恰恰是与生态思维相一致

---

① ［英］戴维·佩珀：《生态社会主义：从深生态学到社会正义》，刘颖译，山东大学出版社，2005年，第102页。

的整体论和有机论的思维方式。这主要体现在恩格斯在《自然辩证法》一书中不仅把辩证法规定为研究普遍联系和发展的学说，强调与形而上学方法孤立、静止地研究自然与社会不同，辩证法则始终坚持从联系、运动和发展的观点研究自然和社会。恩格斯还反对近代自然科学的机械论和还原论的方法，指出高级运动形式是由低级运动形式发展而来的，但不能把高级运动形式还原为低级运动形式，并提出了"突变"学说。与恩格斯一样，马克思也强调"经济学的最高任务不是把整体分解为简单部分，而是为了重建整体的部分的综合，揭示组成其内部结构的关系"①。他们实际上都与机械论的思维方式和孤立、静止的形而上学方法划清了界限。马克思在《〈政治经济学批判〉导言》《资本论》等著作中所提出的从总体出发研究和把握部分、从抽象到具体的研究方法，其目的就在于在思维中重建总体。可以说，马克思和恩格斯都"把对象视为一个复杂系统的观点，该系统的性质和发展不是由单一因素所决定的，而是由各种要素的相互作用所决定；然而，如果一个因素在决定产生相互作用的条件时起着至关重要作用的话，那么该因素在相互作用中就可能占主导地位"②。基于以上论述，休斯认为马克思主义哲学强调事物之间的相互联系和有机论、整体论的研究方法与生态学方法具有完全的一致性，与生态思维具有完全的一致性。

福斯特在《马克思的生态学——唯物主义与自然》一书中，在肯定马克思的唯物主义在方法论上与生态学一致的同时，强调比起生态中心论忽视社会理论与自然的联系分析生态问题，马克思主义哲学更具优势。因为马克思的社会理论不仅和生态学相互协调，同时也廓清了物质生产的生产方式如何以异化的方式消解了人类自由。进一步说，在马克思和恩格斯那里，人类的物质生产条件和自然历史的逻辑关联从未受到忽视，这实际上也说明了一种生态唯物主义或者辩证的自然观的意义和价值。福斯特据此强调马克思的唯物主义实际上就是生态唯物主义。

第二，马克思主义哲学不是忽视"自然的极限"的唯生产力主义。西方绿色思潮把历史唯物主义看作忽视"自然的极限"和过分迷信科学技术进步和

---

① [英]乔纳森·休斯：《生态与历史唯物主义》，张晓琼等译，江苏人民出版社，2011年，第112页。

② 同上，第115页。

生产力发展,与生态相对立的唯生产力主义。"自然的极限"是西方绿色思潮在马尔萨斯《人口论》一书中关于"自然的限制",以及哈丁在《公有地悲剧》一文中关于人口增长、经济发展和自然的限制之间的关系的论述的影响下提出的。马尔萨斯在《人口论》一书中认为,贫困并不是由资本主义私有制造成的,而是由于人口呈几何级数增长,物质生活资料由于土壤肥力下降等原因只能呈算术级数增长造成的,马尔萨斯由此认为,贫困是人口增长与生活资料增长的不平衡的必然结果。他从为资本主义社会作辩护这一价值立场出发,强调解决贫困的方法并不能像马克思主义主张的那样废除私有制,而在于如何抑制人口的增长,并由此提出了通过疾病、战争、营养不良来增加人口的死亡率等积极的方式,以及以抑制婚姻和生育,降低出生率等消极的方式来抑制人口的增长,从而通过实现人口增长和物质生活资料增长的平衡来消除贫困。美国学者加特勒·哈丁在 1968 年发表《公有地悲剧》一文中继承了马尔萨斯的思想。在他看来,"马尔萨斯说过,人口在自然情况下趋于'几何'增长;而我现在说,趋于'指数'增长。在一个有限的世界里,这意味着世界上物品的人均享有量必然是逐步下降的"①。哈丁进一步把人口过快增长和产权不明晰看作产生生态问题的主要原因,并提出应当通过控制人口增长和使自然资源市场化来解决生态问题。在马尔萨斯、哈丁把人口增长、经济增长与环境问题联系起来的做法的影响下,西方绿色思潮进一步提出了自然资源的稀缺性和"自然的限制"的思想,并认为马克思的历史唯物主义秉承的是与生态思维相对立的否定自然的限制和主张技术乐观主义的思想。

对于马克思主义哲学是否承认"自然的极限"问题,福斯特、佩珀和休斯等人作了系统的回应与论述。这些回应和批评主要在于:西方绿色思潮借用的马尔萨斯关于人口增长与物质生活资料增长按不同级数增加的观点,实际上没有看到人口增长不仅受自然条件的制约,而且还受社会历史条件的制约,看不到"人口再生产中的历史和社会特征"。同时,西方绿色思潮所谓的"自然的极限"的思想没有看到科学技术发展与创新对于提高自然资源使

---

① ［美］加特勒·哈丁:《公有地悲剧》,载［美］赫尔曼·戴利等编:《珍惜地球:经济学、生态学、伦理学》,马杰等译,商务印书馆,2001 年,第 148 页。

用效率和发现新的自然资源的潜力,不仅没有认识到"自然的限制"还是相对遥远的事情,而且没有认识到"自然的极限"不独为自然本身的问题,而是与人类的实践活动息息相关,即当我们讨论"稀缺"概念时,不能仅仅从自然层面把握其内涵和外延,而是应当纳入社会生产方式的理论视域,通过政治、经济、文化和社会的复杂性视角予以透视,才是有效揭示其形成根源和解决之道。在此基础上,生态学马克思主义理论家明确肯定马克思和恩格斯不仅没有否定"自然的极限",而且反复强调人类的生产与生活要以自然资源为基础。一方面,马克思和恩格斯揭示了土壤肥力等自然条件对生产力发展的影响,及其农业可持续发展和能否实现城乡之间物质变换关系的展开;另一方面,他们始终关注自然的极限和生态可持续性问题,批判了资本主义制度和生产方式对自然资源的破坏性耗费,最终造成人类与自然之间的"物质变换关系的裂缝",强调共产主义社会是一个合理协调人类与自然之间物质变换关系的社会,强调共产主义社会虽然实现了人类的自由和解放,但这并不意味着自然资源是取之不尽的和人类可以随心所欲,相反,人类的活动必须以遵循自然规律为前提。

对于西方绿色思潮认为马克思和恩格斯是一个崇拜技术的唯生产力主义者,生态学马克思主义理论家分析了"唯生产力主义"的含义,以及马克思和恩格斯为什么要重视科学技术和生产力发展在历史发展中的作用予以反驳。所谓"生产主义"就是"生产力主义"或"生产第一主义"。它与追求生产力的发展并不相同,甚至可以这样说,"生产第一主义"不问生产力的真实内涵,只追求生产力的量的增大。"生产第一主义"可以说是从近代主义所理解的生产力的发展。①可见所谓"生产主义"就是片面追求生产力的量的扩张,不注重生产力的质的增长。对于西方绿色思潮的质疑,生态学马克思主义理论家认为,其根源在于他们对马克思主义的曲解和对马克思主义的生产力概念的误读。

这种曲解主要体现为:一是把马克思主义哲学曲解为一种经济决定论和技术还原论,不懂得这种对马克思主义哲学的理解并不符合马克思主义

---

①　参见[日]岩佐茂:《环境的思想:环境保护与马克思主义的结合处》,韩立新等译,中央编译出版社,2006年,第142~143页。

哲学的原意。因为马克思主义哲学在坚持经济因素、技术因素的决定作用的同时，也强调上层建筑的相对独立性的反作用，并且认为经济因素和上层建筑因素之间不存在一一对应的决定关系，坚持把历史发展看作由经济因素、技术因素、文化意识形态因素相互作用的辩证过程，不懂得马克思主义哲学所坚持的决定论是一种辩证决定论。二是把马克思主义哲学中的"生产力"概念的内涵曲解为仅仅包含科学技术和生产工具等客观的要素，不懂得马克思主义哲学中的生产力概念还包括人的因素，并把人的因素看作生产力中最活跃的能动的要素。换句话说，马克思主义哲学中的生产力概念是包括主观和客观维度、工具性和价值性维度的内在统一的概念。

在揭示了西方绿色思潮对马克思主义哲学的曲解之后，生态学马克思主义进一步分析了马克思主义哲学的生态生产力发展观，以及之所以重视科学技术和生产力发展在历史发展中的重要性的原因。马克思主义哲学的生产力发展观是一种遵循"生态依赖原则、生态影响原则和生态包含原则相统一"的有利于生态良性发展的生态生产力观，它不仅不会带来生态问题，而且有利于人类与自然的共同和谐发展；而马克思主义哲学重视科学技术进步和生产力发展，因为生产力发展既意味着人类创造力的增强和花更少的劳动时间获得更多的产品，又能为建立合理协调人类与自然关系的共产主义社会创造条件。

第三，生态学马克思主义理论家回应了西方生态中心论的绿色思潮对马克思主义的人类中心主义的价值立场和"支配自然"观念的质疑。在西方生态中心论的绿色思潮看来，人类中心主义价值观的立场和"支配自然"的观念必然造成生态危机，而这正是马克思主义哲学的基本观点。生态学马克思主义则在为人类中心主义价值观辩护的同时，对马克思主义哲学的"支配自然"的观念的内涵与实践效应展开了分析。

生态学马克思主义理论家首先批评了生态中心论的绿色思潮脱离人类的愿望和利益谈论生态问题的做法，指出所谓"生态危机"无非指自然生态系统处于一种与人类的欲望和利益相背离的异常状态，而"生态平衡"就是回归到与人类的欲望和利益相一致的状态，生态中心论者恰恰是脱离人类的欲望和利益谈论生态危机和生态平衡，必然会导致生物道德和自然的神秘化的后果。问题还在于生态中心论者力图脱离人类的利益，建构维系生态整体利益与和谐的生态学理论,生态学马克思主义认为,这种愿望是无法实现的。因为任何理论建构都是人类历史文化的产物,都不可能脱离人类的历史和经验而展开,都具有社会历史性特点,那种试图脱离人的因素来建构生态理论和谈论生态问题的做法都是不可能的。基于以上批评,生态学马克思主义理论家明确提出生态问题的实质是指人类不恰当地对待自然的方式引发的特定后果,这种后果是"以一种对人类福祉有危害的方式反作用于社会"①。正因为如此,生态学马克思主义要求"拒绝生物道德和自然神秘化以及这些可能产生的任何反人本主义,尽管它重视人类精神及其部分地由与自然其他方面的非物质相互作用产生满足的需要"②,并批评生态中心论者的错误的根源在于,没有看到对自然和生态平衡的界定总是与人的需要、愉悦和愿望相关的人类的界定,没有看到当人类利益与生态利益发生矛盾冲突时,总是要以维护人类的利益为优先考虑。

生态学马克思主义进一步分析了"支配自然"的观念是否必然会造成生态危机的问题。对此,生态学马克思主义的看法是只有在这一观念与资本相结合,并在工具理性和经济理性的指导下才具有必然性。但是如果把"支配自然"观念理解为以价值理性为指导,就能使"支配自然"真正与实现人类的利益相一致。在此基础上,他们进一步阐发了马克思所秉承的"支配自然"的思想具有超越了那种"不是人类支配自然,就是自然支配人类"的二元对立的立场,而是在确保所有人类能力的释放的同时,又能以带来有益的后果为目标的独特内涵。也就是说,马克思实际上把"支配自然"一方面看作以尊重自然规律为基础和前提,另一方面认为自由的真正实现需要以把握自然的必然性为前提;更为深刻的是,马克思认为只有彻底扬弃了资本异化逻辑的自由王国——共产主义社会——才是真正的人类社会,即认为不会出于利润或者彰显主体性的目的而过分介入自然,取而代之的是长远规划和可持续发展,其所主张的"支配自然"也必然包含人与自然和谐共生的逻辑前提。

生态学马克思主义正是从上述立场出发,形成关于马克思主义哲学观的两种阐释,具体来说:以福斯特、佩珀、休斯等人为代表的理论家直接阐发

---

① Reiner Grundmann, *Marxism and Ecolog*, Oxford:Clarendon Press, 1991, p.23.

② [英]戴维·佩珀:《生态社会主义:从深生态学到社会正义》,刘颖译,山东大学出版社,2006年,第354页。

了马克思主义哲学的特质及其与生态学的内在联系；以奥康纳、本·阿格尔为代表的理论家在批评对马克思主义哲学的经济决定论和技术还原论的解释遮蔽了马克思主义哲学潜在的生态内涵的基础上，通过修正对马克思主义哲学的经济决定论和技术还原论的解释的基础上，建立了马克思主义哲学与生态学的联系。

福斯特首先肯定了唯物主义与生态思维的一致性，并把唯物主义划分为本体论的唯物主义、认识论的唯物主义和实践唯物主义三种类型。所谓本体论的唯物主义就是强调社会存在对物理存在的依赖作用，认为前者源于后者；所谓认识论的唯物主义就指科学研究的对象的独立和客观存在；所谓实践唯物主义就是强调人类在历史发展中的本质作用。福斯特认为，马克思在本体论和认识论上都坚持了唯物主义的理解路向，但他所坚持的基本立场是实践唯物主义，因为马克思眼中的人与自然的关系是通过实践建立起来的，马克思的唯物主义哲学不仅是实践唯物主义哲学，而且是生态唯物主义哲学，这是由马克思和恩格斯继承和发展唯物主义哲学的有机论传统和对近代自然科学成就的总结所决定的。福斯特认为，在唯物主义思想发展史上，存在着由德谟克利特所奠定的严格的决定论传统和由伊壁鸠鲁所奠定的有机论传统。与德谟克利特只承认原子运动的必然性不同，伊壁鸠鲁认为"原子并非是按完全固定的方式运动的，一些原子会突然转向，从而产生偶然性和不确定的因素"[①]。马克思在继承伊壁鸠鲁所阐发的唯物主义的有机论传统的基础上，既批判黑格尔唯心主义哲学，又批评费尔巴哈的唯物主义是否定人的主观能动性的直观唯物主义，在继承黑格尔辩证法的基础上，要求唯物主义地发挥人的主观能动性，创立了唯物主义与辩证法的有机统一的唯物主义的历史观。

马克思和恩格斯进一步考察了近代自然科学的成就，特别是考察了达尔文的进化论、摩尔根的遗传学以及李比希的农业化学，形成了以"物质变换断裂理论"为突出体现唯物主义的自然观。所谓"物质变换断裂理论"是马克思根据李比希的农业所揭示的农业与化学之间的有机联系提出的科学理

---

① ［美］约翰·贝拉米·福斯特：《马克思的生态学——唯物主义与自然》，刘仁胜等译，高等教育出版社，2006 年，第 40 页。

论。李比希在《农业化学》一书中指出,土壤肥力直接影响农业能否可持续发展,指出由于资本主义的掠夺式的农业制度造成了城乡之间物质变换关系的中断和土壤贫瘠,严重影响农业的可持续发展。在李比希的影响下,马克思提出了资本主义制度和生产方式必然造成人类和自然之间的物质变换关系的断裂,揭示了人类与自然以实践为中介的有机联系,并以此为基础对资本主义制度和生产方式展开生态批判,提出了建立合理协调人类与自然之间物质变换关系的共产主义社会的构想。福斯特由此得出结论:马克思的唯物主义是以人类实践为基础,自然观与历史观辩证统一的实践唯物主义。其理论特质在于其并没有否定自然在本体论上的优先性,但同时也强调了历史的关键作用,换言之,马克思主义的历史观是以其唯物主义的自然观为基础的。但在马克思的唯物史观叙事中,他着重关注的是人类社会历史的演进而非自然的本体论意义。可见,马克思的唯物主义哲学关注的是纳入人类实践范畴中的"自然"以及人类与自然的物质变换关系,并就如何克服资本主义制度下的物质变换中断的途径展开了探讨和分析。正因为如此,马克思的唯物主义本质上就是生态唯物主义。

佩珀在《生态社会主义:从深生态学到社会正义》一书中表达了同福斯特相同的观点。佩珀把马克思主义看作由马克思所奠定的试图分析社会如何运作以及如何实现改变的知识传统,明确肯定马克思在解释上述问题时坚持的是唯物主义的立场,并强调作为唯物主义者的马克思反对黑格尔的唯心主义历史观,他没有将历史进步封闭于观念层面,而是强调历史处在一种实质上独立于物质生活的普遍人类意识或精神之中,并认为人类的物质生活才是全部历史的真实的起点。佩珀由此反对西方绿色思潮将马克思主义哲学归结为经济决定论的看法,因为马克思主义哲学虽然主张从社会物质生活出发,坚持从经济基础决定上层建筑出发去分析人类社会历史发展进程,但是马克思主义哲学在人类社会的发展问题上并不是要像预言家那样描述社会革命的形式和内容,而是要时刻谨记革命的可能性及其物质条件,也并不认为经济基础和上层建筑之间是一一对应的严格的因果决定关系,而是在强调经济基础的决定作用的同时,又肯定上层建筑因素的反作用。因此,马克思的唯物主义哲学是一种以实践为基础的坚持人类与自然辩证统一的实践唯物主义哲学和有机一元论哲学。

休斯在《生态与历史唯物主义》一书中认为，马克思主义哲学不是与生态思维相对立的经济决定论，因为它在方法论上反对机械论、还原论的方法，坚持与生态思维相一致的整体性、有机论和相互联系的方法；在人类与自然的关系问题上，肯定人类属于自然的一部分，人类实践必须受制于自然，同时又通过实践改造自然，与生态学所主张的生态依赖原则、生态影响原则和生态包含原则具有完全的一致性。

奥康纳、本·阿格尔和本顿等人则强调马克思主义哲学具有潜在的生态学视域，但是苏俄马克思主义的经济决定论和技术还原论的解释遮蔽了这种潜在的生态学视域，必须通过对苏俄马克思主义哲学展开修正，才能开启马克思主义哲学原有的生态视域。基于以上看法，奥康纳把历史唯物主义看作用来"研究历史变迁中的延续性以及历史延续性中的变化与转型的一种方法"[①]。他一方面肯定马克思主义哲学揭示了人类和自然之间相互作用的辩证关系，存在着潜在的生态学视域；另一方面他又认为马克思主义哲学把主要内容放在人类系统上，缺乏系统的自然理论，特别是苏俄马克思主义对马克思主义哲学的经济决定论和技术还原论的解释，更加遮蔽了马克思主义哲学潜在的生态学视域。这就决定了马克思主义哲学应当向内和向外拓展，才能开启马克思主义哲学潜在的生态学视域。所谓马克思主义哲学向外拓展，就是要将自己的研究对象拓展到第一自然和进入人类实践领域的自然，建立系统的自然理论；所谓马克思主义哲学的向内拓展，就是要克服对于生产力和生产关系的技术决定论的解释，把文化和自然因素和生产力与生产关系相联系，指出由于生产力和生产关系不仅受生产工具、技术水平的影响，还受文化规范、价值观念、文化传统和自然因素的影响，这就决定了把"文化维度"和"自然维度"引入生产力和生产关系中的重要性。与此相对应，作为人类和自然相互作用的基础和中介的人类劳动，同样也受文化因素和自然条件的影响。奥康纳实际上把马克思主义哲学解释为以人类实践为基础，关于人与人、人与自然关系的文化唯物主义哲学。

本·阿格尔把马克思的历史唯物主义看作由异化的扬弃及其复归、资本

---

① ［美］詹姆斯·奥康纳：《自然的理由——生态学马克思主义研究》，唐正东等译，南京大学出版社，2003年，第51页。

主义社会制度及其内在矛盾发展规律的理论、由内在矛盾所引起的危机模式这三个具有相互联系的三个方面的内容组成的。具体而言：资本主义内含的矛盾性质必然导致生产方式的危机，这种危机需要与异化的工人阶级起来革命相结合，才会引发足以推动生产方式变迁的社会革命。阿格尔特别指出，马克思讨论的资本主义灭亡实际上是一种逻辑上的必然，要使这种必然获得现实的转换，就必须有人的主观能动性的参与。但当时的马克思主义者却看不出这三者之间的联系，要么把马克思所说的逻辑上的必然看作现实的必然，从而陷入一种对马克思主义哲学的经济决定论的理解；要么脱离马克思的内在矛盾理论去谈论人的主观能动性的作用，陷入唯意志论的错误中。本·阿格尔由此把西方马克思主义的发展史归结为在决定论和唯意志论中来回摇摆的历程。本·阿格尔在批评当时马克思主义者的上述极端之后，又提出马克思主义的方法论基础是"理论与实践相统一的辩证法"，这就决定了应当根据当代资本主义的新变化，在坚持马克思主义哲学基本原理，即马克思的异化批判和对资本主义内在矛盾理解的前提下，发展马克思主义哲学，而他认为当前需要发展的是马克思主义哲学的危机理论。这是因为与马克思所处的时代不同，当代资本主义危机呈现于消费领域，并通过生态危机的形式集中表现出来，这就意味着我们必须在坚持马克思提出的资本危机理论的同时，重新厘定其表现形式和作用机制，只有结合当代资本主义的新变化，才能找到切实可行的解放路径。

本·阿格尔由此坚持既应当用马克思的内部矛盾理论来分析资本主义的基本矛盾与生态危机的必然联系，又应当强调个人价值观的转换对于解决生态危机和实现工人阶级解放的作用。也就是说，由于生态系统的制约使得资本主义社会必然会发生生态危机，这必然会促使人们反思自己消费主义的价值观和生存方式，从而使人们从异化劳动和异化消费中解放出来，走向生态社会主义社会。本·阿格尔正是基于他对马克思主义哲学的上述解释，以"人的需要和生态系统的限制"之间的辩证运动过程所导致的生态危机为基础，来探讨如何利用生态危机和人们价值观的重塑，将生态运动引向激进的阶级运动，建立生态社会主义社会。

与奥康纳一样，本顿一方面认为"在马克思主义的历史唯物主义的浩瀚文献中，有很多思想与生态学视角十分相容。但是，我在这里有意关注的是经济学理论中的某些特征,它们需要加以批判性的转变才能满足这方面的要求"①。另一方面,他又强调在他们的经济学中,却没有从理论上充分阐明人类的经济活动必然受自然条件的限制问题,这突出体现在他们对"劳动过程"概念的理解上。在本顿看来,马克思和恩格斯的"劳动过程"概念主要强调的是人类根据自身的主观目的对自然的改造,其缺陷在于一方面低估了自然条件对劳动过程的影响,另一方面没有把"生产改造型"和"生态调节型"劳动区分开来,从而夸大人类改造自然的能力,秉承的是强调技术和生产力不断扩张的工业主义意识形态。因此,只要把"生态调节型"劳动引入到马克思和恩格斯的"劳动过程"概念中,并使之与马克思和恩格斯已有的绿色思想有机结合,就能实现历史唯物主义绿色化。本顿所谓的"生产改造型"劳动过程则是改变劳动对象使之符合人的需要;所谓的"生态调节型"劳动过程是指不改变劳动对象,仅仅维持其生产的条件,这在农业生产中广泛存在。"生态调节型"劳动不是要改变劳动对象,而是顺应劳动对象生长和发展的条件,通过维护、调节和再生产有机生产和发展的条件,并使这些条件不断优化,这就意味着"生态调节型"劳动更加依赖和受制于自然给定的条件,从而凸显了劳动过程受自然限制这一生态维度,只有用"生态调节型劳动"补充马克思的劳动过程概念,在"技术"与"自然的极限"之间达到平衡的关系,通过大力发展适应性技术,在尊重自然的前提下来实现人类的自由和解放,从而使历史唯物主义走向绿色化。

二、西方马克思主义对马克思主义哲学的人道主义的人本学解读

(一)法兰克福学派对马克思主义哲学的人道主义解读

法兰克福学派主要是从三个路径展开对马克思主义哲学的阐释:第一个路径是以霍克海默、施密特等人为代表的实践唯物主义阐释路径;第二个

---

① [英]特德·本顿主编:《生态马克思主义》,曹荣湘等译,社会科学文献出版社,2013年,第147页。

路径是以马尔库塞、弗洛姆等人为代表的人道主义和人学解释路径;第三条是哈贝马斯从交往范式的解释路径。其共同点是反对对马克思主义哲学的经济决定论、技术还原论的解释,认同马克思主义哲学的批判立场,秉承西方人道主义思想传统,注重发挥马克思主义哲学的批判价值功能,通过运用其马克思主义哲学观,对当代西方社会展开社会批判、文化批判、意识形态批判,使当代西方人从资产阶级的"总体控制"中摆脱出来,形成自主意识和独立人格,为当代西方人实现自由解放奠定文化心理基础,最终实现西方人的自由和解放。

　　反对对马克思主义哲学的经济决定论、技术还原论的解释,强调马克思主义哲学的批判本性,是法兰克福学派的马克思主义哲学观的共性。与那种立足自然科学唯物主义的立场把马克思主义哲学解释成一种"本体论"的唯物主义,进而把马克思主义哲学解释为一种近代形态的知识论哲学不同,法兰克福学派强调马克思主义哲学是一种现代形态的唯物主义,其功能和使命是如何实现人的自由和解放问题。弗洛姆认为,马克思并不赞同以自然科学家为代表的进步学者试图在物质过程中寻求精神现象源泉的做法,他认为这种唯物主义实际上是一种粗鄙的唯物主义,即把人类的感觉和观念全然还原为化学作用的机制和过程。马克思主义哲学主要关注的是"使人作为个人得到解放,克服异化,恢复人使他自己与别人以及与自然界密切联系的能力"①。施密特也强调马克思主义哲学虽然承认马克思关于自然的本体论假设,但马克思主义哲学并不是本体论的哲学,因为马克思并非抽象地关注自然,而是将其纳入人类社会的实践论域予以讨论。在施密特看来,马克思主义哲学始终强调立足人类实践和人类社会历史考察人类和自然的关系,是一种现代形态的实践唯物主义哲学。

　　法兰克福学派不仅肯定马克思主义哲学是一种现代形态的实践唯物主义哲学,而且强调"批判性"是马克思主义哲学的本性,因此是一种"批判的唯物主义"。对此,霍克海默在《批判理论》一书中通过阐明哲学与科学的不同,来说明马克思主义哲学的批判本性。霍克海默认为,哲学与科学的不同主要体现在三点:其一,哲学没有像科学那样为人们普遍接受的定义和研究

---

① ［美］埃里希·弗洛姆:《马克思关于人的概念》,载《西方学者论〈一八四四年经济学—哲学手稿〉》,复旦大学哲学系现代西方哲学教研室编译,复旦大学出版社,1983 年,第 23 页。

对象。相对于具体科学都有普遍接受的定义不同,哲学不仅没有普遍都能接受的定义,而且与科学研究的对象产生于人类处理社会生活中的具体问题不同,哲学在研究对象上人们也难以达成共识。其二,与科学有人们普遍接受的方法不同,哲学则没有什么大家一致同意的方法,每个哲学家采用的研究方法取决于其性格和经验。其三,与科学研究的目的和功能在于满足社会的需要,并接受现实的引导不同,哲学的目的则在于力图处理那些与科学无涉并且评价标准亦无法在社会现实中得到体现的难题。而且哲学不仅不接受社会的引导,批判和与现实的对抗是哲学秉承的原则,这并不是哲学家喜欢吹毛求疵或爱出风头,而是为了确保社会成员不会盲从外在的社会强制性力量。霍克海默进一步指出,哲学与科学之间存在着的差别,并不能否定哲学存在的必要和价值。哲学一方面能够为科学的产生和发展提供文化土壤;另一方面又能够通过批判,使人们摆脱教条主义、极权主义的束缚,保证思想的独立性和健全的人格。基于以上认识,霍克海默把马克思主义哲学称为"社会批判理论",并通过阐发马克思的社会批判理论与"传统理论"的区别,凸显马克思主义哲学的批判本性。在他看来,"传统理论"强调笛卡尔的理性主义原则,重视实证主义的研究方法并强调对于社会现实的维护的肯定;而马克思的"批判理论"则是以政治经济学批判和主客体辩证法为基础,主张批判性地看待社会现实并据此寻求人的自由和解放的现实路径,这就要求必须充分彰显马克思主义哲学蕴含的批判性内涵。霍克海默和施密特进一步阐发了他们对马克思主义哲学的实践唯物主义的解释。

　　霍克海默在把马克思主义哲学解释为实践唯物主义哲学的同时,强调马克思主义哲学始终坚持理论联系实际的实践的品格,始终联系具体的历史条件和人们的社会生活来解释社会和人类历史,强调马克思的唯物主义哲学是通过对资本主义的经济基础展开批判,并力图作出变革的实践唯物主义。施密特则在他的博士论文《马克思的自然概念》中,通过阐释马克思的自然概念,明确指出"把马克思的自然概念从一开始同其他种种自然观区别开来的东西,是马克思自然概念的社会–历史性质"①。强调马克思的唯物主义哲学虽然与一般唯物主义都反对唯心主义,都肯定外部自然界的优先地

---

① 　[德] A.施密特:《马克思的自然概念》,欧力同等译,商务印书馆,1988年,第2页。

位，但是马克思的唯物主义既反对那种脱离人类实践和社会历史来谈论人类和自然关系的做法，又反对实证主义哲学和新康德主义者把历史与自然对立起来的做法，明确反对"本体论"的唯物主义，主张立足人类实践和人类社会历史讨论自然以及社会与自然的关系，认为他们是以实践为基础的双向中介作用中实现具体的、历史的统一关系，并由此批评恩格斯的"自然辩证法"的思想和苏俄马克思主义理论由于忽视了"实践"和"辩证法"，必然导致对马克思的唯物主义思想的实证主义、经济决定论和技术还原论的解释。在此基础上，施密特批评卢卡奇关于"自然是一个社会范畴"的观点的失误在于看不到"实践"在人类和自然之间的双向中介作用，而是把社会对自然的关系看作单向中介的关系，从而使自然完全消融到社会之中了，从而忽视了马克思哲学的唯物主义基础。可以看出，施密特把马克思的实践唯物主义哲学的内涵理解为既承认外部自然的优先性，又反对哲学唯物主义脱离实践和人类社会历史抽象地考察自然的本性，强调马克思的唯物主义是以实践为基础，通过社会与自然双向中介的关于人与自然关系的非本体论的唯物主义学说。

与霍克海默和施密特把马克思主义哲学解释为实践唯物主义哲学不同，马尔库塞和弗洛姆则把马克思主义哲学解释为一种反抗异化和实现人的自由解放的人学。马尔库塞和弗洛姆解释马克思主义哲学的依据是马克思的《1844 年经济学哲学手稿》一书中的"异化"和"人道主义"思想，以及弗洛伊德的精神分析学。马克思在《1844 年经济学哲学手稿》一书中不仅强调人的本质是感性劳动，而且提出的"异化劳动学说"揭示了资本主义私有制和分工造成了工人和自己的劳动产品的异化、劳动行为和人的本质异化、劳动和人的本质的异化以及人与人关系的异化，提出共产主义社会就是克服异化向人性的复归，并把共产主义社会描绘为彻底的人道主义和彻底的自然主义的统一。弗洛伊德是精神分析学的创始人，其理论的核心是把人的意识结构划分为意识、前意识和无意识三个层次，弗洛伊德把意识看作能被自己察觉到的心理活动，那些不符合社会道德规范的被压抑到人的内心深处成为人们的无意识，处于二者之间，能够被唤醒的就是前意识。与之相对应，弗洛伊德把人的人格解构划分为本我、自我和超我三部分，"本我"代表了遵循快乐原则的人的本能冲动，"自我"代表了遵循现实原则的现实行为，"超我"代表了社会道德理想。"自我"既要满足"本我"追求快乐的愿望,又要遵循"超我"的要求,如不能正确处理三者之间的关系,就会发生心理焦虑,乃至精神疾病。马尔库塞和弗洛姆把马克思和弗洛伊德的上述观点综合起来,分别提出了"感性劳动本体论""爱欲解放论"和社会性格理论,把马克思主义哲学看作关于实现人的自由和解放的学说。

马尔库塞在《历史唯物主义的基础》一文中提出了马克思主义哲学在本体论上是"感性劳动本体论",并展现为以哲学批判、政治经济学批判和革命实践为基础,关于如何实现人的自由和解放的总体性理论。马尔库塞在该文中是通过考察马克思与德国古典哲学的关系,得出马克思主义哲学在本体论上是"感性劳动本体论"这一结论的。马尔库塞认为,马克思借鉴了黑格尔的观点,将劳动异化的扬弃看作自由复归的论述实际上是将作为哲学范畴的劳动视为人的本质,尽管马克思没有明确使用本体论这一术语,但马克思关于劳动的三个实证的定义,即劳动是人在外化范围内或者作为外化了的人的自为的生成,劳动是人的自我创造、自我对象化的运动,劳动是生命活动本身、生产活动本身,几乎全是作为与外化劳动的定义相对立的概念而提出来的,清楚地表述了"劳动"这一概念的本体论的性质。马尔库塞由此认为,马克思在哲学意义上所使用的劳动范畴,实际上已经越出了政治经济学的范畴而深入到对于人的总体存在把握;但与黑格尔不同的是,马克思在费尔巴哈的影响下,把"感性"建立在唯物主义基础上;黑格尔的《精神现象学》一书中把劳动看作人的自我本质的确证,马克思在黑格尔这一思想的影响下,批评了费尔巴哈不是从改变外部世界的角度谈论"感性",而仅仅是立足直观认识论的立场谈论"感性",并把"感性"直接规定为作为人的本质力量的改变世界的能动的感性活动,不仅与费尔巴哈划清了界限,而且又批判了黑格尔仅仅拘泥于从绝对精神和意识的层面理解人的对象化和异化,批判了黑格尔仅仅立足资本主义的立场谈论人的对象化的积极作用,看不到在资本主义制度下人的对象化的消极作用,并坚持从人类实践的历史形式和历史境域中去理解人的对象化和异化,从而坚持了对资本主义社会的批判立场,指出正是资本主义社会使得作为人的本质的劳动异化为一种谋生的手段,这种人的存在与本质的分离决定了变革资本主义制度的必要性。马尔库塞强调,马克思主义哲学不仅坚持"感性本体论",而且建立了其哲学理论与革命理论的内在联系。

马尔库塞在《爱欲与文明》一书中进一步把马克思在《1844 年经济学哲学手稿》中建构的感性本体论以及以此为基础的"劳动解放论"和精神分析学结合起来,提出了以"爱欲解放"为核心的社会历史观。在弗洛伊德看来,人类文明的演进得益于本能的压抑,因而人类文明的发展史就是人类自我本能的压抑史,但二者在经验层面也具有某些协同的趋势。为解决上述矛盾,弗洛伊德因此提出了"爱欲"概念,指出"爱欲"与本能的不同在于:本能拘泥于身体局部的快乐,但"爱欲"是对作为本能的力的升华和更大范围的生物本能,其目的是"要维持作为快乐主—客体的整个身体,这就要求不断完善有机体,加强其接受性,发展其感受性"①。但由于他把"爱欲"仅仅归结为一种升华了人的生物本能,并没有真正解决个体和社会、文明的矛盾和统一问题,由此认为一种非压抑性文明是不可能存在的。马尔库塞同意弗洛伊德关于人类文明史就是对人的压抑史的看法,但不同意他关于非压抑性文明是不可能的结论,认为只要对弗洛伊德的压抑理论作出修正,并与马克思的劳动解放论结合起来,就能够建立一种非压抑性文明。

马尔库塞对弗洛伊德的压抑理论的修正是将"压抑"划分为"必要的压抑"和"额外的压抑"两种类型。所谓"必要的压抑"是指在一个社会财富匮乏的情况下对人追求快乐本能的压抑,这种压抑对维系社会发展是必要的;所谓"额外的压抑"是指由社会特殊利益集团出于自身的需要强加给人们的压抑。"我们把这种产生于特定统治机构的附加控制称为额外压抑。"②在马尔库塞看来,"必要的压抑"是建立在物质财富较为匮乏的基础上而不得不进行的压抑,它有利于人类文明的发展,因而是合理的;但是"额外的压抑"是社会财富极大丰富,已经为人们实现自由全面发展提供了必要的基础和前提,只是特殊利益集团为了自身的利益强加给人们的一种不必要的压抑,因而是不合理且应当消除的。马尔库塞由此主张将马克思的"劳动解放论"与弗洛伊德的"爱欲解放论"结合起来,通过艺术审美培育具有政治功能的"新感性"。他所谓的"新感性"实际上就是指人们的自主意识和批判否定能力,

---

① ［美］赫伯特·马尔库塞:《爱欲与文明:对弗洛伊德思想的哲学探讨》,黄勇等译,上海译文出版社,2005 年,第 163 页。

② 同上,第 27 页。

使人们摆脱资产阶级意识形态和市场经济物化意识的束缚，进而变革不正义的资本主义制度和生产方式，使社会财富服务于人的自由全面发展，最终建立一种非压抑性的文明，由此形成了"爱欲解放论"的社会历史观。

弗洛姆也主张将马克思主义哲学与弗洛伊德的精神分析学结合起来，通过分析资产阶级意识形态控制人的内心世界的具体机制，探讨当代西方社会流行的非生产性的社会性格形成的原因，找寻西方人实现自由和解放的现实途径。基于以上目的，弗洛姆既反对对马克思主义哲学的自然科学唯物主义的解释，又反对那种认为马克思主义哲学只重视物质利益，忽视人的精神追求的观点，强调找寻使无产阶级摆脱异化状态的现实途径，并最终实现每个人自由全面发展，适合马克思主义哲学的理论归宿。该目标的实现，有赖于将马克思主义和精神分析学有效结合起来，这是由二者的理论特质和共同点决定的，弗洛姆将其归结为："1.我们必须怀疑一切；2.人所具有的我都具有；3.真理会使你获得自由。"①三个方面代表的是它们都具有强烈的批判精神、彻底的人道主义精神和相信真理是能够引发社会变革的武器。这三个共同点是能够把二者结合起来的基础。而他们理论各自的优点和不足又决定了把二者结合起来的必要性和重要性，具体来说：马克思主义哲学擅长对人类社会历史发展的宏观分析，把人类社会历史看作由生产力和生产关系、经济基础和上层建筑的相互影响、相互作用所推动的，但是对于它们相互作用的微观机制却缺乏深入的把握；而弗洛伊德虽然擅长对微观心理问题的分析，却缺乏对人类社会历史的宏观分析，这就决定了应当把二者综合起来，才能发挥各自理论的优势，从而更准确地认识和把握人类社会发展的规律。

弗洛姆综合二者的理论出发点是如何看待人的本质的问题。在人的本质问题上，弗洛姆则认为人是包含社会属性和自然属性的存在物，又包含生产性倾向和破坏性倾向的存在物，到底哪一种倾向成为人的本质的内容，取决于人的后天成长环境。正因为资本主义社会是一个总体异化的社会，使得人性中的破坏性倾向得以发展，造成了人的非生产性社会性格和异化的生存状况。弗洛姆关于人的本质的看法实际上是把马克思主义哲学与弗洛伊

---

①　[美]埃里希·弗洛姆:《在幻想锁链的彼岸:我所理解的马克思和弗洛伊德》，张燕译，湖南人民出版社，1986年，第12页。

德关于人的本质的看法综合的结果。因为马克思主义哲学既反对把人的本质规定为某种先天的非历史主义观点，又反对在人的本质问题上的相对主义观点，强调人的本质是由社会生产方式所决定的；弗洛伊德则强调人的本质是先天的追求快乐的本能。弗洛姆不仅承认人性中的社会因素和自然因素，而且也承认人性中的生产性因素和破坏性因素，认为现实的人的本质是二者的综合，并认为到底哪一种因素能够在现实的人的本质中占据主导，取决于后天的社会环境是否有利于人的发展。而他把当代西方社会看作不利于实现人的精神健康的病态社会，这就决定了必须揭示导致人的异化发展的原因，并通过改变病态的资本主义社会，建立适合人自由全面发展的健全的社会，即人道主义的社会主义社会。弗洛姆综合马克思主义哲学和弗洛伊德的精神分析学的目的，是为了揭示资产阶级意识形态控制和支配人的内心世界的具体机制，把二者综合的结果是提出了"社会性格"和"社会无意识"的概念。弗洛伊德在继承他之前的心理学将性格规定为反映人的行为特征和行为模式的内涵的同时，进一步考察了人的行为动机和性格形成的基础，从而将性格理论同他的力比多理论结合起来，认为"不同的性格特征乃是性冲动的不同形式的'升华'或'反馈'……性格结构既决定了一个人的思想和观念，又决定了一个人的行为"①。弗洛姆结合马克思哲学关于经济基础决定一个社会的社会性格的思想，把马克思主义哲学和弗洛伊德的精神分析学结合起来，把社会性格规定为身处同一文化时期内的大多数人所拥有的性格结构的核心，它既区别于个人性格，也不是所有人性格的简单加总，而是由特定社会结构决定的社会成员按照社会制度的要求展开行动的方式，其作用在于钝化行动者的主体意识和自觉意识，从而使他们在被特定的社会秩序的规约中得到满足。换句话说，社会性格具有引导、凝聚或消解社会能量从而维系生产方式的作用。

弗洛姆指出，社会性格的形成不是由单一因素决定的，应该在社会和意识形态的相互作用中寻找其形成机制。他特别指出，所谓具有决定作用的经济因素，指的是人们从事的物质资料生产，它通过宗教、政治和哲学等意识形态的中介决定了社会性格，并使社会性格制度化、稳定化；与此同时，社会

---

① ［美］埃里希·弗洛姆：《在幻想锁链的彼岸：我所理解的马克思和弗洛伊德》，张燕译，湖南人民出版社，1986 年，第 78 页。

性格的形成与社会和家庭的互动关系密切。一方面,社会结构及其文化决定了社会对人们的基本要求;另一方面,家庭的教育方式、父母的性格都是社会性格的一种具体体现,它们把社会的需要直接灌输给正在成长着的孩子。弗洛姆认为,社会性格可被划分为非生产性社会性格和生产性社会性格,前者使人失去个性,感到空虚和生命无意义,它导致了"寻求更适当的生活方式的需要和寻求能引导人达到这个目标之规范的需要"①;后者则激发了人类的全部潜能,并使主体的所有的活动都从属于特定的目的。二者相互影响并相互包含,社会结构和文化最终决定了哪一种性格居于主导地位。

从资本主义的发展看,20世纪之前的资本主义社会盛行的是剥削型和囤积型社会性格,而当前资本主义社会则盛行接受型和市场型社会性格,导致了人们将实现交换和消费作为生活的美德和目的。弗洛姆认为这实际上是人的一种异化生存状态,这种异化突出体现在人们并不是为自己而生活着,而是为他人而生活着,因此当代西方人已经无所谓个性,外在的商品、市场交换规律和权威已经成为人们行动的准则。然而人们生活于这种异化的生存状态却并不自知,弗洛姆把造成这种状况的根源归结为"社会无意识"。

"社会无意识"的概念是弗洛姆通过综合马克思的"无意识"和弗洛伊德的"个人无意识"概念而得出的一个新概念。在马克思那里,所谓"无意识"概念是指由社会和经济的力量所造成一种人的思想状态,而弗洛伊德的"个人无意识"概念指的是"由个人的生活状况所特有的处境而造成的对人压抑的内容"②,它意味着我们本身内在的大部分真实的东西是没有被意识到的,而许多被意识到的却是不真实的。它根源于文明的压抑,正是文明所导致的一系列道德禁忌和法律规范将人最深切的欲望冲动压抑到了内心的深处,并逐渐变成一种无意识。弗洛姆提出"无意识"这个概念的目的是说明社会力量是如何通过经验进入到人的意识中的。在弗洛姆看来,经验要想进入到意识中,就必须使经验能够通过社会意识形态构造的"社会过滤器"。

一个社会的社会过滤器主要由语言、逻辑学和社会禁忌三部分所构成,它决定了该社会对其社会成员压抑的内容。"社会过滤器"的作用主要在于:

---

① [美]埃里希·弗洛姆:《为自己的人》,孙依依译,生活·读书·新知三联书店,1988年,第89页。

② [美]埃里希·弗洛姆:《在幻想锁链的彼岸:我所理解的马克思和弗洛伊德》,张燕译,湖南人民出版社,1986年,第93页。

其一,经验要进入人的意识,离不开人们的感觉,并可以通过语言表达出来。但是有些微妙的经验如果无法被一个社会文化中的语言有效地表达,那么它就难以进入到人的意识中;其二,特定文化中直接指导人的思维的规律决定了哪些经验能够进入到人的意识,和这个社会文化思维逻辑相矛盾的经验,人们较难意识到;其三,社会的禁忌决定了哪些思想和感觉是不合适的、被禁止的以及危险的,由此阻止这些思想和感觉达到意识的层次。"社会过滤器"不仅决定了社会对成员压抑的内容,而且决定了个人能否被他人和社会所接受,避免被排斥和被孤立。马克思主义哲学主张通过揭示社会意识形态是如何形成的以及其虚幻本质,从而为消除压抑、创造一个适合人的全面发展的社会创造条件。可以看出,弗洛姆正是把马克思主义哲学与弗洛伊德的精神分析学相综合,提出了包括自然属性和社会属性的人的本质概念,提出了由后天社会环境所决定的"社会性格",并提出"社会无意识"的概念说明当代西方社会对人的压抑,并提出应当通过"爱的教育"培育人的自主意识和独立人格,为变革资本主义社会奠定文化心理条件。

与对马克思主义哲学的实践唯物主义解释和人学解释不同,哈贝马斯是从交往范式的视角重构马克思主义哲学的。哈贝马斯认为,当代西方社会出现了历史唯物主义所无法解释的新变化,体现在:一是由于国家广泛干预社会经济生活,再也不能像历史唯物主义那样把政治现象简单地归结为经济基础的从属物;二是资本主义的稳定发展使得阶级矛盾相对缓和,历史唯物主义所秉承的阶级斗争理论已经过时;三是科学技术进步所带来的巨大物质财富,历史唯物主义的剩余价值理论无法解释科学技术作为剩余价值之来源的现象;四是无产阶级阶级意识的衰落使得革命缺乏主体,当代人实现自由解放的希望日益渺茫。当代西方哲学文化思潮的变化使得西方社会出现了反思和批判现代性,反思意识哲学的后现代哲学文化思潮,其结果是造成了对理性的否定,由此导致了以意识哲学为基础的主体性哲学的危机,哲学的主题从研究主体性转向了研究主体间性,形成了现代西方哲学的"语言学转向"。哈贝马斯正是借助当代西方语言学的转向,提出了以"语用学"为基础的交往行为理论,并提出应当从意识哲学范式转向交往哲学范式,来挽救社会批判理论的危机。在哈贝马斯看来,普通语用学的目的是通过语言建立起主体间交往的道德规范和人的意义世界,有利于克服历史唯物主义只注重通过劳动来解决物质生产的问题，却忽视了生活世界意义的再生产问题的缺陷，而生活世界意义的再生产只能通过以符号为媒介的交往活动来学习社会的规范和交往行动，通过提高人们的道德意识和实践能力来实现。这就意味着必须重视"交往"在人类进化过程中的基础性作用。更为重要的是，晚期资本主义社会的主要问题已经不是物质生产的问题，而是人们的生活世界被系统殖民化而导致的文化与意义的危机问题，这就决定了必须用"交往范式"代替历史唯物主义的"生产范式"，以交往行为取代社会劳动，并使之作为历史唯物主义的理论基础。

哈贝马斯一方面肯定了马克思关于"社会劳动"对于人类主体性培育的积极意义；另一方面也指出"社会劳动"的狭隘性，即它关注的是物质生产的问题，而对于主体的社会角色定位以及生活的意义和价值等问题却无能为力，而这就凸显了以交往行为范畴替代社会劳动范畴的关键意义。据此，哈贝马斯批评马克思混淆了体现人与人之间关系的交往与人利用和改造自然的行为，或者说人的科学和经验科学之间的不同，因为劳动是以工具理性为基础的生产行为，而交往行为则是以符号为媒介，并基于一定的行为规范的交互行为，二者的混淆导致历史唯物主义没能成为一门真正的关于人的科学，不能对人类社会的历史发展作出合理的说明。哈贝马斯由此主张以"交往行为"作为重建历史唯物主义的基础和出发点，并从两个方面重建了历史唯物主义，具体来说：

其一，用"学习机制决定论"代替了历史唯物主义以劳动为基础的生产力决定生产关系、经济基础决定上层建筑的学说。哈贝马斯强调社会发展既包括作为工具理性行为的"社会劳动"领域，也包括作为交往行为的"道德实践领域"，它们分别表征的是生产力的提高和交往水平的提高。生产力的提高取决于技术与组织知识的增长，交往水平的提高依赖于道德实践性知识的增长，它们对于人类社会历史发展具有同等重要的意义。只有把技术与组织知识的进步和道德实践知识的学习有机结合，才能既解决使社会通过遵循技术规则的工具行为来增强对外部自然的控制能力，又解决以道德实践知识的学习为基础的交往行为促进对内在自然的控制和实现个人的社会化。哈贝马斯更重视的是道德实践知识的学习对于社会发展的作用，因为技术与组织知识的增长只具有促进生产力发展的"潜在能力"，道德实践知识的增长才能使这种潜在的能力得到充分利用，才能使生产力的提高成为现实。哈贝马斯由此认为，规范结构与道德实践领域规定着社会发展的方向。

其二，只有用交往行为代替历史唯物主义的生产方式概念，才能避免决定论式的马克思主义认为的人类历史演进不过是一种生产方式替换另一种生产方式的认知形式。在哈贝马斯那里，社会历史发展在本质上是人类交往范式的演进，后者具有社会组织原则的特征，这些社会组织原则能够通过学习而具象化自身，进而推动社会的不同层面的改革。同时，它由许多规则构成，其所确定的社会形态能够同时容纳多种具有同等功能的生产方式。哈贝马斯据此用社会组织原则替代了马克思用以划分不同历史时期的生产方式范畴，并以行为结构、世界观的结构、制度化的法律结构和具有约束力的道德观念为原则，将人类历史进程重释为新石器社会、早期的高度文化、高度的发达文化和现代社会四个形态。在他看来，只有上述划分方式才能凸显交往行为对于克服经济决定论的重要意义。显然，哈贝马斯所谓之历史唯物主义的"重建"，实际上是给出了一种关于人类社会演进的新论点，其核心是将道德实践领域和社会劳动领域的演进纳入考察，这就为揭示资本殖民的生活世界，以及提出以重构生活世界和确立一种以理性为基础"好的生活方式"为内容的抵抗策略提供了可能性。

（二）萨特和列斐伏尔对马克思主义哲学的人学解读

萨特把哲学看作上升的阶级意识到自我的一种方式，是知识的总汇、方法、指导思想、进攻武器和一定人群或整个阶级的共同语言，并以此为根据把哲学创造的时代划分为笛卡尔和洛克的时代、康德和黑格尔的时代、马克思的时代。同时，萨特又强调任何哲学都产生于社会运动，它既是一种研究和解释的方法，同时它也表达一定阶级的自信心。在每一个时代，只要它们所表达的历史时代未被超越，占主导地位的那个阶段的哲学是不可被超越的，这就决定了在这个时代不可能再制定其他的哲学。萨特进一步把"思想体系"看作寄生于特定哲学的、仍然从伟大死者的依然活着的思想中吸取养料的思想和学说，并认为存在主义就是依附在马克思主义哲学上的思想体系。由于马克思主义哲学的时代还没有过去，这就意味着任何想要超越马克思的哲学的论调,或者是重弹陈辞老调,或者是重复马克思早已论述过的思想,因为马克思主义哲学是时代不可超越的哲学。但是由于当代马克思主义阵营把马克思主义哲学教条化和曲解为经济决定论,使得马克思主义哲学患了"贫血症",无法实现理论和实践的有机统一,需要用存在主义补充马克思主义哲学。萨特指出,工人阶级在反法西斯主义斗争中的巨大作用,使得他力图清除资产阶级的思想,并被马克思主义哲学所吸引。但是二战时的马克思主义阵营将马克思主义哲学教条化、政治实用主义化和对马克思主义哲学的经济决定论的解释,使马克思主义哲学或者变成忽视经验的僵死的教条,或者变成了丧失理论的经验主义和教条主义,或者用先验的教条解释人的实践活动、解释历史和政治,或者变成了论证党的政策合理性的实用工具,不仅脱离实践和辩证法解释马克思主义哲学,而且排除对人的问题的关注,人的问题成了马克思主义中的一块"飞地",出现了"人学的空场",这意味着马克思主义患了"贫血症",需要输血治疗。"正是这种对人的排斥,把人从马克思主义的知识中排除出去,才使存在主义思想在认识的历史整体化之外复兴起来。"①这就凸显了用存在主义补充马克思主义哲学,恢复人、人的主观性因素在马克思主义中的地位的必要性和重要性。因为马克思主义哲学对历史作了最科学的分析,而存在主义则擅长于对人的分析。"历史唯物主义对历史作出了唯一合理的解释,存在主义仍然是研究现实的唯一具体的方法。"②萨特把马克思主义哲学和存在主义的目标都看作为了解释人及其行动,只是马克思主义哲学原本注重和擅长从历史的角度来解释人,而这又被当代马克思主义者绝对化、僵化,以至于忽视了对具体人物及其所处的具体环境的研究,而这又恰恰是存在主义最注重的地方。"存在主义和马克思主义的目标是同一个,但后者把人吸收在理念之中,前者则在他所在的所有地方,即在他工作的地方、在他家里、在街上寻找他。"③

　　萨特把当代马克思主义哲学陷入经济决定论在理论上的重要原因归结为,方法论上用先验的阶级分析模式去分析具体历史中的人的各种表现,缺乏把普遍和个别、历史和个人联系起来的中介理论,因此补充完善马克思主

---

① ［法］让·萨特:《辩证理性批判》(上),林骧华等译,安徽文艺出版社,1998年,第141页。

② 同上,第21页。

③ 同上,第27页。

义哲学必须重视从联系普遍和个别、历史和个人的中介因素的研究入手。他所说的"中介因素"既包括横向中介因素,也包括纵向中介因素。横向中介因素主要是指具体个人的诸种生活因素,如家庭、心理、情感、两性关系等,主要是研究人的某一阶段及这一阶段的生活状态;纵向中介因素主要是指研究个人的生存史和生活史。他们在方法论上分别对应于心理分析和社会学分析,其核心就是要求对人的研究从微观和宏观两个维度展开,既研究个人经历对人的行为的影响,又研究社会对人的影响。基于以上认识,萨特提出了他的"前进-逆溯方法"。所谓"前进-逆溯方法"也被他称为"一来一往"的方法,即既要坚持马克思主义哲学从人类社会历史出发来研究人,又要吸取存在主义从人出发来研究人类社会历史。因为单纯的"前进方法"只从社会历史来解释人,必然会导致机械决定论和经济主义的错误;单纯的"逆溯"方法脱离社会历史来解释人,必然会陷入唯心主义而丧失使其研究的合理性。他主张必须把马克思主义与存在主义结合起来,才能避免当代马克思主义哲学和存在主义对人的分析割裂宏观分析和微观分析的缺陷,克服当代马克思主义的危机。萨特实际上把马克思主义哲学解释为一种人学,进而提出了他的"人学辩证法"和"历史人学"。

　　萨特反对像恩格斯所主张的自然辩证法那样脱离人、脱离实践谈论辩证法,强调辩证法只能存在于人的实践活动中,强调只能存在以人的实践为基础的"人学辩证法",如果承认自然界有辩证法,必然会限制人的自由和主观能动性的发挥。这是因为:第一,由于人类的理性和知识水平的限制,还无法肯定或否定自然辩证法的存在,这就决定了肯定自然辩证法的主张必然是超科学的。关键是任何认识都不能脱离人,因此脱离人来谈论自然辩证法,只会使辩证法变成脱离人的抽象教条和形而上学的公式;第二,肯定自然辩证法,必然会导致像苏俄马克思主义那样,使人屈从于外部世界的规律而否定人的主观能动性和人的自由的发挥,无助于马克思主义者所寻求的革命;第三,持自然辩证法观点的人一方面把人的思想强加于自然,然后又把从自然界得到的知识强加于人之上,这实际上把自然置于人之上。基于上述原因,萨特强调立足个人的实践,立足人的主观性来谈论和解释辩证法,只存在"人学辩证法",不可能存在脱离人和人的实践活动外在于人的"自然辩证法"。

　　他由此从两个方面阐发了他所主张的"人学辩证法"的内容:第一,个人实践是辩证法的源泉。辩证法只能同个人的实践活动相联系而存在,它不是客观对象所具有的,而是人所创造的。自然界是外在于人的世界,不可能是辩证法的源泉。当代马克思主义不是从个人实践中,而是从个人以外的世界中去寻找辩证法,这样的辩证法只能是离开人的抽象的形而上学的公式。第二,由人的实践活动而形成的各种相互关系的总体状况,即"总体化"是辩证法的实质和内容。个人实践是实现总体化的前提,辩证法也只能存在于"总体化"中。这里所说的"总体"是由各部分组成的,但不是它们的总和,它是各部分的综合统一。这种总体化只能存在于人类社会,而不存在于自然界。个人的总体化造成了社会的总体化, 个人的总体化又体现在个人的实践活动中。由个人实践所实现的从个人到社会的总体化运动,就是辩证法的含义。从萨特的"人学辩证法"的内容以及他反对自然辩证法的态度看,他看到了苏联模式的马克思主义存在着经济决定论、机械决定论的错误倾向,忽视对人的微观研究,造成了只看到人的社会性,看不到人的个性的缺陷;与此相应,苏联模式的马克思主义哲学在考察社会历史规律时,比较重视历史发展的必然性和规律性,忽视了社会历史规律和自然规律的不同,忽视了社会发展中的偶然因素的影响。可以说,萨特的这些批评是合理的。但他认为马克思主义本身存在着"人学的空场",则是不符合马克思主义哲学的实际的。因为马克思主义哲学产生于马克思和恩格斯对资本主义制度和生产方式下人的生存异化状况的揭示,其目的就是最终通过变革资本主义社会,建立共产主义社会实现人类的自由和解放。从这个意义上说,马克思主义哲学不是西方哲学意义上的抽象的人学,而是立足对资本主义社会现实的分析,探讨如何实现人的自由解放的实现途径的真正意义上的人学。

　　以"人学辩证法"为基础,萨特提出了以"匮乏"和满足需要为社会发展的动力,以"异化"和克服异化为内容的社会历史观,即他所谓的"历史人学"。他的"历史人学"包括两大结构:具体的人学结构和普遍的人学结构,并依次对应于"构成辩证法(个人实践辩证法)、反辩证法(实践-惰性)、被构成辩证法(集团辩证法)"三个发展阶段。

　　所谓具体的人学结构主要是建立在个人实践基础上,人们为了解决"需要"和"匮乏"的矛盾而形成的人与自然、人与人之间的关系。在萨特看来,由于需要和匮乏的矛盾，一方面使得个人在实践活动中必然受自然规律的制约，使得人的主体性异化为客体性；另一方面也使得人们为了克服匮乏而彼此争斗，既造成了阶级对立和阶级斗争，又造成了人与人关系的异化，从而形成了以个人实践为基础的"实践-惰性的结构"。人们认识到只有消灭这种"实践-惰性的结构"，人类才能获得自由和解放，由此人类社会历史就过渡到了"历史人学"的第二阶段——"集群"阶段，也就是他所说的普遍的人学结构阶段。

在"集群"阶段，人们为了克服匮乏而结成集群，但这种集群只是为物质利益所支配而缺乏共同利益的、缺乏统一主体的、无力的人们的集合状态，它只是单纯个人实践的总和，并非真正的集体。由于在这一阶段个人实践和个人实践的"构成的辩证法"被否定，萨特又把这一阶段称为"反辩证法"阶段，这就决定了人们从恢复人的主体能动性出发，必然会起来反对"集群"对个人的支配和否定，人类历史就进入"历史人学"的第三个阶段——"集团"阶段。

与"集群"阶段人与人之间缺乏共同的利益和共同的目标的松散状态不同，"集团"阶段则是为了共同的利益、共同的目标，从而形成的把共同利益和共同目标联系在一起的共同实践而形成的集团，属于真正的集体，它依次经历"融合集团""誓愿集团"和"制度集团"三个发展阶段。所谓"融合集团"是指由于人们受到外来威胁，意识到自我和他人之间的共同性，进而认识到必须通过集团中的成员发誓，自愿为共同利益而牺牲自己的自由，共同行动才能解除威胁形成的集团。集团为了保持誓愿不被破坏共同实践，不惜用集团内部的恐怖来维持其自身。因此，"誓愿集团"实际上就是以集团内部的恐怖代替外部的恐怖，并对集团内违背誓言者实施恐怖。为了使集团有效地发挥作用，誓愿集团又发展为"组织集团"。"组织集团"的特点是把工作分给各个成员，由集团的综合权力把各种不同的机能联结起来。在这个阶段，由于人失去了自由，就存在着走向"集群"的可能性。为了防止集团的集群化，"组织集团"便发展为"制度集团"。所谓"制度集团"，就是通过明确的规章制度把集团内部的各种关系法制地规定下来，并在非有机的制度中，把各成员之间的关系固定化，这就产生了作为制度的制定者和支配者的统治集团和主权者（领袖），这就会带来两个相互矛盾的结果：一是集团的组织结构得以巩

固并有了最高的统一形式,但同时却产生了统治者与被统治者之间的分裂,
导致了人的社会异化加深。因为在"制度集团"中,每一个人不是将自己的
自由权利让渡给集体,而是将它交给一个统治者。"制度集团"由于统治者的
主观意志和多种制度环节的作用,使得个人的主观目的和集团的共同目标
不一定相契合,这种相互背离的状态发展的结局就是官僚主义的产生。而且
随着制度化和权力越来越集中,成员个人的自由就可能会完全丧失,个人甚
至会成为某种权威人格的崇拜者。萨特最后的结论是:制度集团的基本内核
是"共同实践",但这种"共同实践"最终却导致了个人自由陷入集权主义的
异化中,并为社会统治提供了基础。因此,"制度集团"既是个人存在之所必
须,同时又导致个人自由的异化。可以看出,萨特对马克思主义哲学的人学
解读的目的是克服当时马克思主义阵营对马克思主义哲学的经济决定论和
教条主义的理解,要求把马克思主义注重宏观分析与存在主义注重微观分
析的方法结合起来,通过研究具体的人的生存境遇揭示历史发展的规律。但
他把人类历史发展的动力归结为"需要"与"匮乏"之间的矛盾,看不到生产
力与生产关系的矛盾才是人类历史发展的基本动力,由此把人类社会历史
归结为异化和克服异化的不断循环的发展过程,既无法找到人的异化产生
的现实根源,更无法找到西方人自由和解放的现实之道,而且也意味着他实
际上把马克思主义哲学解释为一种反抗异化和实现人的自由解放为目的的
抽象的哲学人类学。

列斐伏尔主要是借助对《1844 年经济学哲学手稿》的解读批判资本主义
社会将人的生存异化为碎片,要求通过日常生活批判,回归到"总体存在"的
人。众所周知,马克思在《1844 年经济学哲学手稿》一书中提出了异化理论及
其四种表现形式,批判了资本主义社会造成了人与自然、人与人的异化,进
而提出了通过废除私有制和私有制支配下的社会分工,实现人与自然、人与
人之间关系的和解,把共产主义规定为"彻底的自然主义"和"彻底的人道主
义"的有机统一。列斐伏尔通过继承和发挥马克思在《1844 年经济学哲学手
稿》一书中的上述思想,提出了"总体的人"的观念,并从三个方面论证"总体
的人"的重要性。

首先,列斐伏尔反对孤立的研究方法,指出孤立的研究方法只会导致机
械决定论和唯心主义的结局,强调哲学应当坚持"总体"的研究方法。"哲学

态度的片面性是由它最初方法上的局限性所决定的。唯心主义不讲内容只讲纯粹活动,因而必然导致这种活动'形式化'。实证主义、经验主义和朴素唯物主义则撇开活动首先考虑目的、论据或事实,因而置活动于不顾,限制了实际的存在。"①他强调哲学应当遵循总体的研究方法,这一方法的特点是要求"自觉和正确地实行局部和整体的结合,不能忽视问题的任何一个方面。孤立的存在物应该在它与整体的全部关系中得到重现"②。马克思主义哲学机械决定论就是因为它把"总体性原则"作为其方法论基础,坚持从总体中的主客体相互作用的辩证法去把握世界的存在。

其次,列斐伏尔强调,是"总体化"的实践活动把世界二重化,在人类既受制于自然,又改造自然的实践活动基础上,实现人类与自然的统一。列斐伏尔认为,正是基于人类实践的总体化活动把人类从自然中分化出来,形成了人类同自然的对立,人类一方面认识到受制于自然,另一方面又通过创造性的劳动使自然人化,从而实现人类与自然界的统一。"人是在同他物相比之中,在否定自己并被自己所否定的、然而却与人紧密地联系在一起的东西,即自然界之中诞生并认识自己的。人先是与自然界揉和在一起,然后再逐渐增强并超过了自然,并为自己创造了一个人类的自然界。"③

最后,列斐伏尔批判了资本主义社会产生了人的异化和破碎化。在列斐伏尔看来,由于资本主义社会是一种追逐金钱的私有制社会,无产阶级就被排斥在社会之外,异化为资本追求金钱的工具,人的创造性劳动异化为谋生的手段,这就意味着"人类的共同生活被破坏了。创造性的活动成了一种使个人从集体中分离出来的手段。特别是,集体成了掌握生产资料的人的工具"④。基于以上认识,列斐伏尔提出了消除异化,回归"总体的人"的主张。

列斐伏尔认为,马克思在《1844年经济学哲学手稿》一书中就提出了"总体的人"的概念。因为马克思强调:"人是特殊的个体,并且正是人的特殊性使人成为个体,成为现实的、单个的社会存在物,同样,人也是总体,是观念

---

① ［法］H.列斐伏尔:《人类的产生》,载《西方学者论〈一八四四年经济学—哲学手稿〉》,复旦大学哲学系现代西方哲学教研室编译,复旦大学出版社,1983年,第167页。

② 同上,第173页。

③ 同上,第189页。

④ 同上,第195~196页。

的总体,是被思考和被感知的社会的自为的主体存在,正如人在现实中既作为对社会存在的直观和现实享受而存在,又作为人的生命表现的总体而存在一样。"①但是资本主义社会的异化却使"总体的人"变成了破碎化的人,因而马克思提出了回归"总体的人"的共产主义社会的设想。列斐伏尔在其三卷本的《日常生活批判》和《空间的生产》等著作中进一步论述了如何通过"日常生活批判"来克服异化,回归他的"总体的人"的理论主张。他的"日常生活批判"主要侧重于对自发的、隐秘的、人们日常生活的异化批判,并追求的是个人微观心理的解放,从而把马克思"以类哲学与阶级哲学为平台的现代社会批判与解放设计方案,亦即一种波澜壮阔的宏观历史哲学批判视野,改造成一份以个人的日常生活为平台的、平凡而细微的现代性解放与批判的清单"②。列斐伏尔反对那种把日常生活看得无关紧要的观点,也反对对日常生活展开实证的和狭隘的社会学研究,强调日常生活不仅是人们活动的场所,而且是人们实现自身的场所,属于社会总体的内在组成部分,这就决定了把握社会生活总体就不能缺乏对日常生活的批判。他进一步强调他的日常生活批判不过是继承和深化了马克思的批判传统。因为在列斐伏尔看来,马克思所说的改造世界在本质上就是改造日常生活,他的日常生活批判理论不过是把马克思批判理论的侧重点从注重政治经济学的宏大批判进一步深化为对日常生活的微观批判。

列斐伏尔日常生活批判理论经历了一个发展过程,在他早年的《日常生活批判》第一卷中,他依然受马克思主义解释框架的影响,把日常生活的内容主要理解为物质生活,人的解放就是要摆脱人在日常生活中受物质匮乏和政治奴役的制约;在他思想的中后期,他逐渐认识到现代性的发展和物质财富的增多不仅没有使人走向解放,相反形成了一种对人的新的控制,因此他把当代西方社会看作"消费被控制"的"消费社会",人们受控制和压抑集中体现在日常生活中。基于以上认识,列斐伏尔强调只有从日常生活批判出发,才能最终解决现代社会对人的总体控制和压抑,实现人的解放,使人回归到"总体存在的人"。可以看出,列斐伏尔在中后期思想中更加重视对日常

---

① 《马克思恩格斯文集》(第一卷),人民出版社,2009 年,第 188 页。

② 刘怀玉:《现代性的平庸与神奇:列斐伏尔日常生活批判哲学的文本学解读》,中央编译出版社,2006 年,第 34 页。

生活的微观分析，并力图把对日常生活的微观分析同实现社会总体的自由和解放结合起来。列斐伏尔是从三个方面强调"总体"概念对于实现人的自由和解放的重要性。具体来说：第一，强调坚持"总体研究方法"的重要性，指出只有坚持"总体研究方法"，才能克服机械论和唯心主义的片面性；第二，批判资本主义社会把"总体存在的人"异化为破碎化、片面存在的人，提出通过日常生活批判，使人从资本主义社会对人的总体控制和压抑下解放出来的理论主张；第三，他提出了"总体存在的人"的概念，并使这一概念成为他批判资本主义社会异化的理论工具。他把"总体存在的人"看作"有生命的主体–客体，是起初被弄得支离破碎，后来又被禁锢在必然和抽象之中的主体–客体。总体的人经历了这种支离破碎走向自由，它变成自然界，但这是自由的自然界。它像自然界一样成了一个总体，但又驾驭着自然界，总体的人是'消除了异化'的人"①。

列斐伏尔在《辩证唯物主义》一书中强调，正是人类实践在把世界二重化的同时，又实现人类与自然的统一，认为要真正把握人类与自然的关系，就必须反对唯心主义和机械决定论的孤立、片面的研究方法，而应当坚持"总体性"的方法，这是因为只有"当人们把全部物体当做一个总体研究的时候，存在物就比以往被孤立地研究时更高级，使人们在实践阶段中研究的活动就有了新的定义和有了一种更高级的内容和形式"②，并把马克思主义哲学解释为一种以实践为基础，以克服异化和实现人的自由解放为目的的总体性理论。列斐伏尔强调，马克思主义哲学是通过实践活动实现人类社会与自然界的辩证统一，一方面人类是自然的组成部分和自然发展到一定阶段的产物，另一方面人类为了满足自己的需要，又通过实践活动利用和改造自然，因此人类的历史就是"独立于自然之内与自然作斗争，从自然中脱胎而出的历史。在这一历史过程中，人类把自己凌驾于自然之上并统治自然。……人类以自己为中心改造自然并使自然也转换成人类的一部分，人类以自然界为对象创造着自然，把自己变成自然界而又把自然界变成人

---

① ［法］H.列斐伏尔：《人类的产生》，载《西方学者论〈一八四四年经济学—哲学手稿〉》，复旦大学哲学系现代西方哲学教研室编译，复旦大学出版社，1983 年，第 197 页。

② Henri Lefebvre，*Dilalectical Materialism*，University of Minnesota Press 2009，p.115.

类"①。列斐伏尔把这一方法运用于阐释马克思的《1844 年经济学哲学手稿》，指出资本主义社会是一个崇拜金钱，使无产阶级异化为资本追逐金钱的工具，所谓人的解放就是要破除资本主义社会中人的异化和破碎化现象，使人回归到"总体的人"的生存状态。可以看出，列斐伏尔在这里实际上是从哲学研究方法论、以实践为基础的人类与自然之间相互作用形成的总体性关系、资本主义社会的异化与回归"总体的人"三个维度强调"总体性"问题的。在列斐伏尔看来，马克思主义哲学把"总体的人"看作以实践为基础，实现了主客体统一和消除了异化的人，这种异化的消除就是人性的复归，它不仅意味着"总体的人"的实现，而且是彻底的自然主义和人道主义的统一。

在《马克思主义的当前问题》《日常生活批判》和《马克思的社会学》等著作中，列斐伏尔反对对马克思主义哲学的经济决定论和教条主义的解释，强调马克思主义哲学是以实践为基础，反抗异化和实现人的自由和解放的实践唯物主义哲学。列斐伏尔认为，对马克思主义哲学的经济决定论的解释否定了实践、辩证法和异化在马克思主义哲学中的核心地位，造成了马克思主义哲学公式化、贫乏化和教条化，导致了马克思主义哲学的危机。在教条主义和政治实用主义的指导思想下，人们对待马克思主义哲学的态度只有保持沉默或固守教条，"与其为了宣传而糟蹋哲学倒不如保持沉默为妙吧。在不遵守教条主义的时候，他们使哲学迁就情况的需要，迁就作为武器的意识形态和政治上的论争。这是一种随机应变的哲学机会主义；它以一种表面上的教条主义掩护自己；它不能不这样；它随声附和权威者的口气；它甚至根本不是什么教条主义。他们就是这样摇摆于教条和没有教条之间"②。列斐伏尔认为，这种把马克思主义教条化的背后是"简单的经验主义、容易摆布的主观主义、教条主义、专制的教条主义，这种教条主义的哲学基础是斯大林主义对马克思主义的解释"③。列斐伏尔强调，既不能把历史唯物主义归结为一种经济决定论，也不能把历史唯物主义解释为一种超历史的哲学，马克思

---

① Henri Lefebvre,*Dilalectical Materialism*,University of Minnesota Press,2009,p.106.

② ［法］亨利·勒斐弗尔：《马克思主义的当前问题》，李元明译，生活·读书·新知三联书店，1966年，第 24 页。

③ ［法］亨利·列斐伏尔：《日常生活批判》（第 1 卷），叶齐茂等译，社会科学文献出版社，2018年，第 48 页。

主义哲学应当"被定义为一种具有历史内容和(社会的)实践内容的概念的哲学,也是这些概念的总和"①。列斐伏尔由此把马克思主义哲学归结为以实践为基础,以反抗和消除异化,以实现人的自由和解放的总体性理论。

三、阿尔都塞和柯亨对马克思主义哲学的科学主义解读

对马克思主义哲学的科学主义解读,是伴随着以阿尔都塞、分析学马克思主义为代表的科学主义流派的西方马克思主义的产生和发展形成的。其中阿尔都塞和柯亨的观点最具有代表性,因此我们主要通过论述他们的马克思主义哲学观,来阐明对马克思主义哲学的科学主义解读的基本特点。

(一)阿尔都塞的马克思主义哲学观

阿尔都塞对马克思主义哲学的解释与他所处的社会历史条件和马克思主义阵营中的理论争论存在着密切的关系。具体来说:一方面,当时马克思主义阵营存在着把马克思主义理论教条化和政治实用主义化的现象,人们不是去从理论上坚持、丰富和发展马克思主义理论,而是流行将马克思主义哲学解释为一种经济决定论和历史目的论的做法,并使马克思主义理论沦为论证党的方针政策的工具;另一方面,苏共二十大揭示了现实社会主义运动中存在的"个人迷信""个人集权"等缺陷,人们开始用抽象的人性和人道主义解释马克思主义理论,不仅使得"人道主义的马克思主义"思潮得以流行,也引发了马克思主义阵营关于马克思主义与人道主义关系的激烈争论。阿尔都塞就是在这种背景下介入当时的马克思主义的争论的。

对于阿尔都塞而言,他理论研究的目的是既要捍卫马克思主义理论的科学性,又要处理马克思主义理论的科学性与意识形态职能的关系。为了解决上述问题,阿尔都塞提出了"理论总问题"和"科学与意识形态对立论"的哲学研究方法论。所谓"理论总问题",在阿尔都塞那里就是理论家理论思考

---

① 〔法〕亨利·勒斐弗尔:《马克思主义的当前问题》,李元明译,生活·读书·新知三联书店,1966年,第50页。

的思维方式和理论生产方式,它不仅决定了一个理论体系的性质,而且理论的变革就体现为"理论总问题"之间的转换和质的中断。由于"理论总问题"隐藏在理论文本的深处,这就决定了我们要把握"理论总问题"就必须透过理论文本的白纸黑字,用"征兆阅读法"将它从理论文本的深处挖掘出来。立足"理论总问题"的研究方法,阿尔都塞认为科学和意识形态是两种完全不同的"理论总问题"。按照他的说法,"科学"则是对客观外部世界的正确反映,"科学(科学是对现实的认识)就其含义而言是同意识形态的决裂,科学是建立在另一个基地之上,科学是以新问题为出发点而形成,科学就现实提出的问题不同于意识形态的问题,或者也可以说,科学以不同于意识形态的方式确定自己的对象"①。与科学提供科学认识不同,意识形态则代表阶级的利益,本质上是一种"虚假意识",不承担提供科学认识的职能。阿尔都塞把"理论总问题"方法和"科学与意识形态对立论"的原则运用于马克思主义思想发展史和马克思主义理论研究中,认为马克思的思想发展史中存在着一个从意识形态理论总问题到科学理论总问题转换的所谓"认识论的断裂"。阿尔都塞把支配近代哲学理论思考的总问题归结为人道主义,强调人道主义的理论总问题属于非科学的意识形态,青年马克思正是在人道主义理论总问题的支配下思考政治和历史,马克思在 1845 年创立了包括生产力和生产关系、经济基础和上层建筑以及社会形态等在内的历史唯物主义理论总问题,与人道主义理论总问题断裂,才创立历史唯物主义科学的。阿尔都塞既反对从人、人性出发解释马克思主义理论,也反复强调马克思正是与以黑格尔为代表的近代哲学断裂后,建立历史唯物主义科学的。因此,他反对马克思主义哲学史上关于马克思与黑格尔关系的"颠倒说",强调不能认为马克思实现了对黑格尔哲学的颠倒,用物质决定精神代替黑格尔的精神决定物质,黑格尔哲学就变成了马克思主义哲学,这种解释既不符合马克思与黑格尔关系的实际,也必然导致把马克思主义哲学解释为一种经济决定论和历史目的论。在他看来,马克思是通过对黑格尔哲学的彻底改造,既改造了黑格尔哲学的术语以及术语之间的关系,又改造了黑格尔哲学的历史观和辩证法,反对黑格尔哲学建立在绝对精神基础上的"一元决定论",建立了经

---

① [法]路易·阿尔都塞:《保卫马克思》,顾良译,商务印书馆,2006 年,第 66 页。

济因素归根到底的决定作用,又肯定上层建筑的相对独立性和反作用的"多元决定论"。只有这样才能划清马克思主义理论与近代哲学的原则区别,一方面避免用人道主义理论总问题理解和解释马克思主义理论,避免贬损马克思主义理论的科学性;另一方面也避免把马克思主义理论解释为经济决定论和技术还原论,从根本上捍卫马克思主义理论的科学性。

阿尔都塞把马克思主义理论划分为历史唯物主义科学和辩证唯物主义哲学两部分。他认为,历史唯物主义科学已经以科学的理论形态存在,在其特征上看,它是理论上的"反人道主义、反经验主义和反历史主义";从理论内容上看,是由经济结构起归根结底的决定作用,政治结构和文化上层建筑结构具有反作用和相对独立性的"多元决定论";从功能上看,它主要承担提供科学认识的任务。辩证唯物主义哲学则是以实践的状态存在,需要我们进一步从理论上总结和阐发,它并不提供科学认识,只承担马克思主义理论的意识形态功能。阿尔都塞由此通过考察科学与哲学的关系,阐发他对辩证唯物主义哲学内涵的理解。在科学与哲学的关系问题上,阿尔都塞强调新哲学的产生总是科学发现的回响,新哲学是依靠科学的诱发而产生和发展的,因此哲学总是落后于科学,历史上的每一次科学发现都引起了哲学的巨大变革。在马克思以前,已有数学和物理学两个大陆向科学认识打开了大门,它们分别导致了哲学的产生(泰勒斯)和哲学的改造(笛卡尔)。

依据以上看法,阿尔都塞提出了三个论点:第一,马克思创立了历史唯物主义科学,这就必然引发哲学上的改组,这种改组最早在《关于费尔巴哈的提纲》中已经有所体现。第二,由于哲学是依靠科学的诱发而产生和发展的,这就决定了马克思主义哲学必然落后于历史唯物主义科学。阿尔都塞由此批评当时的人本主义的西方马克思主义理论家从《关于费尔巴哈的提纲》的第十一条关于"哲学家们只是用不同的方法解释世界,而问题在于改变世界"的论断出发解释马克思主义哲学的做法。"半个多世纪以后拉布里奥拉,接着葛兰西都是这样理解它的,他们两人都把马克思主义基本上说成是一种新的哲学,一种'实践哲学'。然而,我们必须承认,这句带有预言性的话并没有马上产生出任何新的哲学,无论如何没有产生出任何新的哲学言说,完全相反,它只是开始了一个长时期的哲学沉默。"①这一点在《关于费尔巴哈的提纲》和《反杜林论》之间的长达三十年的荒废与空白时期已经得到了证明。在这个问题上,马克思主义发展史上的后来者依然踏步不前。第三,马克思主义哲学既然落后于历史唯物主义科学而存在,这就决定了我们应当以历史唯物主义科学为基础阐发马克思主义哲学。辩证唯物主义哲学之所以落后于历史唯物主义科学既与上述哲学与科学的关系有关,也与马克思因忙于科学研究和政治领导,没有时间和精力写出马克思主义哲学的辩证法有关;恩格斯则是因为在哲学上仓促应战资产阶级的意识形态论战,没有写出马克思主义哲学的辩证法;列宁则是不得不以敌人的武器回击资产阶级哲学的意识形态斗争,他们都没有机会写出马克思主义哲学的辩证法。这就意味着如何从理论上阐发马克思主义哲学的内涵,就是后人的责任和任务。

阿尔都塞以列宁关于"没有革命的理论,就没有革命的实践"的论述为基础,强调如果不从理论上阐发辩证唯物主义哲学的内涵,就必然会在工人运动中产生各种理论偏差,如经济主义、渐进主义、唯意志论、人道主义、经验主义、教条主义等错误倾向。为了捍卫马克思主义理论的科学性,他一方面把历史唯物主义科学严格限制在思维领域,只承担提供科学认识的职能,以避免马克思主义的政治实用主义;另一方面他又强调辩证唯物主义哲学不用提供科学认识,只具有意识形态职能。基于以上认识,他在《保卫马克思》一书中,认为科学认识的形成必然要受到非科学的意识形态的缠绕和影响,因而提出辩证唯物主义哲学是关于"理论实践的理论"的命题,认为任何科学在其发展过程中都会受到唯心主义和各种意识形态的威胁和玷污,科学必须同它们作不懈的斗争。因此,科学只有在不断清除唯心主义,不断摆脱意识形态的缠绕才能存在,真正成为自由的科学。辩证唯物主义哲学在形成科学认识过程中具有反对非科学的意识形态的职能,强调的是辩证唯物主义哲学的科学方法论的指导。他的这个命题被批评割裂了马克思主义理论与工人运动的联系,犯了"理论主义"的错误,因此他在《列宁和哲学》一书中,强调辩证唯物主义哲学在世界观争夺中的作用,根据列宁的哲学党性原则的思想,强调哲学与政治的联系主要在于,"哲学是政治在一定领域、面对

---

① [法]路易·阿尔都塞:《列宁和哲学》,杜章智译,台湾远流出版公司,1990 年,第 43 页。

一定现实、以一定方式的继续,哲学在理论领域,或者更确切地说,同科学一起展现政治;反过来,哲学在政治中,同从事阶级斗争的阶级一起展现科学性"①,并最终提出辩证唯物主义哲学就是"理论领域的阶级斗争"。

为了进一步批评对马克思主义哲学的经济决定论、技术还原论和历史目的论的解释,晚年阿尔都塞提出了"偶然相遇的唯物主义"哲学的理论主张。他提出这一理论主张既与他早年在《论黑格尔思想中的内容概念》一文中对黑格尔"虚空"概念的阐发存在着密切的关系,也是他力图反对对马克思主义哲学的经济决定论和历史目的论的解释的结果。阿尔都塞在《论黑格尔思想中的内容概念》一文中认为,黑格尔把真理看作不断生成的历史过程,其开端是"虚空",并把这种"虚空"看作真理发展的原动力。黑格尔的真理理论包括"存在论""本质论"和"概念论"三个阶段。"存在论"作为其真理理论的开端,是以完全虚无的"纯存在"开始的,实际上就等于"无",并通过"无"转化成"有","有"与"无"之间的辩证法得出了"变"的概念,以此为基础产生了"质""量"和"度"的概念,以及"质量互变规律"。由于"存在论"阶段是人们对事物表面现象的认识,要进入对事物本质的认识,而对事物本质的把握就进入"本质论"阶段,要把握事物的本质就必须利用"反思"和概念,由此进入到"概念论"阶段。如果"存在论"和"本质论"阶段是绝对理念的客观阶段,那么"概念论"则是人们对绝对理念的主观把握。黑格尔由此提出了"真理是主客观性与概念的统一""真理是具体的""真理是一个过程"等命题。正是根据他对黑格尔真理论的阐释,阿尔都塞强调真理具有历史维度,"在这一维度上,我们所知道的只是既定物乃是一种虚无。只有在反思的时刻,我们能够看到这种虚无的存在性的凸显;只有在这个时候,在既定物中经历过来的那个始源性的空乏,才会把其自身的内容赋予其自身"②。阿尔都塞在这里实际上把"虚无"看作一个本体论的概念,并认为"虚无"一定会发展成为具有内容的真理。

"虚无"概念不仅影响他后来的理论思考,并成为他建构"偶然相遇的唯物主义"哲学的重要理论资源,基于以上认识,阿尔都塞批评恩格斯关于哲

---

① [法]路易·阿尔都塞:《列宁和哲学》,杜章智译,台湾远流出版公司,1990年,第69页。

② [法]路易·阿尔都塞:《黑格尔的幽灵:政治哲学论文集》(Ⅰ),唐正东等译,南京大学出版社,2005年,第76页。

学基本问题的论述。恩格斯在《路德维希·费尔巴哈和德国古典哲学的终结》一书中,把思维和存在的关系问题看作哲学的基本问题,并以如何回答这个问题作为划分唯物主义和唯心主义的标准。阿尔都塞把这种观点看作一种建立在实体论的哲学观的基础上的哲学本质论和历史目的论思维的结果。所谓实体论哲学就是认为变动不居的世界背后有个永恒的实体,以这种哲学观为基础关于哲学基本问题的划分实际上是把唯心主义和唯物主义看作关于世界起源和意义的学说,其实质是一种表现本质论、必然性和目的论的近代理性主义哲学,立足这种哲学立场解释马克思主义哲学必然使马克思主义哲学陷入历史决定论和历史目的论的失误中。

　　为了反对这种对马克思主义哲学的理解,阿尔都塞认为,还存在被遮蔽了的与强调本质、开端、目的的理性主义哲学传统相反,偏爱分散、紊乱和偶然性的哲学传统,这一哲学传统开端于伊壁鸠鲁,并通过斯宾诺莎、马基雅维利、卢梭发展,马克思则将这一传统发展到最高峰,他的任务就是要挖掘和阐发这一哲学传统的内容与意义。与德谟克利特强调原子运动的必然性观念不同,伊壁鸠鲁强调世界是由于原子发生偏斜运动相互碰撞而形成世界的,世界上"事实的完成仅是偶然性的结果,因为它依赖根源于偏斜的原子的偶然相遇"①。这就意味着世界起源于偶然性,并不存在理性主义哲学所说的那种必然性的规律。

　　马基雅维利是这一哲学传统发展第二阶段的代表人物。如何寻找新君主,使四分五裂的意大利建立统一的民族国家,是马基雅维利面临的时代问题。在解决这一问题的过程中,马基雅维利拒绝了关于国家起源于自然状态的自然法政治哲学传统和理论,而是将这一问题置于理论虚空中思考,并把新君主能否产生,统一的民族国家能否建立,取决于空无、幸运与能力能否相遇,以及能力是否能够掌控幸运等条件。能力是这三个条件中最重要的条件,但能力要变为现实离不开偶然性和幸运的作用,阿尔都塞由此强调了"偶然性"在政治实践中的巨大作用。

　　斯宾诺莎被阿尔都塞看作"偶然相遇的唯物主义"哲学发展的第三个代

---

①　Louis Althusser,*Philosophy of the Encounter:Later Writings*,1978—1987,Translated by M. Goshgarian ,London:Verso,2006,pp.169-170.

表性人物。因为斯宾诺莎哲学不仅与黑格尔一样认为世界既没有开端,也没有起源,而且把意识形态看作一种幻想,并拒绝近代资产阶级所臆造的"主体"范畴。更为关键的是,斯宾诺莎具有反西方理性主义哲学传统的特点,这体现在斯宾诺莎把永恒、唯一、无限和以自身为原因的实体看作神(上帝),又提出"神即自然"的命题,但这里他所说的上帝或神不像笛卡尔那样是外在于世界的超验的东西,而是强调神在世界中,世界也在神之中,神(上帝)并没有创造同它分离或独立于它的某种东西。"上帝"这一实体虽然有多种属性,但人的认识能力只能把握广延和思想两种属性,它们之间又是绝对独立、平行发展的,但它们涵盖了世界所有可能性与不可能性的范围,人之所以形成认识就是思维与广延的"相遇"。阿尔都塞认为,斯宾诺莎从存在论角度对世界可能性问题作了描述之后,又从知识论的角度对近代知识论哲学存在的合法性进行了质疑。因为在斯宾诺莎看来,广延和思想两种属性之间是绝对独立、平行发展的,使得知识如何形成成了问题。阿尔都塞强调,正因为斯宾诺莎哲学强调"虚无"、反对主体论和目的论、反对近代哲学的传统,因而构成了"偶然相遇的唯物主义"哲学发展的第三阶段。

　　阿尔都塞进一步强调马克思代表了"偶然相遇的唯物主义"哲学发展的高峰,这突出体现在马克思的"生产方式"概念上。在本质论和目的论的哲学唯物主义思维方式的支配下,历史唯物主义被解读为关于生产力和生产关系、经济基础和上层建筑矛盾运动所推动的人类社会发展一般规律的学说,把人类社会的历史看作由社会基本矛盾所决定的必然性规律。阿尔都塞强调这种对生产方式的本质主义的解释,并不符合马克思的原意,他甚至把这种解释斥之为一种"假唯物主义"。由此,他提出建立在"偶然相遇的唯物主义"哲学基础上的生产方式概念。在他看来,马克思所谓的生产方式,实际上就是各种特殊要素的偶然结合。这些要素是"货币的积累(通过有钱人),生产技术方式的积累(工具、机器和部分工人的生产经验),生产原材料的积累(自然)和生产者的积累(被剥夺所有生产工具的无产者)"[1]。而资本主义生产方式在马克思看来就是"'货币所有者'与被剥夺的只剩劳动力的无产阶

　　① Louis Althusser,*Philosophy of the Encounter:Later Writings*,1978—1987,Translated by M. Goshgarian ,London:Verso,2006,p.198.

级的'相遇'"①。这种碰巧发生的"相遇"构成了资本主义生产方式,使马克思才有可能去研究价值规律、交换规律、周期性的危机规律、资本主义生产方式的危机与衰退规律、由阶级斗争规律所支配的社会主义的过渡规律等资本主义生产方式的发展规律。正由于包括资本主义生产方式在内的所有的生产方式都是多种因素偶然相遇形成的,而这些因素又具有各自独立的历史,这就意味着这些历史之间并无有机的和目的论的关系。阿尔都塞由此进一步论述了马克思"偶然相遇的唯物主义"哲学的内涵。阿尔都塞把"相遇"看作世界万物存在的原因,并认为这种"相遇"不受任何目的的支配,完全是一系列"偶然"的结果。在此基础上,阿尔都塞反对把唯心主义和唯物主义看作在世界起源和意义问题上两种对立的学说,认为如果这样理解唯物主义并用于分析人类社会历史的话,必将导致一种目的论的社会历史观,由此导致一种历史决定论和历史目的论的马克思主义观,而这恰恰是阿尔都塞一直反对的观点。

这可以体现在:在《保卫马克思》一书中对当时的青年马克思思想争论中流行的目的论研究方法展开了坚决的批判,对马克思与黑格尔目的论思想的严格区分和对历史唯物主义"多元决定"的解释上;在《列宁和哲学》一书中明确提出历史是一个"无主体"的历史过程的命题,强调历史是由生产关系的结构所决定,与人的主观目的毫无关系;在《读〈资本论〉》一书中对建立在历史目的论基础上的历史主义的批判,并提出马克思主义是一种"反历史主义"的命题。而在晚年阿尔都塞那里,又面临如何批驳波普尔将历史唯物主义归结为一种历史决定论的责难,认为"历史决定论"的缺陷在于把社会科学只能预测社会发展的趋势错误地认定为历史有类似自然规律那样的规律。正是为了克服对历史唯物主义的目的论解释和回应波普尔的批评,阿尔都塞把马克思的唯物主义归结为"偶然相遇的唯物主义"。他这里所说的"唯物主义"不是探讨世界起源和意义的"唯物主义",而是立足历史发展多种可能性中,在具体的历史语境中思考问题和解决问题的一种实践原则和现实主义的方法。

---

① Louis Althusser, *Philosophy of the Encounter:Later Writings*,1978—1987,Translated by M. Goshgarian ,London:Verso,2006,p.197.

可以看出,阿尔都塞的理论目的是捍卫马克思主义理论的科学性,并力图处理马克思主义理论科学性和意识形态职能的关系。他解决上述问题的基本思路是把马克思主义理论划分为历史唯物主义科学和辩证唯物主义哲学,历史唯物主义科学在思维领域,与政治意识形态无关,只提供科学认识;辩证唯物主义哲学不提供科学认识,只承担意识形态职能。他以为这样就既捍卫了马克思主义理论的科学性,又实现了马克思主义理论的意识形态职能,实现了捍卫马克思主义理论的科学性和发挥马克思主义理论意识形态职能的统一。但他实现的这种统一,恰恰是一个以历史唯物主义科学与辩证唯物主义哲学的内在统一关系为代价和前提的,并没有真正解决上述问题。晚年阿尔都塞把马克思主义哲学归结为"偶然相遇的唯物主义",其目的是反对对马克思主义哲学历史决定论和历史目的论的解释,这种观点虽然坚持了马克思主义哲学的开放性,建立马克思主义哲学与政治实践的有机联系,但实际上却否定了马克思主义哲学的唯物主义基础,违背了他捍卫马克思主义理论科学性的初衷,成为后马克思主义理论建构的重要思想来源。

(二)柯亨对历史唯物主义的辩护

柯亨是分析学马克思主义的代表人物,他的思想经历了从对历史唯物主义辩护到对政治哲学研究的发展历程。他对历史唯物主义的辩护既与分析学马克思主义所说的"马克思主义的危机"有关,也与分析学马克思主义所奉行的研究方法密切相关。所谓"马克思主义的危机"最初由柯尔施在《马克思主义和哲学》一书中提出,其内涵是指马克思主义理论和实践的分离,后来的西方马克思主义理论家,诸如列斐伏尔、萨特、阿尔都塞等人也都论及马克思主义危机论,其含义主要是指马克思主义的官方化、教条化,以及马克思主义理论不适应实践的发展和需要。"马克思主义危机论"既使马克思主义阵营发生了分化,也使马克思主义阵营力图通过重新解释马克思主义来解决这一问题,并由此形成重新解释马克思主义的四种思路,即对马克思主义理论采取"犹太经典式的辩护"、否认马克思主义中那些看来是历史事实的东西、否定马克思主义理论以及承认其理论的科学性,并用现代的研究方法完善和改造马克思主义,包括柯亨在内的分析学马克思主义采用的是第四种方法。

分析学马克思主义以反对"胡说的马克思主义"为出发点,对马克思主义采取了"信奉而不奉承"的态度,主张运用分析的方法在为马克思主义辩护的同时,澄清马克思主义理论和概念上的模糊性,实现概念的清晰性和表达的严谨性。分析学马克思主义所讲的"分析方法"主要包括分析哲学的分析方法与现代社会科学的分析方法。所谓分析哲学的分析方法主要是指通过概念分析法、逻辑形式的分析法、日常语言的分析法以及证明和反驳的方法来保证概念的准确性、表达的清晰性、语词内涵的真实性和论证的严谨性。所谓现代社会科学的分析方法则是指根源于古典经济学,由新古典经济学继承和发展出来的理性选择论、博弈论的方法论,其特点是反对还原论,主张方法论的个人主义。在分析学马克思主义理论家中,柯亨和威廉姆·肖主要使用的是分析哲学的分析方法,罗默尔、埃尔斯特等人主要使用的是现代社会科学的分析方法。其共同点是坚持分析的方法,反对辩证法,坚持方法论的个人主义。柯亨立足分析哲学的分析方法,强调他在《卡尔·马克思的历史理论——一种辩护》一书中辩护的是"一种老式的历史唯物主义,一种传统的观念。在这一观念中,历史从根本上讲是人类生产能力的增长,社会形态依它们能够实现还是阻碍这一增长而兴起和衰落"①。柯亨的辩护就是从厘清历史唯物主义的生产力和生产关系、经济基础和上层建筑概念入手,提出了关于生产力的发展命题和首要性命题,并对历史唯物主义提出了一种功能解释。

针对马克思主义阵营长期以来把生产力规定为人类改造和利用自然的能力,强调生产力是由生产资料、劳动对象和劳动者三个要素构成的观点,柯亨展开了修改,认为生产力是由劳动能力和生产资料构成的,并认为生产资料是由生产工具(工具、机器、房屋及附属物以及起工具作用的材料)、原料和空间构成的,并明确指出"生产力必须包括劳动能力,因为其发展的核心是劳动能力的发展"②,生产资料要成为生产力,只有在具有一定的劳动能力的人的作用下才能实现。柯亨要求区分劳动与劳动能力,因为一是劳动活

① ［英］G.A.柯亨:《卡尔·马克思的历史理论——一种辩护》,段忠桥译,高等教育出版社,2008年,序言第3页。

② 同上,第59页。

动不是用于生产,因为它就是生产。二是劳动活动或者添加给劳动能力,或者取代劳动能力。但劳动和劳动能力是有区别的,劳动能力创造了生产力,所以劳动不是生产力。三是马克思"高度重视劳动和劳动能力之间的区分,并且的确把这看做他在政治经济学中所做的概念上的创新,看做他能超越斯密和李嘉图的理论的基础"[1]。因为马克思认为,只要这种区分还没有作出,就不可能与市场规律相一致地说明工人的所得与他生产的东西的价值。

　　柯亨根据马克思在《〈政治经济学批判〉导言》中关于经济基础(经济结构)是生产关系的综合的论述,认为"生产关系是对人和生产力的有效的权力关系,而不是法律上的所有权关系"[2],并根据不同类型的生产关系的总和组成了奴隶社会的生产关系、封建社会的生产关系、资本主义社会的生产关系等多种类型。不同类型的生产关系可能由其对"人和生产力有效的权力关系"所构成,强调"人和生产力是生产关系的项",即生产关系要么是人对生产力或人的所有权关系,要么是以这种所有权关系为前提的关系,因而既存在反映人与人的关系的生产关系,也存在反映人对人的所有权关系或人对物(生产力)的所有权关系,而生产关系是人类为了生产而结成的关系,这就必然产生人与自然的关系。

　　柯亨用经济结构的概念取代马克思所说的经济基础的概念,并强调既不能将生产方式等同于经济结构(经济基础),也要明确只有生产关系才能构成经济结构(经济基础)。柯亨认为生产方式是进行生产的方法,而经济结构是"关系集"而不是"方法",这就意味着不能把生产方式等同于经济结构。柯亨进一步阐释了马克思的"生产方式"的术语在不同的语境中的三重含义及其影响,即生产方式是物质方式、生产方式是社会方式和生产方式是混合方式。把生产方式理解为物质方式的解释与"技术"的含义接近,生产的物质方式与社会的形式或生产关系的性质没有必然的联系,柯亨一方面肯定这种解释把生产力看作基础性的观点,另一方面又认为由此推出生产力是经济结构的一部分是错误的,错误的根源在于混淆了生产的物质方式与社会的形式之间的区别。他由此采取分析的方法对他的上述观点展开论证。

---

[1]　[英]G.A.柯亨:《卡尔·马克思的历史理论——一种辩护》,段忠桥译,高等教育出版社,2008年,第60页。

[2]　同上,第81页。

他指出："如果 x 是 y 的基础,那 y 就基于 x。现在的问题是,y 所基于的东西也许是 y 的一部分,也许不是 y 的一部分。一座房子基于的基础,不管怎样都可以论证说是这座房子的一部分,但一座雕像基于的底座却不是这座雕像的一部分。"①也就是说,x 是 y 的基础具有两种可能性,第一种可能性是 x 是 y 的一部分,y 的其余部分基于其上;第二种可能性是 x 是外在于 y 的,y 的全部基于其上。这就意味着即便生产力具有对于经济基础的基础性地位,但却不能推出生产力就是经济基础的组成部分,因为可能存在"x 是 y 的基础的第二种可能"。

柯亨认为,虽然马克思在《〈政治经济学批判〉导言》中对于经济基础与上层建筑的关系展开了描述,但马克思却没有展开,也没有明确地阐发上层建筑的内涵与外延,这导致了人们对上层建筑的内涵与外延形成了不同的解释。"在经典的和后来的马克思主义中含有两种不同的对'上层建筑'的界定":①上层建筑=全部非经济制度,②上层建筑=那些其特征由经济结构的性质来解释的非经济制度。②第一种界定没有出现明确的马克思的用语,第二种界定因为涉及经济结构这一概念,因此更具理论性。柯亨并不排斥第一种界定,但这两种界定的实质都是认为非经济制度的特征主要是由经济结构的性质解释的。为了解决非经济制度与上层建筑的关系问题,柯亨在区分非经济制度与上层建筑的基础上,一方面认为大部分的非经济制度是属于上层建筑的,另一方面又自相矛盾地提出了"上层建筑不包括意识形态"的假定,认为"上层建筑有法律的、政治的、宗教的和其他非经济的制度构成。它也许包括大学,但不包括知识,因为知识不是制度"③。柯亨实际上把"政治上层建筑"看作国家、政党、军队等国家机器,把"意识形态上层建筑"看作法律、道德、宗教等意识形态。

在厘清历史唯物主义的"生产力""生产关系""经济基础"和"上层建筑"

①　[英]G.A.柯亨:《卡尔·马克思的历史理论—— 一种辩护》,段忠桥译,高等教育出版社,2008年,第46页。

②　参见[英]G.A.柯亨:《卡尔·马克思的历史理论—— 一种辩护》,段忠桥译,高等教育出版社,2008年,第250页。

③　[英]G.A.柯亨:《卡尔·马克思的历史理论—— 一种辩护》,段忠桥译,高等教育出版社,2008年,第63页。

概念的基础上,柯亨进一步通过提出生产力的"发展命题"和"首要性命题"对历史唯物主义展开辩护。所谓生产力的"发展命题"主要包含两层含义:一是指生产力的发展趋势贯穿于人类历史;二是指生产力具有发展趋势并不是说生产力时刻都在不停地发展,而是指尽管生产力也存在着短暂的停滞或倒退,但从人类历史发展的整个进程看,生产力总是在发展的。之所以说生产力趋向发展会贯穿整个历史和从人类历史发展的总体进程看生产力总在发展,是因为由于人的需要和资源的匮乏之间的矛盾,人们总是会通过生产工具的创新来促进生产力的发展,从而来改变人的生存境遇和满足人的需要。

所谓生产力的"首要性命题"是柯亨根据马克思在《〈政治经济学批判〉导言》中的有关论述和马克思的其他理论文本提出的。其基本内涵是强调生产力相对于生产关系而言的首要性,生产力的发展水平不仅决定了人们对生产关系的特性和人们对生产关系的选择,而且生产力的发展决定了生产关系的变化。柯亨提出的生产力的"首要性命题"不仅强调了生产力对生产关系的首要性,而且也肯定了由生产关系构成的经济结构的首要性,这就意味着生产力不仅决定生产关系,而且伴随着生产力的发展,原有的生产关系与生产力变得不相适应,就必然会由与生产力发展相适应的生产关系取代旧的生产关系,是生产力决定生产关系,而不是生产关系决定生产力。

在提出生产力的"发展命题"和"首要性命题"之后,柯亨提出了对生产力与生产关系、经济基础与上层建筑的关系的功能解释,来为马克思历史唯物主义辩护。在柯亨看来,历史唯物主义中的生产力与生产关系、经济基础与上层建筑等不同的组合都存在两类不同的项,第一项以某种方式解释第二项,问题在于怎么才能实现对上述组合关系的解释。柯亨认为,只有使用功能解释,由此他以马克思关于历史唯物主义最经典的论述对他所主张的"功能解释"予以说明。柯亨认为,马克思历史唯物主义有两个最为核心的命题:第一,生产关系的本质由生产力的发展水平来解释。第二,上层建筑的本质由经济基础(生产关系的总和)来解释。对于以上两个命题,柯亨认为,马克思实际上力主廓清三个历史唯物主义的基本概念:生产力、生产关系(经济基础)和上层建筑及彼此间的关系,并主张只有运用"功能解释"论述才能实现马克思主义的"生产力与生产关系""经济基础与上层建筑"两个基本命题相统一。柯亨的功能解释至少包含了两层重要的论断。第一层论断是：生产力相对于生产关系、经济基础相对于上层建筑的首要性和决定性意义。以柯亨的功能解释，生产力相较于生产关系，生产力的发展水平始终决定生产关系的性质，生产力始终具有首要性和决定性；而经济基础相较于上层建筑，同样具有首要性和决定性，生产关系的性质始终决定了既定的财产关系所具有的性质。第二层论断是"生产力—生产关系""经济基础—上层建筑"在解释方向上的单向性和不可逆性。按照功能解释，柯亨始终坚持，尽管生产关系对生产力具有反作用、上层建筑对经济基础也具有反作用，但并不能否定生产力相对于生产关系、经济基础相对于上层建筑具有优先性和首要性，不能否定生产力对生产关系的解释上的单向性和不可逆性，也不能否定经济基础对上层建筑在解释上的单向性和不可逆性。由此，柯亨将生产关系相对于生产力、上层建筑相对于经济基础揭示为"始终只是一种功能性的存在"。

柯亨对历史唯物主义的辩护是在当时"马克思主义危机论"盛行的时代背景下展开的。为了科学地阐发历史唯物主义，反对"胡说的马克思主义"，柯亨主张通过实现哲学研究方法论的变革来重新解释历史唯物主义，恢复历史唯物主义的本来含义。他运用分析哲学的分析方法，对历史唯物主义的生产力、生产关系、经济基础和上层建筑的概念展开了系统的考察，力图保证上述基本概念的严密性与科学性，并提出了生产力的"发展命题"和"首要性命题"，为历史唯物主义的历史决定论作了辩护，在此基础上又对上述概念之间的关系作出了"功能解释"，进一步深化了他对历史唯物主义的辩护，在马克思主义发展史上产生了重要的影响。但是问题在于，柯亨片面肯定分析哲学的分析方法，排斥和否定其他方法，特别是辩证法，并把分析哲学的分析方法和辩证法对立起来，由此否定以卢卡奇、阿尔都塞为代表的西方马克思主义理论家对历史唯物主义解释的价值和意义。他在《卡尔·马克思的历史理论——一种辩护》一书中指出，阿尔都塞对历史唯物主义的解释具有重要的影响，《保卫马克思》一书也使他相信马克思持久的重要性。但是当"读到《读〈资本论〉》——一本由阿尔都塞和其他人合著的论文集时，我却感到很失望。除了从某种意义上了解到法语可被用得多么优美同时又多么难以捉摸以外,我从阿尔都塞的论文中几乎一无所获"①。同时柯亨推崇"功能解释"对于深化历史唯物主义基本原理具有一定的意义,但正如分析学马克思主义埃尔斯特所讲的,"功能解释"是柯亨强加给马克思的,不是马克思本人所主张和具有的方法,这就给人们提出一个问题:功能解释的方法与历史唯物主义的方法是否相融和一致,以及功能解释方法的合理性及其限度问题。

四、西方马克思主义的马克思主义哲学观的基本特点与理论得失

西方马克思主义的马克思主义哲学观是西方马克思主义理论家立足西方社会历史条件和文化传统,对马克思主义哲学本质探讨的结果。尽管人本主义和科学主义流派的西方马克思主义理论家在阐释马克思主义哲学观的具体理论观点上存在着分歧、争论,甚至对立,但他们却具有共同的理论价值取向,揭示他们的马克思主义哲学观形成的根源和基本特点,对于我们科学评价其理论得失具有重要的价值。

(一)西方马克思主义的马克思主义哲学观形成的根源

西方马克思主义的马克思主义哲学观的形成与西方马克思主义所处的社会历史条件和文化传统密切相关。具体来说:早期西方马克思主义理论家所面临的时代主题是如何探索一条适合西方的社会主义革命道路,以及建立一种与西方社会历史条件相适应的社会主义社会。为此,他们分析了西方社会与俄国的不同的社会结构和统治方式,反对照抄照搬俄国十月革命的道路,认为西方革命的关键在于无产阶级是否具有成熟的阶级意识,这就要求破除那种对马克思主义哲学的经济决定论和机械决定论的理解,要求发挥马克思主义哲学的批判价值功能,由此他们认为不应当像第二国际和苏俄马克思主义那样,立足近代理性主义的哲学立场,把马克思主义哲学理解为一种近代知识论模式的哲学,要求立足现代实践论哲学思维方式,把马克思主义哲学理解为以"实践"和"辩证法"为基础,以实现人的自由和解放为

---

① [英]G.A.柯亨:《卡尔·马克思的历史理论——一种辩护》,段忠桥译,高等教育出版社,2008年,序言第2页。

目的的实践唯物主义哲学。这是实践唯物主义哲学具有批判性和现实性辩证统一的特点。所谓批判性,就是指由于马克思主义哲学坚持理论与实践的辩证法,主张对当代西方资本主义社会展开哲学文化批判、社会批判和政治批判,以培育无产阶级成熟的阶级意识;所谓现实性,就是指实践唯物主义哲学重视对人的现实生存境遇的揭示,重视对社会生活中现实问题的研究,重视建立实践唯物主义哲学与人的现实生活世界的有机联系。

与早期西方马克思主义理论家关注无产阶级的自由解放不同,法兰克福学派和萨特关注的是西方个人的自由和解放问题。他们所面临的时代问题是如何把西方的个人从资产阶级文化和意识形态的总体统治中解放出来,培育人的自主意识和独立人格。因此,他们是在认同马克思主义哲学批判立场的基础上,援引弗洛伊德的精神分析学,注重对资本主义社会展开文化意识形态革命,并立足西方古典人道主义哲学,结合马克思的《1844年经济学哲学手稿》,将马克思主义哲学解释为一种反抗异化和实现自由和解放的人学。

阿尔都塞所面临的时代问题是既要反对马克思主义阵营把马克思主义哲学教条化和政治实用主义化,又要将马克思主义哲学人道主义化,同时要将马克思主义哲学理解为经济决定论和技术还原论,由此他提出了捍卫马克思主义理论的科学性和正确处理马克思主义理论科学性和意识形态职能的任务。为此,他以"理论总问题"方法和"科学与意识形态对立论"原则为出发点,强调马克思主义哲学是同近代哲学的断裂的结果,反对把马克思主义哲学理解为近代意义上的哲学,提出与受人道主义理论总问题支配的近代哲学不同,马克思主义哲学提出了历史唯物主义"理论总问题",是一种理论上的"反人道主义、反历史主义、反经验主义"的"多元决定论"。为了反对对马克思主义哲学的经济决定论的解释,他反复论述马克思与黑格尔思想的不同,以至于最后提出了马克思主义哲学是反对近代实体哲学观所支配的理性主义哲学思维方式和历史目的论的"偶然相遇的唯物主义"哲学。为了正确处理马克思主义理论的科学性和意识形态职能的关系,他建构以实践状态存在的马克思主义哲学,并将理论生产过程严格限定在思维领域,其目的是保证马克思主义哲学免受政治化、意识形态的玷污。而为了克服由此带来的"理论主义"错误,他又割裂了"辩证唯物主义哲学"与"历史唯物主义科学"的统一。他让"历史唯物主义科学"承担认识世界的功能,其性质是理论

"反人道主义",其内容则是"多元决定"的历史观,这样就既避免了将唯物史观教条化、简单化,又同人道主义马克思主义、近代哲学划清了界限。而"辩证唯物主义哲学"则承担意识形态批判的职能,它并非科学认识的工具,因为哲学既无对象,也无历史,不过是反映两大阶级对唯物主义和唯心主义世界观的争夺而已。"历史唯物主义科学"保证了马克思主义理论的科学性和认识职能,而"辩证唯物主义哲学"则承担了"意识形态职能",这样他认为就可以从总体上实现了马克思主义理论的科学性和意识形态职能的辩证统一。尽管他所实现的这种"辩证统一"恰恰是以割裂"辩证唯物主义哲学"和"历史唯物主义科学"的内在统一为前提和代价的,但我们可以从中看出阿尔都塞理论探索的良苦用心。

　　西方马克思主义哲学观的形成离不开其所处的西方哲学文化背景和文化传统的影响。具体来说:西方现代化的发展逐渐暴露了以理性主义哲学为基础的现代化价值体系的内在缺失,西方社会出现了一股反思理性、反思现代化的浪漫的反资本主义思潮,并最终形成了现代西方哲学的各种转向,基本精神就是要超越近代理性主义的二元论哲学和近代哲学思维方式,要求哲学应回归到人的现实生活世界。这就决定了西方马克思主义理论家不可能立足近代理性主义的哲学立场来理解和解释马克思主义哲学,从而展现出其理论与苏俄马克思主义哲学鲜明的不同特点。

　　西方马克思主义理论家所依据的具体哲学文化传统又赋予其理论以鲜明的个性。具体来说,齐美尔浪漫的反资本主义思想、马克斯·韦伯的社会学对于卢卡奇确立反资本主义立场,并走向马克思主义哲学起了很大的作用,这突出体现在他的物化理论中。而从哲学方法看,黑格尔的现象学方法对于卢卡奇分析资本主义的物化结构产生了很大的影响。葛兰西则是在西方历史主义文化哲学和意大利马克思主义哲学传统双重文化传统下解读马克思主义哲学的,因此他反复强调哲学、政治和历史三者的一致,强调哲学和政治实践的不可分离性,这使他的哲学带有强烈的反决定论倾向。在法兰克福学派那里,我们则可以看到西方古典人道主义传统、黑格尔哲学、精神分析哲学的影子。阿尔都塞则既受西方近代唯物主义唯理论哲学家斯宾诺莎的影响,也受他的老师巴歇拉尔的科学认识论的影响,此外还有弗洛伊德、拉康哲学的影响。可以说,西方哲学文化背景和文化传统给西方马克思主义理论家的理论打上了深深的印记。

(二)西方马克思主义的马克思主义哲学观的基本特点

尽管西方马克思主义理论家在如何理解和解释马克思主义哲学的具体理论观点上存在着分歧,乃至争论,但是他们的马克思主义哲学观具有下列共同的价值取向。具体来说:

第一,都反对把马克思主义哲学理解为一种近代形态的知识论哲学,都主张在与近代西方哲学的断裂点上阐释马克思主义哲学,注重阐发的不是马克思的唯物主义与旧唯物主义的共同点,而是马克思的唯物主义的特殊内涵。这使得马克思主义哲学与近代哲学的关系、马克思的唯物主义与旧唯物主义的关系成为他们理论探讨的重要问题。

第二,都注重对马克思主义哲学理论本性的探讨,并把这种理论本性归结为理论与实践相统一的辩证法,这使得强调马克思主义哲学的批判价值功能,强调历史发展进程中主观因素的作用成为他们理论的突出特点,也使得如何处理历史发展进程中的主观因素与客观因素作用的关系,如何处理马克思主义理论科学性与价值性的关系成为他们反复探讨的问题。

第三,不仅都注重实践、辩证法在马克思主义哲学的基础和中心地位,注重对总体性、辩证法、人的问题、文化与意识形态问题的研究,而且都注重从如何实现人的自由和解放的本体论维度,探讨社会发展中的现实问题,建立了马克思主义哲学与人的现实生活的有机联系,提出了诸多如异化、技术理性批判、文化批判、生态批判等新的理论问题,不仅拓展了马克思主义哲学的理论空间,而且对后来马克思主义的发展产生了重要的影响。

第四,都注重在与西方哲学和文化思潮、社会运动的互动中理解和阐释马克思主义哲学,都注重吸收西方哲学中的辩证法思想、注重人的精神等问题的研究对于发展马克思主义哲学的重要价值,都注重借鉴西方哲学的研究方法来理解和阐释马克思主义哲学,都注重在西方社会运动中理解和阐释马克思主义哲学,并对当代西方哲学和文化研究、社会运动产生了重要的影响。

(三)如何看待西方马克思主义的马克思主义哲学观的理论得失

看待和评价西方马克思主义的马克思主义哲学观的理论得失，必须树立正确的方法论。20 世纪 80 年代，我们把马克思主义哲学看作以探寻整个世界普遍规律和绝对本质为目的的"体系哲学"，而这恰恰是西方马克思主义理论家所反对的。在这种马克思主义哲学观的指导下，包括西方马克思主义的马克思主义哲学观在内的西方马克思主义理论，被看作马克思主义的"异端"或反马克思主义思潮加以研究。20 世纪 80 年代中期，特别是 90 年代以后，我国学术界出现了把马克思主义哲学看作以实现人的自由和解放为目的的"问题哲学"的理解，形成对马克思主义哲学"体系哲学"的理解和"问题哲学"的理解同时并存的格局，并越来越倾向于认为马克思主义哲学是一种"问题哲学"，而不是一种"体系哲学"，由此出现了如何理解和评价西方马克思主义理论争论的热潮。20 世纪 90 年代中期以后，把马克思主义哲学看作以实现人的自由和解放为目的的"问题哲学"的理解开始占据学术界的主导地位，学术界又出现了把西方马克思主义看作真正把握了马克思哲学的真精神，是学术版本的马克思主义哲学，苏俄马克思主义哲学、中国化马克思主义哲学是政治版本的马克思主义哲学，不仅出现了关于马克思主义学术性和现实性关系的大争论，而且出现了援引西方马克思主义的观点解释马克思主义哲学的"以西解马"的现象。这实际上是从否定西方马克思主义转到了全盘肯定西方马克思主义，并否定苏俄马克思主义哲学和中国化马克思主义哲学存在的历史必然性和所起的积极作用。这种非此即彼的形而上学思维和哲学研究方法论，无法使我们真正客观地认识和评价西方马克思主义理论的实质与意义。只有树立正确的马克思主义哲学发展观，我们才能正确评价包括西方马克思主义在内的不同形态的马克思主义理论形成的原因和理论得失。

马克思主义的理论本性是科学性和革命性、理论与实践的有机统一。这种理论本性决定了马克思主义哲学必然会以马克思主义基本原理与各国具体历史条件和文化传统相结合的方式为自己的发展开辟道路。这就决定了20 世纪以后的马克思主义发展史必然呈现出多形态、多流派发展的格局，西方马克思主义、苏俄马克思主义、中国化的马克思主义、东欧新马克思主义等都是 20 世纪马克思主义发展史的内在组成部分,都是马克思主义与各自社会历史条件和文化传统相结合的产物,不能用一种形态的马克思主义理论评判其他形态的马克思主义的理论得失,只能考察具体形态的马克思主义理论是否运用马克思主义基本原理,科学回答了其面临的时代问题,以及在回答时代问题的过程中提出了什么样的理论问题,并在不同形态的马克思主义之间展开平等的理论对话,推进我们关于马克思主义理论的共识。只有秉承这样的马克思主义发展观,才能正确评判处理不同形态的马克思主义理论的关系,才能正确评判西方马克思主义的马克思主义哲学观的理论得失。

西方马克思主义的马克思主义哲学观是西方共产党内的理论家、西方进步的知识分子探索西方社会主义革命道路的产物,尽管这些理论成果可能会由于时代的限制和理论家本身的局限,存在着诸多理论缺陷,显示出各自的理论个性。西方马克思主义正是在现代西方社会语境和哲学文化语境中,探索马克思主义的本质、功能、使命、理论形态和理论体系等问题的过程中形成其马克思主义哲学观,并构成了他们理论发展的逻辑起点。他们立足人的自由和解放这一本体论立场,运用其马克思主义哲学观对当代西方社会展开文化意识形态批判、技术批判和社会批判,形成了他们的文化意识形态理论、异化与日常生活批判理论、技术理性批判理论、生态批判理论和政治哲学理论,不仅在马克思主义发展史上产生了重要的理论影响,而且对当代西方社会的社会主义运动和新社会运动也产生了重要的影响。他们的马克思主义哲学观不仅对于中国学术界准确把握其理论问题的发展逻辑、理论实质以及把握当代资本主义的新变化具有重要的价值,而且研究他们的马克思主义哲学观对于我们反思马克思主义哲学的本质,建立马克思主义哲学与中国现代化的有机联系、建立马克思主义哲学与中国人的现实生活世界的联系,推进中国马克思主义理论建设也具有重要的价值。

第三章　西方马克思主义的意识形态批判理论

　　西方马克思主义理论家指认，无产阶级和西方人在西方资产阶级意识形态的束缚和市场经济物化意识的侵袭下，造成了无产阶级的阶级意识的不成熟和西方个人的自主意识、独立人格的丧失，是西方革命失败的根本原因。由此，他们把理论研究的主题转向了政治上层建筑研究，特别是政治上层建筑中的文化研究，形成了西方马克思主义文化研究的转向。英国学者佩里·安德森指出："西方马克思主义作为一个整体，当它从方法问题进而涉及实质问题时，就几乎倾全力于研究上层建筑了。而且，最常为西方马克思主义所密切关注的，拿恩格斯的话来说，是远离经济基础、位于等级制度最顶端的那些特定的上层建筑层次。换句话说，西方马克思主义典型的研究对象，并不是国家或法律。它注意的焦点是文化。"①西方马克思主义理论家就是运用他们的马克思主义哲学观，对当代西方社会展开意识形态批判，形成了系统的意识形态批判理论。

一、早期西方马克思主义的意识形态批判理论

　　早期西方马克思主义理论家批评第二国际和苏俄马克思主义把马克思主义哲学理解为一种近代形态的知识论哲学的做法，认为这种做法不仅把马克思主义实证化，没有体现马克思所实现的哲学革命变革的实质，而且无法发挥马克思主义哲学的价值批判功能，无法对抗资产阶级意识形态对无产阶级的束缚和市场经济物化意识的侵蚀，造成了无产阶级阶级意识的危

---

① ［英］佩里·安德森：《西方马克思主义探讨》，高铦等译，人民出版社，1981年，第96~97页。

机,并导致了西方革命的失败。他们由此立足现代实践论哲学思维方式,把马克思主义哲学阐释为以实践和辩证法为基础,以探讨人的自由和解放为目的的实践唯物主义哲学,强调发挥马克思主义哲学的批判价值功能,对资产阶级意识形态展开批判,形成了卢卡奇的物化批判与阶级意识理论、柯尔施的哲学批判与意识形态理论,以及葛兰西的意识形态领导权理论,其目的在于培育无产阶级成熟的阶级意识,为西方革命奠定文化心理基础。

(一)卢卡奇的物化批判与意识形态批判理论

卢卡奇的马克思主义哲学观强调马克思主义哲学应当是以"实践"和"总体性辩证法"为基础的关于如何实现无产阶级自由和解放的学说,它展现为在实践领域既要揭示无产阶级的生存境遇,又要通过意识形态斗争形成无产阶级成熟的阶级意识,进而转换为一种革命的力量,从而构成了其意识形态理论的完整内容。

物化批判理论是卢卡奇在黑格尔的《精神现象学》一书的影响下,通过对马克思的《资本论》第一卷中关于"商品拜物教"的论述,得出资本主义社会存在着普遍的物化现象的结论,它揭示了无产阶级的生存境遇。他把物化规定为"人自己的活动,人自己的劳动,作为某种客观的东西,某种不依赖于人的东西,某种通过异于人的自律性来控制人的东西,同人相对立"[①]。物化现象从客观方面体现为无产阶级处于由物的世界所控制和支配的异化生存境遇,从主观方面揭示了工人阶级的劳动与自身相分离。与马克思把无产阶级的异化的原因归结为资本主义私有制和分工不同,卢卡奇把物化现象产生的原因归结为资本主义生产过程中技术理性的盛行。他根据马克斯·韦伯对工具理性和价值理性的区分,强调资本主义现代化是一个以效率原则为基础的不断合理化的过程,造成了资本主义现代化物的价值上升和人的价值下降的悖论。物化的后果在于:一是体现为人的劳动丧失了与自己劳动产品的有机联系,人丧失了劳动过程的主体地位而沦为资本主义生产体系中的一个零件,这意味着人的破碎化和原子化。二是体现为在资本主义社会普

---

① [匈]乔治·卢卡奇:《历史与阶级意识》,杜章智等译,商务印书馆,2004年,第150页。

遍的物化现象的支配下，"经济关系的纯客观性的拜物教外表掩盖住它作为人之间关系的性质，并使它变成为一种以其宿命论的规律环绕着人的第二自然"①，这使得人们的行为仅仅在于如何适应资本主义的可计算的规律，只能看到历史运动中个别的偶然的规律，而无法把握这些个别规律之间的内在联系和历史运动的总体，而丧失对整体景象把握的能力和作为历史主体的地位。三是体现为适应资本主义生产的专门与合理化，导致实证科学和实证主义思维盛行，无法真正把握资本主义社会的本质和历史发展的必然趋势。物化理论既揭示了无产阶级在资本主义社会中生存的异化境地，也揭示了在资产阶级意识形态的束缚和市场经济物化意识的支配下，无产阶级不仅丧失了生产过程的主体地位，而且也丧失了把握社会发展的本质与发展趋势的能力，因而丧失了历史发展的主体地位。这就决定了必须发挥马克思主义哲学的批判价值功能，揭示资产阶级意识形态的虚伪性，培育无产阶级的成熟的阶级意识的重要性。卢卡奇对这一问题的探讨，形成了他的阶级意识理论，他的阶级意识理论可以看作卢卡奇为西方革命开出的革命方略。

卢卡奇既没有给意识形态下一个明确的定义，也不是像马克思和恩格斯那样从否定意义上论述意识形态，而是"像列宁一样，把意识形态理解为一个描述性的概念。所以他既谈资产阶级、小资产阶级的意识形态，也谈无产阶级的意识形态"②。在他看来，只有作为无产阶级意识形态的历史唯物主义才能真正把握社会发展总体和必然趋势，而资产阶级的意识形态由于其阶级立场的局限，本质上是一种"虚假意识"，无法真正把握社会发展总体和发展趋势，这也使得在资产阶级掌握国家机器和具有统治技巧的情况下，无产阶级的唯一优势就是它拥有能够把握社会发展总体和历史发展必然趋势的阶级意识，即历史唯物主义。但是当时的马克思主义阵营由于对马克思主义哲学的经济决定论的理解，把无产阶级唯一的优势要么降低为经验主义，要么降低为机会主义，无法真正有效地指导西方革命的胜利。"如果庸俗马克思主义者破坏了这种统一，那末他们也就剪断了把无产阶级理论和无产阶级行动加以联系统一的神经。他们把理论归结为是对社会发展征兆的'科

---

① ［匈］乔治·卢卡奇：《历史与阶级意识》，杜章智等译，商务印书馆，2004 年，第 333 页。

② 俞吾金：《意识形态论》（修订版），人民出版社，2009 年，第 221 页。

学'论述,并把实践变成由他们要加以控制的过程的个别事件的摇摆不定的、没有论述的行动,也就是在方法论上放弃了对这一过程的控制。"①他由此通过论述无产阶级和资产阶级阶级意识的本质与特点,强调开展意识形态的斗争,培养无产阶级成熟的阶级意识对于西方革命的重要性。

卢卡奇并没有把阶级意识等同于阶级的主观意识或一般的心理,而是强调阶级意识是一个阶级对其在生产过程中地位的反应,就是特定阶级"理性的适当的反应,而这种反应则要归因于生产过程中特殊的典型的地位。阶级意识因此既不是组成阶级的单个人所思想、所感觉的东西的总和,也不是它们的平均值。作为总体的阶级在历史上的重要行动归根结底就是由这一意识,而不是由个别人的思想所决定的,而且只有把握这种意识才能加以辨认"②。

基于以上看法,卢卡奇强调要真正把握阶级意识,运用马克思的政治经济学批判方法,透过资本主义社会的物化结构和物化意识,揭示阶级意识产生的社会经济基础。由于阶级意识是一个阶级对其社会生产过程中地位的反映,这就决定了一个阶级的阶级意识是否具备把握社会总体的本质和社会发展趋势的能力,是否具有清晰的阶级意识,决定了这个阶级能否成为统治阶级。由于任何阶级的政治统治除了需要政治暴力机关的存在,还需要一套意识形态来论证其统治的合法性,由于资产阶级的阶级意识不具有把握社会总体的本质和社会发展趋势的能力,这就决定了它所创立的意识形态必然是一种"虚假意识",这种"虚假意识"的实质是"无视资本主义制度客观的经济限制,并表现为阶级意识的内在的辩证的矛盾。这就是说,资产阶级的阶级意识在形式上是适应于经济意识的。……最高程度的无意识,即极度的'虚假意识',总是在对经济现象的有意识控制表现得最充分的时候显示出来的。从意识和全部社会现象的关系来看,这一矛盾表现为意识形态和经济基础的不可消除的对立,这种阶级意识辩证法的基础是(资本主义的)个体,即按照单个资本家的模式的个体,和'从自然规律来讲'是必然的,也就是说原则上是意识无法控制的发展之间不可消除的对立;这种阶级意识的辩证法因此造成了理论和实践相互之间不可克服的对立"③。

---

① [匈]乔治·卢卡奇:《历史与阶级意识》,杜章智等译,商务印书馆,2004年,第130页。

② 同上,第107页。

③ 同上,第124~125页。

　　这种矛盾和对立主要体现在两个方面：一是资本主义社会生产方式不仅存在着个别资本和社会资本之间的矛盾，而且它在高扬自由和个性的同时，由于不得不受资本主义商品经济规律的制约而否定任何个性，这就决定了资产阶级的阶级意识不可能从根本上把握社会历史总体，并必然要在其意识形态中尽力掩盖资本主义社会的矛盾。二是与前资本主义社会的等级意识掩盖阶级意识不同，资产阶级以"自由""平等"作为其反对封建主义的意识形态，但资本主义制度建立以后，资产阶级不但没有实现其意识形态所宣扬的自由和平等，而且对无产阶级执行剥削和压迫，使得阶级斗争以日益纯粹的形式在无产阶级和资产阶级之间展开，资产阶级意识形态由此必然要把阶级斗争的事实从其意识形态中抹去。"由于资产阶级的统治不仅是由少数人来执行的，而且是为了少数人的利益的，因此欺骗别的阶级，让它们没有清楚的阶级意识，对于资产阶级统治的存在来说就是一种不可或缺的先决条件。（这使人想到'超越'阶级对立的学说，'公正的'司法等等）但是，掩盖资产阶级社会的性质对于资产阶级本身来说也是绝对必要的。"①卢卡奇强调，是否具有明确的阶级意识以及这种阶级意识是否有能力把握社会发展总体和发展的基本趋势的能力，不仅决定了它能否真正解决历史给它提出的任务，而且也决定了它在社会历史中的地位。资产阶级的阶级意识不具有从总体上把握人类社会历史总体和发展趋势的能力，因此它就虚构和制造一种适应于其统治的意识形态，这种意识形态本质上是一种"虚假意识"。无产阶级的阶级意识的优势在于，它有能力把握社会总体和社会发展的基本趋势来观察社会，并能够实现理论和实践的有机统一，"无产阶级和其他阶级的区别就在于，它不拘泥于历史的个别事件，并不单纯是受它们所驱使的，而是自己就构成了推动力量的本质，对社会发展过程的核心起决定性的影响"②，并反复强调无产阶级的阶级意识在革命斗争中的决定作用，指出"当最后的经济危机击中资本主义时，革命的命运（以及与此相关联的是人类的命运）要取决于无产阶级在意识形态上的成熟程度，即取决于它的阶级意识"③。

　　无产阶级的阶级意识之所以具有上述重要作用，是因为它是建立在对

---

①　[匈]乔治·卢卡奇：《历史与阶级意识》，杜章智等译，商务印书馆，2004 年，第 126 页。

②　同上，第 129~130 页。

③　同上，第 131~132 页。

资本主义社会及其经济结构科学认识的基础上，把资产阶级的那些表面看来是完全独立和自我封闭的体系，看作资本主义社会整体的组成部分，并扬弃了它们表面上的独立性，从而把资本主义社会中所有社会关系的物化理解为资本主义的产物，并把物化看作一种暂时和历史的现象，在思想上超越和扬弃资本主义社会，因此历史唯物主义是资本主义社会的自我认识，它能够指出摆脱资本主义危机的道路，无产阶级只能依靠历史唯物主义才能实现从必然王国向自由王国的飞跃。无产阶级阶级意识的上述特点赋予它变革资本主义社会的任务，能够正确地处理社会发展进程中存在的直接利益和最终目标，个别因素和整体的辩证矛盾，并要求无产阶级在革命斗争中把它们有机地结合起来，否则无产阶级将丧失其应有的优势。"作为人类历史上最后的阶级意识，一方面必须要和揭示社会本质联系起来，另一方面，必须实现理论和实践的越来越内在的统一。对无产阶级来说，它的'意识形态'不是一面扛着去进行战斗的旗帜，不是真正目标的外衣，而就是目标和武器本身。"①卢卡奇由此批评当时的庸俗马克思主义者恰恰把它们割裂开来，或者以目光短浅的政治现实来代替重大的原则斗争，或者把作为手段的局部利益的斗争归结为阶级斗争的最终目的，这样做的必然结局是把无产阶级的阶级意识降低为无产者实际的心理状态，使无产阶级受制于资本主义社会的物化意识，最终陷入拙劣的经验主义或抽象的空想社会主义中，这实际上是把历史唯物主义降低为一种意识形态，并用资产阶级的方法指导无产阶级的革命斗争，无法有效地指导西方革命。基于以上认识，卢卡奇强调无产阶级只有具备成熟的阶级意识，才能真正成为历史的主客体，最终完成其历史使命，这就凸显出培育成熟的无产阶级的阶级意识的重要性。

可以看出，卢卡奇的意识形态理论的核心就是力图通过物化批判和意识形态批判确立无产阶级的历史主体地位，强调在资本主义社会中，夺取意识形态领导权和人的主观意识革命的重要性。物化批判的目的是使无产阶级从异化的生存境遇中摆脱出来，意识形态批判的目的是使无产阶级的阶级意识直接转换为一种革命力量。由于他把历史唯物主义看作无产阶级的阶级意识，因此他对阶级意识功能的论述，实际上也就是对历史唯物主义功

---

① ［匈］乔治·卢卡奇：《历史与阶级意识》，杜章智等译，商务印书馆，2004 年，第 132 页。

能的论述。在他眼里,历史唯物主义和资产阶级实证科学是不同的,后者只能描述社会生活的表面现象,它既无法把握社会历史的总体,也无法实现理论与实践的统一。而历史唯物主义既是对资本主义社会的科学认识,同时也意味着行动,其本性不在于提供实证的知识,而在于通过理论批判和阶级斗争实践,最终打碎资本主义社会的物化结构,实现无产阶级的自由和解放。他由此批评当时的马克思主义阵营将马克思主义哲学实证化,割裂了理论与实践的有机统一关系,可以说,卢卡奇的物化批判和意识形态批判理论是建立在他的马克思主义哲学观的基础上的。但是受黑格尔哲学关于实体和主体具有同一性,而这个主体就是绝对精神这一思想的影响,卢卡奇把无产阶级看作历史发展过程中的主体, 只不过这时作为主体的绝对精神被换成了无产阶级,当无产阶级达到对资本主义物化结构的认识,具备了本阶级的阶级意识,能够实现历史的主体和客体的辩证统一,从而完成其历史使命,这就意味着卢卡奇的物化批判和意识形态批判理论虽然具有反对将马克思主义理论实证化和强调文化意识形态斗争在西方革命中的积极作用, 但是又存在着片面强调意识革命重要性的倾向。

(二)柯尔施的哲学批判与意识形态批判理论

强调恢复马克思主义理论的哲学意识,把马克思主义看作包括哲学批判、政治意识形态批判和经济批判在内的总体性理论,是柯尔施的马克思主义哲学观的基本特点和价值取向。柯尔施批评当时马克思主义阵营将马克思主义理论解释为缺乏哲学内容的经济决定论的做法不仅不符合实际,而且也必然造成理论与实际相脱离的结局。同时他也指出,资产阶级思想家正是借口马克思主义缺乏哲学内容,把康德哲学、马赫主义等资产阶级哲学与马克思主义融合,以达到篡改马克思主义哲学的目的。柯尔施指出,正确看待马克思主义哲学与黑格尔哲学的关系决定了我们怎么处理马克思主义和哲学的关系。

在马克思主义哲学与黑格尔哲学的关系问题上,资产阶级哲学家和马克思主义阵营的看法都存在着偏差。体现在:资产阶级哲学家之所以忽视马克思主义哲学与黑格尔哲学的内在联系主要在于三个原因:一是他们的哲学史观把哲学的发展史仅仅归结为哲学观念的发展史，看不到"哲学中包含的那些观念，不仅能存活在哲学中，而且能同样好地存活在实证科学和社会实践之中"①；二是他们的地域性缺陷使得他们看不到黑格尔哲学虽然在德国已经宣布了死亡，但它依旧兴盛于其他国家；三是资产阶级的阶级局限使得他们必然会抛弃和否定黑格尔哲学和辩证的方法。柯尔施指出，马克思在《路易·波拿巴的雾月十八日》中曾经指出，经济基础决定了与经济基础相联系的阶级必然会形成他们作为上层建筑一部分的哲学，这就决定了资产阶级哲学家为了其阶级利益不仅抛弃和否定了黑格尔哲学的辩证法原则，自然也会完全忽视马克思主义的哲学内容。而马克思主义阵营认为，马克思主义理论不包含哲学的原因，一是因为"在 19 世纪后半期的资产阶级学者中，存在着对黑格尔哲学的极度漠视，这与完全不理解哲学对现实、理论对实践的关系相一致，但这种关系却构成了黑格尔时代的全部哲学和科学的生存原则。另外，马克思主义者们同样也以完全相同的方式日益倾向于忘记辩证法原则的原初意义"②；二是错误地把马克思要消灭哲学的论断不是理解为要消灭作为资产阶级社会一部分的哲学，而是把它理解为简单地抛弃哲学本身。这种割裂马克思主义和哲学的关系的结局必然是认为"科学社会主义是一些纯粹的科学观察，与政治的或其他阶级斗争实践没有任何直接的联系"③。

柯尔施则强调，只有立足理论与实际相统一的辩证法，我们才能正确认识和处理黑格尔哲学和马克思主义的关系。黑格尔哲学是资产阶级革命运动的意识形态，属于资产阶级革命运动的内在组成部分，到了 19 世纪 40 年代后，资产阶级作为一个革命的阶级已经退出历史舞台，取而代之的是无产阶级革命运动，但是作为资产阶级意识形态的黑格尔哲学并未退场，而是转换为社会主义运动理论表达的马克思主义哲学。只要坚持理论与实践的辩证法，我们就"不仅看到德国的唯心主义哲学和马克思主义哲学之间的相互关系，而且也看到它们的内在必然性，既然马克思主义体系是无产阶级革命运动的理论表现，德国唯心主义哲学是资产阶级革命运动的理论表现，那么，它们必然在精神上和历史上（即在意识形态上）彼此处于联系之中，就像

①　[德]卡尔·柯尔施：《马克思主义和哲学》，王南湜等译，重庆出版社，1989 年，第 9 页。
②　同上，第 5 页。
③　同上，第 25 页。

在社会政治实践领域里，作为一个阶级的无产阶级革命运动和资产阶级的革命运动处于联系中一样"①。

　　柯尔施在强调马克思主义哲学与德国古典哲学的联系的同时，也强调马克思主义是对德国古典哲学的超越。这种超越主要体现在三个方面：其一，马克思不是部分地反对德国古典哲学的结论，而是反对它的前提；其二，马克思所反对的不仅仅是作为现存世界的头脑的哲学，而是整个现存世界；其三，马克思不仅仅是在观念上反对德国古典哲学，而且也在实践和行动上反对德国古典哲学，柯尔施认为这一点最为重要。也就是说，马克思主义不仅在理论上把握了社会总体，而且要求在实践上颠覆这个社会总体。柯尔施由此批评当时马克思主义者割裂马克思主义与哲学的内在联系，使得马克思主义变成了描述社会发展规律的实证科学，不但没有真正把握马克思主义理论的实质，而且割裂了马克思主义理论和实践的有机联系，造成了马克思主义的危机。基于以上认识，柯尔施把马克思主义哲学看作包括哲学批判、政治意识形态批判和政治经济学批判在内的一种总体性理论，这种总体性理论不仅在理论上要求把哲学和其他意识形态当作现实来把握，而且应当坚持经济和政治的辩证统一关系。柯尔施是通过论述马克思主义和哲学的关系，以及如何看待这一关系对处理理论与实践的关系的影响，来批评庸俗马克思主义是如何曲解马克思主义和割裂马克思主义理论与实践的辩证统一关系的。

　　柯尔施指出庸俗马克思主义错误地理解了马克思主义的总体观，导致了它们不能正确地解释精神现象的本质和功能，从而无法真正地做到理论与实践的辩证统一。马克思主义的总体观的内涵既包括社会的经济基础，也包括建立在经济基础之上的上层建筑因素。但是庸俗马克思主义却以纯粹否定的、抽象的和非辩证的态度看待精神现象，或者沦为把精神现象看作现实的被动反映的二元论；或者简单地把社会的精神结构当成对现实错误的想象、幻想。因此，庸俗的马克思主义者把现实"实在"或"社会"看作由三个方面构成的：一是经济，它是唯一真正客观的和非意识形态的实在，其他的社会存在建立在一定的社会经济结构基础上；二是披上意识形态伪装的"法

---

　　① ［德］卡尔·柯尔施：《马克思主义和哲学》，王南湜等译，重庆出版社，1989年，第13页。

和国家",它们不是完全真实的;三是纯粹的意识形态,是对社会生活的一种扭曲的反映,是一种"虚假的意识"。

柯尔施强调,要克服庸俗马克思主义的上述错误,一是必须正确理解马克思主义的现实观和总体观的原意。对马克思主义而言,"不仅作为所有其他社会——历史现象的基础的社会经济结构,而且法律和国家这些政治和法的上层建筑,都是现实"[①]。庸俗马克思主义恰恰没有从理论上承认精神现象和社会意识形态的现实性,进而把社会的意识形态结构当作虚幻的现象加以否定和抛弃,不懂得与社会经济结构相联系的社会意识形态存在的客观性,进而忽视意识形态批判在西方革命中的重要性。二是马克思和恩格斯虽然把意识形态看作一种虚假意识,但是他们从来没有把一切社会意识和精神生活仅仅描绘为意识形态。因为马克思和恩格斯从来没有把由生产关系构成的经济结构所派生的诸如商品拜物教、价值观念和资本主义社会基本的经济学观念看作意识形态,在他们那里,只有政治的、宗教的、美学的或哲学的意识形式在特殊的情况下,才是意识形态。三是必须正确认识马克思的政治经济学批判和哲学批判、意识形态批判的关系。由于马克思思想发展经历了侧重于对资本主义的哲学和政治批判,到侧重于经济学批判的发展历程,这就使得好像马克思和恩格斯后来对资产阶级哲学的批判仅仅是一种偶然的、临时的方式进行的,好像马克思和恩格斯已经不再重视哲学和意识形态批判了。但实际上,马克思和恩格斯对资本主义社会的政治经济学批判不是与对资本主义社会的哲学批判、意识形态批判脱节的实证主义批判,恰恰相反,马克思主义的政治经济学批判内在地包括了对资本主义生产关系和建立在生产关系基础上的意识形态批判,是把他们的哲学批判和意识形态批判建立在政治经济学批判之上,是对他们的哲学批判和意识形态批判的深化。"政治经济学批判——马克思主义社会理论的最重要的理论的和实践的组成部分——不仅包括了对资本主义时代的物质生产关系的批判,而且还包括对它的社会意识的特殊形式的批判。"[②]

通过以上论述,柯尔施进一步批评庸俗马克思主义曲解了马克思主义

---

① [德]卡尔·柯尔施:《马克思主义和哲学》,王南湜等译,重庆出版社,1989年,第42页。

② 同上,第45页。

理论，指出不能把马克思主义解释为物质与精神抽象对立的自然科学唯物主义，因为"马克思和恩格斯的方法不是抽象的唯物主义的方法，而是辩证的唯物主义的方法。对于马克思主义来说，前科学、超科学的和科学的意识，不再超越于和对立于自然的和(首先是)社会历史的世界而存在。如果它们也是作为世界的一个'观念的'组成部分的话，那么它们就作为世界的真实的和客观的组成部分而存在于这个世界之中"①。同时，马克思主义始终坚持以实践为基础的理论与实践相统一的辩证法，这不仅体现在人的思维的真理性这一问题上，马克思主义认为这本质上是一个实践的问题；而且马克思在《关于费尔巴哈的提纲》中的第十一条关于"哲学家们只是用不同的方式解释世界，而问题在于改变世界"的论断是马克思主义的理论特质，柯尔施认为其核心就是对资本主义社会的理论批判和实践批判的有机统一。

柯尔施得出的结论是：既然历史和社会的发展是总体性的，因此资本主义社会对无产阶级的压迫也必然是包括政治、经济、文化在内的"总体统治"，这就要求在坚持马克思主义理论与实践相统一的辩证法的基础上，展开建立在对资本主义国家的政治经济学批判、哲学意识形态批判和文化批判基础上的"总体革命"，并特别强调对资产阶级意识形态展开批判的重要性，认为只有这样才能为无产阶级革命准备好主观条件。因此，"正如革命阶级的经济上的行动没有使得政治行动变得不必要一样，政治或者经济行动没有使精神上的行动变得不必要。相反地，它必须作为在工人阶级夺取国家政权之前的革命的科学的批判和鼓动工作，作为在夺取国家政权之后的科学组织和意识形态的专政，在理论上和实践上被贯彻到底"②。

(三)葛兰西的意识形态批判理论

葛兰西坚持哲学、历史与政治三者统一的原则，把马克思主义哲学称之为"实践哲学"，强调实践哲学既产生于马克思的思想创造，又是对以往的哲学、文化以及人们的日常生活进行批判的结果，因此实践哲学不是一种单纯

---

① 　[德]卡尔·柯尔施：《马克思主义和哲学》，王南湜等译，重庆出版社，1989年，第50~51页。

② 　同上，第54页。

的理论活动,它必然要进一步转化到政治实践活动中。葛兰西强调,由于西方社会结构存在着"政治社会"和"市民社会"的区分,这就意味着西方革命应该采取不同于俄国十月革命的包括经济革命、政治革命和意识形态革命在内的"总体革命"的模式。其中,意识形态革命是西方革命的前提,并把能否发挥实践哲学的文化意识形态功能,看作能否形成无产阶级集体意志和意识形态领导权的关键。正是对上述问题的考察,形成了他的系统的意识形态理论。

　　反对对实践哲学的实证主义、自然科学唯物主义的解释,肯定历史规律与人的主观能动性的内在联系和实践哲学的批判价值功能,是葛兰西思想的突出特点。早在他青年时期的《反〈资本论〉的革命》一文中,他就强调俄国十月革命的胜利,冲破了将历史唯物主义的历史规律归结为数学公式的做法,证明了"历史唯物主义的原则并不像人们可能认为和一直被想象的那样是一成不变的"①。指出那种认为社会政治和意识领域的任何一种变动都归结为经济基础的直接反映的观点,混淆了历史规律与自然规律的不同,必然导致人们在政治实践中消极无为的后果。因此,实践哲学的任务不在于"'发现'形而上学'决定论'法则的问题,甚至也不是确定'一般'因果性法则的问题,而是一个揭示以某种规律性和自动性发生作用的相对永恒的力量在历史的发展中如何形成的问题"②。实践哲学的功能要揭示影响历史发展进程中的主客观各种因素的相互关系,以及它们是如何影响人类历史发展的问题。对于实践哲学而言,"统一的中心是实践,也就是说,是人的意志(上层建筑)和经济基础之间的关系。在政治中,统一的中心是国家和市民社会的关系"③。葛兰西通过对哲学与宗教、常识、历史和政治的关系的论述,强调意识形态批判对于反对西方革命中存在的消极无为的经济决定论,培育党的知识分子,建立无产阶级文化意识形态领导权对于西方革命的必要性与重要性。

　　在葛兰西看来,哲学与宗教、常识既存在着本质的区别,又存在着内在的联系。从它们的区别看,宗教和常识是不具有构成统一性和一致性的东西,所以不能构成智识秩序。而哲学是"对宗教和'常识'的批评和替代。在这

① 中共中央编译局编:《葛兰西文选》(1916—1935),人民出版社,1992年,第10页。
② [意]安东尼奥·葛兰西:《狱中札记》,曹雷雨等译,中国社会科学出版社,2000年,第326页。
③ 同上,第316页。

个意义上说,它同和'常识'相对立的'健全'见识相吻合"①。

从它们的联系看,"人人都是哲学家"。因为支配人们日常生活和思维方式的"常识"都受自发或自觉的世界观所支配,只不过这种世界观一开始是自发和不系统的,它既存在于人们的日常生活中,也存在于人们的语言中,哲学就是通过对常识和人们日常生活批判的结果。人们选择哪一种哲学,既取决于人们的日常生活,也取决于一定的社会集团的教育和影响,但从根本上说起决定作用的还是人们的政治活动,是一定社会集团教育和引导的结果。人们对哲学世界观的选择这个问题"仅仅是一种智识事件,还是某种更为复杂的东西? 在人们的智识选择和行为方式之间不是经常地存在着矛盾吗? 所以,到底哪一种是真正的世界观:是被逻辑地确定为一种智识选择的东西, 还是从每个人的现实活动中产生出来、暗含于其行为方式中的东西呢? 而且,既然一切活动都是政治的,那么怎么能不认为每个人的真正哲学都整体性地包含于他的政治活动中呢? "②哲学离不开对宗教、常识和日常生活的批判。从这个意义上说,"哲学同哲学史不可分割,文化同文化史同样不可分割"③。因此,所谓"人人都是哲学家"就意味着不仅必须破除哲学是一门由哲学家所从事的一种高深奇怪的活动的观点,而且不能盲目排斥包含一定世界观的宗教、常识和日常生活,而是一方面应当通过批判和反思活动克服其中那些原始的热情和内容,挖掘其中包含的"健全的见识",进而使之成为自觉的和系统的哲学世界观。"不可以把所谓'科学的'哲学的东西,同只是观念和意见的片段汇集的、日常的和大众的哲学分割开来。"④

从哲学与政治的关系看,葛兰西把哲学与政治看作同一的关系,因为政治是联系常识与高层次哲学之间联系的中介和桥梁。葛兰西这里所说的"高层次哲学"主要是指一定社会集团的知识分子根据该集团的利益创造出的哲学。因此,并不存在所谓一般的哲学,存在的只是各种各样建立在一定社会集团利益上的哲学和世界观,人们则总是在他们之间作出选择,而这种选择总是在一定社会集团的利益支配下展开的。这就意味着,"思想和行动之间

---

① ［意］安东尼奥·葛兰西:《狱中札记》,曹雷雨等译,中国社会科学出版社,2000 年,第236页。
② 同上,第 236~237 页。
③ 同上,第 234 页。
④ 同上,第 238 页。

的对立,不能不是一种社会历史制度的更深刻对立的表现了。它意味着,当这个集团作为一个有机总体进行活动的时候,确实可能有其自己的世界观,哪怕这种世界观只是胚胎状态的,一种表现在行动中的、但只是偶然地和在瞬间表现出来的世界观。但是,由于它在智识上从属于和服从(于另一个社会集团)的缘故,这个集团采用了一种并非它自己的,而是从另一个社会集团那里借用的世界观"①。

正因为哲学与宗教、常识以及哲学与政治的内在联系,葛兰西既反对那种把哲学看作哲学家展开纯粹概念的研究的观点,强调哲学的功能在于创造、传播新文化和改变人们心态的活动,强调"哲学是一种世界观,哲学活动也不要看成只是'个人'对于系统的、融贯一致的概念的研究,而且也要并首先要把它看成是改变群众的'心态',传播哲学新事物的一场文化上的战斗"②。又认为那种对实践哲学的经济决定论的解释不仅不符合实践哲学的原意,而且无法发挥实践哲学在形成无产阶级统一的集体意志过程中的价值批判功能和作用,必然导致西方革命中的自发论和宿命论的结局,无法真正取得西方革命的胜利。

葛兰西通过评论马基雅维利的《君主论》一书开创现代政治科学的同时,强调"政党"在形成一定社会集团集体意志中的重要作用。他高度评价马基雅维利的《君主论》一书不是采取"系统的论述,而是'生动的'作品,它采用'神话'的戏剧形式把政治意识形态和政治科学结合在一起"③,并把如何处理领导者和被领导者的关系、如何发挥政党在培育人民的集体意志以及政党的主要任务的问题作为政治科学的核心,明确肯定"一旦提出存在领导者和被领导者、统治者和被统治者的原则,政党的确成为迄今为止培养领导者和领导权的最有效手段"④。在他看来,政党不仅代表了一定社会集团的利益,而且还通过文化和道德教育培育一定社会集团的集体意志。葛兰西反对当时意大利无产阶级革命实践中在对实践哲学的经济决定论解释支配下的"自发论"倾向,强调只有发挥实践哲学的批判价值功能,培育无产阶级统一

---

① [意]安东尼奥·葛兰西:《狱中札记》,曹雷雨等译,中国社会科学出版社,2000年,第237页。

② 同上,第260页。

③ 同上,第88页。

④ 同上,第109页。

的集体意志,夺取无产阶级的意识形态领导权,革命才能获得成功。他由此在批评主观唯心主义和经济决定论的理论失误的同时,分析资产阶级能够取得反封建的革命胜利的原因,来论证他的上述观点。

葛兰西强调,人类社会历史是由主观因素和客观因素交互作用的结果,既反对那种把人类历史发展看作由主观因素决定的主观唯心主义,也反对脱离人的主观因素,片面强调经济因素的决定作用,强调在分析人类社会历史规律和处理经济基础与上层建筑关系的问题时"必须遵循两条原则:1.如果完成任务的某些充分必要条件不存在,或者根本没有开始形成和发展,社会不会为自己提出这些任务;2.如果社会的内部关系中隐含的所有生命形式没有首先得到完善,社会不会崩溃,也不会被取代"[1]。把上述方法论运用于分析经济基础和上层建筑的关系,必须首先明确经济基础决定上层建筑,必须明了"1.把意识形态看作不同于结构的东西,并断言不是意识形态改变结构,而是结构改变意识形态;2.断言一种既定的政治解决办法是'意识形态的'——也就是说,不足以改变结构的,虽然它自认为能够这样;断言它是无用的,愚蠢的等等;3.人们然后转而断言每种意识形态都是'纯粹的'现象,无用而愚蠢,等等"[2]。也就是说,作为上层建筑的意识形态不是个人随意或理性化的主观意识,而只能被理解为经济基础的产物,即人们在其历史活动中对其所处的地位和展开斗争的产物。如果把意识形态理解为个人随意或理性化的主观意识,只会导致毫无意义的个人的运动或论战。葛兰西在肯定经济基础决定上层建筑的同时,也反对对它们的关系作经济决定论的解释。

葛兰西把历史发展看作由主客观多种因素相互作用的结果,单纯的经济危机并不会导致历史的重大变革。他由此把历史发展进程中的主客观因素相互作用划分为三个层次。具体来说:第一,主客观因素相互作用首先构成了与经济基础紧密联系的社会力量之间的关系和不以人们意志为转移的客观的物质关系,它是能否实现社会变革的物质前提。葛兰西认为这种物质关系是"客观的、不以人的意志为转移、可以用精确科学或物理科学的体系

---

[1]　[意]安东尼奥·葛兰西:《狱中札记》,曹雷雨等译,中国社会科学出版社,2000年,第140页。

[2]　同上,第292页。

来计量"①的关系。第二,不同的社会集团和阶级内部团结的程度,自觉性和组织性所达到的水平,这实际上是指社会集团和阶级的阶级意识发展程度在历史发展进程中具有重要的作用。葛兰西由此根据社会集团和阶级意识发展程度,把社会集团或阶级划分为仅具有经济联系的经济-团体阶段、开始要求自由和平等等政治权利的问题但依然限制在经济领域不根本改变现有的政治制度阶段、最纯粹的政治阶段三个发展阶段。只有在最纯粹的政治阶段,不同的社会集团与代表其他社会集团利益的政党在意识形态上展开斗争,并最终形成"一个或至少一种联合开始盛行、占上风、并在社会中传播——不仅带来经济和政治目标的一致,也引起精神和道德的统一,产生各种问题,围绕这些问题风行的斗争不是建立在团体的基础上,而是建立在'普遍的'基础上,从而造成某个基本社会集团对一系列从属社会集团的领导权"②。葛兰西认为这个阶段标志着从经济基础到复杂的上层建筑的关键性过渡。第三,不同社会集团之间的军事力量对比的阶段。它包括严格或科技军事意义的军事阶段和可以被称为政治军事阶段,这两个阶段在历史进程中总是以不同的方式结合在一起的,只有把二者有机结合起来,才能真正取得革命的胜利。

历史发展进程中上述主客观因素发展的三个阶段是一种有机的统一关系,它要求我们在把握历史发展规律问题上既要反对那种脱离经济基础谈论社会变革的主观唯心主义,又要反对那种认为经济危机能够直接决定历史危机和历史变革的机械论和自发论。"历史政治分析常犯的一个错误是找不到有机和接合之间的正确关系。这导致把实际上只是间接作用的起因表现为直接作用的起因,或者断言直接起因是唯一有效的起因。第一种情况存在着过量的'经济主义',也就是教条主义者的故弄玄虚;第二种情况则存在过度的'墨守陈规'。第一种情况对机械起因的估计过高,第二种情况则夸大了自愿主义和个人的因素。"③正确的态度应当是科学地把握历史发展进程中客观因素和主观因素之间的有机关系,即认识到在历史变革过程中,力量平衡的瓦解"并非由于直接的机械起因……发生变化的原因,既可以是福祉

---

① ［意］安东尼奥·葛兰西:《狱中札记》,曹雷雨等译,中国社会科学出版社,2000年,第143页。

② 同上,第144页。

③ 同上,第141页。

受到敌对阶级狭隘利益的威胁,也可以是艰苦的状况令人无法容忍,而在旧社会又看不到能够缓和这种状况并通过法律手段恢复正常状态的力量。……如果缺失了从一个阶段向另一个阶段发展的过程——这是一个基本上以人及其意志和能力为参与者的过程"①。可以看出,葛兰西强调历史变革既要以物质因素为基础,又必须发挥人的主观能动性,二者缺一不可。基于以上认识,葛兰西通过分析西方社会结构和统治方式的特点,反对当时意大利革命实践中存在的自发论和宿命论的倾向,尤其重视意识形态斗争和建立无产阶级意识形态领导权在西方革命中的重要性。

葛兰西之所以强调意识形态斗争在西方革命中的重要作用,既与他对实践哲学的功能的理解有关之外,关键还在于他强调西方社会具有完全不同于俄国的社会结构,他由此通过重构国家理论来论述"政治社会"和"市民社会"的功能,由此凸显西方社会结构和统治方式的特殊性。他把国家划分为"政治社会"和"市民社会"两部分,"我们目前可以确定两个上层建筑'阶层':一个可称作'市民社会',即通常称作'私人的'组织的总和,另一个是'政治社会'或'国家'。这两个阶层一方面相当于统治集团通过社会行使的'霸权'职能,另一方面相当于通过国家和'司法'政府所行使的'直接统治'或管辖职能。这些职能都是有组织的、相互关联的"②。

他进一步明确指出,不能混淆政治社会和市民社会,前者代表政治暴力统治,后者代表文化道德统治。因此,"国家=政治社会+市民社会,即强制力量保障的霸权……随着治理有方的社会的各种要素变得越来越明显,不难想象国家的强制因素会逐渐消失"③。葛兰西所讲的"政治社会"主要是指包括军队、警察、监狱等国家权力机构在内的国家的暴力专政机关;"市民社会"则主要是指民间的社会组织机构,代表社会舆论,它通过民间社会组织如政党、学校、教会、学术文化团体等,向人们传播本阶级的价值观体系,以获得群众的认同和忠诚。

葛兰西进一步分析了国家的形成及其职能的变化。在他看来,国家最初是在市民社会中的几个社会集团的斗争中形成的,其中一个社会集团通过

---

① [意]安东尼奥·葛兰西:《狱中札记》,曹雷雨等译,中国社会科学出版社,2000年,第147页。
② 同上,第7页。
③ 同上,第218页。

政治社会的暴力统治,形成了对其他集团的强制性领导。但是随着生产力的发展,强制性领导逐渐让位于通过市民社会的伦理和文化的非强制性领导。因此,葛兰西又将市民社会称为"伦理国家",强调"每个国家都是伦理国家,因为它们最重要的职能就是把广大国民的道德文化提高到一定的水平,与生产力的发展要求相适应,从而也与统治阶级的利益相适应"[①]。伦理国家是通过学校和市民社会的机构宣扬本阶级的文化道德价值观,行使本阶级的文化领导权,实现对其他阶级的文化控制。葛兰西由此强调阶级社会中的国家具有政治暴力职能和文化领导权双重职能,并且必然会随着生产力的发展,逐渐从政治暴力职能向文化领导权职能演化。而要真正建立伦理国家和走向完全行使文化领导权的职能,其前提是阶级国家的消亡。因此,"只有把国家和个人的终极目标当做奋斗目标的社会集团才能创造出伦理国家,也就是结束统治阶级的内部分化等,创造物质和精神协调统一的社会机制"[②]。

基于以上认识,葛兰西强调当代资本主义国家的统治方式已经从传统的主要依靠暴力统治转向了主要依靠意识形态统治的转变,"资产阶级自视为不断运动的有机组织,可以吸收整个社会,把它纳入自己的文化和经济范围之内。国家的职能因此得到彻底改变,成为一个'教化者'"[③]。西方社会结构与统治方式同俄国相比具有本质的区别,俄国不仅不存在西方社会的政治社会和市民社会的社会结构,而且资产阶级维系其统治的方式主要是依靠政治暴力,只要打碎了其行使政治暴力的国家机构,革命就可以取得成功。但是西方社会不仅存在着政治社会和市民社会的二分,而且是包含政治暴力统治和文化意识形态控制在内,并越来越转向文化意识形态控制的总体统治方式。"在俄国,国家就是一切,市民社会处于原始状态,尚未开化;在西方,国家和市民社会关系得当,国家一旦动摇,稳定的市民社会结构立即就会显露。国家不过是外在的壕沟,其背后是强大的堡垒和工事。"[④]这就意味着西方革命应当采取不同于俄国十月革命的"总体革命"的模式,其中意识形态斗争在西方革命中具有尤其重要的地位和意义。

①② [意]安东尼奥·葛兰西:《狱中札记》,曹雷雨等译,中国社会科学出版社,2000年,第214页。

③ 同上,第216页。

④ 同上,第194页。

　　葛兰西进一步通过反思资产阶级如何夺取国家政权和第二国际以来的西方革命失败的教训,阐明他的上述观点。在他看来,资产阶级在夺取政权之前,建立了许多能够表达他们愿望的民间组织,能够用他们的文化道德价值观影响农民、手工业者等其他社会集团,成功地说服他们,并使他们站到自己的一边,从而取得了意识形态的领导权;而第二国际之所以失败,就在于它们不注重发挥马克思主义哲学的文化意识形态功能,满足于机械的经济决定论、宿命论,不注重对工人阶级的政治觉悟和阶级意识的培育,使工人阶级受资产阶级的文化意识形态的束缚,不能形成统一的集体意志和阶级意识。而任何一个阶级要夺取国家政权,其前提条件就是拥有自己成熟的集体意志和阶级意识,并能够实现对其他阶级的文化意识形态的领导,造成统治阶级领导权的危机。但由于统治集团的政治统治技巧和优势,他们往往会迅速采取措施来重新掌握局势。这就要求无产阶级政党应当重视无产阶级集体意志和阶级意识的培育,重视意识形态领导权的争夺,并善于利用统治集团领导权的危机,把对历史必然性的认识上升为群众的自觉行动,为最终夺取革命的胜利创造条件。

　　对于如何培育无产阶级的集体意识和阶级意识,葛兰西认为关键在于培育无产阶级政党的有机知识分子。葛兰西反对传统的以职业为标准划分知识分子的做法,认为这种做法的核心是把划分知识分子的标准归结为从事脑力劳动还是从事体力劳动,"考虑的是他们特定的职业活动是趋向于智力工作还是趋向于肌肉–神经的劳动"①。由于不可能将智力活动排除在人类活动之外,因此这个标准实际上就意味着所有人都是知识分子。"所有的人都是知识分子,但并非所有的人在社会中都具有知识分子的职能。"②葛兰西由此主张按知识分子所从属的社会关系和社会职能为标准划分知识分子,并由此把知识分子划分为"传统知识分子"和"有机知识分子"两种类型。所谓"传统知识分子"是把自己看作不属于任何社会阶级,不表达任何社会阶级意愿的知识分子;所谓"有机知识分子"则是与一定的社会集团或阶级联系在一起,表达该阶级的思想意识的知识分子。有机知识分子的特点在于他们不仅仅停留于"侃侃而谈,那只是情感和激情外在和暂时的动力,要积极

①②　[意]安东尼奥·葛兰西:《狱中札记》,曹雷雨等译,中国社会科学出版社,2000年,第4页。

地参与实际生活不仅仅是做一个雄辩者,而是要作为建设者、组织者和'坚持不懈的劝说者'(同时超越抽象的数理精神)"①。有机知识分子的职能在于行使所属社会集团的文化领导权,使所属阶级的文化价值观获得人民群众的认同,从而行使对其他阶级的文化领导权。根据以上思想,葛兰西强调无产阶级政党既要造就自己的有机知识分子队伍,又应该争取传统的知识分子,把他们引导到有机的知识分子中,以便壮大自己的力量,在文化意识形态方面占据主动地位。

根据西方社会结构的特质和统治方式的新变化,葛兰西在提出"总体革命论"的同时,也提出了"运动战"和"阵地战"的西方革命新战略。"运动战"和"阵地战"原本是军事斗争中的概念,"运动战"是指通过大罢工、武装起义等从正面攻击国家政权的战斗。在力量对比我强敌弱的情况下,运动战可能造成敌军的崩溃。但是在当代资本主义社会,资产阶级对工人阶级的统治是总体统治,资产阶级不但掌握国家政权,而且拥有文化、意识形态的领导权,敌我力量的悬殊决定了西方资产阶级对危机的发生有相当程度的抵御能力。在这种情况下,无产阶级必须首先在文化意识形态领导权方面和资产阶级展开斗争,动员社会力量,待时机成熟再进行运动战。他的"运动战"和"阵地战"的革命新战略,实际上是主张先对西方社会采取各个击破的战略,待无产阶级力量与资产阶级力量势均力敌时,再与资产阶级进行总决战,最终夺取国家政权。

可以看出,葛兰西的意识形态批判理论的特质与意义在于,他反对对实践哲学的机械唯物论、科学实证论的解释,强调实践哲学的文化意识形态功能,并分析了西方社会不同于俄国的不同社会结构和统治方式,突出了意识形态斗争在西方革命中的重要性,提出了培育阶级意识的主体在于有机知识分子,并提出了"运动战"和"阵地战"有机结合的西方革命方略。他的文化意识形态批判理论应当被看作他力图把马克思主义基本原理与西方社会历史条件和文化传统有机结合的产物,对于当代西方社会主义运动和当代国外马克思主义理论产生了深远的影响。

---

① [意]安东尼奥·葛兰西:《狱中札记》,曹雷雨等译,中国社会科学出版社,2000年,第5页。

二、法兰克福学派的意识形态批判理论

法兰克福学派反对资产阶级学者所宣称的西方社会已经进入一个生产力高度发达、人自由全面发展和无矛盾的理想社会,指出科学技术革命虽然使得生产力高度发展和社会物质财富极大丰富,但一方面当代西方社会是一个物质丰裕、精神贫乏的单向度的社会,另一方面人们并没有得到自由全面发展,相反是处于政治压迫、经济剥削、内心向度被支配的总体异化的生存状态,体现为人们丧失了自身的自主意识和独立人格。资本主义社会更不是无矛盾的理想社会,只不过矛盾的表现形式已经表现为社会发展总体化、一体化趋势和个人个性化自由发展之间的矛盾。揭示这一矛盾是如何产生和发展的,并由此把西方个人从社会总体化、一体化发展趋势下解放出来,形成个人的自主意识和独立人格,是西方革命和西方个人获得自由和解放的前提。他们由此在认同马克思的历史唯物主义批判精神的基础上,援引弗洛伊德精神分析学等现代西方哲学思潮,通过探讨极权主义心理结构与极权性格的关系、科学技术的意识形态功能,形成了包括文化心理维度和技术理性批判维度在内的系统的意识形态批判理论。

(一)法兰克福学派意识形态批判理论的文化心理维度

法兰克福学派意识形态批判理论的文化心理维度主要包括,对极权人格形成的根源、法西斯主义兴起的文化心理根源和上层建筑反作用于经济基础的中介机制的探索三个方面的内容。其特点是在坚持唯物史观基本原理的基础上,援引弗洛伊德的精神分析学,把理论的重点放到对意识形态批判的文化心理的维度的研究上。

1.霍克海默和阿多诺对极权人格和法西斯主义兴起关系的研究

霍克海默、阿多诺主要从资本主义经济运行的规律和资产阶级意识形态的宣传两个维度,论述了极权人格形成的根源和法西斯主义兴起的关系。从资本主义经济运行规律的维度看,由于在自由资本主义时期存在着个体资本的有计划性和总体资本无计划性的矛盾,个体资本的生产能否转换成

社会生产以及个体资本竞争的成败取决于对社会需求的依赖，这就意味着个体资本并不具有真正意义上的自由；在垄断资本主义时期，资本主义的竞争主要是垄断行业之间的竞争，由此形成了个体资本对垄断行业的领导者的依赖。问题在于垄断行业的领导不仅把与之对立的集团和个人当作危险的力量加以控制，并要求他们服从自己的信念，由此导致了个体资本对资本主义社会非理性的依赖和极权国家的出现。资本主义社会的建立是通过暴力方式使得人们丧失了生产资料，不得不接受由资本主义生产关系所强制的劳动，并把这种劳动转换为一种摆脱受苦状态的道德要求。19世纪以后，资产阶级建立了以自由契约为形式的雇佣的工作制度，这种制度从形式上规定了雇主和工人之间的契约必须建立在自由原则的基础上，但一方面工人由于没有生活资料不得不屈从于资本主义雇佣制度，另一方面又规定工人必须通过工会这一中介与资本进行谈判，进而把这种人为规定的工作制度看作承认工人的自由的一种必然性关系，由此形成了工人受制于这种工作制度以及适应于资本主义生产的工作伦理和意识形态，强化了工人对雇主的依附关系，从而为资本控制和压迫工人提供合法的外衣。"那种认为屈从不再由出生决定，而是私下个人之间的自由契约决定的看法；那种认为不是雇主，而是经济环境专横地强迫人处于屈从的社会地位的看法，这些资产阶级的工作观念，事实上是极为生产性的而且会产生有益的结果。"[1]当代资本主义社会进一步把这种工人对雇主的服从转化为对极权国家的服从。资产阶级为了反对封建主义，把国家看作建立在理性和自由的基础上维护人们的公共利益。但是当资产阶级国家建立以后，他们又强调只有通过国家才能处理个体与整体的利益矛盾、市场经济的无政府主义与集体利益的矛盾，进而使人们形成了崇拜和服从国家权力的思想。而当代资产阶级正是通过科学技术进步所造成的社会经济生活总体化、一体化的发展趋势，进一步使政治权力走向更加集中，并认为"一体化乃是个人和团体为在资本主义制度下开创繁荣昌盛的局面必须付出的代价"[2]。

法西斯主义的兴起与极权人格的形成不仅具有经济基础，而且资产阶

---

① ［德］马克斯·霍克海默：《批判理论》，李小兵等译，重庆出版社，1989年，第85页。

② ［德］马克斯·霍克海默：《独裁主义国家》，载上海社会科学院哲学研究所编：《法兰克福学派论著选辑》（上卷），商务印书馆，1998年，第94页。

级意识形态宣传也起了重要的作用，这主要体现在私人领域和公共领域两个维度。

从私人领域的维度看，"家庭"是资产阶级培育极权性格的重要场所。对此，霍克海默指出："在那些通过有意识和无意识的机制，影响着大多数人的心理性格的诸种关系中，家庭占着一个非常独特的位置。家庭从襁褓时期开始，就一直塑造着一个孩子的一生。"①也就是说，家庭是资产阶级意识形态塑造服从人格和极权人格的重要场所。这是因为在前资本主义时期，与服从上帝的权威相适应，家庭则要求无条件地服从父亲的权威，进而要求在工作中学会服从；在文艺复兴和启蒙运动以后，家庭对父亲的无条件服从转换为理性的服从，这种理性的服从的本质是基于现实利益的考量，因为父亲不仅在力量上，而且在财富、经济和权力上的优势要求子女应当服从父亲的权威，并由将此从家庭中培育的服从性格转换到社会和政治结构中。"一个孩子从他父亲的力量中尊重一种道德的关系，因而学会了去热爱那种他的理性承认为一桩事实的东西，此时，他正在体验着他已开始被训练着，以便去适应资产阶级的权威关系。"②资产阶级的极权国家正是借助家庭这一场所使权威世俗化和具体化，人们由此不仅崇拜和服从权威，而且把成为权威当作自己的理想，从而形成当代社会中的服从人格和极权人格。

从公共领域的维度看，霍克海默借助黑格尔关于家庭和社会共同体之间矛盾冲突理论，认为家庭虽然存在着诸如妇女沦为性的对象和家庭奴仆等非人的现象，但不同于资本主义公共领域的竞争和实用关系，依然是以爱和关心为纽带，因此家庭既是培育服从人格和极权人格的场所，也包含着反对极权主义和拒绝世界非人化的因素。但是由于资本主义一夫一妻制把妇女看作依附于男子的存在物，其天职就在于维系婚姻和教育子女，压抑在社会看来有害的冲动，而丈夫出于对妻子和孩子的责任感，使他往往丧失反抗社会秩序的勇气，使得家庭反倒成为社会生活中的保守力量，从而起到了强化现存社会秩序的作用。法兰克福学派理论家进一步或者运用弗洛伊德的精神分析学，或者把弗洛伊德精神分析学与马克思的历史唯物主义相结合，揭示了极权人格和法西斯主义兴起之间的内在关联。

①　[德]马克斯·霍克海默：《批判理论》，李小兵等译，重庆出版社，1989年，第95页。

②　同上，第97页。

阿多诺认为，以法西斯主义为代表的极权国家主要是依靠非理性的宣传和暗示来引导和支配大众的心理,从而实现对人的内心控制和支配的。弗洛伊德反对传统心理学把大众看作大多丧失个性、非理性的和易受影响的观点,主张把大众看作信奉个性自由的独立的个体,并以此为基础探讨个体心理如何转换为群体心理。为了解决上述问题,弗洛伊德把"性本能"概念引入对集团心理的研究,认为社会集团是通过"暗示"使人们的"性本能"以无意识的状态存在,并使之以适合于集团的政治目的的形式存在,从而把大众的无意识操纵为一种顺从意识。法西斯主义就是通过借用弗洛伊德精神分析学的"自居机制",使支配大众的"性本能"转化为对领袖和权威的崇拜和追随。弗洛伊德在《群体心理学和自我分析》一书中认为,在群体内人和人之间维系关系的核心力量是"爱的联系",而这种"爱的联系"又源自以"性本能"为基础的自爱和自恋,并通过这种方式求得自我保存。这种"爱的联系"使得处于集体中的每一个成员以同一个对象代替他们的自我理想,并借助集体中的权威和领袖使集体成员融为一体,从而使个人行为符合集体的社会性格,并利用人在现实社会和人的本能的冲突所造成的人的不满足感和挫折感,通过狂热的宣传和暗示等方式唤醒人们无意识中的"自恋",使人们产生领袖和权威的崇拜,进而操纵人们的内心世界,为法西斯主义的兴起提供了文化心理基础。

2.赖希和弗洛姆对法西斯主义的人格心理结构的揭示

赖希批评庸俗马克思主义"完全把经济存在同整个社会存在割裂开来,认为人的'意识形态'和'意识'唯一直接由人的经济存在来决定。因此,它造成了经济与意识形态之间、'结构'与'上层建筑'之间的机械对立;它使意识形态刻板地、片面地依赖于经济,看不到经济发展对于意识形态发展的依赖性"[①]。这种对马克思主义的解释实际上是把"心理学"排斥在马克思主义之外,不仅不符合马克思主义的原意,而且把历史中的"心理生活"留给了反动的形而上学唯心主义,为法西斯主义的兴起提供了机会。重视对历史发展中的主观因素作用的强调,可以说是自卢卡奇以来的西方马克思主义的共同特点,赖希继承和发展了卢卡奇等早期西方马克思主义理论家的上述观点,

---

① [奥]威尔海姆·赖希:《法西斯主义群众心理学》,张峰译,重庆出版社,1990年,第11页。

把理论重点放到分析法西斯主义兴起的文化心理根源上。

为了解决上述问题,赖希认为意识形态不仅为经济基础所决定,而且能够转变为一种物质力量反作用于经济基础,并将意识形态转换为人的心理结构。马克思不仅强调经济因素对意识形态的决定作用,同时也强调意识形态对于经济因素的反作用。当时的庸俗马克思主义者不理解马克思主义的这一特质,导致了在西方革命过程中不注重对历史发展中的主观因素作用的分析。如果我们承认意识形态对经济基础具有反作用的时候,就意味着意识形态会变为一种吸引群众的物质力量。赖希由此认为"每一种社会形态的意识形态不仅具有反映这个社会的经济过程的作用,而且更重要地,还具有把这个经济过程深植于作为社会之基础的人民的心理结构中的功能。……只要一种社会意识形态改变了人的心理结构,那么,它就不仅在人身上再生自身,而且更重要地,还会成为人身上的一种积极力量、一种物质力量,而人则发生具体的变化,并因而以一种不同的矛盾的方式来行动"[①]。他强调尽管一种意识形态的经济条件使我们看出它的物质基础,但这些条件没有直接告诉我们它的非理性核心,直接构成这个核心的是人的性格结构。处在一个社会的特定经济条件下,人在自己的意识形态中再生产出历史的经济过程,通过形成意识形态,人重新塑造了自身。他由此反复强调他是在坚持马克思主义基本原理的基础上,借用弗洛伊德的精神分析学揭示法西斯主义意识形态的本质与功能,揭示人的心理结构的形成以及如何影响群众的行动这一问题上,从群众心理学的维度解释了法西斯主义意识形态能够获得群众认同的文化心理根源。

对于性格结构是如何形成的这一问题,赖希一方面批评当时的庸俗马克思主义没有看到"具有心理和生理性情的活生生的生产者,是历史和政治的第一个前提。能动的人的性格结构,即马克思意义上的所谓的'历史的主观因素',却没有得到考察"[②]。他认为马克思虽然看到了人的主观因素在历史发展进程中的重要作用,但由于当时没有科学的心理学,使得马克思本人并没有对人的心理结构问题作出系统的考察。但是随着弗洛伊德精神分析

---

① [奥]威尔海姆·赖希:《法西斯主义群众心理学》,张峰译,重庆出版社,1990年,第15页。

② 同上,第22页。

学的出现,人的心理结构问题得到了系统考察,也为揭示人的心理结构对于人的性格和意识形态的反作用提供了基础。他正是在肯定马克思关于经济基础对历史发展起决定作用的论断的基础上,利用了弗洛伊德的个体心理学揭示家庭是形成权威主义性格和法西斯主义意识形态的场所,并由此分析了意识形态对于形成人的心理结构及其反作用的重要性。

　　赖希认为,弗洛伊德的精神分析学对人的心理结构问题考察的贡献主要在于四个方面:第一,他揭示了意识只是心理活动的一小部分,人的心理活动主要是受"无意识"支配的。人的每一种心理体验只要能把握其根源,就能确定其功能和意义。第二,人的心理活动主要受"力比多",即性本能的驱动,"力比多"是人的心理活动的原动力。这实际上要求分析人的心理活动必须把人的生物学前提与社会条件有机结合起来。第三,"力比多"由于社会道德禁忌而被压抑在人的内心深处,这种压抑会以各种病理方式表现出来,从这个意义上说,弗洛伊德把所谓"文明人"都看作病人。第四,人的道德准则根源于人在幼年时家庭对人的本能的压抑,由此形成道德禁忌,这些道德禁忌支持对"力比多"的压抑。赖希由此认为弗洛伊德的精神分析学把文明与性满足绝对对立起来,并试图像分析人的心理结构一样来分析社会。赖希的理论旨趣正是把弗洛伊德个人心理学与马克思主义政治经济学批判相结合,最终形成了他的"性经济社会学"。他的"性经济社会学"首先分析家庭在形成权威性格中的重要作用,在此基础上揭示了法西斯主义是如何利用权威人格控制人们的心理结构,使人们在崇拜、追逐法西斯主义的群众心理的支配下走向拥护法西斯主义的。

　　为了揭示群众是如何走向拥护希特勒和法西斯主义的,赖希首先论述了法西斯主义意识形态的主要内容和本质。他把法西斯主义意识形态归结为种族理论、家庭理论和反性的宗教神秘主义三部分内容。赖希把"种族理论"看作法西斯主义意识形态的核心,其目的在于维护所谓"血统"的纯洁性。希特勒和法西斯主义的种族理论的出发点是强调"每一种动物只和自己的同类婚配是一个'铁的定律'。只有在例外的情况下,如被别的种族占领,才可能出现违背这个定律的种族杂交"[①]。以此为出发点,希特勒把人类划分

---

① 　[奥]威尔海姆·赖希:《法西斯主义群众心理学》,张峰译,重庆出版社,1990年,第67~68页。

为文明的奠基者、文明的支持者和文明的破坏者，分别对应于雅利安种族、亚洲的日本人和中国人以及犹太种族，并认为这些种族存在着高低等级之分，为雅利安种族统治和毁灭犹太种族作辩护。希特勒和法西斯主义就是通过宣扬上述种族理论，激发被独裁主义性格所压抑的性本能，激起日耳曼人对犹太人的仇恨。其家庭理论的特点是利用传统家庭中服从的无意识，把家庭中子女服从父母转换为服从国家，并把家庭的自豪感转换为国家自豪感、种族自豪感，确保群众忠诚于国家和元首。所谓反性的宗教神秘主义，就是指法西斯主义故意把自然的性看作邪恶和淫荡的，进而把性活动看作人类的罪恶，要求人们信奉超自然的力量，用幻想的自由和幸福代替现实的自由和幸福，使人们从性欲的束缚中解放出来，并由此鼓吹女性必须服从男性，剥夺女性的经济独立地位，必须把德国女性从犹太人的性欲魔掌中解放出来。赖希进一步把法西斯主义意识形态的特点归结为受独裁主义性格支配的压抑人性的独裁主义和极权主义，并由此强调揭示希特勒和法西斯主义的成功既不能停留在考察希特勒的个性上，也不能停留在群众受法西斯主义的宣传而导致思想糊涂而追随法西斯主义的基础上，关键是要搞清楚希特勒和法西斯主义兴起的社会基础和性格结构。

基于以上认识，赖希明确把希特勒和法西斯主义所宣传的国家社会主义运动的社会基础归结为下中层阶级的运动，强调下中层阶级所处的社会地位和心理结构为法西斯主义的兴起提供了土壤，并具体分析了下中层阶级所处的社会地位和心理结构的特质与法西斯主义的内在契合，揭示了中下层阶级的社会地位和走向法西斯主义的必然性。在他看来，原本由于竞争和害怕无产阶级，中下层阶级既无法实现自身群体内的联合，也无法实现与产业工人的联合。但法西斯主义的兴起，却使得中下层阶级形成了联盟，这是由他们的社会地位所决定的。在中下层阶级中，普通职员主要依靠政府所提供的年俸而生存，其经济地位比普通的技术熟练的产业工人的经济地位更糟，因此这个阶级盛行对政府权威的依赖，其命运取决于他们对政府和国家的态度，由此形成了与政府权力的自居作用。这里所讲的"自居作用"，在弗洛伊德的精神分析学中是指把自己想象成自己崇拜的人，并认同和模仿自己崇拜的人的思维方式和处事态度。这种自居作用使他们一方面对上级俯首帖耳，另一方面对那些居于他们之下的阶级而言，他们又是权威的代表。因此，他们经常模仿他们伺候的上级，又努力抹去其低下的出生的痕迹。其结果必然是"下中层阶级的人总是准备去迎合权威，他们扩大了自己的经济地位和意识形态之间的裂隙。他们生活在物质上受限制的环境中，但表面上却装出一副绅士的派头，常常到了滑稽可笑的程度。他们吃的食物既低劣又不够，但非常看重'一套体面的服装'。大礼帽和燕尾服成了这种性格结构的物质象征。最适合用来对一个民族的群众心理作出第一印象评价的，莫过于他们的服装。特别能把下中层阶级人士的性格结构同产业工人的性格结构区别开的，正是这种迎合态度"①。

不仅下中层阶级的经济地位与权威主义性格的形成具有内在联系，而且他们在家庭的地位又进一步强化了他们的权威主义性格。赖希根据弗洛伊德的精神分析学，把家庭道德看作父亲对子女性压抑的结果，并认为当时下中层阶级的家庭的核心是父权制的性道德所构成的，父亲在家庭中拥有绝对权威的地位，子女们除了服从父亲的权威，还产生了一种对父亲权威的自居作用，这种对父亲的权威既服从又羡慕的心理结构投射到社会生活中，造就了人们既顺从权威，又向往和羡慕权威的性格结构。希特勒就是通过强调土地、血缘和家庭的价值，不仅用来对抗共产主义和西方资产阶级的影响，而且把自己塑造为民族的人格化和父亲的形象，赋予中下层阶级安全，凸显他作为元首创造历史的意义，并赢得他们的支持和自居。正是群众个体对元首的自居作用，使得下中层阶级的群众把民族自信心投射到元首身上，构成了希特勒和法西斯主义成功的心理学基础和人格结构。

赖希进一步从两个方面分析了为什么产业工人也支持希特勒和法西斯主义。一方面，产业工人也具有与中层阶级共同的心理结构，即既反对资产阶级的生活方式，又模仿资产阶级的生活方式；另一方面，法西斯主义意识形态使他们接受了资产阶级的生活习惯和观点，越来越资产阶级化。赖希认为，法西斯主义是从两个方面侵袭产业工人的："一是靠直接的物质腐蚀而从'游民无产者'（一个人人都反对的表达词）一方面，二是既靠物质腐蚀又靠意识形态影响而从'工人贵族'一方面。"②这使得产业工人虽然看到了自

———————

① ［奥］威尔海姆·赖希：《法西斯主义群众心理学》，张峰译，重庆出版社，1990年，第41~42页。
② 同上，第60页。

己与资产阶级的对立,而且法西斯主义意识形态利用宗教神秘主义,把性活动看作人类的罪恶, 是人们压抑自己的性本能和对现实生活的幸福和快乐的追求,在法西斯主义意识形态所宣扬的幻想的幸福和快乐中实现满足,强化了与法西斯主义相适应的父权制心理结构。

在分析了法西斯主义意识形态之所以能够控制群众之后, 赖希强调意识形态一旦形成了人的心理结构,就会转换为变革现实的物质力量。他主张把建立在弗洛伊德的精神分析学基础上的个体心理学与马克思的政治经济学批判结合起来,探讨权威主义人格和心理结构的意识形态功能,揭示法西斯主义兴起的文化心理根源。根据弗洛伊德的精神分析学,赖希在《性格结构》一书中不仅把人的性格结构划分为三个层次,而且认为任何一个社会都会形成"性格盔甲"。第一个层次是表层层次,它具有含蓄的、彬彬有礼的、富有同情心的、负责任和讲道德的特点,赖希认为这个层次与人内心的生物本能并无联系;第二个层次是中间层次,它是由残忍的、虐待狂的、好色的、贪婪的和嫉妒的冲动所构成,相当于弗洛伊德精神分析学的"本我";第三个层次是人最深层次的,它具有诚实的、勤奋的、合作的、与人为善的特点。只有发挥出第三层次的特性,人们才能消除性压抑,促进社会自由全面发展。他进一步认为任何社会都会形成"性格盔甲"。他把"性格盔甲"看作"自我"对"本我"和外部世界的反应,并把"性格盔甲"规定为"每个社会制度创造出的为保护自己所需要的性格形式的总称"①。"性格盔甲"的功能在于按照社会的要求而行动,具有意识形态功能。实际上,赖希这里所说的"性格盔甲"就是指人的心理结构。他的"性格盔甲"概念是对弗洛伊德人格理论批判继承的结果。弗洛伊德把人的人格划分为"本我""自我"和"超我"三部分,"本我"代表本能的冲动,"自我"是"本我"符合道德规范呈现出的现实行为,"超我"则是指社会道德理想。"自我"既要服从"本我"追求快乐的要求,又要符合"超我"的要求,在"本我"和"超我"之间来回奔波,处理不好与它们的关系,就会造成精神疾病。而赖希的"性格盔甲"相当于弗洛伊德人格结构理论中的"自我"和"超我",既起着"自我"的作用,又承担着"超我"的功能。赖希不仅改变了弗洛伊德人格结构理论的内涵,而且把弗洛伊德的"自我"和"超

---

① Wilelm Reich,*Character Analysis*,Printed in the United States of America NewYork,1970,p.17.

我"都看作人性的表层内容,认为人还存在一个最深刻的本能冲动,这种本能冲动体现为原始的自然冲动和有利于人类的社会冲动。他也反对弗洛伊德否定人的本能冲动,把"超我"对"本我"压抑看作人类高于其他动物的体现的观点。而赖希则明确把"性格盔甲"看作一种"神经症性格"和病态人格,强调只有变革"性格盔甲"对人的本能冲动的压抑,建立一种自我调节型的"民主主义性格",才能真正实现人的自由和解放。

与赖希一样,弗洛姆同样援引弗洛伊德的精神分析学,揭示了法西斯主义兴起的文化心理根源。不同于当时马克思主义者主要揭示法西斯主义兴起的经济根源和阶级根源,弗洛姆则主要分析了法西斯主义兴起的文化心理根源。这主要体现在弗洛姆根据他对人的本质和人的存在与历史的二律背反的看法,论述了当代西方人从追求自由到逃避自由的历程与根源,揭示了法西斯主义兴起的文化心理根源。弗洛姆把自由区分为消极意义和积极意义上的自由。前者是指摆脱了由人的本能决定的行为的状态的自由,主要包括人的行为摆脱了其先天的遗传本能的行为以及与自然的分离;后者是指人们在各种独立的可能性中作出选择的能力,这种选择不仅体现了人的自主性,而且应当是理性指导下的自觉选择。弗洛姆认为,西方人经历了一个从追求自由到逃避自由的发展历程。在人类与自然处于"共生"状态的中古社会,西方人受制于自然,因而向往和追求自由,力图摆脱自然的束缚获得消极意义上的自由;当西方人从自然的束缚下摆脱出来获得消极意义上的自由的同时,西方人也失去了安全感、归属感,并由此产生了孤独感。文艺复兴、启蒙运动和伴随着资产阶级的兴起,一方面个人主义的流行使得个人可以按照自己的意愿,并通过自己的努力获得成功,西方人由此获得了积极意义上的自由;但另一方面由于个人的自由和成功打破了稳定的社会秩序,特别是在资本主义社会中的"我反人人、人人反我"的激烈竞争中,西方人被一种自身之外的力量所控制,成为一个惶惶不可终日的个体,自由对当代西方人而言又意味着孤独和焦虑。

弗洛姆在此基础上进一步从人与社会关系和人的社会化过程两个维度考察了当代西方人通过何种方式消除孤独和焦虑。从人同社会关系的维度看,弗洛姆认为当代西方人普遍采用消极的办法来解决孤独感和焦虑感;从人的社会化过程的维度看,弗洛姆把人和人的关系分为"共生关系、撤回-破坏性关系和爱"三种关系,其中共生关系和撤回–破坏性关系都是逃避孤独和焦虑的方式,前者通过虐待和控制他人来消除孤独,后者是通过在情感上与他人的疏远和冷漠,并将人的内驱力转换为一种破坏性欲望来消除孤独。通过以上分析,弗洛姆强调解决这种心理上的孤独又通过发挥生产性的爱和创造性的工作,把人自身、他人和社会有机地结合在一起的积极途径和放弃自由,委身他人的积极和消极途径。前者必须以健全的社会为基础,问题是当代西方社会是一个充满非生产性性格的病态社会。这就使得当代西方人选择了消极的途径来消除因自由带来的孤独和焦虑。他由此认为,当代西方人逃避自由和孤独的心理机制的突出特点就是通过 "放弃个人自我的独立倾向,欲使自我与自身之外的某人或某物合为一体,以便获得个人自我所缺乏的力量"①,主要表现为受虐冲动和虐待冲动两种形式,或者通过委身他人,或者通过统治他人的方式来逃避自由和消除孤独,由此形成了当代西方人的权威主义人格,成为法西斯主义兴起的文化心理根源。

3.弗洛姆对上层建筑反作用与经济基础的中介机制的探讨

在弗洛姆看来,马克思虽然提出了经济基础和上层建筑之间的决定作用和反作用,但是并没有考察经济基础和上层建筑相互作用的中介环节。弗洛伊德的精神分析学所提出的"性格理论"和"无意识"概念正好有助于解决上述问题,他由此通过综合马克思和弗洛伊德的精神分析学,提出了"社会性格"理论和"社会无意识"概念。弗洛伊德的精神分析学把"性格倾向"看作支配人的行为的真实动力,并认为性格的原动力是作为人的生物本能的"力比多",不同的性格不过是"力比多"的升华。弗洛姆一方面同意弗洛伊德把"性格"看作决定人的行为的背后力量,但是他不同意把性格的基础归结为"力比多",而是认为应当运用马克思的唯物主义史观,从社会结构中去寻找性格形成的原因。"性格的根本基础并不在于各种类型的力比多中,而是在特殊的人与世界的关系中。"②他由此认为性格就是在人的同化过程和社会化过程中形成的,指出社会性格就是"一个社会中绝大多数成员所具有的基本性格结构,它不同于一个社会中不同成员所具有的个体性格。社会性格不

---

① [美]埃里希·弗洛姆:《逃避自由》,刘林海译,国际文化出版公司,2000 年,第 97~98 页。

② [美]埃里希·弗洛姆:《为自己的人》,孙依依译,生活·读书·新知三联书店,1988 年,第 70 页。

是一个统计学的概念,因为它不是社会中成员性格特征的简单总和"①。社会性格是社会结构中的经济因素和社会意识形态因素相互作用的结果,其中经济因素在社会性格形成的过程中占据主导地位。而社会性格一旦形成后,实际上也就决定了社会的道德理想和行为模式,从而体现了社会性格对经济基础的反作用。

他进一步把社会性格划分为"生产性性格"和"非生产性性格"两种类型。所谓"生产性社会性格"是指人"把自己当作一个他之力量的化身、一个'行动者'而加以体验;他感到自己与他的力量溶为一体,同时这种力量并没有受到阻碍而与他相异化"②。他把"非生产性社会性格"划分为接受取向、剥削取向、囤积取向和市场取向四种类型,认为"非生产性社会性格"虽然具有适应社会经济发展的积极作用,但其消极作用在于都是把人的价值实现归结为外部世界,而不是发挥自身创造性潜能。根据社会结构的不同,弗洛姆认为 19 世纪西方社会流行的社会性格是接受取向、剥削取向、囤积取向的社会性格,20 世纪当代西方社会由于生产的问题已经得到解决,为了支撑资本主义生产的不断扩张,西方社会鼓励建立在"虚假需要"基础上的消费主义价值观和生存方式,导致了把人的价值归结为能否实现市场交换的市场取向的社会性格的流行,其特点是把个人的价值实现寄托于他人的认同上,这意味着 20 世纪资本主义社会对人的控制走向了匿名化的趋势,造成了人们价值标准和趣味判断的趋同的新道德,其结果是使人"失去个性、空虚、生命无意义、个体自动化,这一切导致了不满足的增长,导致了寻求更适当的生活方式的需要和寻求能引导人达到这个目标之规范的需要"③。他由此把当代西方社会看作总体异化的社会。

弗洛姆又通过改造弗洛伊德的"无意识"概念,提出了"社会过滤器"概念来揭示当代西方社会是如何实现对人的总体控制的。在弗洛伊德那里,所谓"无意识"是指被社会禁忌压抑而又无法意识到的真实欲望。弗洛伊德提出"无意识"概念的目的是希望人们能够认识到它,在缓解被压抑的紧张状态的同时,使人们从被他人操纵的状态中解脱出来,成为一个有自主意识和

① [美]埃里希·弗洛姆:《健全的社会》,欧阳谦译,中国文联出版公司,1988 年,第 76 页。
② [美]埃里希·弗洛姆:《为自己的人》,孙依依译,生活·读书·新知三联书店,1988 年,第 91 页。
③ 同上,第 89 页。

自由的人。与弗洛伊德的"无意识"概念不同,马克思则认为经济基础决定上层建筑,上层建筑反作用于经济基础,并提出了统治阶级是通过意识形态控制人们的精神世界的。但问题在于,马克思并没有系统论述上层建筑和意识形态是通过何种中介反作用于经济基础,弗洛伊德的"无意识"概念正好可以解决这一问题。基于以上认识,弗洛姆借助弗洛伊德的"无意识"概念,提出"社会过滤器"的概念力图解决上述问题。弗洛姆所提出的"社会过滤器"由语言、逻辑和社会禁忌三部分构成。人的经验要想进入"社会过滤器",就必须形成能够被语言表达的意识。但"社会过滤器"又以社会禁忌禁止某种思想和感觉,并阻止它们进入思想和意识中,从而起到了压抑人的真实欲望的作用,并把这些真实欲望变成为人的无意识的,使得人的行为不得不受社会的支配,并形成该社会的社会性格,这就意味着"社会过滤器"是意识形态反作用于经济基础的中介。

(二)法兰克福学派意识形态批判理论的技术理性批判维度

法兰克福学派意识形态批判理论的技术理性批判维度,主要包括对启蒙理性与工具理性批判、科学技术的社会效应的分析,最终揭示科学技术在当代西方社会已经沦为一种意识形态统治的工具。

1.法兰克福学派对启蒙理性和工具理性的批判

启蒙运动要求树立理性,使人类从对自然和宗教的恐惧中摆脱出来实现自立。霍克海默和阿多诺在《启蒙辩证法》一书中强调启蒙理性的目的在于以知识代替神话和幻想,使"人类的理智战胜迷信,去支配已经失去魔力的自然。知识就是力量,它在认识的道路上畅通无阻:既不听从造物主的奴役,也不对世界统治者逆来顺受"[①]。但启蒙理性最终却走向了它的反面,它在使人们摆脱了对自然和宗教恐惧的同时,又使人沦为科学的奴隶,导致了唯科学主义的盛行和人与人、人与自然关系的异化。这一切根源于启蒙理性对理性和知识的解释。从对理性的解释看,理性原本是工具理性和价值理性的内在统一,前者是理性的技术化和实用化,后者是对人的价值和尊严的尊

---

① [德]马克斯·霍克海默、西奥多·阿道尔诺:《启蒙辩证法:哲学断片》,渠敬东等译,上海人民出版社,2003年,第2页。(因翻译问题,阿道尔诺与阿多诺为同一人,也有人译作阿多尔诺。——编辑注)

重。启蒙理性却排斥和否定理性中的价值因素,实际上是把理性解释为工具理性;从对知识的解释看,知识原本应该是对世界因果关系和终极原因的揭示,但启蒙理性却把那些探讨世界的本质和终极原因的科学称为应予以否定和抛弃的幻想,是一种毫无意义的形而上学。培根甚至把这类知识称作为"不能生育的修女",是阻碍科学发现的"四假象"之一,并把是否"有用"作为判断是否是知识的标准,实际上是把知识理解为技术,其结果不仅把凡是不合乎实用的东西都看作应予以怀疑和否定的,而且把那些探讨世界终极原因和世界本质的哲学当作无用的形而上学予以抛弃,其结果是造成了科学与哲学、科学与价值的分离。启蒙理性对自然和宗教展开了祛魅,但最终却又造成了对科学的崇拜,导致了唯科学主义的盛行。启蒙理性强调科学之所以能够有用,是因为它能够把握自然的规律,能够满足人类的需要,自然由此被设想为一个遵循机械运动规律的被动客体,人与自然的关系由此被归结为控制和被控制、利用和被利用的关系,其结果必然导致人与人、人与自然关系的异化和生态危机。

更为重要的是,启蒙理性把理性理解为技术理性,割裂理性与价值、理性与思想的内在联系,其结果造成了人们批判意识的丧失,工具理性、实证思维盛行。对于这一点,霍克海默在《批判理论》《理性之蚀》和《工具理性批判》等著作中作过深刻的分析。在《批判理论》一书中,霍克海默指出,当代西方世界对哲学形而上学的敌视和否定导致了实证主义盛行,工具理性和实证思维成为人们主要的思考方式。实证主义与形而上学相反,它"敌视一切带有幻想味道的东西。在这里,只有经验——科学已经承认的严格意义上的纯粹经验,才能叫做知识。认识既不是信念也不是希望。人类知识的最恰当表述是实证科学"①。霍克海默指出,实证主义所追求的知识理想是以数学形式或公理推演出来的知识体系,实证主义起源于休谟,在当代则以逻辑实证主义为代表,其共同点是认为一切知识来源于感觉经验。其不同点在于以休谟为代表的传统经验主义虽然认为知识来源于经验,但强调社会是由个人利益构成的,还强调捍卫个人的权利,承认科学中的主体性因素;而以逻辑实证主义为代表的现代实证主义则完全忽视人的主观经验,把科学归结为

---

① [德]马克斯·霍克海默:《批判理论》,李小兵等译,重庆出版社,1989,第 134 页。

以逻辑分析为基础的公理系统,只关注科学知识的形式,完全忽视科学的人性基础和拒绝主体概念,认为把"价值与科学严格区分开来是现代思想最重要的成就之一"①,科学知识由此成为不反映任何现实内容的公理形式,其结果在实证主义那里,"人成了哑巴,只有科学在讲话。……他们反对思想,不管思想是倾向于前进到理性还是倾向于后退到形而上学"②。

在《理性之蚀》和《工具理性批判》两部著作中,霍克海默依据马克斯·韦伯关于工具理性和价值理性的区分,通过分析主观理性和客观理性批判了工具理性的危害。霍克海默认为,主观理性的特点是认为决定理性行为的力量是"分类、推论和推理的能力。而与思维的抽象能力和具体内容无关……将过程的目标看做是理所当然和可以自我解释的,很少关心其是否是合理的"③。与之相反,客观理性与主观理性是完全对立的,它强调理性作为一种力量不仅存在于人们的思想和客观世界中,而且存在于人类和自然的联系中。但它"从不排除主观理性,而是认为主观理性是普遍理性的片面和有限的表达,所有事物和存在的标准都来源于上述普遍理性"④。霍克海默认为,启蒙运动和近代哲学使得数学的计算原则支配了人们的思维活动,理性不仅与思想脱离而变成了单纯的计算活动,而且理性也不断被技术化和工具化,由此导致了作为工具理性的主观理性的确立与盛行。工具理性与资本主义生产体系相结合,使得人们的思维越来越程式化,人们丧失了自主的感觉,内心世界已经处于被控制的状态而变得麻木不仁。"工业化却把人的灵魂物化了。自然而然地,经济机构,甚至在全盘计划之前的经济机构,为商品设定了决定人类行为的价值。……个人只把自己设定为一个物,一种统计因素,或是一种成败。他的标准就是自我持存,即是否成功地适应他职业的客观性以及与之相应的行为模式。"⑤他的任务就是要批判主观理性和拯救客观理性。

---

① [德]马克斯·霍克海默:《批判理论》,李小兵等译,重庆出版社,1989年,第159页。

② 同上,第179页。

③ Max Herkheimer, *Eclinpse of Reason*, Conlunbia University Press, 1946, p.1.

④ Ibid., 1946, p.4.

⑤ [德]马克斯·霍克海默、西奥多·阿道尔诺:《启蒙辩证法:哲学断片》,渠敬东等译,上海人民出版社,2003年,第25页。

2.科学技术的意识形态功能

法兰克福学派的共同点是认为科学技术在当代西方行使的是一种意识形态功能，所不同的只是对于科学技术如何行使意识形态功能以及如何看待科学技术在人类社会中的作用，法兰克福学派存在着分歧。这种分歧主要体现在马尔库塞和哈贝马斯那里。

马尔库塞分析科学技术的社会效应的代表作是《单向度的人》一书，其核心观点是认为科学技术在当代西方社会已经成为一种新的意识形态控制形式。马尔库塞之所以这样认为，是因为他认为二战以后的科学技术革命和科学技术进步给当代西方社会带来了两种发展趋势。一种趋势是科学技术进步极大地促进了生产力水平提高，社会物质财富迅速增加，工人阶级在劳动过程中体力劳动的强度和痛苦大为减少，西方社会已经进入丰裕社会，工人的生活水平得到了极大提高。但是生产力的提高和社会财富的增减并不意味着工人阶级已经实现了自由全面发展，相反使工人阶级不仅被资产阶级所同化，而且还受到了前所未有的控制，主要体现为工人阶级不仅受到了政治压迫和经济剥削，而且内心世界也日益为社会所支配，西方社会出现了社会发展总体化和一体化发展的趋势。这一发展趋势使得工人阶级"心灵的'内在'向度被削弱了，而正是在这一向度内才能找到同现状对立的根子。在这一向度内，否定性思维的力量——理性的批判力量——是运用自如的。这一向度的丧失，是发达工业社会平息并调和矛盾的物质过程的意识形态方面的相应现象。……由于今天的意识形态就在生产过程本身中，所以发达工业社会比起它的前辈来更是意识形态的"①。而西方社会之所以能做到这一点，就是借助科学技术进步所带来的巨大的社会物质财富实现的。具体来说：资本为了追求利润，必然不断扩张其生产体系，这在客观上要求刺激人们的消费欲望。为了达到上述目的，资本利用其控制的大众媒体，借助科学技术进步所带来的巨大的社会财富，不断制造服从和服务于资本追求利润的"虚假需求"，支配人们的内心世界，致使工人阶级的批判否定意识和革命意识淡化、弱化，引导人们到商品占有和商品消费中体验自由和幸福。马尔库塞把"虚假需求"规定为"那些在个人的压抑中由特殊的社会利益强加给

① ［美］赫伯特·马尔库塞：《单向度的人——发达工业社会意识形态研究》，张峰等译，重庆出版社，1988年，第11~12页。

个人的需求：这些需求使艰辛、侵略、不幸和不公平长期存在下去。这些需求的满足也许对个人是最满意的，但如果这种幸福被用来阻止发展那种鉴别整体的疾病并把握治愈这种疾病的机会的能力（他和别人的）的话，就不是一种应维持和保护的事情。那么，结果将是不幸中的幸福感，最流行的需求包括，按照广告来放松、娱乐、行动和消费，爱或恨别人所爱或恨的东西，这些都是虚假的需求"①。"虚假需求"的内容和方向是由资本追求利润的方向所决定的，并由资本特殊利益集团强加给工人阶级的。资本制造的"虚假意识"的目的在于支配人们的内心世界，造就了消费主义价值观和生存方式流行，其功能和作用在于维护既定的社会现实，其结果是当代西方人成了只知道追求商品占有和商品消费，忘却对自由和解放的真实需求与追求的"单向度的人"。而这种消费主义价值观和生存方式又消解了西方哲学文化传统中的"是-应该"的内在矛盾，导致肯定意识、顺从意识的逻辑实证主义哲学盛行，西方社会处于总体异化状态，当代西方社会成了没有对立面的"单向度的社会"。而这一切都是资本借助科学技术进步所带来的巨大社会财富所实现的，科学技术在当代西方社会行使的是一种意识形态职能。

马尔库塞不仅强调科学技术在当代西方就是意识形态，而且认为科学技术与传统意识形态一样是以"自上而下"的方式发生作用的。哈贝马斯在《作为"意识形态"的技术与科学》一书中也认为科学技术在当代西方社会行使着意识形态职能，但是他明确反对马尔库塞关于科学技术就是意识形态的观点，同时又强调科学技术进步在当代西方社会中蕴含着解放的潜能。哈贝马斯认为，马尔库塞对科学技术社会效应的分析是借用马克斯·韦伯的"合理化"概念和对资本主义分析为基础的。在马克斯·韦伯那里，所谓合理化一方面是指服从理性决断标准在社会领域的扩大，另一方面是指社会劳动的工业化，以及效率原则渗透于社会生活中，并强调社会的不断"合理化"与科学技术进步的制度化是联系在一起的。马尔库塞正是以马克斯·韦伯的"合理化"概念与分析为基础，强调生活状况的合理化同那种为人们无法认识的政治统治具有同等意义，进而得出"技术理性的概念，也许本身就是意识形态。不仅技术理性的应用，而且技术本身就是（对自然和人的）统治，就

---

① ［美］赫伯特·马尔库塞：《单向度的人——发达工业社会意识形态研究》，张峰等译，重庆出版社，1988 年，第 5~6 页。

是方法的、科学的、筹划好了的和正在筹划着的统治"①的结论。哈贝马斯反对马尔库塞上述观点，指出应当用"劳动和相互作用之间的根本区别"的分析框架代替马尔库塞关于科学技术社会效应的"合理性"的分析框架，既揭示科学技术的意识形态功能，又应该看到科学技术进步在当代西方社会中所蕴含的解放的潜能。他的上述观点都是建立在他的交往行为理论上的。

哈贝马斯的交往行为理论把社会看作由生活世界和系统两部分构成的整体，社会既是系统，又是生活世界。如果按照实证主义的方法，从社会之外的观察者看待社会，社会就是一个由政治、经济与文化等子系统构成的系统；如果按照解释学的方法，从社会中的行动者看待社会，社会就是由文化、社会与个性三个要素所构成的生活世界。"劳动"是处理人类与外部世界关系的一种目的合理性行为，其目的在于解决人的生存问题；而生活世界则是指人们交往活动的领域，其核心是如何以符号为媒介实现人们之间的沟通与相互理解。二者不同的地方在于，从系统考察社会关注的是如何提高我们自身的自我控制能力；从生活世界考察社会关注的是如何实现人们之间的相互理解和协调行动。因此，哈贝马斯强调"社会理论最基本的问题是，如何将系统与生活世界这两个概念令人满意地联结起来并引起注意"②。

哈贝马斯正是以上述理论框架作为分析科学技术社会效应的理论工具。在他看来，19 世纪中叶的晚期资本主义社会出现了两种发展趋势："第一，国家干预活动增加了，国家的这种干预活动必须保障（资本主义）制度的稳定性；第二，（科学）研究和技术之间的相互依赖关系日益密切，这种相互依赖关系使得科学成了第一生产力。"③上述两种发展导致了为挽救资本主义合法性危机而建立的广泛的社会福利制度和科学技术统治论的意识形态。具体来说：

第一，由于在晚期资本主义社会中，为了克服自由资本主义经济危机的频繁发生，国家广泛干预社会经济生活，这虽然使晚期资本主义获得了稳定

---

① ［德］尤尔根·哈贝马斯：《作为"意识形态"的技术与科学》，李黎等译，学林出版社，1999 年，第 39~40 页。

② Jürgen Habermas, the *Theory of Communicative Action*, Vol. 2, Translated by Thomas McCarthy, Boston: Beacon Press, 1985, p.151.

③ ［德］尤尔根·哈贝马斯：《作为"意识形态"的技术与科学》，李黎等译，学林出版社，1999 年，第 58 页。

发展,但是破坏了资本主义的自由、平等的意识形态,形成了资本主义的合法化危机。为了挽救资本主义社会的合法化危机,晚期资本主义社会借助科学技术进步所带来的巨大物质财富,建立了广泛的社会福利制度,以补偿性纲领代替了自由资本主义的意识形态。这种补偿性纲领"把资产阶级的功绩意识形态(按劳付酬的意识形态)要素同最低的福利保障联系起来,即同保障劳动岗位和保障稳定的收入联系起来,这种按劳付酬的思想把按个人的成就进行的社会地位分配,从市场转移到教育系统上"①。正是建立在这种补偿纲领基础上的社会福利制度,赢得了人民群众对资本主义制度的忠诚,保证了资本主义制度的稳定。而这一切都是建立在科学技术进步所带来的巨大物质财富的基础上,从这个意义上说,科学技术进步是获得人民群众对资本主义制度忠诚的基础和前提。按照马尔库塞的说法,科学技术承担意识形态功能,不过不是像他所说的那样以"自上而下"的方式行使意识形态功能,而是以"自下而上"的方式行使意识形态功能。

第二,晚期资本主义社会中出现了技术科学化的发展趋势,使得科学、技术及其运用形成了一个体系,不仅技术和科学已经成为第一生产力,并成为剩余价值的独立来源,而且科学技术日益渗透到作为意识形态载体的政治实体中,使得政治活动日益技术化。科学技术的上述作用产生了一种社会系统的发展取决于科学技术进步的逻辑决定的看法,这实际上意味着科学技术对于社会系统的成功控制使得人们相信这种模式照样可以搬到社会系统中来,由此形成了科技统治论的隐形意识形态。因此,哈贝马斯认为马尔库塞把科学技术与意识形态等同起来的观点没有看到科学技术在当代西方社会中的巨大作用,没有看到科学技术在行使意识形态功能的同时,也具有实现人的解放的潜能。

三、阿尔都塞的意识形态批判理论

捍卫马克思主义理论的科学性和正确处理马克思主义理论科学性与意识形态职能的关系,是阿尔都塞的理论主题。阿尔都塞在探索这一主题的过

---

① [德]尤尔根·哈贝马斯:《作为"意识形态"的技术与科学》,李黎等译,学林出版社,1999年,第60页。

程中,对意识形态理论和马克思主义哲学的意识形态功能作了系统的论述,形成了系统的意识形态理论,对当代西方世界和国外马克思主义新思潮的发展产生了重要的影响。

(一)意识形态的内涵与特点

阿尔都塞对意识形态内涵的论述建立在他的"科学"与"意识形态"理论的基础上。在他看来,"科学"是对"意识形态"的根本的否定与抛弃,它们是两种对立的理论"总问题"。阿尔都塞由此把"科学"看作真正的认识,把"意识形态"则看作代表一定阶级利益和愿望的"虚假意识",并认为"意识形态是具有独特逻辑和独特结构的表象(形象、神话、观念或概念)体系,它在特定的社会中历史地存在,并作为历史而起作用"[1]。在论述了意识形态的内涵之后,阿尔都塞从五个方面论述了意识形态的特点。

第一,意识形态具有普遍性的特点。阿尔都塞根据马克思和恩格斯关于社会结构可以划分为经济、政治和意识形态三个领域,认为意识形态是任何一个社会总体的内在组成部分。因此,"意识形态既不是胡言乱语,也不是历史的寄生赘瘤。它是社会的历史生活的一种基本结构。何况,只有承认意识形态的存在和必要性,才能去影响意识形态,并把它改造成为用以审慎地影响历史发展的一个工具"[2]。

第二,意识形态没有历史。阿尔都塞根据马克思和恩格斯在《德意志意识形态》中批判德国古典哲学的唯心主义和坚持唯物主义的出发点的有关论述得出"意识形态没有历史"的结论,认为马克思和恩格斯所谓的"意识形态没有历史"的论断,一是把意识形态看作像梦一样虚无的东西;二是意识形态只是对真实历史的黯淡、颠倒的反映,就其自身来说没有自己的历史。阿尔都塞认为马克思和恩格斯的上述论断带有实证主义和历史主义的痕迹,是从否定意义上提出"意识形态没有历史"的论断,而他则通过借用弗洛伊德关于"无意识是永恒的和没有历史"的论断,认为正像无意识取决于它以外的因素一样,意识形态的决定因素也取决于它以外的因素,即取决于一

---

① [法]路易·阿尔都塞:《保卫马克思》,顾良译,商务印书馆,2006 年,第 227~228 页。

② 同上,第 229 页。

定的生产方式和阶级斗争,由此得出"意识形态没有历史"的结论。

第三,意识形态是一种物质存在。所谓意识形态是一种物质存在是指意识形态要发挥作用,必须以意识形态国家机器这种物质存在为基础,这种物质存在并非通常意义上的物质存在,而是指一种物质性的实践。

第四,意识形态具有想象性与强制性的特点。所谓意识形态具有想象性的特点是指意识形态并非一种科学认识,而是一种人们在想象中对人类同世界关系的一种真实或想象的体验。所谓意识形态具有强制性的特点,是指意识形态是统治阶级强加给人们无法选择或拒绝,并通过人们所不知道的过程作用于人的统治阶级的意识。

第五,意识形态具有阶级性和实践性的特点。意识形态在阶级社会中代表着占统治地位的阶级的根本利益,是"统治阶级根据自己的利益调整人类对其生存条件的关系所必需的接力棒和跑道。在无阶级社会中,意识形态是所有人根据自己的利益体验人类对其生存条件的依赖关系所必须的接力棒和跑道"①。同时人的实践活动总是在一定的意识形态条件下展开的,这使得意识形态又具有突出的实践特点。

阿尔都塞在论述意识形态的内涵与特点的基础上,进一步论述了意识形态的功能,并提出了"意识形态国家机器"的概念和生产关系再生产理论。

(二)意识形态的功能

阿尔都塞对意识形态功能论述的理论,重点经历了从《保卫马克思》到《列宁和哲学》《论再生产》等著作的转换。在《保卫马克思》一书中,阿尔都塞强调意识形态是培养以服从统治阶级利益和愿望为目的的人们对外部世界的一种"体验关系";在《列宁和哲学》和《论再生产》等著作中,它主要强调意识形态对"主体"的建构和资本主义生产关系的再生产功能,实现资本主义生产关系再生产的载体和工具就是"意识形态国家机器"。

1.意识形态提供人们对于外部世界的一种"体验关系"

阿尔都塞认为,意识形态是社会结构强加给个人的,人们只能被动接受

---

① [法]路易·阿尔都塞:《保卫马克思》,顾良译,商务印书馆,2006年,第232~233页。

它,呈现出"无意识"的特点,因此意识形态在大多数情况下呈现为一种"无意识"。但这种"无意识"又应当纳入意识的范围。这是因为,一是只有这样才能把意识形态与社会的经济领域等其他领域区分开来;二是人类总是在意识形态中认识自己在世界和历史中的地位,这些被体验到的行动一般又被归结为"意识"。因此,意识形态表征的是人类与人类世界之间的"体验"关系,而这种"体验"关系是在"无意识"的条件下以"意识"的形式出现的。由于阿尔都塞把意识形态看作一种"虚假意识",因而认为意识形态并不是真实反映人类同自己生存条件之间的关系,只能说是人类与世界关系的一种想象的关系和体验,人类同自己生存条件关系的真实关系被这种想象的关系所包裹,因此意识形态实际上是人类对自身生存条件想象和真实关系的内在统一。对于为什么人们需要把这种真实的关系用想象的关系包裹起来,阿尔都塞认为在马克思历史唯物主义科学产生之前,对于上述问题有两种答复。

　　第一种答复是 18 世纪为了满足神甫与专制君主的需要,神甫与专制君主相互配合,制造了种种服从上帝旨意的神话和谎言,使人们习惯于服从神甫与专制君主的统治,与专制君主相关的所谓理论家必然对真实的存在进行掩盖,进而形成一种掩盖真实存在的想象的意识形态。第二种答复是由青年马克思接受的费尔巴哈错误的答复。这种答复把掩盖人类同自身的真实关系的原因归结为人的本质的异化。青年马克思正是在这种答复的影响下,在《1844 年经济学哲学手稿》一书中提出了"劳动异化"的观点,并以此批判资本主义社会的异化。阿尔都塞在肯定上述两种答复都揭示了意识形态是在想象中反映人们的真实世界这一事实,但并没有真正揭示意识形态歪曲反映人类同世界真实关系的实质,需要运用马克思主义的相关论述揭示意识形态中的想象关系形成的基础与实质。

　　阿尔都塞指出,在马克思主义看来,个人在生产、剥削、镇压、理论实践和科学实践中的真实状况,归根结底取决于生产关系以及由生产关系所派生的关系的状况。这就意味着意识形态的本质并不是表示个体与其生存状况的真实关系,而是个体与其生存状况的虚假关系,其本质是社会特殊利益集团为了用想象的关系支配人的行动和意识而所故意制造出来的,使人们在受意识形态控制的情况下还自以为自己是意识形态的主人。阿尔都塞具体以资产阶级意识形态如何控制和支配人来说明这一点。

资产阶级意识形态就是把表达自身利益的关于平等、自由合理性的人道主义塑造成所有人的愿望和权利,以争取所有人加入反封建的阵营中,但其本质却是要建立一种新的剥削和奴役人的制度。资产阶级向人们宣扬这种意识形态的原因既是因为他们自己也相信了上述神话,也是为了对其他人产生影响,建立反封建主义的统一战线和完成资产阶级的历史使命。阿尔都塞进一步以资产阶级意识形态中所宣传的"自由"为例说明他的上述观点。资产阶级意识形态所宣扬的"自由"既表示资产阶级享有自由经济的权利的真实关系,又表示所有人都是自由的想象关系,只不过真实关系为想象关系的外壳所包裹。资产阶级意识形态一方面是利用"自由"来欺骗和统治被统治阶级,另一方面是资产阶级需要通过剥削被统治阶级来体验他们的自由。因此,"在阶级社会里,意识形态能动地作用于统治阶级本身,促使其改造并有助于改变其态度,从而使统治阶级适应其真实的存在条件(例如法律自由);显然,为了培养人、改造人和使人们能够符合他们的生存条件的要求,任何社会都必须具有意识形态"①。

2.意识形态具有建构主体的功能

阿尔都塞把人称为意识形态的动物,强调任何人都不能脱离意识形态而存在,同时又认为意识形态具有建构主体的功能,二者是相互依赖和双向作用的关系。"除非通过主体和因为主体,否则就没有意识形态,表达得清楚一些。这个意思是说:除非因为具体的主体否则就没有意识形态。而且意识形态只有通过主体,才能达到这个目的。这个意思也是说,只有通过主体的范畴及其作用,意识形态才能达到这个目的。"②为了进一步说明主体和意识形态之间的双向互动关系,阿尔都塞借用拉康的镜像理论分析主体与意识形态相互作用的具体机制。

在阿尔都塞看来,一切意识形态都要通过主体而发挥功能,但传统的主体性理论只能导致先验的主体的幻想,因而必须寻找一种新的主体性理论作为意识形态发挥其功能的基础,并由此以拉康精神分析学的镜像理论和主体性理论作为寻找新的主体性理论的理论资源。拉康的镜像理论认为,由

① [法]路易·阿尔都塞:《保卫马克思》,顾良译,商务印书馆,2006年,第232页。

② [法]路易·阿尔都塞:《列宁和哲学》,杜章智译,台湾远流出版公司,1990年,第188页。

于小孩在 18 个月大之前处于对大人的依赖期,因而把在镜子中对自己身体形象的自恋当作一个完整的自我,这本质上是一种"虚幻的自我",这种镜像经验会影响小孩成年后对世界和他人关系的认同,并利用"想象"来处理不同主体之间或主体与事物之间的不切实际的认同关系。阿尔都塞正是利用拉康镜像理论中的想象理论,来阐明意识形态建构主体的具体机制。在阿尔都塞看来,意识形态的镜像结构具有把个体建构为主体的功能,因为意识形态就是与主体紧密联系,并为主体制造出来的。阿尔都塞进一步指出,"你""我"这些主体范畴在意识形态中是"显而易见"的,所谓"显而易见"在阿尔都塞看来就是不作反思的意思, 这恰恰是意识形态所具有的建构和识别功能。也就是说,承认我们是主体,意识形态实践则通过赋予我们具有具体、独特和可区分的特性,把我们建构成为某种具体的主体。只不过从科学意义上说,意识形态的这种识别功能不同于科学认识,它承认的只是"赋予我们关于我们不断地(永恒地)进行意识形态承认的实践这种'自觉'(它的意识,即它的承认)而已,却绝对没让我们有这种认识机制的(科学)知识"[1]。

　　虽然如此, 意识形态的识别机制却能让我们以主体的形式保证我们的日常生活实践顺利进行。一切意识形态都是以主体范畴把具体的个人 "召唤"(呼叫)和"质询"建构为具体的主体,从而与别的主体区分开来。"一切意识形态都是通过主体范畴的作用, 把具体的个人呼叫或建构成具体的主体。"[2]阿尔都塞这里所说的"召唤"和"质询"机制,实际上就是指意识形态通过与个体对话、打招呼等方式来建构具体的主体的。在肯定意识形态通过对具体个人的召唤和质询使之成为具体的主体的同时, 阿尔都塞进一步强调意识形态的镜像结构,它会在把个体"召唤"为主体的同时,也会使个体变成为"属民",其结果是主体在被建构出来的同时,又从属于更大的主体,主体之间普遍承认和彼此绝对担保,正是通过这种镜像复制,来保证占统治地位的意识形态的统治,并使得被统治阶级臣服于被统治阶级的意识形态之下,这就是意识形态发挥其职能的具体机制。

　　需要指出的是,阿尔都塞这里所说的"主体"具有其独特的内涵。在阿尔都塞看来,"主体"(subject)一词具有两重含义:第一,表示的是一种自由的主

---

　　[1][2]　[法]路易·阿尔都塞:《列宁和哲学》,杜章智译,台湾远流出版公司,1990 年,第 191 页。

体性、主体性行动的中心、行动的主人和负责其行动的人;第二,表示的是一个已经从属了的存在物,他从属于上级机关,因此除了接受奴役的自由外再也没有任何自由。因此,在阿尔都塞那里,"主体"这一概念表达的是自由和从属二者的有机统一,这突出反映了意识形态的建构功能。具体来说,意识形态把个人建构成为自由的主体,而这种自由的主体是应当从属于更大的主体的旨意,主体的这种自由主要体现在除非它能够从属于更大的主体的旨意来行动。因此,所谓主体的自由本质上不过是摆出自由的姿态而已,并没有真正意义上的自由。意识形态的职能不仅在于培育个体在虚假的自由意识下的服从的价值观和行为模式,而且还在于意识形态能够进行生产关系的再生产,为了更好地说明这一点,阿尔都塞提出了"意识形态国家机器"的概念和再生产理论。

(三)"意识形态国家机器"的概念与再生产理论

"意识形态国家机器"是阿尔都塞基于对马克思主义国家观和当代资本主义国家意识形态功能的分析,提出的具有原创性的概念。阿尔都塞把国家机器划分为"镇压性国家机器"和"意识形态国家机器"两部分内容。他的"意识形态国家机器"的概念极大地丰富和发展了马克思主义的国家理论,并深化了当代意识形态理论研究。

1."镇压性国家机器"与"意识形态国家机器"的概念及其关系

阿尔都塞是通过分析马克思主义国家理论的得失,根据西方社会历史条件的变化,提出"意识形态国家机器"概念和再生产理论的。在他看来,马克思主义国家观的突出特点是反对资产阶级抽象的契约论国家观,认为国家是生产力发展到一定历史阶段和阶级矛盾冲突的产物,强调国家是统治阶级维系其统治的工具,并明确地把国家规定为包括警察、法庭、监狱、军队等镇压性的国家机器,同时认为无产阶级的最终使命是消灭国家。阿尔都塞由此把马克思主义的国家观的要点归结为国家是镇压性的国家机器、国家权力和国家机器必须区分开、阶级斗争的目的在于争夺国家权力,无产阶级为了摧毁现存的资产阶级国家机器必须夺取国家权力,并用一种新的国家机器取而代之,并最终消灭国家权力和国家机器。阿尔都塞认为这是马克思主义经典作家关于国家本质的规定。"马列主义国家'理论'以这种形式表述是抓住了问题的要点，任何人在任何时候也不可能不意识到这的确是问题的要点。这个把国家明确地表述成是资产阶级及其同盟者在反对无产阶级的阶级斗争中，'为了统治阶级的利益'而进行镇压和介入的一种力量的国家机器，确实是道地的国家，而且确实道地地表明了它的基本'作用'。"①但依然是一种描述性的理论，需要作进一步的补充，使之真正成为理论本身。在他看来，马克思把"任何社会的结构都设想成是由两个'层面'或'层级'所构成的，即下层建筑或经济基础（生产力与生产关系的'统一体'）和上层建筑。它们又被一种特殊的决定作用连接在一起。而上层建筑本身又包括两个'层面'或'层级'：一个是法律—政治的（法和国家），另一个是意识形态的（各种不同的意识形态：宗教的、道德的、法律的、政治的等等）"②。阿尔都塞认为马克思以上论述是对黑格尔超越的同时，又认为它本质上还是一个有利于教学以"隐喻"的方式表达的"描述性理论"。马克思用的这个隐喻主要是表明两个意思：一是经济基础具有归根到底的决定作用，上层建筑的有效性是由经济基础的有效性所决定的；二是上层建筑具有相对独立性和反作用，但还需要我们以此为基础进一步完善和发展。因为马克思的上述隐喻并没有清晰地论述上层建筑的相对独立性和对经济基础的反作用的问题，只有立足马克思的社会观和再生产理论，才能真正思考上层建筑的相对独立性与作用的问题。

　　阿尔都塞认为，一切社会形态要存在下去，必须在生产的同时对其生产条件进行再生产。他把生产条件的再生产的内容规定为生产力和与生产力相适应的生产关系的再生产。所谓生产力的再生产既包括生产资料的再生产，也包括劳动力的再生产，他从需要和供给的角度肯定生产资料的必然性的同时，重点分析了资本主义制度下的劳动力的再生产。劳动力的再生产除了必须为劳动者提供维持生存所必要的工资和保持后备劳动力的前提之下，还包括对劳动者提供良好的劳动技能与行为规范。也就是说，"劳动力的再生产不仅要求再生产出劳动力的合格能力，同时还要求再生产出劳动力对遵守既定秩序的各种规范的服从，即一方面为工人们再生产出对占统治

---

① ［法］路易·阿尔都塞：《列宁和哲学》，杜章智译，台湾远流出版公司，1990年，第159~160页。

② ［法］路易·阿尔都塞：《论再生产》，吴子枫译，西北大学出版社，2019年，第445页。

地位的意识形态的服从，另一方面为从事剥削和镇压的当事人再生产出出色地运用占统治地位的意识形态的能力，以便使他们能'用词句'来保障统治阶级的统治"①。这就意味着资本主义再生产本质上与资本主义生产关系再生产是同一过程，并强调如何说明生产关系再生产问题是马克思主义生产方式的头号理论问题，阿尔都塞由此通过修正和发展马克思的社会理论，揭示了资本主义生产关系的再生产是如何进行的。

　　事实上，马克思在《资本论》中提出了揭示资本主义经济运行规律的再生产理论。马克思把资本主义生产过程划分为生产、分配、交换和消费四个环节，强调要维系资本主义再生产的顺利展开，不仅需要生产资料的再生产和劳动力的再生产，而且需要生产关系的再生产。生产资料的再生产主要是要保证资本主义再生产的物质条件，劳动力的再生产则既包括劳动技能的再生产，还要求把工人对资本主义生产秩序的顺从态度生产出来。阿尔都塞强调，这既需要国家权力机关的保障，也需要国家的意识形态发挥作用。阿尔都塞认为，马克思主义经典作家已经对国家的本质这个问题和领域有所思考，但他们从理论上思考的主要是"镇压性国家机器"的问题。在他们眼里，所谓"镇压性国家机器"，主要是指执行国家暴力职能的军队、警察、监狱和法庭等。但阿尔都塞认为，还需要把马克思主义经典作家在政治实践领域中关于"意识形态国家机器"的问题从理论上整理出来，并把它增添到国家理论中，才能使马克思主义的国家理论构成完整和科学的理论。由此，阿尔都塞把"意识形态国家机器"看作"一些以独特和专门机构的形式呈现在直接观察者面前的现实。……我们暂时还是可以把下述机构看成是意识形态的国家机器（我列举的次序没有任何特别意义）：宗教的意识形态国家机器（各种教会体系），教育的意识形态国家机器（各种公私立'学校'的体系），家庭的意识形态国家机器，法律的意识形态国家机器，政治的意识形态国家机器（包括不同政党在内的政治体系），工会的意识形态国家机器，传播的意识形态国家机器（出版物、广播和电视等），文化的意识形态国家机器（文学、艺术、体育等）"②。阿尔都塞进一步论述了"镇压性国家机器"与"意识形态国家机器"之间的区别。具体来说：

　　①　[法]路易·阿尔都塞：《论再生产》，吴子枫译，西北大学出版社，2019 年，第 128~129 页。
　　②　[法]路易·阿尔都塞：《列宁和哲学》，杜章智译，台湾远流出版公司，1990 年，第 164 页。

第一，镇压性国家机器是一个有组织的整体，它的不同部分接受拥有国家权力的统治阶级的支配，其统一性由中央集权组织所保证；而意识形态国家机器则是多样的、不同的和相对独立的，只不过众多的意识形态国家机器不是一眼就能看出来的，其统一性由占统治地位的意识形态所保证。

第二，镇压性的国家机器完全属于公共领域，而绝大部分意识形态国家机器却属于私人领域。阿尔都塞指出，在马克思主义理论家中只有葛兰西明确指出了这一点。因为葛兰西的政治哲学明确把国家划分为"政治社会"和"市民社会"两部分，其中，"政治社会"主要是指国家的暴力专政机关，包括军队、警察、监狱等国家权力机构，属于社会的公共领域；葛兰西所说的"市民社会"则主要是指民间的社会组织机构，代表社会舆论，它通过民间社会组织，如政党、学校、教会、学术文化团体等，向人们传播本阶级的价值观体系，以获得群众的认同和忠诚，属于社会的私人领域。阿尔都塞根据葛兰西的论述进一步指出，公共领域和私人领域的区分是资产阶级法律的一大特点，这种区分保证了资产阶级法律的权威的有效性。具体来说：因为资产阶级国家代表的是统治阶级的利益，它既不属于公共的，也不属于私人的，因而它不仅在法律之上，而且是区分公共领域和私人领域的基础和前提。无论是属于公共领域的意识形态国家机器，还是属于私人领域的意识形态国家机器，它都能够发挥其应有的作用，只不过其发挥作用的方式不同于镇压性国家机器。

第三，镇压性国家机器与意识形态国家机器发挥其作用的方式存在着区别，强调任何一个国家这两种国家机器的功能是相互联系、缺一不可的，必须把二者有机结合起来，才能维系统治阶级的统治。这是因为，镇压性国家机器是大量和主要以镇压性方式行使其职能，但也必须辅之以意识形态的作用。如军队和警察是镇压性国家机器，但为了保证他们的团结、对国家机器的忠诚和他们的再生产，必须对他们展开价值观的教育，后者实际上就是意识形态的国家机器在发挥作用；同样地，意识形态国家机器是大量地和主要地以意识形态方式行使其职能，但它们也辅之以镇压性国家机器发挥作用。比如学校和教会等意识形态国家机器也会适当地使用惩罚、开除等来使人们服从它们的纪律。如果说意识形态国家机器要发挥作用必须要以镇压性国家机器为基础和前提的话，镇压性国家机器要长久存在下去，也不能离开意识形态国家机器宣扬其文化价值观,行使其文化领导权。阿尔都塞进一步具体考察了意识形态国家机器的作用与功能,指出其核心作用和功能在于提供生产关系的再生产。

2.意识形态国家机器与生产关系的再生产

在阿尔都塞看来,镇压性国家机器与意识形态国家机器在维系统治阶级的统治时所发挥的功能是不同的。如果说镇压性国家机器的功能在于保证统治阶级进行生产关系再生产的政治条件的话,意识形态国家机器的功能则主要承担生产关系的再生产。为了揭示意识形态如何再生产生产关系和控制人们的内心世界,阿尔都塞借助弗洛伊德的精神分析学对上述问题展开分析。

弗洛伊德精神分析学把家庭看作人格形成的基础。在弗洛伊德看来,支配人的行为的内驱力是本能冲动,在家庭中体现为"恋母情结"与"恋父情结",为了家庭的稳定以及适应社会的需要,必须对人的这种本能进行压抑,从而产生了一系列道德禁忌和文化规范,弗洛伊德把人类文明史看作对人的本能的压抑史。正是在文化规范和道德禁忌的压抑下,人们形成了适应社会现实的"自我",因此弗洛伊德强调家庭是人格形成的基础。在人格形成的过程中,"文化"又扮演着关键性的角色。阿尔都塞继承和深化了弗洛伊德上述思想,系统论述了家庭意识形态对人格形成的决定作用。在他看来,精神分析学的分析对象就是如何解释 "从出生到清算恋母情结阶段把一男和一女所怀的一种小动物改变成娇小的人类孩子的这段离奇冒险的'作用'"[1]。阿尔都塞认为,从出生时作为小动物的人,不会以小狼或小熊的方式生存下去,而是要以人类的小孩的方式生存下去。这就意味着小孩在成长的一开始就会完全被男女性人类秩序的束缚所宰制。精神分析学就是承担着分析人的心理成长和自我人格形成的科学,而拉康精神分析学的镜像理论尤其具有价值。拉康的镜像理论一方面指出儿童在 18 个月之前是通过镜像获得虚幻的自我认同的,但经过了镜像阶段之后,儿童则是通过与外部世界的联系,特别是与父母的联系中获得"自我"的概念的。父母则会利用其权威控制着儿童的"本我"冲动,使家庭意识形态内化为儿童的人格。因此,拉康的镜

---

① [法]路易·阿尔都塞:《列宁和哲学》,杜章智译,台湾远流出版公司,1990 年,第 222 页。

像理论表明了"从每个婴儿出生之前就为每个降生的婴儿准备就绪,而且在他发出第一声哭啼前就抓住他,把他的身份地位和角色指派给他,因此把他固定的命运分配给他的这一秩序、法则的作用"①。这里所说的人类秩序本质上就是家庭意识形态。也就是说,对于未出生的婴儿,家庭意识形态的具体形式已经赋予他期待,婴儿出生后就按照家庭意识形态对他的期待进行培养,赋予他某种角色、培养他适应家庭的某种人格,可以说,婴儿一开始就受到家庭意识形态的支配和控制。

阿尔都塞进一步分析了教育意识形态和宗教意识形态是如何发挥其功能的。在阿尔都塞看来,教育意识形态的功能就在于通过从幼儿园到大学的学校教育,或者培养资本主义生产关系的代理人,或者培养人们适应资本主义生产的劳动技能。针对资产阶级标榜学校是价值中立的场所,阿尔都塞明确指出古典资本主义时期教会占意识形态教育统治地位已经让位于学校,因为在当代资本主义社会中,正是学校一方面传授学生谋生的基本技能,另一方面通过意识形态教育培育学生各种适合于资本主义生产关系的角色,如劳动者、小资产阶级、资本主义生产关系的代理人等,这就意味着无产阶级的意识形态斗争应当重点关注学校教育。"任何一个阶级如果不在掌握政权的同时对意识形态国家机器并在这套机器中行质其领导权的话,那么它的政权就不会持久。"②

"意识形态国家机器"概念是阿尔都塞富有原创性的理论成果,他提出这一原创性理论成果是他根据当代西方统治方式的变化,在肯定经济基础决定上层建筑作用的同时,力图解决上层建筑反作用于经济基础的中介环节与机制,丰富和发展了马克思主义理论的结果,凸显意识形态斗争对于西方革命的重要性,具有重要的理论和实践意义。

四、西方马克思主义意识形态批判理论的得失与价值

"意识形态"一词是法国学者德斯杜特·特拉西所创立,最初是一个研究

---

① ［法］路易·阿尔都塞:《列宁和哲学》,杜章智译,台湾远流出版公司,1990年,第228页。

② ［法］阿尔都塞:《哲学与政治——阿尔都塞读本》(下),陈越译,吉林人民出版社,2011年,第284页。

认识的起源、界限和可靠性,为科学知识提供可靠的基础的观念学的概念,从而根据人类的愿望和需要安排社会政治秩序。因此,"意识形态"一词原本是具有认识论和政治学双重含义的进步概念。赋予"意识形态"这一词否定含义的是波拿巴·拿破仑。这是由于以特拉西等人为代表的意识形态家们在政治上都是共和主义者,与拿破仑力图恢复帝制这一目的发生了冲突,拿破仑由此将意识形态学家们斥之为错误地认识社会和政治现实的空想家,是国家和社会秩序的破坏者,"意识形态"这一概念由此与"空谈家"等同起来。

　　意识形态批判是马克思主义理论中的重要内容。马克思和恩格斯分别在《德意志意识形态》一书中提出了意识形态是对社会现实的颠倒反映的"颠倒说";在1859年的《〈政治经济学批判〉导言》中提出意识形态是上层建筑一部分的"上层建筑说";恩格斯晚年在与梅林的历史唯物主义通信中提出意识形态是一种虚假意识的"虚假意识"说;以及散见于马克思和恩格斯理论文本中的"阶级意识说",并对与经济基础相区别的作为上层建筑和文化载体的"意识形态一般",以及包含政治、法律、宗教、哲学、道德和艺术具体意识形态的"意识形态具体"展开了讨论,不仅对资产阶级意识形态的虚伪本质及其在经济领域、政治领域、文化领域等具体领域的具体表现展开了分析,而且也把意识形态看作认识社会矛盾和解决社会冲突的工具,由此形成了马克思主义意识形态理论的四个面向,即概念层面的"意识形态一般"和"意识形态具体",理论层面上的"虚假意识说""上层建筑说""阶级意识说""文化载体说",以及实践层面上解决公共性和普遍性问题的"实践理性说",[①]为我们评判西方马克思主义的意识形态批判理论的得失提供了科学的方法论。而要评判西方马克思主义意识形态批判理论的得失与价值,还必须立足西方马克思主义理论家所面临的时代问题。

（一）西方马克思主义的意识形态批判理论的产生和发展是由他们所面临的时代问题和理论探索的目的所决定的

　　由于西方马克思主义产生于对西方社会主义革命道路的探索,依据他

---

① 参见侯惠勤:《马克思的意识形态批判与当代中国》,中国社会科学出版社,2010年,第12~16页;张秀琴:《马克思主义意识形态概念理解史》,人民出版社,2018年,第1~32页。

们对 20 世纪西方失败原因的分析,他们一方面指认西方与俄国具有不同的社会结构和统治方式,另一方面批评当时马克思主义阵营对马克思主义的经济决定论的理解,强调西方革命的关键就在于能否使无产阶级从资产阶级意识形态的支配和控制下摆脱出来,形成成熟的阶级意志和统一的集体意志。他们由此要求重新考察马克思哲学革命变革的道路,揭示马克思所实现的哲学革命变革的实质,把马克思主义哲学解释为以实现人的自由和解放为目的的现代形态的主体实践论哲学,要求发挥马克思主义哲学的意识形态批判职能,意识形态批判由此成为他们的理论主题之一。

二战以后,借助科学技术进步和社会物质财富的增加,资产阶级从追求利润和维系政治统治的需要出发,在全社会制造"虚假需求",并通过大众媒体倡导消费主义价值观和生存方式,并把它强加给人们,把人们的兴奋点转向对商品占有和商品消费中,进而控制和支配人们的内心世界,使人们的政治意识、革命意识日益淡化和弱化,社会由此成为没有对立面的"单向度社会"。这实际上意味着资本主义的统治方式越来越转向了文化意识形态统治,而这一切在西方马克思主义理论家看来是通过科学技术进步所实现的。对当代西方社会展开意识形态批判,阐发科学技术的社会效应和意识形态功能,揭示西方社会如何成为对人们实行总体统治和支配的极权社会,成为西方马克思主义意识形态批判理论的主要内容。

苏共二十大后,对现实社会主义高度集权和官僚化现象的揭示和批判,马克思主义教条化和政治实用主义化的反思,对马克思主义的人道主义解释流行,使得如何处理马克思主义理论的科学性和意识形态功能的关系,如何以马克思主义理论的科学性为基础发挥马克思主义的意识形态职能,揭示当代西方社会是通过意识形态支配和控制西方人,成为西方马克思主义面临的时代问题,对上述问题的探索进一步丰富和发展了西方马克思主义意识形态批判理论。如果我们脱离西方马克思主义所面临的时代主题,以及西方马克思主义理论探索的目的,就很有可能将西方马克思主义意识形态理论归结为鼓吹主观革命加以批判,而无法真正把握西方马克思主义意识形态理论发展的内在逻辑与时代价值。事实上,"革命主体"的追寻始终是西方马克思主义理论面临的难题,这既根源于西方社会结构的变化和工人阶级的不断分化,又根源于资产阶级越来越主要依靠文化意识形态的方式来控制和支配人们的内心世界,培育了人们的顺从意识和幸福意识,西方马克思主义一方面强调资本主义社会的基本矛盾依然存在, 只不过资本主义危机的形式发生了变化,西方社会依然具有革命的潜能。对此,马尔库塞在《单向度的人》一书中指出,西方工人阶级工作条件的改善和生活水平的提高都没有掩盖这样的事实,即工人阶级在"有关生与死、个人安全和国家安全的决定,都是在个人不能控制的地方做出的。发达工业文明的奴隶,是地位提高的奴隶,但仍然是奴隶"①。只不过当代西方社会对工人阶级的统治方式更加隐蔽和狡猾, 体现为通过以消费主义价值观为主要内容的文化意识形态的控制和支配了工人阶级的内心世界,从而使得"革命主体"的问题始终是困扰西方马克思主义理论家的问题,也是他们理论探索的主要问题之一。他们的这种理论困惑和探索直接影响了后马克思主义、晚期马克思主义等西方马克思主义新思潮的发展, 充分彰显了西方马克思主义意识形态批判理论的价值和穿透力。

（二）西方马克思主义的意识形态批判理论丰富和发展了马克思主义意识形态理论

西方马克思主义的意识形态批判理论主要是从政治统治、文化心理与科学与意识形态的关系三个维度展开了研究。从政治统治的维度看,西方马克思主义意识形态理论把意识形态的功能理解为维系政治统治的合法性。卢卡奇在《历史与阶级意识》一书中的《合法性和非法性》一文中认为,合法性与非法性这个问题"必然导致有组织的权利的一般问题,法律和国家的问题,最后是意识形态问题"②,并认为资产阶级意识形态的功能就在于使无产阶级把资产阶级的统治看作符合自然规律,而自愿地服从他们,使得即便资本主义陷入致命危机的时候,无产阶级依然认为资产阶级国家、法律和经济是他们生存的基础,从而使资产阶级统治披上了合法性的外衣。葛兰西把领导权划分为政治领导权和文化意识形态领导权, 相对于政治领导权诉之于

---

① ［美］赫伯特·马尔库塞:《单向度的人——发达工业社会意识形态研究》,张峰等译,重庆出版社,1988 年,第 32 页。

② ［匈］乔治·卢卡奇:《历史与阶级意识》,杜章智等译,商务印书馆,2004 年,第 351 页。

政治暴力,文化意识领导权则诉之于文化和道德的说服与被说服,征得其他社会集团的统一和认同,从而形成社会集团在夺取政治领导权的统一战线,成为统治阶级的前提条件。阿尔都塞把国家机器分为镇压性国家机器和意识形态国家机器,它们都是统治阶级维系其政治统治和生产关系再生产的工具。所不同的只在于镇压性国家机器主要依靠暴力为统治阶级的生产关系再生产提供政治保障;而意识形态国家机器则是依靠宗教、学校、文化传播统治阶级的价值观念,通过意识形态的召唤、质询、规训等方式培育统治阶级生产关系的代理人和实现生产关系的再生产。

从文化心理的维度看,西方马克思主义意识形态批判理论一方面论述了文化工业、大众文化和消费主义文化价值观对人们内心世界的侵蚀和控制,弱化人们的否定意识、政治意识和革命意识,行使的是一种维护资产阶级政治统治的意识形态功能;另一方面,又援引弗洛伊德的精神分析学,力图与马克思主义政治经济学研究方法有机结合起来,揭示当代西方社会极权人格、独裁统治和法西斯主义产生和兴盛的文化心理根源,丰富了当时的马克思主义者仅仅拘泥于经济因素、阶级因素对上述问题的讨论。不仅如此,他们反对对马克思主义的经济决定论的解释,认为马克思既强调经济基础对上层建筑的决定作用,又强调上层建筑因素等主观因素对经济基础的反作用,但是马克思并没有系统论述上层建筑反作用与经济基础的具体机制,而这恰恰是他们理论探索的重点,体现了他们力图把历史唯物主义的宏观研究与微观研究有机结合起来的努力,不仅有力回击了对唯物史观的经济决定论和机械决定论的庸俗解释,而且丰富和发展了唯物史观和马克思主义的意识形态理论,建立起了唯物史观与人的生活世界的有机联系。

从科学与意识形态关系的维度看,卢卡奇、法兰克福学派、生态学马克思主义等认为,当代西方以技术理性为基础的科学技术本质上是资本控制人和控制自然的工具,行使的是一种意识形态职能,由此展开对技术理性的批判,并要求重建人与人和人与自然的关系,建立一种旨在克服人的非理性欲望的"技术伦理",使科学技术运用服务于人的自由全面发展,以及人与自然的共同和谐发展。而阿尔都塞则把科学技术看作与意识形态完全对立的理论总问题,科学的职能在于提供正确反映外部世界的认识,意识形态反映的是统治阶级对现实世界真实与想象的关系,反映的是统治阶级的利益和欲望,并由此运用"科学与意识形态对立论"的研究方法论,认为马克思的思想经历了一个从意识形态时期到科学时期的"认识论断裂",创立历史唯物主义科学。阿尔都塞不仅把科学与意识形态对立起来,而且一方面强调科学只有冲破意识形态襁褓的包围才能形成,另一方面强调科学在形成过程中总要受到意识形态的影响,体现为唯物主义和唯心主义两种世界观的争夺,这就凸显了马克思主义哲学在科学发展过程中的指导作用。从意识形态到科学的转换发生在理论实践领域,科学只能产生于理论实践活动中,所谓理论实践就是以一定的方法对非科学的意识形态原料进行加工形成科学认识的活动。阿尔都塞从捍卫马克思主义理论的科学性出发,把理论实践严格限制在思维领域,认为历史唯物主义科学就是在理论实践中运用唯物辩证法对理论原料进行加工的结果,即"马克思(《资本论》)是黑格尔(德国哲学)对英国政治经济学+法国社会主义加工的产品,换句话说,是黑格尔辩证法对劳动价值论(R)+阶级斗争(FS)加工的产品"①。阿尔都塞认为,在这个公式中,R+FS=马克思的理论实践的原料,即理论实践的对象;H(黑格尔哲学)=理论生产的工具;黑格尔辩证法对(R+FS)加工形成的产品就是《资本论》,当然这里所说的黑格尔辩证法是经过改造以后的黑格尔辩证法。由于他把历史唯物主义科学的产生看作在理论实践中产生的,理论实践又被他严格限制在思维领域,这就意味着历史唯物主义科学虽然能够提供科学认识,但却不承担意识形态职能。他由此把马克思主义理论划分为"辩证唯物主义哲学与历史唯物主义科学",强调历史唯物主义科学的任务是提供科学认识,与意识形态无关;而辩证唯物主义哲学不提供科学认识,承担着马克思主义理论的意识形态职能,并先后提出了辩证唯物主义哲学就是理论实践的理论和理论领域的阶级斗争的命题,强调辩证唯物主义哲学的意识形态职能主要体现为,在理论实践过程中,世界观上的唯物主义和唯心主义之间在文化领导权的斗争。"这个斗争的主要战场是科学知识:赞成它还是反对它。因此,第一号哲学战斗发生在科学和意识形态的边界上。在那里,任意驱使科学的各派唯心主义哲学,为反对服务于科学的各派唯物主义哲学而进行着斗争。哲学斗争是各种世界观之间的阶级斗争的一个方面。在过去,唯物主

---

① [法]路易·阿尔都塞:《列宁和哲学》,杜章智译,台湾远流出版公司,1990 年,第 113 页。

义一直是被唯心主义宰制着的。"①阿尔都塞的理论探索的目的是在捍卫马克思主义理论的科学性的基础上,发挥马克思主义理论的意识形态职能,但是他是以割裂历史唯物主义科学与辩证唯物主义哲学内在统一为代价来实现他的上述理论目标的。

最后,西方马克思主义的意识形态批判理论是与他们理论探索的目的,即探索西方社会主义革命道路紧密联系在一起的,揭示了当代西方社会结构和统治方式的新变化,并深化和拓展了马克思主义意识形态理论的论域,尽管西方马克思主义理论家强调马克思主义的政治经济学研究方法的重要性,并试图把意识形态批判与经济批判有机结合起来,但是他们不能很好地处理历史发展进程中主观因素和客观因素的关系,特别是不能正确处理经济批判与意识形态批判之间的辩证关系,使得他们始终无法找到把经济批判、政治批判和文化意识形态批判有机联系起来的途径,体现在西方革命的战略与策略问题上具有主观主义和浪漫主义的乌托邦的失误。

卢卡奇在《历史与阶级意识》一书中反复强调阶级意识就是阶级的"理性的适当的反应,而这种反应则要归因于生产过程中特殊的典型的地位"②,因此阶级意识既不是组成阶级的单个个人所思想、所感觉的东西的总和,也不是它们的平均值,并且借用马克思对商品结构和商品拜物教的论述,来分析物化意识的产生及其后果。但是他强调人的主观因素在历史发展中的作用是正确的。但他在黑格尔的主客体同一理论的影响下,把无产阶级看作历史发展过程中的主客体,所不同的只在于在黑格尔那里,绝对精神既是实体,又是主体,整个世界就是绝对精神外化,又回归到绝对精神的发展过程。卢卡奇则把黑格尔的绝对精神置换为无产阶级,强调只要无产阶级具备成熟的阶级意识,就能够达到对资本主义物化结构的认识,具备了本阶级的阶级意识,也就成为历史的主体和客体,从而完成其历史使命,显然这种观点又陷入片面强调意识革命的主观革命论的倾向,卢卡奇阶级意识理论的这种缺陷是西方马克思主义理论家共有的缺陷。

法兰克福学派虽然反复强调历史唯物主义是以政治经济学批判为基础

---

① [法]路易·阿尔都塞:《列宁和哲学》,杜章智译,台湾远流出版公司,1990年,第25~26页。

② [匈]乔治·卢卡奇:《历史与阶级意识》,杜章智等译,商务印书馆,2004年,第107页。

的社会批判理论,并且坚持从经济基础的决定作用的前提下,探讨意识形态的本质与功能,但同样由于他们没有正确处理经济批判与意识形态批判的辩证关系,因而在西方革命的战略与策略问题上又陷入"艺术审美救世主义""爱的培育"浪漫主义和乌托邦的结局中。例如马尔库塞强调应当对资本主义社会采取"大拒绝"的革命方略,以经典资本主义时代的现实主义艺术,通过艺术审美改变人的心理结构,培育具有批判否定功能的"新感性",即自主的意识和独立人格,来变革资本主义社会。弗洛姆虽然也坚持马克思主义的经济分析法,但是他要求把马克思主义的宏观研究与弗洛伊德精神分析学的微观研究结合起来,通过"爱的培育"来变革人的心理结构,形成以创造性的爱和生产为主要内容的生产型性格,变革资本主义社会和建立人道主义的社会主义社会。

可以说,西方马克思主义的意识形态理论正确地看到了意识形态等主观因素在历史发展进程中的作用,避免了对马克思主义的经济决定论和技术还原论的解释,但其失误则在于脱离经济因素的决定作用,片面夸大意识形态等主观因素的作用,这种理论缺陷决定了他们无法找到西方社会主义革命的现实途径。

第四章 西方马克思主义的文化批判理论

与马克思的思想发展历程不断从哲学意识形态批判转向政治经济学批判不同,西方马克思主义将研究重心转向文化问题,实现了马克思主义研究的文化转向。这种转向之所以发生,既与他们反对第二国际和苏俄马克思主义理论对马克思主义哲学的经济决定论解释相关,也是他们积极利用所处历史文化传统改造马克思主义,回应当代资本主义变化的结果。西方马克思主义文化转向的理论主旨在于探寻西方人的自由解放之路,他们聚焦于无产阶级的阶级意识危机与被总体异化的资本主义所吞没的西方个体的主体性危机,提出了物化批判与文化霸权、文化工业论与大众文化批判、异化消费与消费主义价值观批判等理论主题,并力图通过文化革命主导的总体性革命和艺术审美救赎,来突破资本主义霸权下人的生存困境。弄清楚上述问题,对于我们深刻把握文化转向的理论实质、客观评价其理论得失具有重要的价值和意义。

一、西方马克思主义文化批判理论的理论主题

西方马克思主义认为,当代资本主义的统治方式已经从传统的政治暴力和经济剥削转向了主要依靠文化意识形态统治的转变,他们由此强调革命应当从政治经济领域扩展到文化意识形态领域,并力图以马克思主义为理论基础,通过对资本主义社会中的物化现象与文化霸权、文化工业论与大众文化、异化消费与消费主义价值观等展开批判,揭露资本主义以商品、大众文化、消费等为载体压抑和消解主体革命批判意识的运作机制,撕破资本主义统治的合法性外观。

（一）物化批判与文化霸权理论

如果说苏俄马克思主义对马克思主义作了唯科学主义和经济决定论解释，强调经济因素在历史发展进程中的作用而忽视文化上层建筑的作用的话，西方马克思主义则力图突破经济决定论，在强调经济、政治、文化相互联系的总体性关系的基础上，从文化层面出发，或者主张通过物化批判来揭露资本主义的意识形态的虚幻性，或者主张通过说服、谈判和协商接合差异性意见形成集体意志并与资产阶级争夺文化霸权，重塑西方无产阶级的阶级意识，探寻实现其自由解放的现实道路。

1.卢卡奇的物化批判理论

作为西方马克思主义的奠基人，卢卡奇对文化问题的关注由来已久。他青年时期便显露出对美学和文学批评的兴趣，并著有《历史与阶级意识》《心灵与形式》《现代戏剧发展史》《审美文化》和《小说理论》。在《历史与阶级意识》一书中，卢卡奇则在反思欧洲革命失败的原因和无产阶级的命运、重新阐释马克思主义时，将文学批评与哲学思考相结合，在马克思的商品拜物教、韦伯和席美尔的社会批判理论的启发下提出了物化批判理论。物化批判理论作为卢卡奇对商品成为普遍范畴的当代资本主义社会的诊断，揭示了资本主义通过物化意识瓦解无产阶级的阶级意识，使他们迷失在商品消费中，由能动的革命主体变为客体化商品的异化现象。总的来看，物化批判是一种强调主体性的作用、以总体性辩证法为方法论、以形成成熟的无产阶级阶级意识为落脚点的文化批判理论。其中，对马克思主义的文化重建是卢卡奇的理论出发点，物化是资本主义对真实历史状况的遮蔽，而总体性辩证法作为马克思主义的核心方法，是使无产阶级恢复对真实历史状况认识和重塑阶级意识的重要武器。

与马克思侧重于从资本主义生产力和生产关系、价值、劳动时间等角度出发对商品客观结构展开政治经济学批判不同，卢卡奇将商品看作资本主义的意识形态载体，并倾向于从文化和主体意识层面揭示它对无产阶级阶级意识的束缚。之所以发生这一转变，是卢卡奇基于当代资本主义变化探讨历史唯物主义功能的结果。在他看来，在马克思所处的时代，所有问题都能在"商品结构之谜"中得到解答并抓住事情的根本。但在其所处的商品结构普遍化、合理化的资本主义社会中,资本主义意识结构随之发生变化,即越来越通过文化意识形态进行统治,因此他在肯定马克思的政治经济学批判价值的同时,强调主体和文化层面的变化同样不可忽视,并力图通过文化批判揭露资本主义形形色色的意识形态幻象,使无产阶级在破碎化的世界中恢复对自身真实处境、阶级地位和历史使命的总体性认识。

卢卡奇以物化理论揭示了物化意识修饰和掩盖了资本主义的真实状况,侵蚀和瓦解了无产阶级的阶级意识。卢卡奇把无产阶级的阶级意识看作无产阶级对其所处社会历史状况、自身历史地位和历史使命的认知。然而随着资本主义生产关系不断变革和商品经济充分发展,商品演变成一种在可计算原则主导下,遮蔽资本主义真实状况和压抑无产阶级革命意识的物化力量。这种物化表现为"人自己的活动,人自己的劳动,作为某种客观的东西,某种不依赖于人的东西,某种通过异于人的自律性来控制人的东西,同人相对立"①,并主要体现在主观和客观两个方面。客观方面指向"物的异化",即物(大多程度上指商品)成为与人相对立并且控制人的力量;主观方面指向"人的自我异化",即人的活动由创造性力量变成一种不依赖于人自身的商品。在"物的异化"和"人的自我异化"的双重作用之下,不仅整个社会的劳动过程、日常交往、法律、管理都被外在的物化结构所支配并日趋合理化,而且物化意识通过侵蚀人的内心世界,使得作为革命力量的无产阶级逐渐认同资本主义的文化价值观,革命意识薄弱,并丧失对自身处境和真实状况的认知。

卢卡奇将成熟的无产阶级阶级意识当作革命胜利的重要突破口,揭示了革命意识是否成熟与无产阶级革命可能性的内在关联,而为了恢复无产阶级的阶级意识,卢卡奇将马克思主义理解为以总体性辩证法为基础的革命理论,并指出在商品结构笼罩的垄断资本主义社会中,这种总体性辩证法依然是无产阶级反抗压迫的最强大的武器之一。具体而言,在卢卡奇看来,以数字化、原子化、可计算原则为基础的物化,为当代资本主义社会构建分工严密、合理化和高度组织化的秩序之网,但在井然有序的外表之下,内部

---

① [匈]乔治·卢卡奇:《历史与阶级意识》,杜章智等译,商务印书馆,2004年,第150页。

各个层级分割开来,人与人之间更是丧失了内在有机联系。由此,卢卡奇主张以总体性去对抗外表井然有序、内里支离破碎、被商品消费所笼罩的资本主义社会,并主张通过物化意识批判揭露资产阶级的意识形态的虚幻性,重新建立与外部世界的有机联系,恢复资本主义社会的总体化面貌,并在对社会的总体性认识中辨认自己的历史方位,继而将革命的意识转换为革命的行动。

2.葛兰西的文化霸权理论

为了应对西方无产阶级的阶级意识危机,葛兰西同样从主体和意识层面出发对资本主义展开文化批判,并在探讨阶级革命策略时提出了文化霸权理论。文化霸权又称道德和智识领导权,是指建立在文化道德认同基础上的领导权。这一理论的提出既与葛兰西对实践哲学功能的理解相关,更源于他对当代资本主义变化和西方社会结构的判断。一方面,葛兰西认为西方无产阶级革命之所以失败,是因为第二国际对马克思主义作了机械唯物论、科学实证论的解释,忽视了马克思主义作为一种实践哲学的批判和文化意识形态功能,不注重培育无产阶级的政治觉悟和阶级意识,使他们受资产阶级的文化意识形态的束缚,不能形成统一的集体意志和成熟的阶级意识。另一方面,葛兰西敏锐地把握到在高度组织化的福特主义[①]生产方式影响下,当代资本主义统治方式从显性的政治压迫和经济剥削转向隐性的文化主导的总体性统治,无产阶级革命意识在资本主义文化意识形态的收编之下日渐淡漠。具体来说,福特主义推动了市民社会转型,使之从"个人私利的战场"和"全部历史的真正发源地和舞台"[②]转变为统治阶级传播引导社会舆论和价值观,对民众进行文化和意识形态统治的公共领域,即"一个进行旨在获得整个社会舆论的意识形态——文化的或伦理的——政治活动的地方"[③]。这种文化主导的总体性统治体现为一种收编怀柔策略,在工厂中具体表现为:一方面,提高工人的工资福利,给予其更多的业余时间;另一方面,通过禁酒令、禁欲等道德规范和娱乐消费控制工人的心理世界和私人生活,使他

---

① "福特主义"(Fordism)最初由葛兰西在《狱中札记》中提出,它以发明第一条汽车生产线的 Henry Ford 命名,特指一种于 1945—1973 年在以美国为首的战后资本主义国家经济政治生活中占据主导地位的,注重国家监管引导的大规模生产和大规模消费的计划性经济体制。

② 《马克思恩格斯选集》(第一卷),人民出版社,2012 年,第 167 页。

③ Jacques,Texier,Gramsci,Theoretician of the Superstructures,*Chantal Mouffe Gramsci and Marxist Theory*,London,1979,p.69.

们在"富裕工人阶级"的假象中察觉不到被剥削的真实处境,从而从马克思时代的"资产阶级的掘墓人"转变为服务于资本主义生产和统治秩序的肯定力量。葛兰西将以上文化主导的总体性统治称为霸权,并强调要推进实践哲学的功能转变:帮助组成独立的知识分子集团,教育缺乏政治意识的人民大众,使之与工人阶级组成反资本主义的政治联盟,与资产阶级展开争夺文化霸权的斗争。对此,葛兰西明确指出,无产阶级在面对政治权力和经济权力的争夺问题的时候,除了在政治和经济上把自己组织起来,还必须考虑通过文化把自己组织起来。革命取胜的关键在于改变群众的心态,争取到群众的积极认同,"要并首先把它看成是改变群众的'心态',传播哲学新事物的一场文化上的战斗"①。

　　葛兰西进一步规定了文化霸权的内涵、对象和作用机制。就内涵而言,文化霸权是一种与政治暴力统治相辅相成、以道德和价值观认同为核心的统治策略。一方面,葛兰西深受马基雅维利关于统治者"必须懂得怎样善于使用野兽和人类所特有的办法"②,应采取一切手段来维护统治的启发,指出与市民社会不发达的俄国不同,西方社会采用了暴力统治与价值引导相结合的统治策略。统治阶级不仅通过包含警察、法庭、武装力量在内的政治社会行使政治高压和暴力强制,而且主要依靠学校、教会、政党、教育机构等市民社会传播资产阶级意识形态和文化价值观。如果说政治社会构成了资本主义政治统治的前线战场,那么市民社会则为政治统治构建了强大的堡垒和"有效的防御工事"③,两者共同服务于资本主义统治。但相比于传统的暴力统治,文化霸权强调防止社会价值观的撕裂,是一种更为强大、稳定和包容的统治策略。另一方面,文化霸权通过社会中主导历史集团与从属集团的协商博弈,纳入后者的意识形态成分并获得其道德和价值观认同。

　　异质性意识形态和利益诉求的介入表明,政治统治不只是单方面的宰制和支配,而是统治集团和从属集团之间的"零和博弈",是统治与抗争并存、不同价值观和意识形态在其中相互碰撞交融的权力竞技场。这也意味着霸权并不是坚不可摧,而是需要不断培养巩固,潜藏着从属集团反抗和解放

---

①　[意]安东尼奥·葛兰西:《狱中札记》,曹雷雨等译,中国社会科学出版社,2000 年,第 260 页。

②　Machiavelli, Niccolò, *The Prince*, Cambridge:Cambridge University Press,1988,p.61.

③　[意]安东尼奥·葛兰西:《狱中札记》,曹雷雨等译,中国社会科学出版社,2000 年,第 191 页。

的无限潜能。葛兰西回归意大利的政治语境,指出既然资产阶级在适当满足无产阶级利益诉求获得其价值观认同的基础上建立了文化霸权,那么无产阶级也可以与之博弈,在不断吸收其他社会群体意识形态和价值诉求中形成反对资本主义力量的革命同盟,并在借鉴和改造普列汉诺夫和列宁的霸权观中,进一步规定了意大利无产阶级革命的对象。具体而言,霸权的原初意义是指一个国家或城邦对别国或城邦的政治支配和领导,普列汉诺夫在讨论由工人阶级来领导俄国革命时使用了这一术语,随后列宁在《怎么办?》中将霸权重新定义为"阶级联盟之中的政治领导",指出俄国的无产阶级只占俄国人口的一小部分,他们若要领导革命则需联合大量的半无产阶级、半小业主(城市和乡村贫穷的小资产阶级)等反沙皇统治的力量形成革命政治联盟。葛兰西则在此基础上从文化层面入手,主张工人阶级要将文化价值观当作"黏合剂"以获得南方群众、城市各行业中的半无产阶级、知识分子的信任和同意,将意大利城市和农村、北方和南方的反资本主义力量联合起来,组建具有集体意志的无产阶级政治联盟。这是因为,意大利工人化程度较高的北部和欠发达的南部之间存在着巨大差异,北方工人阶级力量相对壮大,而以农业为主的南方存在大量缺乏政治意识的农民。这意味着工人阶级要想成为统治阶级,就必须动员具有文化民族差异的广大农民群众去反对资产阶级政权,用葛兰西的话说便是,"这个阶级的目标是领导农民和知识分子。只有在这些社会阶层的大多数支持它和跟它走的时候,它才能成为一个争取和建设社会主义的阶级"①。

　　葛兰西进一步探讨了无产阶级如何获得广大群众认同从而获得霸权的具体策略,即充分发挥有机知识分子作为统治集团代理人的作用,依靠有机知识分子与人民大众保持有机联系,在民众中传播本阶级的文化价值观,帮助民众树立创造历史和公共机构的价值观、建立国家的理论觉悟,并教化和引导他们参与政治行动,使其由分散的没有阶级意识的"阶级最边缘的周边要素"②转变为巩固政权的积极力量。具体体现为,知识分子通过说服、协商融合广大民众的意识形态和利益诉求,征求他们在文化和道德层面的自动服从和道德同意,从而形成具有集体意志的反资本主义的无产阶级联盟。这

① 中共中央编译局编:《葛兰西文选》(1916—1935),人民出版社,1992 年,第 235 页。
② [意]安东尼奥·葛兰西:《狱中札记》,曹雷雨等译,中国社会科学出版社,2000 年,第 159 页。

种具有包容性的"协商政治"包含两方面的内容:一是工人阶级借助文化和意识形态的渗透,协商、吸收、容纳广大民众的意识形态和诉求。这种意识形态的纳入并不是完全推翻和否定现存的世界观,并以全新的世界观取而代之,而是重组转化现有意识形态要素的结果。先前的从属的、次要的、偶然的意识形态可以成为新的集体意志的基础元素,而随着从属意识形态的发展,旧集体意志在社会发展过程中逐渐消解为矛盾的成分。简言之,意识形态斗争的目的不是排斥原有制度及所有意识形态要素,而是将其分解成基本的要素,增加融入新的内容,以形成新的意识形态系统和历史集团。二是工人阶级作为领导力量并不是统治追随它的伙伴,为了获得其他群体的支持,它必须要有意改造自身并增强包容性。总的来看,葛兰西的文化霸权作为一种以意识形态斗争为主的革命策略,以其动态的文化权力斗争观与僵化的经济决定论划清界限,不仅赋予了无产阶级更多的能动性,而且更好地解释了当代资本主义的复杂性。

(二)文化工业论与大众文化批判理论

霍克海默、阿多诺、马尔库塞、哈贝马斯等法兰克福学派代表人物大多出生于富裕的中上阶层家庭,从小深受西方文化艺术的熏陶。这使得他们的思想打上了文化精英主义和理想主义的烙印,笃信文化关乎精神启迪、感性塑造和道德关怀,认为文化的内在超越性有助于教化大众和启迪人性。由此,当面对当代资本主义将文化纳入资本主义生产和消费环节,借助商品化和意识形态化的大众文化对民众的日常生活和精神世界进行全面殖民并构建政治统治合法性时,他们深切关注由此导致的社会发展总体化、一体化趋势和个人个性化自由发展要求之间的矛盾,或者基于主体性启蒙,或者从主体间性出发,揭示了资本主义如何通过大众文化再生产合理化的社会结构的内在机制,深入探讨了文化工业、大众文化和大众传媒的消极效应。

1.霍克海默、阿多诺的文化工业论

霍克海默和阿多诺极尽对文化艺术的赞美,指出文化艺术关涉内在生命、真理性、人道理想、精神性和自由,高呼"艺术即精神""艺术是对一个时代的真正意识""艺术是最先进的意识""艺术拒绝妥协"等等不一而足。有感

于文化产业冲击了高雅艺术和桎梏了人的自由个性,他们在《启蒙辩证法》《美学理论》《再论文化工业》等论著中深刻揭示了文化工业的根源、表现形式和消极后果。

霍克海默和阿多诺以《启蒙辩证法》开启文化工业批判的旅程,认为文化工业的实质在于在技术理性的支配下,通过大规模复制和流水线生产为大众量身定做文化产品。在他们看来,在资本主义现代化深入推进过程中,技术理性和价值理性断裂,原本作为革命力量的技术与资本主义合谋,以可计算性为原则,以文化产品为载体,如毛细血管般渗透人的日常生活,使个体在文化消费中体验刺激和欢愉,自觉认同资本主义价值观并被日益整合到总体化的资本主义体系中。而这一过程也"造成了文化混乱的局面"[①]。所谓"文化混乱"主要是指文化发生了异化,由少数人所享有、具有道德严肃性和审美价值的超越性力量,转变为被大众所消费、服务于资本增殖和具有意识形态统治功能的资本主义肯定力量。在反思技术理性的基础上,霍克海默和阿多诺进一步揭示了文化工业的异化表现形式和特性。恰如他们在《启蒙辩证法》中宣称启蒙理性走向了自己的反面,在文化工业中,文化也反其道而行,在资本逐利驱动和资本主义意识形态的裹挟下,文化原初所具有的自律性、严肃性和真理性被商业性、娱乐性和意识形态欺骗性等特性所取代。具体来说:

第一,以商业性、同质化、标准化取代自律性和个性。在《再论文化工业》中,阿多诺一针见血地指出文化工业的逐利本性,认为"文化工业的一切所作所为都在于把赤裸裸的赢利动机移接到种种文化形式上。这些文化形式自从作为市场上的商品第一次开始为其创作者赚钱谋生以来,它们便在一定程度上具有了这种属性"[②]。而正是在商业利益的驱动下,文化工业以可计算性原则为支撑,生产了广播电视、电影、报纸、杂志、流行歌曲等大规模复制的文化产品。这些文化产品将利润动机内化于自身,变成了为资本主义生产提供源源不断的动力的交易和商品。对此他们以电影为例,认为在资本主

---

① [德]马克斯·霍克海默、西奥多·阿道尔诺:《启蒙辩证法:哲学断片》,渠敬东等译,上海人民出版社,2003年,第134页。

② [德]阿多诺:《文化工业述要》,载赵勇:《法兰克福学派内外:知识分子与大众文化》,北京大学出版社,2016年,第372页。

导下,经济选择机制贯穿了剧本、语词、图像、音效等整个生产过程,"资本已经变成了绝对的主人,被深深地印在了在生产线上劳作的被剥夺者的心灵之中"①。不仅如此,作为高度依赖机器,生产过程标准化、高效化的流水线产品,即便它们被赋予精美包装和美好生活理念,但工业化组织形式和投机本质使得它们难逃千篇一律的命运,而这种从形式到内容的同质化无疑消解了文化原本的抵制社会总体化运动的自律性和个性。

第二,以娱乐性取代严肃性。为了使同质化的文化产品更具吸引力,生产商自上而下地整合消费者,并且想方设法搜索可利用的素材将其娱乐化。他们不仅将原先互不干扰的高雅艺术和低俗艺术拼接起来,比如对爵士乐进行廉价模仿、将贝多芬交响乐改编成电影音乐、将托尔斯泰的小说篡改为电影脚本,将高雅文化变为大众的消遣品;而且积极采用明星制,通过大力宣传光鲜亮丽的明星吸引大众消费,使之成为大众暂时逃避现实生活或与现实和解的舒适区和避难所。在霍克海默和阿多诺看来,生产商以娱乐至上原则主导文化工业生产的行为看似是以大众为中心,但实际上只是一种为了牟利而讨好大众的手段。而大众处于绝对的次要地位,仅仅作为被算计的消费对象和附属物被纳入文化工业体系中。这一运作机制不仅消除了文化艺术内在的超越现存平庸世界的严肃性和深度,致使文化艺术的内在生命萎缩,作为物化的文化遗产和票房顾客的快感之源得以幸存;而且使得大众沉迷于情感体验标准化、消费行为时尚化、审美趣味肤浅化的文化消费中逐渐放弃思考,丧失个性,陷入精神枯竭的困境,以至于霍克海默感叹道:"收音机和电影决不亚于飞机和枪炮的作用。"②

第三,以意识形态欺骗性取代真理性。资本主义不仅借文化工业的娱乐性消解民众的批判意识,而且进一步演化为一种具有欺骗性的规训社会成员的意识形态。换言之,文化工业的功能在于"塑造现实"并为其提供意义和价值,它们通过娱乐活动编织了关于资本主义的美好价值理念,并重复生产和灌输同一行为模式,或者引导人们将其等同于现实,或者牵引人们对现实生活的期待,引导民众按照所建构的图示来理解和接受这个世界,从而认同

① [德]马克斯·霍克海默、西奥多·阿道尔诺:《启蒙辩证法:哲学断片》,渠敬东等译,上海人民出版社,2003 年,第 139 页。

② [德]马克斯·霍克海默:《批判理论》,李小兵等译,重庆出版社,1989 年,第 264 页。

资本主义现有秩序。他们以电影为例,指出电影擅长构造关于世界的幻象,使得人们在观影过程中将现实世界看作电影的延伸:它劝导人们忍受生活中的苦难、引导人们以电影中的婚礼场面安排自己的婚礼、按照工程师和管理者进行职业规划、根据电影中的风景制订旅行计划……总之,引导人们深度投入到电影构造的生活图景中,盲目认同资本主义合理性统治。由此,阿多诺批评文化工业在本质上是鼓吹现状、蛊惑权威和为现存秩序辩护的极具欺骗性、语焉不详、词不达意、含糊不清的意识形态宣传,它使人们误以为自己在自由选择中谋划生活和确证价值,但实际上只是不得不顺应资本主义的规则进行消费,以服从资本主义规训取代了文化本身所具有的揭露社会弊端、推动社会解放和维护思想自由的真理性内容。

由上所述,文化工业遮蔽乃至消弭了文化本身的自律性、严肃性和真理性,并最终以文化统治取代文化救赎,导向了人的依赖性和奴性。在阿多诺看来,文化具有自我批判功能,它总是试图独来独往,抵制社会总体和社会化运动,极力抵抗行政官僚世界的支配和干扰。而这种功能的实施并不依靠声嘶力竭的宣讲,而是通过审美给主体以震颤的体验,帮助他们意识到自身的局限性,以这一微妙曲折的方式激发自我意识和反抗潜能。简言之,文化的本质在于人的自我强化,而文化工业却导向了自我弱化,成为通过"奴役和锁拷意识"①将大众变为"乌合之众"的罪魁祸首之一。

2.马尔库塞的大众文化批判

不同于同时期的文化官员和社会学家肯定文化工业在发展消费者意识方面的积极作用,马尔库塞秉持文化精英主义的批判立场,将阿多诺口中的"乌合之众"(masses)形象地喻为"单向度的人"(one-dimensional man),并融入弗洛伊德的精神分析学要素,以西方个体在发达工业社会中的生存困境为出发点,对大众文化的客观合法性展开质疑,指出技术合理性主导下的大众文化侵蚀了文化中的敌对性和越轨性因素,使之由关乎人的尊严、关注个体幸福、反抗现存秩序和蕴含解放潜能的超越性力量,堕落为压抑和控制西方个体的资本主义增殖手段和意识形态统治工具。

马尔库塞首先将大众文化与高级文化进行对比,揭示了大众文化取消

---

① [德]阿多诺:《文化工业述要》,载赵勇:《法兰克福学派内外:知识分子与大众文化》,北京大学出版社,2016年,第379页。

高级文化中的对立、异在和超越性因素，消解其对现实的对抗批判功能，竭尽所能为现存世界合理化辩护的本质。所谓高级文化是指艺术、诗歌、先锋派文学作品、达达主义、超现实主义等注重真理价值、彰显道德美学、拒绝和驳斥现存秩序的文化形式。而大众文化则指的是文化工业生产的以报纸、杂志、广播、电影、电视、广告等形式呈现、注重交换价值、以营利为目的的文化商品。马尔库塞作为高级文化的坚定守护者，认为高级文化具有相对独立性。它们拒绝循规蹈矩，创造了与现实原则不相协调的文化形象，不仅在多元文化形象中与现实生活保持着敌对、装饰、呐喊和顺从等多样化联系，而且这些形象作为自由王国的表现"是宽容的，甚至是有教益和有用的"①，蕴藏着引导西方个体批判现存秩序的巨大潜能。然而当代技术不仅以专业化、分工化、同一化的商业生产破坏了高级文化的多样性，而且将其全盘并入资本主义既定秩序，并大规模地再生和展现它们，从而从形式到内容上消解了它们的内在否定性和批判性。

马尔库塞进一步将高级文化遭遇的以上劫难归因于当代大众文化服务于资本增殖和发挥意识形态功能规训社会成员这两大功能。具体来说，第一，大众文化成为资本主义追求资本增殖的全新手段。在马尔库塞看来，文学和艺术不应该被人的日常活动范围的使用价值和交换价值所支配，它的功用性在于超越具体形态的心灵提升和精神解放。但为了获得尽可能多的利润，资本主义以价值规律和功用性原则统摄了文化的生产与消费，不仅把文化全面整合进物质生活过程，纳入厨房、办公室和商店等重要场所，并作为生意和基金在商业上发行；而且将文化产品包装成艺术作品以吸引更多受众，比如将巴赫的音乐当作厨房音乐，在杂货铺售卖柏拉图、黑格尔、雪莱、波德莱尔、马克思和弗洛伊德的著作。在这种资本主导的文化商业化行为中，大众文化将人们在文化体验中得到的"作为最高的善"的幸福纳入功用性的算计之内，用直接的消费满足代替了间接的精神享受，用理性原则消解了文化中的感性内容。其结果是，尽管经典作品得到了再生，但它们被剥夺了原初所具有的真理向度。马尔库塞将大众文化对高级文化的这一全方位的改造看作对文化的贬黜，甚至是与精神和灵魂作对的罪孽，认为其最终

① ［美］赫伯特·马尔库塞：《单向度的人——发达工业社会意识形态研究》，张峰等译，重庆出版社，1988年，第61页。

导致了反抗的音乐、文学、艺术,很容易就被市场吞没或变形,变得无甚棱角,失去了对现存社会的批判效力。

　　第二,大众文化成为资本主义规训大众的意识形态工具。大众文化不仅将文化商业化以消解其批判向度,使其成为同一化的表达,而且进一步通过大众文化构造了一个表面合理、实则压抑的世界。"压抑性"既是马尔库塞探讨法西斯主义根源的关键,也是他批判大众文化的核心所在。在他看来,文化始终表现出一种为个体普遍解放而斗争的历史性要求,但资本主义借助大众文化的传播功能建构了压抑性的社会结构,即通过严格管理大众文化中的话语语言,借助演讲和宣传不断生产有利于统治集团利益的公共舆论,潜移默化地培育民众的虚假幸福和顺从意识。在《单向度的人》中,马尔库塞分析了资本主义在公众话语领域中的多种表达结构,其中具有代表性的是省略句法和所有格用法。所谓省略句法是指将相互冲突的言语成分融合进一个固定且习以为常的结构来实现对立面的调和和创造出一种合理性。尽管马尔库塞不得不承认这种表达有着把所有其他主张同化于自身的能力,反而成为让民众无法拒绝的宣传计策,但他仍然强调这是统一的压抑本性,"这种语言,以强加于接收者的句法结构,谈论被歪曲和节略的意义、被组织的内容发展,以及接收按这种语言的方式所提供的东西"[①]。不仅如此,统治集团还善用表示领属、来源的所有格用法来赋予人强制性。如《时代》杂志就常常采用"弗吉尼亚的伯德""美国钢铁公司的布劳"等所有格形式将个体融进不可分割的结构之中,暗示个体是它们的地位、工作、雇主或企业的附属物和专有财产。以上的这些表达隐秘地生产了一种使人相信现实的就是合理的幸福意识,它看似具有合理性的内容,但实际上助长了一种将个体置于压抑化的总体之中,消解其思考能力和反抗意识的新顺从主义。以至于马尔库塞感慨道,大众文化使"理想从灵魂或精神,或内在于人的升华领域中被拉下来,被转变成一些操作性的术语和课题……这个社会的能力正逐渐削减着被升华的王国,而人的条件正是借助这个王国去表现、去理想化、去起诉的"[②]。

---

　　① ［美］赫伯特·马尔库塞:《单向度的人——发达工业社会意识形态研究》,张峰等译,重庆出版社,1988 年,第 77 页。

　　② ［美］赫伯特·马尔库塞:《审美之维》,李小兵译,生活·读书·新知三联书店,1989 年,第66~67 页。

3.哈贝马斯的大众传媒批判

不同于霍克海默、阿多诺和马尔库塞从主体性层面出发对文化工业和大众文化展开批判,哈贝马斯基于主体间性从公共领域视角切入,揭示大众传媒的发展使得公共领域由理性商讨和辩论的舞台,变为压抑公共话语和民主潜能的操纵性平台。他对大众传媒导致的公共话语式微持一种批判立场,并对大众传媒导致的公共领域的结构转型、作用机制和消极后果展开了详尽分析。

哈贝马斯在《公共领域的结构转型》中指出,大众传媒推动了公共领域的结构转型。所谓公共领域是指介于市民社会和国家之间、调节公私利益的领域。在哈贝马斯看来,文学和艺术作品是具有趣味性、独立性和超越性的存在,人们通过沙龙、俱乐部和读书会等文化活动建构了文学公共领域。在这一领域中,个人和团体不仅可以对下层民众进行文化教化启蒙,而且可以通过表达利益需求、展开公共辩论、形成公共舆论话语,来介入公共事务、参与政治实践并与占统治地位的资产阶级政权相抗衡。然而随着科学技术的发展,资本主义社会出现了画报、商业报刊、电影、电视、收音机等新兴传播方式,高度组织化的资本主义不仅通过这些大众传媒赋予文化以全新的内容,而且不断增加资本投入和渗入意识形态成分,一方面以营利为导向制定文化产品的生产、组织、销售和消费形式,将传媒内容日趋商业化和娱乐化;另一方面将文学公共领域当作社会力量的入侵口,通过消费环节不断将资本主义意识形态渗透到人们的日常生活等私人领域,使得公共领域和私人领域之间的界限日渐模糊,将"公共利益的公共因素与契约的私法因素糅合在了一起"①。由此导致的结果是,虽然看似交往渠道增加、传播范围扩大,但统治集团以尽可能隐秘的策略性意图控制各种交往渠道,削弱或剥夺了文化领域的公众性原则,限制了民众通过文化活动参与公共事务的权力。概言之,原先秉持中立原则、支持公共辩论、具有政治批判功能的文学公共领域崩塌,转变为由统治集团主导的创造大众忠诚、需求和"顺从",使生活世界合理化的操纵性力量。

在此基础上,哈贝马斯进一步探究了大众传媒的作用机制。一是将大众

① 〔德〕哈贝马斯:《公共领域的结构转型》,曹卫东等译,学林出版社,1999年,第179页。

传媒当作牟利工具,并以消费代替商讨对话,严格限制甚至瓦解了公共交往的渠道。哈贝马斯指出,与传统文化活动力图保持纯粹性和批判性,为大众提供进行公共讨论、参与公共事务的平台不同,大众文化主要迎合教育层次较低的群体,其目的并不在于丰富文化的内容,而是通过兜售文化产品,获取剩余价值并实现意识形态统治。为了尽可能多地获得利润,市场规律成为文化生产的内在法则,大众趣味成为文化商品的主要参考,作品的传播和选择、装潢与设计、生产与价格、发行组织都主要依据销售策略来进行。哈贝马斯以商业报刊和电影等新兴传媒为例描绘了文化商品化的景象。其一,报刊最初是为私人所掌握的新闻交流和新闻监督平台,作为公众表达民意、传播信念的传声筒和扩音机,它们创造了进行政治批判的公共领域。相比于利润回报,公众批判是报刊发行的首要原则。但随着营利成为其主要目的,它们逐渐转变为以营利为主要目标的商业报刊,不仅将广告作为主要经济来源,而且不断根据市场的经济、社会和心理研究成果改进吸引消费者的方法,将发行人能否为企业带来更多利益看作自身地位和声誉的关键,批判功能逐渐弱化。其二,电影、收音机和电视等新兴传媒演变为新型的文化消费平台,公众在听收音机、看电影和电视时无须展开公共讨论,即便残存的电台、出版社和协会举办的公开讨论也被资本逻辑所渗透,以一种文化消费的形式呈现出来。总之,在商业利益驱动下,大众媒介不再是为大众提供理性商讨和辩论的平台,而是退化为赤裸裸的交易消费场所,在其中大众遵循特定游戏规则和固定形式进行讨论,提问成了成规,共识成为多余之物,公共讨论的批判和介入现实的功能遭到破坏。

二是主导利益集团进一步通过对大众媒介进行意识形态渗透来操纵公共舆论。哈贝马斯认为,统治集团和大公司不仅通过大众媒介消费隐性地限制了人们的公共交往对话,更将其当作公共权力机关侵入私人领域的入口和进行政治操纵的领域。他们不仅通过报刊散布民意调查或媒体专家的意见,以"权威意见"替代公众在批判讨论中达成的理性共识,将公众意见从法律的制定中驱逐出去;而且借助议会演说将统治集团的利益和意志强加于公众之上,使"公共远离了权力实施和权力均衡过程,以至于公共性原则再也不能证明统治的合法性,更谈不上保障其合法性了"①。总的说来,大众媒介在政治和日常生活中的作用日益增强,寄生于其中的消费观念和权威意见严重威胁了民众对理性的公共运用、压抑了民众介入公共事务的民主潜能,最终使他们从内部分化为丧失公开批判意识的少数专家和广大消费大众。

(三)异化消费与消费主义价值观批判理论

法兰克福学派进一步将大众文化批判与消费主义价值观批判相结合,探究它们如何共同构建了资本主义政治统治的合理性,其中最具代表性的有霍克海默和阿多诺的异化消费批判,以及马尔库塞和弗洛姆对消费主义下人的生存危机的揭示。

1.霍克海默和阿多诺的异化消费批判

霍克海默和阿多诺赞同卢卡奇在《历史与阶级意识》中关于当代资本主义社会是一个"商品形式占支配地位"②的物化社会的判断,并在此基础上提出了"文化工业论",指出文化工业产品作为一种特殊形式的商品,通过消费环节渗透人们的日常生活并滋生了一种消费主义文化。他们主要从权力建构的角度出发,探讨了消费主义文化的意识形态功能、作用机制和异化结局。其主要内容如下:

第一,揭示了消费主义文化的意识形态功能。尽管霍克海默和阿多诺也意识到资本主义将消费环节纳入生产计划,以刺激资本主义大规模生产和保证利润空间。但是与马克思将消费看作一种经济活动,侧重于将其当作资本主义生产过程中的一个要素,进而从生产方式的历史发展讨论消费不同,霍克海默和阿多诺显然更倾向于将消费看作一种文化现象和生活方式。在他们看来,当代资本主义是一个消费的世界,消费主义意识形态以文化工业产品为载体,诱导大众在消费体验中获得快感和满足,继而认同资本主义价值观念和现存秩序,以一种隐性的权力机制再生产了资本主义社会的合理化结构。

① [德]哈贝马斯:《公共领域的结构转型》,曹卫东等译,学林出版社,1999年,第205页。

② [匈]乔治·卢卡奇:《历史与阶级意识》,杜章智等译,商务印书馆,2004年,第147页。

第二,深入探究了消费主义文化的运作机制。为了巩固日益合理化和总体化的资本主义统治,统治集团竭尽所能,以精细化计算、娱乐化内容和宣传性广告争取大众的青睐,全方位且更加深入地渗透到人们的日常生活中。首先,所谓精细化计算是指无所不在的权威机构以可计算和量化原则指导文化工业的产品生产和消费策略。他们一方面对文化工业产品进行流水线生产,并严格把控产品细节。以电影制作为例,为了取得更好的票房,电影公司将电影明星的数量,技术、劳动和设备的利用,电影情节等因素进行计算并整合在一起。另一方面,又根据消费者的收入状态等要素对其进行分类、组织和标定,制定针对不同产品的销售策略,以诱导不同社会群体选择相应的文化消费品,从而建立起完备的消费等级秩序。实际上,看似彰显个体独特个性的自主消费,实际上却是将消费者图示化的"定向推送"。其次,所谓娱乐化内容是指文化工业调动一切娱乐化因素打造完美形象以吸引大众消费,使大众沉溺于短暂的快乐和自由体验中而放弃对现存世界的批判。它们化身为制造和贩卖娱乐的机器,将文化艺术转换成为可供消遣、为人带来轻松愉悦的商品,比如将人物生平简化为易于理解的传记,将各种支离破碎的废话编织成具有崇拜色彩的情节,用口袋本小说、精心设计却遵循固定套路的电影、系列家庭电视秀、情感和占星术栏目等文化产品使人们发笑。消费者"上当受骗,心甘情愿"地享用着文化工业给他们提供的娱乐,在虚假的"庇护所"中寻求转瞬即逝的满足和幸福,以逃避日常生活的苦役和独立思考,但实际上,这种逃避为资本主义权力的深化控制提供空间。最后,文化工业还擅用广告来刺激大众对快乐的需求,持续诱导大众消费。作为"生命的灵丹妙药"[①],广告帮助公司推销商品、维持声誉,加强了消费者和大公司之间的关系。在霍克海默等人看来,这种推销的实质在于将艺术庸俗化,对消费者进行许诺和欺骗,"重复不断地从消费者那里骗取它一再许诺过的东西","玩花招、弄手脚,无休无止地延期支取快乐的约定票据"。[②]它虽然为人们提供了形式多样的文化消费品,但由于它消解了文化内在的提升人性、精神滋养、道德指引功能,导致这种承诺只能是虚伪的,成为"真正意义上永远

---

① [德]马克斯·霍克海默、西奥多·阿道尔诺:《启蒙辩证法:哲学断片》,渠敬东等译,上海人民出版社,2003年,第180页。

② T.W. Adorno, *Negative Dialectics*, New York: Routledge, 1990, p.139.

也达不到的东西"①。

第三,消费主义文化导致了人的异化生存状态。在霍克海默和阿多诺看来,以上的精细化计算使得文化丧失了个性和创造性,未经升华和无拘无束的娱乐导致了精神的媚俗化,大规模的广告宣传散布着具有欺骗性的意识形态。概言之,文化工业和消费主义的结合诱导大众在同一化的商品消费中体验虚假的快感和幸福,陷入资本主义的意识形态之网,不仅导致了大众审美的极度贫困,而且使得西方个体从生活方式到内心世界都逐渐被资本主义价值体系所控制和驯化,最终变为丧失批判抵抗向度和孤立无援的"单向度的人"。并且这种控制和驯化是以自愿的方式进行的,"受骗的大众甚至比那些成功人士更容易受到成功神话的迷惑。他们始终固守着奴役他们的意识形态。普通人热爱着对他们的不公"②。

2.马尔库塞和弗洛姆对消费主义下人的生存危机的揭示

马尔库塞和弗洛姆创造性地将马克思主义与弗洛伊德的精神分析学相结合,对消费主义下人的生存危机展开深入探讨,揭示了西方个体深陷消费主义陷阱,沉迷于"虚假需求"和"重占有的生存方式"的压抑生存状态。

马尔库塞通过提出"真实需求"和"虚假需求"的概念,揭示了当代西方社会借助科学技术进步带来的巨大物质财富,诱导人们在物质商品消费中体验自由和幸福,在"虚假需求"牵引下成为沉溺于物质享受忘却精神追求的"单向度的人"。马尔库塞指出,"真实需求"是指与个体生命攸关的衣、食、住等基本需求,是其他一切需求的先决条件。与之相反,"虚假需求"是指统治利益集团为了加强社会控制而强加给个人的,包括放松、娱乐、行动和消费等需求。这些需求作为艰辛、侵略、不幸和社会公平的调和剂,使人在肤浅的需要满足中自我确证并认同现存统治秩序,放弃对社会的严肃审视、诊断、批判和反抗。如果说"真实需求"为人的生存发展提供基本的养分,那么"虚假需求"在本质上是一种以灌输和操纵为手段,看似合理实则压抑的社会管理形式。

① T.W. Adorno, *Negative Dialectics*, New York: Routledge, 1990, p.139.
② [德]马克斯·霍克海默、西奥多·阿道尔诺:《启蒙辩证法:哲学断片》,渠敬东等译,上海人民出版社,2003 年,第 149 页。

马尔库塞进一步指出"虚假需求"导致了一种"额外压抑",即物质丰裕时期本应消除,但是资产阶级为了维护自身既得利益和社会统治而额外强加给人的压抑。这种额外的压抑作为发达工业社会总体化统治的副产品,使得人们在商品消费中识别自身,"在他们的汽车、高保真度音响设备、错层式房屋、厨房设备中找到自己的灵魂"①,从而自觉依附于外在的社会力量,自愿受制于社会统治。对于如何将西方个体从"虚假需求"导致的额外压抑中解放出来,马尔库塞提出要使西方个体意识到这种看似自由实则别无选择的奴隶状态,呼吁他们放弃压抑性的满足,用真实需求取代虚假需求。

弗洛姆则通过提出"重生存的生存方式"和"重占有的生存方式",指出当代西方社会是一个建立在私有财产和以占有为最高目的"不健全的社会",消费作为西方社会最为重要的占有形式,导致西方个体出现了异化。所谓"重生存的生存方式"是指不注重占有,而是凭借独立、自由和具有批判的理性,通过创造性发挥去实现自身潜能的积极主动的生存方式。而"重占有的生存方式"是指把追求、占有和消费商品看作人生的幸福和目的,这种生活方式使得个体与世界的关系表现为一种据为己有的占有关系,个体沉迷于对物质、金钱、荣誉和权力的追求,将以占有为目标的生存看作自然的、唯一的生存方式。在弗洛姆看来,以上两种生活方式产生了不同的价值取向。其中,"重生存的生存方式"注重在创造性活动中积极展现个体的愿望、才能和天赋,赋予自己的能力和外物以生命,是一种创造性的性格取向。而"重占有的生存方式"宣称"我所占有的和所消费的东西即是我的生存"②,甚至认为一无所有的人其生存也一文不值,不仅完全以消费为取向,把消费当作重要的生活追求,而且在买卖动机的浸润之下,自己也变成了商品,变成了他人的手段而非目的。以至于弗洛姆感叹道:"一个人能否成功,主要还是看他在市场上是否畅销,看他在竞争中能否获胜,看他的'装潢'是否吸引人。"③总之,在合理化和理性化的现代资本主义社会中,人与自然、与他人的有机联

---

① [美]赫伯特·马尔库塞:《单向度的人——发达工业社会意识形态研究》,张峰等译,重庆出版社,1988年,第9页。

② [美]弗罗姆:《占有还是生存》,关山译,生活·读书·新知三联书店,1989年,第32页。(因翻译问题,弗罗姆与弗洛姆为同一人。——编辑注)

③ 同上,第224页。

系和安全纽带被切断,并习惯于在消费和占有中建立与外部世界的联系,以避免孤独和寻求安全感,然而这种以外物确证自身存在的方式注定会导致精神上的空虚和贫乏,由此弗洛姆呼吁个体要充分发挥自己的潜能,重拾独立、自由和批判的理性精神,积极主动转换生存方式,从沉迷于占有商品过渡到对人的本质的真正占有。

通过以上分析,西方马克思主义揭示了当代资本主义将文化意识形态当作首要的统治工具,并通过将其渗透到社会组织机构、市民社会、大众文化和商品消费中,不断制造控制社会的新形式。它们共同对真实世界进行幻想性遮蔽,为资本主义的合理性进行辩护,构建了一种将政治、经济、文化等各个层面整合起来的总体性统治,不仅瓦解了无产阶级整体的阶级意识,而且使西方个体陷入价值失落、丧失批判和反抗意识的生存困境。

二、西方马克思主义的文化解放论

在通过文化批判揭露资本主义合理性外观的基础上,西方马克思主义把与资本主义展开文化和意识形态斗争看作实现无产阶级整体和西方个体自由和解放的关键。他们或者主张通过以文化革命为主导的总体性革命重塑西方无产阶级整体的阶级意识,使其投身于西方社会主义革命实践;或者强调文化艺术的政治实践功能,力图通过恢复文化的本真性,使西方个体在艺术审美中激发自身的批判和反抗意识,在日益总体化和合理化的资本主义社会中重拾价值和尊严,摆脱总体异化的生存境遇。

(一)以文化革命主导的总体性革命

卢卡奇、葛兰西和阿尔都塞等理论家意识到,单纯对资本主义展开经济分析无法破解无产阶级革命意识淡漠的困局,因此主张必须对资本主义展开文化意识形态批判,并通过社会意识斗争、文化霸权斗争和意识形态国家机器批判,来唤醒无产阶级的革命意识或使资本主义意识形态国家机器发生危机。在重新占领文化领域的基础上,发动以文化革命为先导的总体性革命,最终实现无产阶级的整体解放。

具体来说，与第二国际不注重培育无产阶级主观意识和弱化无产阶级革命重要性不同，卢卡奇主张重塑无产阶级的阶级意识和发动无产阶级革命对于推翻资本主义统治来说至关重要。因此，他批判第二国际对马克思主义经济决定论的僵化解读，强调要发挥马克思主义的意识形态批判功能，在与资本主义进行经济斗争、政权斗争的同时，要以社会意识斗争为先导，"社会有了意识，等于领导社会有了可能"①。对于如何进行社会意识斗争，卢卡奇指出，要以马克思主义为武器去揭露资本主义形形色色的意识形态幻象，使无产阶级意识到自身迷惑于局部利益并被物化为商品的现实，以此促进无产阶级阶级意识觉醒，恢复对自身真实处境、阶级地位和历史使命的总体性认识，进而投身于改变物化世界的无产阶级革命之中。

葛兰西进一步将卢卡奇的社会意识斗争表述为文化霸权斗争，指出无产阶级在面临政治权力和经济权力的征服问题时，进行改变群众心态、传播无产阶级意识形态的文化上的战斗。与卢卡奇相比，葛兰西更强调上层建筑的自治与功效，即文化是包含压迫和反抗双重向度的权力争夺的场域，它既包括意识形态的压抑，也潜藏着被统治阶级反抗和解放的可能性；既是资产阶级实施意识形态统治和建构权力网络的工具，又可以成为无产阶级打破资产阶级意识形态牢笼和夺取文化霸权的重要战场。对于如何与资本主义争夺文化霸权，葛兰西同样把马克思主义当作理论武器，把无产阶级看作现实武器。在葛兰西看来，马克思主义是一种既强调主观能动性又肯定客观因素基础地位的实践哲学。一方面，它强调人的意志及其实践活动在创造历史及其生活世界中的重要性，主张人的问题是哲学的根本问题，另一方面又主张历史是人通过实践与外部环境交互过程中不断生成的结果。他将这种哲学世界观运用到政治实践中，指出无产阶级要想实现自身的解放，就必须展开文化霸权斗争，在无产阶级价值观和世界观的引领下进行反对资本主义的政治实践，将无产阶级的主观意愿变为改变现实世界的革命化力量。并且人的主观意志、文化意识形态因素往往具有先导性，尤其在直接的暴力革命时机尚不成熟时，引导人民群众形成集体意志，夺取文化和意识形态领导权，有助于瓦解资本主义强大的意识形态堡垒和"有效的防御工事"。在具体

① ［匈］乔治·卢卡奇：《历史与阶级意识》，杜章智等译，商务印书馆，2004年，第317页。

策略方面，一是要充分发挥有机知识分子作为利益集团代言人和连接无产阶级和群众的纽带作用。有机知识分子要与群众保持密切联系,通过市民社会传播无产阶级价值观,不断提高民众中越来越广泛的阶层的智识水平,并重视吸纳融入不同反对资本主义群体的利益和诉求，以帮助形成具有统一的集体意志的无产阶级联盟，最终在无产阶级领导下发起与资产阶级争夺文化和意识形态领导权的战斗。二是政党要永不懈怠地重申自己的论据,并通过学校、教会、报纸、杂志、书籍等传播本利益集团的价值观。三是无产阶级要积极运用"阵地战"和"运动战"策略,先对西方社会采取各个击破,待无产阶级力量与资产阶级力量势均力敌时,再与资产阶级进行总决战,最终夺取国家政权。

面对资本主义通过意识形态召询机制规训和教化主体,隐蔽地服务于资本主义生产关系的再生产的现实，阿尔都塞也强调批判资本主义意识形态国家机器使其发生危机的必要性。在他看来,任何一个阶级,意识形态国家机器的掌控程度与政权的持久性有直接关联,所谓意识形态国家机器,主要包括宗教、教育、家庭、法律、政治等,其主要作用是服务于生产关系的再生产,即通过意识形态的召询机制,实现社会主体对于特定生产方式的自觉认同;从这个意义上说,意识形态国家机器是激烈的斗争场所,而无产阶级革命的主要任务即在于识别这些具有意识形态功能的关键场所,并在此基础上积极装备本阶级的意识形态国家机器。

(二)法兰克福学派的艺术审美救赎论

如果说卢卡奇等早期理论家致力于无产阶级整体解放,那么法兰克福学派关注的则是为什么在发达资本主义社会，马克思所揭露的尖锐的阶级矛盾不复存在,工人阶级忘却了自己身为"资产阶级掘墓人"的历史使命,反倒愉悦地成为资本主义统治的肯定力量。究其原因,法兰克福学派认为经济上的福利改善,政治上获得相应权利,尤其是文化心理上对资本主义价值观和生活方式的认同,使得资本主义构建了总体化和合理化的支配控制体系,使工人阶级误以为阶级剥削已不复存在,并由此告别工人阶级身份。也正是因为当代资本主义的以上变化，法兰克福学派将理论关注点从无产阶级的解放,转向了日益被整合到总体化资本主义社会中的西方个体的自由解放,并将艺术审美当作唤醒西方个体的主体和批判意识的重要手段。其中最具有代表性的有马尔库塞的审美救赎和培育新感性,以及阿多诺的艺术实践论。

1.马尔库塞的审美救赎与培育新感性

马尔库塞提出以审美救赎和新感性来激活被资本主义意识形态所压抑的个性。在他看来,"一切的解放都有赖于对奴役状态的觉悟"①,而这种觉悟正是要通过艺术审美来实现。具体来说,马尔库塞坚持利维斯精英主义立场,将文化看作关乎个体幸福、个体尊严、精神价值和内在美的超越性力量。"文化的含义与其说是一个美好的世界,不如说是一个高贵的世界……文化谈论着'人'的尊严……文化的美在根本上是一种内在的美。它只有从内部才能触及外部世界。文化的王国在根本上是灵魂的王国……文化问题是一个精神价值的问题。"②然而现存的通过经济竞争再生自身的资本主义社会使人深陷总体化的陷阱之中,对人的幸福构成了妨碍。由此,马尔库塞主张要发挥文化的反抗功能和解放力量,通过文化艺术审美将人从资本主义的总体性统治中救赎出来,而救赎的方式则具体体现为培育一种新感性。

在马尔库塞看来,自由应当在感性的解放中而不是理性中去寻找。感性作为与理性相对的、"混乱的、变动不居的、自由的王国"③,具有调节和超越现存规则秩序和现实原则的功能。而以感官为中介的艺术审美中潜藏着大量的感性成分,人可以在审美领域充分刺激感官、调动感性来挑战理性专制,甚至把感性从理性的压抑统治中解放出来。而"新感性"则是马尔库塞进一步将艺术审美与反抗资本主义的政治实践相结合的产物。在内涵上,新感性是培育新人和创造新社会的重要感性力量。所谓"新人"是指在以理性原则为支撑的总体化资本主义社会中,亟须通过艺术审美激发人的感性冲动,恢复人拥有的非攻击性的、爱欲的和感受的潜能,激活被理性压抑的自我意识。所谓"新社会"是指新人在审美体验的指导下破除占支配地位的资本主义意识形态和日常经验,按照人解放了的感性去建设新的社会,从而将个体

---

① [美]赫伯特·马尔库塞:《单向度的人——发达工业社会意识形态研究》,张峰等译,重庆出版社,1988年,第7页。

② [美]赫伯特·马尔库塞:《审美之维》,李小兵译,广西师范大学出版社,2001年,第14页。

③ 同上,第2页。

从资本主义总体化统治下的非人状态中拯救出来。在具体实践上,新感性主张通过一种新的方式去看、去听和去感受事物和进行艺术审美,以满足的逻辑代替压抑的逻辑,在消解惯常的机械感受和由现存社会塑造的自我的基础上,凭借解放了的意识去构想和引导社会重建。在本质上,作为一种政治实践的新感性是一种区别于传统政治、经济革命的心理革命和感觉革命,这种解放实质上是人的本能的解放、审美的感性解放。

尽管马尔库塞极其强调文化艺术的革命作用,将主体的意识和感受革命当作社会变革的前提和归宿。但他同时也意识到了艺术审美的局限性,一方面,艺术审美救赎只是对现存世界合理性的暂时的解脱;另一方面,艺术与革命的关系并不是直接表现出来的,"艺术不能为革命越俎代庖,它只有通过把政治内容在艺术中变成元政治的东西,也就是说,让政治内容受制于作为艺术内在必然性的审美形式时,艺术才能表现出革命"①。因此,在进行感性革命的同时,也要进行社会物质和知识方面的重构,以创造崭新的审美氛围。与此同时,为了将批判和否定精神贯彻到底,马尔库塞主张要在与资本主义保持距离的"大拒绝"中捍卫个体的独立性与自由尊严。他指出:"社会批判理论并不拥有能弥合现在与未来之间裂缝的概念,不作任何许诺,不显示任何成功,它只是否定。因此,它想忠实于那些毫无希望地已经献身和正在献身于大拒绝的人们。"②

2.阿多诺的艺术实践论

阿多诺同样强调艺术审美的实践功能和解放潜能。他指出,资本主义的总体性统治把原本具有个性、严肃性、真理性的艺术纳入资本主义生产和消费环节,将其从反对现存秩序的超越性力量变成为资本主义合理性辩护的工具。因此,有必要恢复艺术的本真内涵,引导西方个体在艺术审美中恢复自身的主体意识,挣脱资本主义的意识形态牢笼,并反抗和颠覆总体化的统治秩序。

具体来说,阿多诺认为艺术既是实践的产物,又因其自律性、严肃性和真理性内容而对政治实践具有反作用。具体而言,第一,自律性是以抵制为核

---

① [美]赫伯特·马尔库塞:《审美之维》,李小兵译,广西师范大学出版社,2001年,163页。

② [美]赫伯特·马尔库塞:《单向度的人——发达工业社会意识形态研究》,张峰等译,重庆出版社,1988年,第216页。

心、与社会现实相对立的范畴。一方面艺术因其脱胎于社会而具有现实性，另一方面艺术总是刻意与社会保持距离，抵制行政管理的干扰操纵和总体性社会化，并在这一过程中发挥了揭露社会弊端、推动社会解放和维护思想自由等积极作用。第二，严肃性是指艺术拒绝与现实妥协和解，它反对将艺术降低为空洞无聊的消遣品、降低为被物化的快感之源，主张应当保持深度，参与主体的精神建构并帮助对抗现实平庸的世界。第三，真理性是与意识形态相对的概念，它是指艺术意在打破文化工业营造出来的虚假的审美幻象，通过揭露社会的种种弊端，使人重新认清自己、认清世界。总之，以上特性都表明了艺术是对现实社会的批判和抵抗力量，恰如阿多诺自己所说，"只有在具备抵制力量时，艺术才会得以生存"①。

然而文化工业的介入使得文化艺术"被带进了行政领域，具有了图示化、索引和分类的含义"②，变成了对社会等级秩序的遵从。阿多诺对此持批判态度，认为这种将文化艺术标准化的做法导致了西方个体的审美贫乏和精神失落，进而将艺术从政治实践和反抗社会的维度中驱逐出去。由此，他主张恢复艺术的创造性和真理性，使人们通过艺术审美恢复对周围事物的感知，远离总体性对人的压抑和规训，并重拾批判和反思维度。而对于艺术如何引导人们进行政治实践，阿多诺将马尔库塞所说的感性解放具体化为一种"精神的震颤"。他指出，艺术对社会的影响并不是通过声嘶力竭的宣传，而是通过隐蔽和无形中改变主体意识来实现的。也就是说，主体在艺术审美中体验到一种震颤（Erschütterung），这种精神性的审美体验激活了他们对现实的关切感，使他们意识到自身的局限性和受压抑的现实，继而激发他们的自我意识和批判意识，引导他们在对抗现存秩序的同时去追求生命本体的真实存在，抵抗总体异化的资本主义社会。

总的说来，不论是卢卡奇等早期马克思主义理论家追求无产阶级整体解放，还是法兰克福学派致力于发达工业社会中西方个体的解放，他们都主张通过文化和意识形态批判介入政治实践，并将文化革命或斗争当作变革资本主义社会、实现人的自由解放的重要武器。

---

① ［德］阿多诺：《美学理论》，王柯平译，上海人民出版社，2020年，第332页。

② ［德］马克斯·霍克海默、西奥多·阿道尔诺：《启蒙辩证法：哲学断片》，渠敬东等译，上海人民出版社，2003年，第146页。

三、西方马克思主义文化转向的理论定位和理论得失

通过以上分析可知,西方马克思主义文化转向的突出特点在于:以西方人的自由解放为旨趣,以探索适合当代西方的社会主义道路为目标,在理论上反对经济决定论,强调文化在社会历史进程中的重要作用,并对资本主义展开文化价值观批判, 在实践上主张通过文化主导的总体性革命和艺术审美救赎实现当代西方人的自由解放。对于这一转向,赞誉者有之,批评者有之。而如何对它作出客观公允的评价,需要回归历史唯物主义立场厘清其理论性质、评判其理论得失,从而深刻把握西方马克思主义哲学的理论实质。

(一)西方马克思主义文化转向的理论性质

是否坚持历史唯物主义是学术界关于西方马克思主义争论的重要问题。赞成者认为他们在强调个人主观能动性时彰显了"马克思主义本身的多样性"[1],批评者质疑他们"故意闭口不谈那些历史唯物主义经典传统最核心的问题:如详尽研究资本主义生产方式的经济运动规律,认真分析资产阶级国家的政治机器以及推翻这种国家机器所必需的阶级斗争战略"[2]。值得注意的是,西方马克思主义虽然都将文化上层建筑问题作为理论研究的重点,强调文化价值观变革对于推动政治行动的主导作用, 但由于他们是由不同社会历史条件和文化传统的理论家所构成的学术流派, 其内部仍然存在着具体差别,总体而言可以划分为以卢卡奇、葛兰西和阿尔都塞为代表的马克思主义理论谱系的文化批判理论和以法兰克福学派为代表的人道主义理论谱系的文化批判理论。

1.马克思主义理论谱系的文化批判理论

马克思主义理论谱系的文化批判理论的突出特点在于, 以马克思主义哲学为理论基础解读当代资本主义变化, 探索西方无产阶级整体解放和西

---

[1]　[英]戴维·麦克莱伦:《马克思以后的马克思主义》(第3版),李智译,中国人民大学出版社,2008年,第356页。

[2]　[英]佩里·安德森:《西方马克思主义探讨》,高铦等译,人民出版社,1981年,第61页。

方个体自由解放的社会主义道路。主要代表人物为注重从主体性角度阐发马克思主义的卢卡奇和葛兰西，以及从客观性角度阐发马克思主义的阿尔都塞。前者侧重于通过文化批判唤醒无产阶级的统一阶级意识，为无产阶级革命奠定文化心理基础；后者则侧重于通过批判资本主义意识形态国家机器使其发生危机。总体来看，他们都坚持了历史唯物主义的经济因素的基础地位和阶级政治立场。

具体来说，就经济因素基础地位而言，不论是卢卡奇、葛兰西还是阿尔都塞都在反对经济还原论的基础上，坚持生产方式范式对分析资本主义的有效性，以及生产方式变革的基础性作用，强调社会历史是在文化、政治、经济共同作用下发展的。卢卡奇将社会看作由相互关联的局部体系构成的整体，在这一整体中，"每一种社会存在都与意识的行为不可分割地联系在一起"[1]。其中经济的基础地位不可撼动，其他因素依旧"对社会经济结构有总体的归属关系"[2]，社会的经济结构生产出相应的意识结构，意识形态问题在根本上是客观经济事实情况的思想表达；葛兰西的文化霸权理论强调文化价值观的形成离不开一定的物质生产状况，不是意识形态改变结构，而是结构改变意识形态；并且认为文化霸权斗争"必须与经济改革的纲领相结合"[3]，不仅需要主体审时度势考察客观条件和了解经济事实，并对经济事实作出判断使之适应自己的意志，而且也要积极利用相应的物质基础：包括报纸、杂志、学校、教堂等在内的集体意志得以形成和传播的社会机构组织。概言之，葛兰西的霸权是文化、经济、政治等因素相互作用的产物；与此同时，阿尔都塞也提出了经济因素最终起决定作用的多元决定论，强调社会历史进程是由经济因素和诸多具有非确定性和偶然性的多元要素相互作用的结果。

就阶级政治立场而言，卢卡奇、葛兰西和阿尔都塞认为，虽然资本主义生产方式已从马克思所处时代的机器大生产过渡到高度组织化的流水线生产，但是资本主义的逐利本性，以及雇佣工人深受资本主义奴役和剥削的本质并未改变。由此，他们坚持历史唯物主义的阶级政治立场，并根据资本主

---

[1] G .Lukacs,*Prolegomena Zur Ontologie des Gesellschaftlichen Seins:1 .Halbband .Munich ,Germany:Luchterhand,1984,p.675.

[2] [匈]乔治·卢卡奇：《历史与阶级意识》，杜章智等译，商务印书馆，2004年，第320页。

[3] [意]安东尼奥·葛兰西：《现代君主论》，陈越译，上海世纪出版集团，2006年，第11页。

义的变化进一步提出了以文化革命主导的阶级革命策略。具体表现为：卢卡奇强调用总体性辩证法恢复无产阶级的阶级意识，将无产阶级当作认识和变革社会现实的自觉的主体；葛兰西主张将异质性的群体和意识形态要素结合起来，形成以阶级为中心的、具有集体意志的历史集团，与资产阶级争夺文化领导权；阿尔都塞认为意识形态是阶级斗争的重要场域，无论意识形态具有怎样的形式（宗教的、道德的、法律的等），都始终表达一定的阶级立场，并呼吁通过批判资产阶级意识形态国家机器使其发生危机。

2.人道主义理论谱系的文化批判理论

人道主义理论谱系的文化批判理论以法兰克福学派为代表，其突出特点在于，认同马克思主义的批判精神，并以西方古典人道主义思想为理论基础，一方面更加强调文化和主体性因素的作用，另一方面转向关注西方个体的自由解放。

具体来说，法兰克福学派早期强调政治经济学分析，[①]后期则在西方古典人道主义思想和《1844 年经济学哲学手稿》中的异化思想影响下走向对文化和主观因素的强调，并发展出一种人道主义的马克思主义。这一转变同时也是法兰克福学派力图回应社会发展总体化、一体化趋势和个人个性化自由发展之间的矛盾的结果。他们认为，技术理性与资本合谋，参与构建了一种消解人的主体性的规模庞大、组织严密、官僚异化的一体化社会。它们一方面以隐性的方式犹如毛细血管般渗透人的内在生活机理，将人的日常生活连根拔起，以可计算性、工具理性等原则构建了合理化、严密的支配控制体系，使个体日益深入全面地整合到总体化的资本主义体系之中；另一方面，寄身于大众文化、商品消费、人的内心世界，向人们兜售资本主义生活方式，引导人们到大众文化、消费中体验刺激和欢愉，并由此自觉认同资本主义价值体系，最终走向了对人的生命潜能、主体性和创造性的消解。因此，属

① 霍克海默在《社会哲学的目前形势和社会研究所的任务》（1931）中，申明了包括政治经济学在内的跨学科研究的批判理论范式，强调哲学家、社会学家、经济学家、历史学家、精神分析学家们应联合起来将当代哲学所提出的那些研究系统整合起来；20 世纪 60 年代在德语学界，阿多诺的学生和助手强调政治经济学研究，特别是价值形式理论对批判理论的基础性作用；格律恩贝格、格罗斯曼、波洛克等早期法兰克福社会研究所成员坚持政治经济学研究传统，其中格罗斯曼著有《资本主义体系的积累和崩溃规律》，发表了关于《资本论》写作计划变迁的文章，波洛克撰写了博士论文《马克思的货币理论》，注重研究马克思的货币理论和计划经济理论。

于人道主义理论谱系的理论家们主张利用西方古典人道主义来消解技术理性、大众文化和消费主义文化,将个体从日益总体化的统治中拯救出来。但也正是因此,他们集中注意力于资本主义的文化统治和文化剥削,而忽略了文化现象是资本逻辑运行的文化表征,遗忘了马克思所强调的"物质生活的生产方式制约着整个社会生活、政治生活和精神生活的过程"①。

不同于马克思主义理论谱系的文化批判理论追求无产阶级整体的解放,人道主义理论谱系的文化批判理论探索的是西方个体的解放。这种解放主体的转变一方面是由于法兰克福学派所处时代新社会运动和多元主体的兴起,使得他们开始将文化上的压迫看作大多数人,尤其是社会边缘群体的命运,主张不能只考虑工人阶级的解放,也要考虑到合理化资本主义中处于异化状态的大多数社会成员;另一方面更深层的原因在于他们放弃了历史唯物主义的经济分析和阶级分析方法。对于文化现象的经济根源的忽视导致他们接受了"富裕工人阶级"的事实,不再根据个人经济地位去判断他们的阶级身份,即不再把工人看作经济上受剥削,作为剩余价值来源的劳动力,而是把他们看作在资本主义文化意识形态建构的总体化社会中深受文化剥削、精神失落的单向度的个体。也正是因此,他们主张走不同于资本主义和社会主义的"第三条道路",即人道主义的社会主义的道路。

总体看来,由于卢卡奇、葛兰西和阿尔都塞将马克思主义理解为关注无产阶级整体解放的批判哲学,承认经济因素的基础性作用,不放弃阶级政治和社会主义设想,因而可以算作马克思主义理论谱系的文化批判理论。而法兰克福学派将马克思主义理解为关注西方个体解放的人道主义的马克思主义,忽视了马克思最为重视的经济分析和阶级分析,在解放主体上走向对认识主体而非历史主体的研究,忽略了主体身上所负载的生产关系的内容,没有意识到社会解放的实现不能只依赖于个体意识的觉醒,还要依赖主要社会阶级的理性发展,因而只能算作创造性发挥马克思主义批判精神的人道主义理论谱系的文化批判理论。

---

① 《马克思恩格斯选集》(第二卷),人民出版社,2012 年,第 2 页。

(二)西方马克思主义文化转向的理论价值

尽管伊格尔顿等学者认为,西方马克思主义的文化转向是为了"补偿他们政治上的无家可归"①。但是通过以上分析不难发现,他们转向文化并不是对马克思主义的误读和曲解。相反,凸显文化层面,将经济分析"次要化"是他们"有意而为之"。要理解他们的理论初衷和理论价值需要深入到理论家所处的时代问题中,在追踪其理论根源、社会历史根源和文化根源中深入把握其理论合理性。

就理论根源而言, 西方马克思主义力图纠正第二国际对马克思主义的经济决定论和机械决定论解读, 通过强调文化和主体性因素在社会历史进程中的重要作用来恢复马克思主义的批判性和革命性, 重建马克思主义与革命主体的有机联系。具体来说,第二国际对马克思主义哲学采取了经济决定论的庸俗解读,他们把社会主义革命的胜利看作由"经济必然性"所决定的自然过程,或者认为当代资本主义在经济层面已进入社会主义,而资本主义生产方式的矛盾发展将使其不可避免地自发崩溃,并被社会主义所取代;或者主张保护社会主义经济所需的生产力基础,通过"民主的"议会道路培养工人阶级的执政能力。以上对马克思主义的曲解不仅忽视了历史发展进程中主观因素的作用,不注重无产阶级革命意识的培养,而且将马克思主义降低为像自然科学一样的实证科学,消解了马克思主义的批判功能,无法唤醒无产阶级作为历史主体的革命精神。长此以往,无产阶级在资本主义商品物化和资本主义意识形态攻势下深陷阶级意识危机,革命意识淡漠,进而导致了西方无产阶级革命的失败。为了改变这一困局,西方马克思主义将发挥马克思主义的意识形态功能, 凸显马克思主义思想中关于人是历史主体和主观意识的因素, 重新激活和培育无产阶级的主观革命意识当作重要突破口。对此,卢卡奇指出,"只有无产阶级的意识才能指出摆脱资本主义危机的出路"②,而唯有推动历史唯物主义功能转向文化,才能使其继续发挥"无产

---

① [英]特里·伊格尔顿:《理论之后》,商正译,商务印书馆,2009年,第31页。

② [匈]乔治·卢卡奇:《历史与阶级意识》,杜章智等译,商务印书馆,2004年,第139页。

阶级在其受压迫的时代里最强大的武器"①的功能。

　　就社会历史根源而言，西方马克思主义力图通过文化批判去把握当代资本主义以文化主导的总体性统治，揭示资本主义复杂的文化权力关系，从而使无产阶级整体和当代西方个体在总体异化的资本主义社会中辨识无孔不入的意识形态渗透，从而从总体上打破资本主义的意识形态幻象，把握资本主义的真实状况及自身历史方位和历史使命，自觉通过文化价值观变革来对抗资本主义意识形态的侵蚀，并投身于社会主义革命实践中。具体来说，当代资本主义统治方式从显性的政治压迫和经济剥削转向隐性的文化主导的总体性统治。不同于马克思所处时代文化作为建基于现实的生产力和生产关系之上，为统治阶级政治统治提供意识形态合法性辩护，对真实世界进行幻想性遮蔽的"虚假的意识"和"经济的仆从"，在卢卡奇等西方马克思主义理论家所处的福特主义盛行的高度组织化的垄断资本主义社会中，文化因其隐蔽性、合理性外观和多样性形式等特点成为资本主义的首要治理术和统治方式。一方面，资产阶级既将文化抽象为一种包含资本主义价值观念和生活方式的意识形态体系，又将其商业化、标准化、具象化为广播、电视、电影、广告等工业流水线上的产品；另一方面，通过提高工人阶级的福利待遇，使他们能够消费这些承载着资本主义意识形态的文化商品，进而将统治领域从工业生产线拓展到人们的日常生活乃至内心世界。概言之，文化由"社会存在"所决定的"社会意识"，转型为一种参与建构"社会存在"的隐性权力。在西方马克思主义看来，这种文化主导的统治方式产生了消极效应，不仅引导人们在消费中体会快感，在"富裕工人阶级"的假象中丧失革命意识和反抗意愿，而且在诱导他们认同资本主义价值观中构建了资本主义统治的合理性，使他们进一步异化为资本主义的肯定力量。基于当代资本主义的以上变化及其消极效应，西方马克思主义理论家开始重思马克思主义与时代的关系。他们越来越意识到在日益合理化、一体化的资本主义社会中，资本逻辑既表现为经济形式，也表现为社会文化、意识形态、心理等形式。当今资本主义向文化、技术、商品消费、大众文化和媒介的扩张和渗透，意味着马克思主义必须要关照这些新变化和新问题，在考虑资本主义社会中生产

---

① ［匈］乔治·卢卡奇：《历史与阶级意识》，杜章智等译，商务印书馆，2004年，第311页。

力、生产关系的核心作用的同时,也要对上层建筑领域的变化加以审视和批判。因此,必须补充历史唯物主义的文化维度,推动其阐释模式从经济转向了文化,以增强马克思主义的现实解释力,深入把握复杂微观的资本主义现实,并在此基础上有效地发挥批判功能和指导政治实践。对此,列斐伏尔颇具远见地指出,需要"一些新的概念"去激活马克思主义的潜能,以帮助理解和改变这个完全商品化的现实世界。这个新的概念就是——文化。①

就文化根源而言, 西方马克思主义理论家深受 20 世纪文化哲学复兴、马克思早期思想中的人道主义因素和其所处的具体历史文化传统影响。一是 20 世纪普遍的文化危机和文化哲学复兴构成了文化转向的宏观背景。面对技术异化引发的 20 世纪的文化危机和人的生存困境,海德格尔、胡塞尔、韦伯、齐美尔、弗洛伊德等理论家分别从不同视角对理性万能、理性至上的理性主义文化展开反思和批判, 而西方马克思主义的文化转向也是这场文化哲学复兴中的一条重要脉络。所不同的是,现代西方文化哲学批判的是传统形而上学,而西方马克思主义则在马克思主义思想的影响下,将哲学批判进一步拓展到对资本主义的批判之中。二是马克思主义早期思想中的人道主义因素构成了文化转向的内在根源。这种文化哲学转向与外部环境固然相关,但在马克思主义文化理论的内部,必然存在一种强有力的决定因素来推动上述转变的形成,马克思的《1844 年经济学哲学手稿》便是这股促使西方马克思主义转向文化的内在力量。1932 年《1844 年经济学哲学手稿》的首次全文发表在西方掀起了"《手稿》热",西方马克思主义理论家,尤其是法兰克福学派赞许其中的异化思想,并据此认为马克思是彻底的人道主义者。这种对马克思主义的人道主义解读为西方马克思主义转向文化和高扬主体性提供了重要的理论支撑。三是西方马克思主义理论家所处的历史文化传统决定文化转向的价值旨趣。卢卡奇在黑格尔和西方人本主义哲学家齐美尔、韦伯的影响下开启了文化转向;葛兰西在西方历史主义文化传统和意大利马克思主义哲学关于哲学、历史和政治三者统一的理论传统的影响下,提出了强调主客体统一和历史主义的实践哲学;作为"文化马克思主义"的集大成者,法兰克福学派深受西方古典人道主义和弗洛伊德思想的影响,创造性

---

① See Nelson, Cary and Grossberg, Lawrence, *Marxism and the Interpretation of Culture*, London: Macmilian Education Ltd, 1988, pp.75–88.

地将弗洛伊德的压抑等概念运用到对资本主义社会的批判中；阿尔都塞则是在结构主义和拉康思想的影响下对意识形态进行了科学主义的解读。以上多种文化思潮的融入赋予了西方马克思主义阐释马克思主义和批判资本主义的多元视角，构成了西方马克思主义的内在张力。

总体来看，西方马克思主义文化转向既与西方马克思主义反对第二国际和苏俄马克思主义对马克思主义哲学的经济决定论解释相关，也是他们积极利用所处历史文化传统和吸收西方文化思潮改造马克思主义、把握和回应当代资本主义变化的结果。推动马克思主义的阐释方式从经济转向文化看似是对经典马克思主义的"离经叛道"，但实际上是"顺势而为"，有其现实合理性和必要性。这一文化转向主要具有三点理论价值：

第一，坚持总体性原则重释"经济基础和上层建筑"，阐明马克思主义的现代哲学本质。为了批判和纠正经济决定论，恢复马克思主义被遮蔽的革命性和批判性，卢卡奇重申马克思主义是一种以革命性为核心的总体性辩证法，其后这种革命的总体观为葛兰西和阿尔都塞所继承，并具体体现为"文化霸权"和"多元决定论"。其一，针对第二国际将马克思主义等同于僵化的经济决定论的做法，卢卡奇坚决予以批判，并认为不是经济因素而是总体的观点，构成了马克思主义和资产阶级理论的核心区别。卢卡奇之所以将总体性与革命性等同起来，是因为在他看来，总体性中包含的主观意志和文化因素有利于激活第二国际忽视和被社会物化结构淹没的无产阶级的阶级意识，使得无产阶级能够在主观意志的驱使下，实现对外部客观世界的总体性认识并投身于社会主义革命。也就是说，总体性表明主观革命意识和客观现实一样，都是社会主义革命的必要条件，只有实现两者的有机结合，改造社会的革命实践才得以可能。其二，与卢卡奇主客体相结合的革命实践观相契合，葛兰西主张马克思主义在其本质上是一种既反对传统机械唯物主义哲学，又反对唯心主义哲学的主客体相统一的实践哲学。并且与经济决定论强调客观因素不同，葛兰西主张实践哲学的核心在于人的主观意志，在于主体通过实践改造外部客观世界以实现人的自由解放。对此，葛兰西在《反〈资本论〉的革命》中强调，不是经济事实而是现实的人及其社会关系形成的集体意志，为未来开辟道路。其三，与卢卡奇和葛兰西强调主体性启蒙的总体性原则不同，阿尔都塞提出了一种无主体的"结构的总体性"，即社会是包含不同层面和结构的复杂整体,尽管经济起最终的决定作用,但其中的偶然性、开放性因素构成了对必然性的挑战,社会历史进程最终是由各种非确定性因素多元决定的。对于西方的无产阶级革命实践亦是如此,对于影响民族形成的原因来看,不仅包括经济方面的因素,还有历史、地理和文化等诸多方面,它们的偶然结合构成了民族形成的先决条件。通过以上分析可以看出,不同于第二国际和苏俄马克思主义基于近代理性主义立场,将马克思主义偏颇地解读为只注重探究外部世界客观规律的知识论哲学,以及强调经济是社会历史发展的唯一决定性因素的经济决定论,西方马克思主义在重申政治、经济、文化的总体性关系的基础上,凸显文化因素对于推进社会主义革命的重要作用。他们或者强调通过主体性启蒙激活无产阶级革命意识,或者强调文化等诸多因素在不平衡和动态关系中推进历史进程,总体来看发展出了一种力图重塑当代西方人革命批判意识的文化哲学形态的马克思主义理论,阐明了马克思主义以人的自由解放为价值旨趣的现代哲学本质。

第二,补充马克思主义的文化维度,增强马克思主义的现实解释力。马克思对文化的理解是建基于现实的生产力和生产关系之上的,其文化批判理论也是以资本主义生产方式批判和政治经济学批判为基础和主导的。但总的来看,由于马克思所处时代的文化和意识形态矛盾并不突出,所以在传统的历史唯物主义叙述体系中,马克思本人并未对形形色色的文化景观作出解释。因此,马克思主义也遭到了"文化失语"的诘难,指责者认为传统的经济范畴难以完全解释文化作用正变得越来越重要的垄断资本主义社会,无法深刻把握日常生活层面遭遇的大众文化、消费主义、心理机制异化、意识形态统治,以及对无产阶级意识形态的冲击等层出不穷的新问题,也无法有效回应这一时期文化危机、人的精神失落、尊严丧失、自由沦陷、法西斯主义崛起。因此,西方马克思主义重新思考马克思主义与现时代的关系,力图增强马克思主义的现实解释力和生命力,将其阐释模式从经济转向了文化,并将文化与政治分析相结合,以更为有效地把握更加复杂、微观的资本主义社会现实。基于这一思路,在理论上,他们将文化批判当作分析和诊断资本主义的首要工具,力图通过文化意识形态批判揭露资本逻辑在文化、消费、大众媒介、日常生活领域中的新的表现形式和运作机制,撕破资本主义的意识形态幻象。在实践上,他们主张通过文化实践实现政治变革,或者将文化看作争夺领导权的权力竞技场,主张通过以文化革命为先导的总体性革命实现无产阶级整体解放;或者将文化看作具有个性、严肃性、真理性的抵抗现存秩序的超越性力量,主张通过艺术审美救赎唤醒人们内心的批判意识继而实现个体解放。总之,通过推动马克思主义阐述视野从经济转向文化,西方马克思主义不仅为我们还原了一个由资本逻辑主导,不断更新与重组、中心化的宏观权力让位于非中心化的微观权力、统治方式多样化的资本主义,弥补了单纯政治经济学批判无法充分解读当代资本主义变化的局限性;而且主张通过文化革命和文化审美救赎来培育具有自主意识的革命主体,使得马克思主义能够更好地指导西方革命实践,真正实现其作为"无产阶级在其受压迫的时代里最强大的武器之一"①的功能。可以说,他们的理论创造充分表明,文化与马克思主义的理论耦合是必要的, 马克思主义只有走向文化问题研究,才能深入当下社会具体现实。

第三,拓展马克思主义的理论视域,丰富马克思主义的理论主题。如上所述,西方马克思主义通过转向文化回应当代资本主义的新变化和新问题,分析资本主义意识形态作为新的治理手段是如何通过商品消费、大众文化等渗透人们的日常的。具体而言,卢卡奇、葛兰西和阿尔都塞等早期西方马克思主义理论家主要从哲学理论上建构了文化哲学形态的马克思主义哲学,并运用这一理论对当代资本主义的政治–文化统治秩序进行了初步的分析,确立了物化批判、文化霸权等理论主题。后期法兰克福学派则将批判对象拓展到日常生活等微观层面,探究资本主义如何将文化意识形态与商品、大众文化、消费等相结合构建资本主义合理性,提出了文化工业和大众文化批判、异化消费和消费主义价值观批判等社会批判主题,进一步发展了西方马克思主义的文化哲学,丰富了马克思主义的理论主题,彰显了马克思主义的理论开放性。

(三)西方马克思主义文化转向的理论缺陷

尽管西方马克思主义的文化转向具有以上重要意义,但是仍然存在着没有处理好文化批判与政治经济学批判、历史进程中的主观与客观因素、科学

---

① [匈]乔治·卢卡奇:《历史与阶级意识》,杜章智等译,商务印书馆,2004年,第311页。

与意识形态、个体与阶级之间的关系的缺陷,并最终走向了解放的乌托邦。

第一,未能处理好文化批判与政治经济学批判的关系。马克思主义的批判理论从来都是以政治经济学批判为基础的, 在马克思主义的视域中,"物质生活的生产方式制约着整个社会生活、政治生活和精神生活的过程"①。当代复杂多变的文化现象归根结底根源于资本主义生产方式,是资本逻辑在上层建筑领域的经验性表征。尽管当代资本主义变化使得文化成为矛盾冲突的场域,呈现出各种复杂的表现形式,但这些文化现象只是延缓了资本主义生产方式对抗性矛盾的爆发。因此,对于马克思主义而言,追踪和把握当代资本主义的变化,展开经验性的文化批判不可或缺,但政治经济学批判才是根基。如果我们要想从根本上将人从文化意识形态的幻象中解救出来,既要通过经验性的文化批判把握当下具体的社会现实,也要通过政治经济学批判深入到文化表象之后的资本主义生产方式,真正把握资本逻辑而非意识形态的运行机制。

但综观西方马克思主义的理论探索, 他们在发展深化马克思的文化意识形态批判之时,却偏向于从观念和文化的角度理解社会现象,放弃了探究文化现象的生长点——现实的物质生活、生产力和生产关系,不仅无法解析文化现象之后的现实的经济关系,而且不能参透资本主义生产力与生产关系的内在矛盾, 从而无法真正撼动资本主义。以卢卡奇的物化批判理论为例,尽管卢卡奇深受马克思的"商品拜物教"启发,深刻意识到政治经济学批判的基础性和有效性,然而他在把握由社会高度商品化所导致的物化现象时更侧重于文化批判,走上了与马克思具有本质区别的"意识形态拜物教"批判的道路。马克思剖析商品结构的政治经济学批判所追究的是被"物与物的关系'掩盖的'人与人的关系"的神秘性根源, 其理论重点在于从资本主义生产方式和资本逻辑层面寻找神秘性产生的原因, 透过现象之遮蔽看清本质。而卢卡奇却将拜物教理解为遮蔽现实的意识形态,侧重于解读这种神秘性的经验性的运作机制。由此,卢卡奇对马克思主义的理解在本质上是一种基于主体性启蒙,将人的自由和价值实现当作宗旨的主体性哲学。由于他的批判未深入政治经济学层面,他对资本主义发起的物化批判只具有有限的

―――――――――

① 《马克思恩格斯选集》(第二卷),人民出版社,2012 年,第 2 页。

有效性,无法撼动资本主义的经济根基。对此,卢卡奇也反思道:"曾试图用经济基础来对所有意识形态现象作出解释,但是,尽管如此,对经济还是做了过于狭隘的理解。"①法兰克福学派虽然早期显露出对政治经济学研究的兴趣,但后来他们宣称从马克思的《1844 年经济学哲学手稿》中找到了马克思主义的真谛,从而将人道主义看作马克思主义的理论本质,并转向了大众文化和商品消费等文化和主体性层面的批判,从而与马克思的政治经济学批判分道扬镳。

以消费主义批判为例,马克思一方面倾向于从资本主义生产方式变革的角度考察消费的历史演变,指出生产对消费有着决定作用,"现在生产面包是用蒸汽磨,而以前是用风力磨和水力磨,更早的时候是用手推磨;生产面包的这些不同的方式完全不取决于他吃面包这一简单的行为,因为我们在这里看到的是生产的历史发展"②。另一方面,注重探究消费背后的资本增殖本性,认为工人为了消费必须要出卖劳动力挣钱,即将自身及其劳动力当作可供交换的商品,从而为资本主义生产劳动,为资本增殖提供了重要空间。与马克思将消费看作一种经济活动,从资本主义生产环节探究消费如何使工人遁入资本主义再生产不同,法兰克福学派把消费看作一种文化活动,从权力关系视角探究消费如何发挥意识形态功能再生产资本主义社会的合理化结构。阿尔都塞虽然深刻地意识到意识形态为资本主义生产关系的再生产服务的功能,但也并未深究。总的来看,西方马克思主义因为没有真正理解马克思的政治经济学批判,因而对权力、意识形态和文化的批判流于表面经验,使得文化批判变为抽象的道德抵抗,无法真正撼动资本主义生产方式。他们不懂得"观念拜物教的背后所隐藏的,是物质拜物教的客观显示。因此,仅通过对话语权力的批判,而不注重对物质拜物教关系的消解,是不可能真正使人获得发展的"③。

第二,未能处理好历史进程中主观与客观因素之间的关系。马克思的历史观既包括主观能动性的层面,承认历史过程是由现实的个人所推动的,更建基于客观的社会内在矛盾的运动过程,两者不可偏废,缺一不可。而西方

① [匈]乔治·卢卡奇:《历史与阶级意识》,杜章智等译,商务印书馆,2004 年,第 11 页。

② 《马克思恩格斯全集》(第 3 卷),人民出版社,1960 年,第 612 页。

③ 唐正东:《马克思主义哲学研究当下遇到的三个理论问题》,《南京社会科学》,2001 年第 3 期。

马克思主义文化转向或者立足人本主义立场，指出历史是作为主体的人的能动实践活动的产物，过分夸大人的主观因素，忽视历史的现实基础。比如卢卡奇选择了追溯马克思思想中的黑格尔因素，仿照黑格尔认为历史是作为主客体统一的绝对精神漫游而达到自觉的历史，并以无产阶级代替了绝对精神；或者基于结构主义立场，指认历史是社会结构构建的产物，消解了历史进程中主观因素的推动作用。又如阿尔都塞用客观结构架空了人的主体性。以上两者从不同视角阐述马克思主义，不可避免地存在理解上的偏颇，不仅卢卡奇、法兰克福学派以注重主体性启蒙的文化批判取代基于生产方式矛盾运动的改造外部客观世界的物质实践，难以从根本上导致主体行为模式的改变；而且阿尔都塞仅从结构主义视角分析更是弱化了主体解放的维度，陷入一种理论的悲观主义。

　　第三，未能处理好科学与意识形态的关系。在马克思看来，历史唯物主义具有基于价值理念的社会批判和基于科学考察的社会建构的双重功能。[①]历史唯物主义应是科学性与价值性相统一的。它既有基于无产阶级和人类自由解放价值立场的革命性和批判性，又具有透视经验之物寻找资本主义生产力与生产关系等内在矛盾的科学性。通过对生产方式内在矛盾规律的探寻，为实现人的自由和全面发展提供现实的、科学的革命路径。总的说来，它是一种具有价值指向的方法论和科学指南，其鲜明的价值立场正体现在对人类历史过程之本质内涵的深刻解读中。但西方马克思主义对历史唯物主义的理解出现了人本主义和科学主义之分，人本主义马克思主义强调马克思主义理论的主体向度而消解了其科学性，将其片面化地理解为以人为中心的主体性哲学。科学主义的马克思主义尽管反对马克思主义人道主义倾向，强调马克思主义理论的客观向度，力图对意识形态进行科学性分析，但由于他们用客观结构架空了人的主体性和解放潜能，以至于在1968年的社会运动中学生喊出"结构不上街"的口号，揭示了它在改变社会现状上的无助。

　　第四，未能处理好个体和阶级之间的关系。西方马克思主义理论家在研

---

　　① 参见王南湜：《历史唯物主义的功能变化与当代中国社会科学的建构》，《江苏社会科学》，2020年第4期。

究阶级意识问题时,存在越来越走向认识主体而非历史主体的趋势,忽略了主体身上所负载的生产关系的内容。因而他们从关注阶级政治转向了关注个人政治,从追求无产阶级的整体解放转向西方个体的微观解放。如果说卢卡奇、葛兰西、阿尔都塞始终以无产阶级整体解放为旨趣,法兰克福学派则不然,他们放弃了历史唯物主义的阶级分析范式,从整体解放政治纲领转向了探求总体异化的资本主义社会中的个体解放,甚至身份政治,强调被剥削和被迫害的其他种族和有色人权、失业者、知识分子等新兴力量可以成为新的革命主体,转向了争取个人自由、权利、身份平等、机会均等的个人政治。这实际上表明他们不仅未能识破资本主义分而治之的策略,而且未能意识到,要挣脱资本主义枷锁、实现整体的自由解放,只靠个人的觉醒是不够的,还要依赖主要社会阶级的理性发展。

以上理论缺陷导致了西方马克思主义总体上成为一种未能推进到政治经济学层面,力图依靠主体自觉或文化批判进行政治变革的社会批判理论。由于未能深入把握资本主义生产力和生产关系及其内在矛盾,使得他们难以提出科学的政治策略。不论是卢卡奇等早期西方马克思主义理论家致力于无产阶级整体解放,高呼"只有无产阶级的意识才能指出摆脱资本主义危机的出路"[1];还是法兰克福学派致力于单向度个体的解放,转向了大拒绝、审美救赎等缺少具体行动指南、寄托于文化精神层面自觉且多少流露出悲观情绪的消极文化抵抗,他们都将文化意识形态批判当作改变世界的武器,而鲜少谈论资本主义生产方式的变革,未能意识到驱使革命主体行动的意识很重要,但把握历史规律进行科学的行动更为根本。正如马克思所指出的:"'解放'是一种历史活动,不是思想活动,'解放'是由历史的关系,是由工业状况、商业状况、农业状况、交往状况促成的……"[2]只有坚持变革资本主义生产方式才能真正超越资本逻辑,实现人的自由解放。但尽管存在以上缺陷,西方马克思主义对马克思主义批判精神的继承,与资本主义决裂的勇气,颇具创造性的理论思考是给世人留下的一份弥足珍贵的精神遗产。

---

① [匈]乔治·卢卡奇:《历史与阶级意识》,杜章智等译,商务印书馆,2004年,第139页。
② 《马克思恩格斯文集》(第一卷),人民出版社,2009年,第527页。

第五章　西方马克思主义的
技术理性批判理论

　　二战后,伴随着科学和技术的一体化发展,社会生产力水平获得了极大提高,给当代西方社会带来了物质财富的增加和物质生活的极大改善,也给人的自由全面发展奠定了良好的物质基础。但现实的情况却恰恰相反,人们不仅没有因此走向幸福、自由和解放,而且还面临着更为糟糕的生存处境。一方面,社会对人的总体控制日益增强,并使之处于一种总体异化的生活状态中;另一方面,技术理性的泛滥造成了人与人之间、人与自然之间的紧张关系,最终导致科学技术进步与人的自由背道而驰的现象。这既表明科学技术非理性运用的负面效应,也把"科学技术合理性"问题更加突出地摆在了人们面前。因此,西方马克思主义理论家以直面现实的理论勇气,把批判的矛头指向资本主义条件下的科学技术及其社会后果,围绕着技术与价值、政治、生态、性别等之间的关系问题展开深入讨论,进一步揭示技术理性形成的思想根源、社会基础和社会功能,并在此基础上提出了重建技术伦理的理论任务,由此形成了独树一帜的技术批判理论。为了清晰地展现西方马克思主义技术理性批判理论的整体面貌,本章将系统论述从卢卡奇到法兰克福学派,再到生态学马克思主义,及至女性主义马克思主义的西方马克思主义理论家对技术理性及其社会后果的批判性反思,同时在总体上把握技术理性批判思想的形成根源、基本特征和理论得失。

一、卢卡奇对资本主义社会的诊断与技术合理性问题的提出

　　卢卡奇通过分析技术理性盛行与资本主义社会普遍物化现象之间的内在联系,明确提出了"技术合理性问题",从而拉开了西方马克思主义技术理

性批判理论的序幕。

（一）资本主义社会的普遍物化现象

卢卡奇在齐美尔的客观化思想和韦伯的合理化理论的影响下，依据黑格尔的《精神现象学》和马克思在《资本论》第一卷中对商品与商品拜物教的论述,结合他对资本主义社会的分析,指出资本主义社会存在着普遍物化的现象——"商品拜物教问题是我们这个时代、即现代资本主义的一个特有的问题"①。事实上,马克思早就在《资本论》中揭示了商品拜物教的实质,认为"商品形式的奥秘不过在于:商品形式在人们面前把人们本身劳动的社会性质反映成劳动产品本身的物的性质,反映成这些物的天然的社会属性,从而把生产者同劳动的社会关系反映成存在于生产者之外的物与物之间的社会关系。由于这种转换,劳动产品成了商品,成了可感觉而又超感觉的物或社会的物。……这只是人们自己的一定的社会关系,但它在人们面前采取了物和物的关系的虚幻形式"②。卢卡奇在此基础上进一步明确了"物化"的概念,是指"人自己的活动,人自己的劳动,作为某种客观的东西,某种不依赖于人的东西,某种通过异于人的自律性来控制人的东西,同人相对立"③。在他看来,物化现象具体表现在主观方面和客观方面。从主观方面看,在商品经济充分发展的地方,人自己的活动,特别是作为人本质体现的自由自觉的劳动,因不得不服从商品和商品关系运行规律而成为与人自身相分离的、异于人的活动;从客观方面看,由人所创造出的物以及由物所构成的世界(即商品和由商品所构成的世界),反过来成为一种人无法控制的、统治和支配着人的、与人相对立的力量。物化现象的形成与资本主义的现代化属于同一过程,而且随着资本主义商品经济的向前发展而不断加剧,它会把包括人在内的一切事物都转化为被出卖的"物"。

第一,生产过程的合理化破坏了劳动和商品的整体性。卢卡奇强调:"一个商品形式占支配地位、对所有生活形式都有决定性影响的社会和一个商

---

① ［匈］乔治·卢卡奇:《历史与阶级意识》,杜章智等译,商务印书馆,2004年,第147页。

② 《马克思恩格斯全集》(第44卷),人民出版社,2001年,第89~90页。

③ ［匈］乔治·卢卡奇:《历史与阶级意识》,杜章智等译,商务印书馆,2004年,第150页。

品形式只是短暂出现的,社会之间的区别是一种质的区别。"①更确切地说,资本主义社会与前资本主义社会之间的根本区别在于,在资本主义社会中商品结构成为社会的普遍形式和支配原则,人的关系为物的关系所遮蔽和吞没,商品拜物教和物化现象开始出现。而商品形式的普遍化则取决于资本主义生产体系的日益合理化,这就必须将生产过程和劳动产品中任何一个整体分解成其各自的组成部分,以研究其生产的特殊局部规律,使之符合技术理性的要求。这种对生产过程可计算性要求意味着统一的生产过程被分解为特殊局部的偶然组合,一方面,把人的创造性劳动变成专门化的具体操作活动,使人们不再参与劳动产品生产的全过程,人的劳动和自己的劳动产品也丧失了原有的联系;另一方面,破坏了商品本身的内在统一性,"作为商品的产品的统一体不再同作为使用价值的产品统一体相一致"②,因为生产过程的高度理性化、机械化和程式化,使商品使用价值的生产被分割为各种独立化的局部操作,而不同质的使用价值也被抽象化为某种数量关系。

第二,作为主体的生产者沦为了被动的、消极的客体。基于资本主义生产体系合理化过程的深层解析,卢卡奇断言"人无论在客观上还是在他对劳动过程的态度上都不表现为这个过程的真正的主人,而是作为机械化的一部分被整合到某一机械系统里去"③。究其原因,一是劳动分工的专门化和局部化使作为整体的人被片面化和抽象化为形式相同的量,即生产流水线上的某个零部件,人的碎片化和原子化不仅同作为整体的劳动产品而且同人自身相分离;二是生产合理化的过程使人外在于自己的劳动过程,工人的活动必须服从于机器操作系统,面对这样一个与自己无关的、自动的、合规律性的过程,他们只能采取纯粹的直观态度。即是说,作为主体的人在劳动的合理化过程中变为消极被动的客体,并且"随着对劳动过程的现代'心理'分析(泰罗制),这种合理的机械化意志推行到工人的'灵魂':甚至他的心理特性也同他的整个人格相分离,同这种人格相对立地被客体化,以便能够被结合到合理的专门系统里去,并在这里归入计算的概念"④。诚然,卢卡奇承认

① [匈]乔治·卢卡奇:《历史与阶级意识》,杜章智等译,商务印书馆,2004 年,第 147 页。
② 同上,第 153 页。
③ 同上,第 153~154 页。
④ 同上,第 152 页。

在前资本主义时代已经存在着蔑视人的尊严的物化劳动，但他强调物化现象只是在一定范围内存在，而只有在资本主义社会中商品原则和商品结构才占据统治地位并遍及生活的全部表现形式，因此工人的物化命运必然成为整个社会的命运，原本由人所生产出的商品及其运动规律异化为支配人自身命运的自然规律，商品关系已经开始变得非人化了。

第三,物化内化至人的生存结构和活动方式而生成了物化意识。资本主义社会的普遍物化及其合理性原则,不只是作为一种统治和支配人的外在力量,更是从生产领域逐渐渗透到人的思想意识之中,最终变成一种物化意识不断强化着人的物化处境。卢卡奇认为,这是由资本主义生产结构的内在矛盾所决定的,个别生产通过合理化的分工使各个组成部分之间的职能相互独立,且依据自身的逻辑进一步提升其生产效率,但它却与社会生产的总过程及其规律相脱节,由此不仅造就了在肉体和精神上都特别适合这些组成部分的专家系统,而且形塑了以社会职能专门化为基本特点的现代官僚体制。这种管理体制和工作方式导致劳动同劳动者的个人能力及其需要之间的疏离关系,"一方面是指,在客观方面越来越强烈地按照正式和合理化的方式处理所有问题,从而越来越厉害地同官僚处理方式具有的'物'的质和物质本质相分离;另一方面这也是指,分工中片面的专门化越来越畸形发展,从而破坏了人的人类本性"①。也就是说,在"非人性的、标准化的分工"中,劳动成为完全机械化的、枯燥无聊的、无主体性的例行公事,但劳动者却将其视为自己应尽的工作责任伦理并加以维护和遵从。随着物化现象遍及资本主义社会生活的方方面面,特别是从生产领域向意识领域的入侵,劳动者从思想上越来越认同这种物化结构并将它当作外在的规律和人的命运,以至于丧失了批判和超越现存社会秩序的主体性维度。

如果没有对当代资本主义社会结构的深层剖析和现代人生存境遇的深切关心,就不会有西方马克思主义技术批判理论得以生成的现实基础。正是从当代资本主义社会的全面物化现象介入技术问题,卢卡奇不仅从生产过程、劳动主体和思想意识三个方面揭示了物化带来的社会后果,而且还强调物化随着资本主义商品经济的不断发展而成为一切人的共同命运。

---

① ［匈］乔治·卢卡奇:《历史与阶级意识》,杜章智等译,商务印书馆,2004 年,第 165~166 页。

（二）"科学技术的合理性问题"的提出

卢卡奇是在他的物化理论中提出"科学技术的合理性问题"的。他的物化理论既深受马克思的商品拜物教批判思想影响，又浸染了黑格尔关于"异化和对象化"的论述，但最主要的是吸收和借鉴了齐美尔的客观化思想和韦伯的合理化理论。对此，卢卡奇在《历史与阶级意识》新版序言中明确指出，"当时，引起我兴趣的是作为'社会学家'的马克思：我通过在很大程度上由西美尔（齐美尔）和麦克斯（马克斯）·韦伯决定的方法论眼镜去观察他"①。英国学者帕金森在《格奥尔格·卢卡奇》一书中同样认为，卢卡奇"关于物化的观点多半应归功于格奥尔格·西美尔的货币哲学"②。所以首先澄清齐美尔和韦伯是如何影响卢卡奇及其哲学的，这是进一步阐明物化理论的基本特性与核心问题的必要前提。

作为 20 世纪德国著名的社会学家和新康德主义者，齐美尔在其代表性著作《货币哲学》中运用康德的认识论，从生命哲学出发考察了货币经济对社会结构、文化形式以及人的生存状态所造成的影响。在他看来，社会是一个过程而非实体，并在人与人之间的互动中形成了具有独立性和强制性的社会文化结构。所谓文化，他认为是人们根据生活的精致化诉求对自然的培养过程，但文化由于价值有效性范围的不同而存在客观文化与主观文化的差别——前者是对每个人都有效的文化，通过对自然之物的制作、提高和完善而使精神外化为包括器物、规范等在内的东西；后者是对个体有效的文化，通过对客观文化的吸收和消化将其整合到个体的人格结构之中的程度，如能力、性情、谈吐等。他强调文化作为人的创造物是为了人类灵魂的完善而存在，在客观文化和主观文化的互动过程中不断丰富、涵养、提升着个体的人格。但问题在于客观文化一旦形成就会按照自身规律向前发展，并且"逐渐趋向完善、理智，日益符合其内在的使用目的逻辑"③，这就必然产生客

① ［匈］乔治·卢卡奇：《历史与阶级意识》，杜章智等译，商务印书馆，2004 年，第 2 页。
② ［英］G.H.R.帕金森：《格奥尔格·卢卡奇》，上海人民出版社，1999 年，第 77 页。
③ ［德］G.齐美尔：《桥与门——齐美尔随笔集》，涯鸿、宇声等译，生活·读书·新知三联书店，1991 年，第 93 页。

观文化与主观文化之间的巨大鸿沟,即"文化悲剧",尤其是在客观文化已经发展到自成一体、与主观文化背道而驰,甚至压制主观文化这种地步的现代社会。受齐美尔影响,青年卢卡奇也十分关注文化问题,认为当代资本主义面临着严重的文化危机,因而他的思考与齐美尔一样都蒙上了悲观色彩。

为了进一步揭示主客观文化冲突生成的现实逻辑,齐美尔指出,在货币经济操纵下的当代资本主义越来越客观化、精确化和专业化,因为作为"一切价值的公分母"的货币,把所有不可量化的价值和特性都转化为可计算的、无差别的量,使主体越来越感到客观文化的精神匮乏,同时主体间的人格关系也被颠倒为物象间的关系,至此整个社会的人际关系呈现出日益"疏远化"的趋势。齐美尔认为,高度分化的社会分工是造成这种疏离的根源。具体来说,一是劳动力的商品化切断了劳动与劳动者之间的统一性,工人通过从事生产表达其个性和创造力的劳动变得不再可能;二是分工的精细化造成了劳动产品和劳动者之间的相互疏离,工人不再参与整个产品的生产过程,"他在劳动产品中再也不能发现自己被表现出来,产品的形式与所有个人心灵的东西都不相似"[1];三是劳动的片面化割裂了劳动与整个产品的内在联系,后者往往被赋予外在于人的独立性,而人的主体性则被"置换成冷漠的矜持和匿名的客观性"[2],最终造成了人和人之间关系的淡漠和疏远。尽管齐美尔因放弃解决现代社会的客观化问题,而被卢卡奇斥责为"帝国主义时代依靠利息吃饭的寄生虫的哲学"[3],但他的上述观点使当时的知识分子把"疏远化"作为批判资本主义的核心话语,而这深刻地影响了卢卡奇。

卢卡奇的物化理论还汲取了韦伯的合理化思想。韦伯认为,"合理化"是剖析经济社会、政治社会和宗教社会的理论工具。他根据社会行动的意向性把人的行为划分为四种不同类型,指出目的理性行为和价值理性行为属于理性支配的社会行为,在社会秩序领域中分别表现为形式合理性和实质合理性。事实上,这里韦伯所说的"形式合理性"就是理性的工具化、功利化和实用化,它注重的是物的价值;而"实质合理性"则强调理性与人类命运的关

---

① ［德］西美尔:《货币哲学》,陈戎女、耿开君等译,华夏出版社,2002 年,第 369 页。(因翻译问题,西美尔与齐美尔为同一人。——编辑注)

② 同上,第 375 页。

③ ［匈］卢卡奇:《理性的毁灭》,王玖兴等译,山东人民出版社,1988 年,第 403 页。

联,它的基本职能在于批判性和否定性。他认为只有两种理性有机地结合起来,才能使社会朝着健康有序的方向发展。通过详细考察资本主义社会从"世界观的合理化(新教伦理)→文化的合理化(资本主义精神)→社会的合理化(科层制)"的历史过程,韦伯指出资本主义的合理化和现代化是一个形式合理性不断扩张而实质合理性日趋萎缩的"祛魅"过程。为此,韦伯从价值中立或事实描述的立场出发揭示了理性蜕变为"形式合理性"是造成"资产阶级的二律背反"的原因,而且还强调现代性悖论是人们始终无法逃避的命运。由此不难看出,卢卡奇恰恰是通过把马克思在《资本论》中所揭示的商品拜物教现象同韦伯的合理化思想结合起来,对当代资本主义的普遍物化现象展开了无情批判。

尽管深受齐美尔和韦伯的影响,但卢卡奇的物化理论又有着不同于他们的理论特质。一是在资本主义现代化过程中遭遇物性压抑人性的两难困境时,他反对韦伯只是在"实然"而非"应然"层面给予回答的价值中立态度,从捍卫无产阶级的价值、自由和尊严的立场出发,揭示资本主义制度的反人性本质,提出变革资本主义制度的理论主张。二是在探索人的自由和价值实现问题时,卢卡奇并不赞同齐美尔那种浪漫的反资本主义情怀,认为重建总体性的关键在于借由黑格尔的思想中介恢复马克思主义辩证法的主体向度,从而使人的解放在"总体性革命"中有了现实的可能性。但值得注意的是,卢卡奇和青年马克思在物化问题上既存在相同之处,又有着不同的理论切入点和侧重点。具体来说,马克思是从私有制和分工的角度入手揭露资本主义异化现象产生的根源和表现,主张通过废除资本主义私有制彻底扬弃异化劳动,从而使异化理论逐渐走向政治经济学批判,这就不同于对资本主义社会的抽象伦理价值批判和哲学人类学批判。而卢卡奇尽管并没有忽视私有制与异化之间的内在关联,但他更侧重于从技术理性的视角入手,尤为重视从文化和意识形态领域剖析资本主义的异化现象及其社会后果,从而使物化理论逐渐走向文化和意识形态批判,形成了一种对马克思主义哲学的哲学人类学解读。

卢卡奇不仅是西方马克思主义哲学中最早关注异化论题的理论家,而且他对技术理性同物化现象之间内在联系的揭示,实际上提出了"科学技术的合理性问题"。在此基础上,他之后的西方马克思主义理论家集中探讨了技术理性形成的思想根源、社会基础以及社会功能等问题,而这些问题的本质在于如何处理技术与价值、技术与文化、技术与自然、技术与女性之间的关系问题,并就如何实现技术与自由的统一提出各自的理论主张,由此形成了系统的科技伦理思想。从这个意义上说,卢卡奇的"科学技术的合理性问题"构成了西方马克思主义技术理性批判理论的逻辑起点。

(三)作为物化形式的技术理性及其社会功能批判

卢卡奇把资本主义社会普遍物化现象的形成原因归结为资本主义现代化过程中技术理性的盛行,即理性蜕变为"技术理性"。关于技术理性与资本主义物化现象之间内在联系的论述,实际上揭示了资本主义现代性价值体系和现代化的悖论。启蒙运动以来的资本主义现代性价值体系承诺只要凭借理性和科学就能实现人的自由和平等,但随之而来的却是在技术理性主导下片面追求高效率的资本主义生产体系对人的全面控制。就其肯定方面而言,资本主义的现代化过程推动着生产方式的变革、日常生活的高效化乃至社会的转型,马克思更多地是以生产力为基础讨论科学技术的历史进步作用;就其否定方面而言,资本主义的现代化过程遵循的是可计算性和功用性原则,在不断强化资本主义物化逻辑的同时肢解了人的主体性,卢卡奇更倾向于在韦伯意义上理解科学技术与现代性之间的理论联系。更确切地说,他认为现代技术实质上就是一种屈从于资产阶级意识形态的物化形式,这是由于尽管它们从不同侧面反映社会的现代化进程,但具有内在的一致性,即资本主义生产体系是按照抽象化、形式化和合理化原则组织起来的,形式理性作为现代技术的精神内核所强调的实证性、客观性、精确性和可重复性则与之相契合。正因如此,作为物化形式的现代技术及其精神气质同商品经济的物化结构一同成为卢卡奇批判的对象,主要是从技术理性盛行的哲学基础和社会功能两个方面展开的。

一是从技术理性盛行的哲学基础层面看,卢卡奇是在反思欧洲无产阶级革命的失败原因和"正统"马克思主义的实证化倾向的过程中,对当时盛行的实证主义与科学主义思潮进行了无情的批判。19世纪末20世纪初,逻辑实证主义伴随着自然科学的繁荣而成为西方哲学的主流话语,马赫、孔德、波普尔等人在"拒斥形而上学"的旗帜下用实证科学的方法论原则对传统形而上学加以彻底改造。第二国际理论家在很大程度上受其影响，从科学主义的视角把马克思主义哲学理解为经济决定论或技术决定论，如考茨基就认为"马克思主义不是哲学，而是一种经验科学"①。早期西方马克思主义者认为，第二国际把马克思主义哲学实证化和庸俗化的做法削弱了其革命性和科学性，从而导致国际工人运动屡屡受挫。由于现代技术的发展是以实证哲学为其理论基础的，故而他们在批判正统马克思主义的过程中始终无法绕开对自然科学及其方法论的驳斥。在卢卡奇看来，各门具体的实证科学和实证主义方法论适应了资本主义生产和管理的专门化和合理化要求，但自然科学是通过观察、实验、抽象等方法获得真理性认识的，"自然科学的'纯'事实是在现实世界的现象被放到（在实际上或思想中）能够不受外界干扰而探究其规律的环境中得出的"，尤其是当"现象被归结为纯粹数量、用数和数的关系表现的本质"时，形式理性的空洞结构就会加剧对事实的历史性剥夺和遮蔽。②也就是说，实证主义孜孜以求的客观性和精确性实际上秉承的是一种形而上学的思维方式，这就要求把作为整体的事物从原本的生活联系中剥离出来，主张采取孤立的、静止的、片面的方法，但是却因遗忘作为事物内在根据的社会语境而使科学认识变成了非科学的认识。因此，他反对忽视整体而只看重部分的机械论思维方法，主张"回到黑格尔"以总体性范畴重构马克思主义的历史辩证法，从而透过形形色色的现象世界通达对历史总过程的认识。在此基础上，卢卡奇进一步区分了自然科学运用于自然和社会的不同后果，他指出自然科学一旦被置于社会历史领域就会成为资产阶级的思想武器，从而为资本主义统治的合法性辩护以确证其永恒性。正是在对实证主义的批判中，才戳穿了现代资本主义借助于标榜价值中立的现代技术所编织起来的谎言。由此可见，卢卡奇极力反对从价值无涉的立场来看待以自然科学为先导的现代技术，但他几乎不假思索地把科学技术本身与作为物化形式的科学技术（即技术理性）等同起来，在对非批判性的实证哲学和科学方法的批判中最终走向对科学技术的全盘否定。

　　二是从技术理性盛行的社会功能层面看，卢卡奇基于物化批判的理论

---

　　① ［德］卡尔·考茨基：《一封关于马克思和马赫的信》，参见《国际共运史研究资料》（第三辑），人民出版社，1981年，第251页。

　　② 参见［匈］乔治·卢卡奇：《历史与阶级意识》，杜章智等译，商务印书馆，2004年，第53页。

范式在生产过程和社会生活两个层面,揭示了现代技术应用于发达资本主义社会所导致的一系列负面效应。他认为,现代资本主义社会的全面物化根源于其特有的社会结构,尤其是商品形式的普遍化,不仅影响了生产的过程而且还改变了生活的面貌。就生产过程而言,发达资本主义社会对高额剩余价值的追求是生产过程合理化(如流水线作业)的内驱力,其中现代技术作为生产过程的客体要素使生产活动日益成为一个高度自动化的过程,劳动者作为生产过程的主体要素同样只有服从于生产过程中的"自然规律的非人的客观性"才能获得生存的物质基础。但是生产过程的合理化和机械化使生产的对象被切割成许多部分,与之相适应的是精细化的分工和职业化的主体,这就使劳动者成为相对于资本主义生产体系而言无足轻重的存在,"他们不再直接、有机地通过他们的劳动成果属于一个整体,相反,他们的联系越来越仅仅由他们所结合进去的机械过程的抽象规律来中介"[①]。也就是说,以现代技术为基础的工业体系因过分强调生产的自律性而取消了人的自主性和创造性,于是人就被固定在整个生产流水线上的某个环节或局部,从而失去了与他人的联系和全局意识,这表现为卢卡奇所说的人对其劳动过程的直观态度。就社会生活而言,作为物化意识的形式合理性或工具合理性,在经济领域以抽象的、量化的、可计算性的物性展现人与人的关系,这种物化意识在形式合理性的扩张中越来越深入地"渗进了人的肉体和心灵的最深处"[②]。一方面,以科学技术为主导的现代工业体系不再依赖于"个人的任性",被卷入自动化生产旋涡中的人不仅受制于技术逻各斯的统治,而且受限于单调而封闭的商品交往活动——如人对物的占有和出卖,人的现实的感性活动因通过商品形式表现出来而榨干了生命的活力,人与人的社会交往越来越屈从于这种物化形式;另一方面,建立在私有经济基础上的资本主义合理化过程,通过社会分工在客观上和事实上使之更符合形式理性的效用原则,但与此同时导致了形式合理性对实质合理性的僭越、客体与主体的敌对关系,以及物化意识对日常生活的侵蚀。所以卢卡奇指责道:"这种分工破坏了任何一个有机统一的劳动过程和生活过程,把它分解为它的各种组成部分,以便让在精神上和肉体上特别适合于这些组成部分的'专家',以最

① [匈]乔治·卢卡奇:《历史与阶级意识》,杜章智等译,商务印书馆,2004年,第155页。
② 同上,第168页。

合理的方式来完成这些合理的和人为分离开的局部职能。"①此外,他还分析了这种物化的伦理意识在政治法律结构层面体现出的官僚主义特征,在下层官僚统治那里表现为完全机械化的、无聊的劳动方式,在新闻从业者身上则表现为出卖信念和经验的怪诞行为。

卢卡奇在继承马克思异化理论的同时借鉴了齐美尔和韦伯的思想,把物化现象同资本主义的合理化过程结合起来,率先提出了"科学技术的合理性问题"。他不仅指认当代资本主义物化现象产生的根本原因在于技术理性的盛行,而且无情批判了作为技术理性基础的实证哲学、作为物化意识的现代技术,以及由此产生的社会问题,甚至还隐晦地谈到了现代技术对自然的破坏问题。如此一来,卢卡奇就把技术问题置于物化理论的框架之中,一方面奠定了西方马克思主义理论家以一种批判性眼光看待技术问题的基本基调,另一方面开启了法兰克福学派以技术理性批判为理论形态的文化批判思路。

二、法兰克福学派对技术理性的批判

法兰克福学派始终立足晚期资本主义社会的现实语境,在继承马克思主义批判传统和借鉴西方哲学思潮的前提下,沿着卢卡奇的物化理论所开启的文化批判路向,从启蒙理性批判、文化工业批判、意识形态批判、日常生活批判等多维视角审视"科学技术的合理性问题",主张以"否定辩证法""新感性""交往理性"等不同方式帮助人们走出科技意识形态的牢笼。就此而言,法兰克福学派对技术理性展开的全方位批判,不仅深刻揭示了启蒙理性的内在缺失、科学技术的双重社会功能、科技异化对人和自然的统治等一般科学技术哲学问题,而且进一步深化了经典马克思主义的技术价值论、技术异化论和技术实践论思想。

(一)霍克海默和阿多诺对启蒙理性与文化工业的批判

法兰克福学派的技术理性批判肇始于霍克海默和阿多诺二人合著的《启

---

① [匈]乔治·卢卡奇:《历史与阶级意识》,杜章智等译,商务印书馆,2004 年,第 170 页。

蒙辩证法》一书。他们不仅通过对启蒙及其概念的历史性解构揭示了现代社会生存困境的根本原因,而且在对文化工业的持续关注中分析了以电影、广播、电视、报刊等为物质载体的大众文化的社会功能。据此可知,霍克海默、阿多诺主要从启蒙理性批判和大众文化批判两个方面论述技术理性的形成原因和社会后果。

　　启蒙在其原初意义上表示祛除蒙昧、照亮前路。康德在《答复这个问题:"什么是启蒙运动?"》中对此指出:"启蒙运动就是人类脱离自己所加之于自己的不成熟状态。不成熟状态(如懒惰、怯懦、偏见等——引者注)就是不经别人的引导,就对运用自己的理智无能为力。"①在此基础上,霍克海默和阿多诺重构了一个肯定意义的启蒙概念,"就进步思想的最一般意义而言,启蒙的根本目标就是要使人们摆脱恐惧,树立自主"②。具体来说,启蒙精神有以下三个方面的含义:第一,启蒙的纲领在于祛除神话、用知识来代替想象,把人类从迷信和蒙昧中解放出来,使世界变得清醒;第二,启蒙的核心理念是宣扬理性万能、理性至上,把理性作为衡量一切的标尺;第三,启蒙的目的是确证人的本质力量、实现人的普遍自由。正如霍克海默和阿多诺所言:"人类的理智战胜迷信,去支配已经失去魔力的自然。知识就是力量,它在认识的道路上畅通无阻:既不听从造物主的奴役,也不对世界统治者逆来顺受。"③然而启蒙精神一旦与资本主义生产方式联手,就会因过分强调知识和科学的实用功能而把价值因素排除在外,实际上也就是割裂了"工具理性"和"价值理性"的内在联系,"理性"由此异化为"技术理性","科学"由此被归结为"技术"。这种理性观和科学观的结局必然会把整个世界归结为量的形式方面,并用形式的抽象统一原则来把握世界。而之所以认为人类可以通过科学技术来把握整个世界,是因为启蒙精神相信人的心灵秩序与自然的秩序具有同一性,正是这种同一性使科学家们能够把握和控制自然。

　　基于对"启蒙"的概念界定和特点分析,霍克海默和阿多诺进一步指出启蒙自身的悖论和自我毁灭的前景,认为启蒙辩证法的悲剧就在于从"启

---

① [德]伊曼努尔·康德:《历史理性批判文集》,何兆武译,商务印书馆,2005 年,第 23 页。

② [德]马克斯·霍克海默、西奥多·阿道尔诺:《启蒙辩证法:哲学断片》,渠敬东等译,上海人民出版社,2006 年,第 1 页。

③ 同上,第 2 页。

蒙"倒退为"神话",使人类堕落到在技术理性支配下的一种新的野蛮状态。他们从三个方面批判启蒙理性及其对人和自然的控制,具体如下:

第一,启蒙理性强调理性的工具化和实证化,因停留在对事物的事实描述而缺乏否定性和超越性。启蒙理性论及的"理性"是排斥和摒弃价值因素的,它在本质上是一种技术理性或工具理性,是理性的异化。启蒙理性割裂了科学和价值的关系,把科学数学化、实证化和实用化的结果必然使理性丧失其否定功能。这种对理性思维和科学知识的崇拜缺少对现存世界的否定性理解,最终成为一种屈从甚至是认同现实的肯定性思想,也就无法为科学技术的运用提供正确的价值引导。

第二,启蒙理性旨在确立人对自然的统治地位,这必然会带来人和自然关系的紧张。在以技术理性主义为主导性文化的现代社会,人们往往把自然看作被动的、僵化的、无意识的客体,同时还坚信在技术手段下会毫无保留地臣服于人的需要。但霍克海默和阿多诺却清醒地认识到,这种人类中心主义价值观加剧了人与自然关系的恶化,"人类为其权力的膨胀付出了他们在行使权力过程中被不断异化的代价。启蒙对待万物,就像独裁者对待人。独裁者了解这些人,因此他才能操纵他们;而科学家熟悉万物,因此他才能制造万物"①。之所以如此,是因为启蒙理性一方面把知识等同于技术,把"实用"作为判定科学的标准,强调技术的功能在于控制自然和便于人们在实践活动中的操作;另一方面,把"自然"看作一个可以通过技术把握和控制的客体,由此导致的必然结局是把人和自然的关系简单化为控制和被控制的关系,最终造成人和自然关系的日益紧张局面。

第三,启蒙理性倾向于把人视为无主体性的客体,其结果是社会对人的控制日益加强、人与人之间的关系被降格为物的关系。启蒙理性把技术进步等同于社会进步,但是由于资本主义社会存在着以资本为基础的特殊利益集团,因此在资本主义社会中技术进步不可能实现社会进步,而只能带来不平等的日益加剧。为了消除个人和社会之间的矛盾,启蒙理性排斥了价值和思想,通过把理性异化为技术理性,使其丧失对社会的批判和否定功能,至

---

① ［德］马克斯·霍克海默、西奥多·阿道尔诺:《启蒙辩证法:哲学断片》,渠敬东等译,上海人民出版社,2006年,第6页。

此技术理性成为凌驾于个人之上的控制人的工具。在技术理性统治的世界中，人及其活动因受制于资本主义生产体系而日益走向异化，因为资本主义生产体系是建立在技术理性基础上的，这意味着以技术理性为基础的资本主义生产体系使人们丧失了自主性，内心世界已经处于被控制的状态并变得麻木不仁了。

如果说霍克海默和阿多诺对启蒙理性的批判奠定了技术理性批判的基本范式，那么他们对文化工业的批判就是技术理性批判的具体展现。因为启蒙精神超越自身的边界直接导致了文化工业的产生，正是在技术理性的怂恿下才使艺术与生产之间建立起了同谋共生的关系，旨在培育一种维护现存秩序的顺从意识以欺骗和操控大众。所以文化工业批判在这个意义上开启了法兰克福学派大众文化批判的理论主题。

霍克海默和阿多诺之所以在文化工业理论中展开对技术问题的探讨，主要是因为他们在移居美国后注意到文化工业和大众传媒的发展势头迅猛，于是从社会批判视角敏锐地洞悉了以同一性为内在规定的文化工业成为一种新的控制形式的事实。根据阿多诺在《再论文化工业》一文中的说法，"文化工业"一词最早是由他和霍克海默提出的以示与"大众文化"相区别的概念，"目的是为了从一开始就避免这种诠释：大众文化仿佛是从大众自身中自发成长起来的文化，是大众艺术的当代形态"[1]。也就是说，文化工业是指借助现代技术手段大规模地制造和传播文化产品的娱乐工业体系，它的形成和发展主要得益于两个方面：一方面，电影、电视、广播、广告、杂志等大众传媒技术使艺术品的大规模生产成为可能；另一方面，资本主义生产体系把艺术品变成标准化的商品，在传播和使用过程中实现其交换价值。霍克海默和阿多诺认为，资本主义文化工业通过兜售同质化、齐一化和伪个性化的文化商品，从而把效率原则拓展至文化领域并形成了大众文化，它实质上扮演着压抑、欺骗和控制大众的"社会水泥"的角色。归结起来，他们从以下三点批判文化工业的意识形态性及其社会负面影响，即：一是大众文化的商品性使艺术品丧失了其创造力而成为无个性的商品，文化工业作为整个资本

---

① ［德］西奥多·阿多诺：《再论文化工业》，王凤才译，《云南大学学报》（社会科学版），2012 年第 4 期。

主义生产体系的一部分也是以营利为目的,至此"文化工业取得了双重胜利:它从外部祛除了真理,同时又在内部用谎言把真理确立起来"①;二是大众文化的齐一性把人们推向单调平庸并逐渐消解了其主体性,通过标准化的工业体系把文化变成整齐划一的商品,其结果是大众在消费和占有这种文化产品的过程中丧失了自身的主观能动性,最终沦为商品的盲目追随者;三是大众文化的娱乐性所提供的虚假快乐使人们深陷其中而无力反抗资本主义,在文化工业中完成艺术和娱乐之间的和解,既削减了艺术品的深度又禁锢了大众的思想,"艺术作品已经完全把自己与需求等同起来,它以欺骗为手段,彻底剥夺了人们摆脱效用原则的可能性,使这一原则正式生效了"②。在这个意义上,他们指出文化工业及其所生产的文化产品是欺骗和操控人的一种意识形态,因为在表面上支配着文化生活的工业技术背后隐匿着资本对文化的操控逻辑。因此,霍克海默和阿多诺对文化工业的批判实则是其技术理性批判的进一步延展,强调从意识形态的视角审视技术理性和大众文化,而不是彻底地否定以启蒙理性为核心的现代技术。

事实上,霍克海默和阿多诺对启蒙理性乃至整个西方文明的看法充满了浓厚的悲观主义色彩,但他们并没有完全放弃拯救理性的希望,主张通过批判理论唤醒大众的主体意识和反抗精神——只是这在阿多诺以"星丛"为核心范畴的否定辩证法那里走得更远了。在他们看来,实证主义作为传统理论的典型形态,为保证科学的严密性而把主体、价值、伦理等一类的东西都拒之门外,但经验科学所谓的"中立性"只不过是不切实际的幻想,在客观上为资本主义社会提供了合法性证明,因为"实证主义离开理论去考察对象,必定歪曲理论对象,陷入无为主义和顺世哲学"③。为此,他们提出了三个基本观点以驳斥实证主义的价值中立原则,具体而言:第一,感觉经验不是纯粹的客观事实,而是为理论或知识所中介,"经验,'给予的东西'都不是某种直接的、为一切人共有的和独立于理论的东西,而是由这些句子存在于其中的整个知识构架作为中介传递过来的东西,即使这个构架指称的实在不依

---

①　[德]马克斯·霍克海默、西奥多·阿道尔诺:《启蒙辩证法:哲学断片》,渠敬东等译,上海人民出版社,2006年,第121~122页。

②　同上,第143页。

③　[德]马克斯·霍克海默:《批判理论》,李小兵等译,重庆出版社,1989年,第217页。

赖于意识而存在"①；第二，感觉经验作为实践的产物必然印刻着社会历史的痕迹，"事实在被觉察到的时候已经受到了科学、商业以及政治中的惯例的严格规整"②，人们也在对事实的盲目崇拜中失去了对社会现实的总体把握和批判能力；第三，感觉经验作为知识的基础绝不能等同于世界的本质规定，因为人的感觉或知觉是有条件的、相对性的、可改变的"材料"，甚至有时候会自相矛盾，而且问题的解决还要诉诸理论。他们认为批判理论与实证主义截然不同，它强调主体与客体、事实与价值、技术与伦理等之间的统一，有利于使人们走出因工具理性的膨胀和文化工业的繁荣而造成的人和自然被技术理性所裹挟的生存困境。基于此，他们对一切传统的"意识形态"理论，尤其是当代实证主义哲学方法进行激烈批评，并提出了只有诉诸批判理论才能拯救启蒙理性的理论主张。

霍克海默和阿多诺对科学技术问题的探讨，总是与启蒙理性批判、文化工业批判交织在一起。一方面，在对启蒙概念的历史性重构中呼唤批判理论的出场，从而开启了科学技术的解放维度；另一方面，在对文化工业运行机制的剖析中揭示科学技术的意识形态性及其对人的心理结构的控制。二人在很大程度上深化了卢卡奇的物化理论，同时还为中后期法兰克福学派对科学技术的社会政治功能、文化心理、日常生活等的批判奠定了理论基础。

(二)马尔库塞对技术逻各斯成为统治合理性的批判

马尔库塞是继霍克海默和阿多诺之后法兰克福学派的中坚人物，他始终立足发达工业社会探讨技术理性与政治统治之间的内在联系，指认现代技术已经异化为一种新的控制形式的客观事实，由此戳穿了技术价值中立论的虚幻性和欺骗性，为建立一个有利于人的全面发展的非压抑性社会提供了可能。实质上，他在技术问题上的价值取向与霍克海默和阿多诺是一脉相承的，只是进一步将技术理性批判引向政治实践领域，着力分析技术理性在当代西方社会是如何成为政治统治工具的。

---

① [德]马克斯·霍克海默：《批判理论》，李小兵等译，重庆出版社，1989 年，第 165 页。

② [德]马克斯·霍克海默、西奥多·阿道尔诺：《启蒙辩证法：哲学断片》，渠敬东等译，上海人民出版社，2006 年，第 3 页。

马尔库塞在《单向度的人》一书中指出，当代资本主义是一个在政治、经济、文化等方面都高度发达的社会，但它仍是一个充斥着异化现象、单向度的、压抑与控制的病态社会。这是因为技术进步的逻辑俨然已成为发达工业社会统治的逻辑，科学技术向社会生活各个方面渗透的过程中已逐渐异化为一种新型的统治工具和控制形式。所以他对科学技术的批判实际上就是对当代资本主义的意识形态批判，通过对科学技术的社会效应分析、技术理性的批判、人的解放和自然的解放之间关系等问题的讨论形成了技术政治学。概括起来，马尔库塞的技术政治学主要是从以下四个方面展开的：

首先，当代西方社会借助科学技术进步控制了人的内心世界，在全社会范围内形成了一种肯定现实的顺从意识，从而消除了社会的对立面，遏制了社会发生质变的可能性，维系了当代资本主义社会的稳定性。在马尔库塞看来，科学技术这种政治统治功能首先是通过控制人的需要来实现的。具体而言，当代西方社会借助科学技术进步所带来的巨大物质财富，并通过广告、电视、报刊等大众媒体不断制造"虚假需求"，使人们沉醉于商品消费而忘却了对自由和解放的追求。这种"虚假需求"的特点是通过宣扬消费主义的生存方式和价值观炮制新的消费需要，把社会利益强加给个人并引导其按照外部而非内部的真实需要来生活，因而它的本质在于服从和服务于资本追求利润的需要，目的在于消除人们对社会秩序的批判意识和否定能力，使得当代资本主义社会的剥削现象、不公平现象得以继续存在下去。正因为"虚假需求"是由个人无法控制的外部力量移植和强加的，以至于原本应该由个人所回答的问题——什么是"真实需求"，什么是"虚假需求"——因前者被社会灌输和操纵而丧失了自主性，所以人们无法回答上述问题。这表明当代资本主义社会对人的控制已从外部政治统治深入到人的内心世界，形成了对人的总体控制和个人被社会吞没、个人与社会达到直接的一致化的现象，至此科学技术获得了为少数人利益或统治阶级进行谋划的政治意义。马尔库塞认为，这一切都应该归功于科学技术的进步。社会生产力水平随着科学技术的进步而不断提高，不仅使资本主义社会有能力为更多的人提供富足的物质生活条件，而且使资本主义生产体系在全社会兜售"越多越好"的消费需求和为增加商品而工作的欲望，于是就预先封闭了大众对社会的不满情绪和反抗意识，从而消除了私人与公众、个人需要与社会需要、资产阶级与无产阶级之间的对立,维护了资本主义社会的统治合法性。

　　其次,技术理性的盛行肃清了西方高级文化中敌对的、否定的和越轨的因素,从而使文化成为单向度的肯定性文化,并进一步削弱了当代西方社会中的反抗意识。马尔库塞这里所说的"西方高级文化",指的是古典资本主义社会前技术时代的文化和艺术。这一时期的人和自然都没有被作为客体和工具而组织起来,因而艺术具有与现实格格不入的浪漫主义情怀,同时还表现出"同整个商业和工业领域、同可以预测并可以获利的秩序的有意识、有步骤的异化"[①]。这一特质使前技术时代的文化包含肯定和否定的双重向度,前者是指作为现存文化组成部分的艺术以抽象的方式表达人们对未来的美好憧憬,从而遮蔽了资本主义社会对人的压抑状况;后者则是指作为超然于现实存在的艺术使人们能够逃离社会的异化和现实的苦难,从而起到批判和否定现存秩序的社会功能。但问题在于,当代西方社会通过技术的合理性及其对人的总体控制,"消除高层文化中对立的、异己的和超越性的因素",从而克服了"文化和社会现实之间的对立"。[②]这种被技术合理性所中介的艺术,在不断地机械化、商业化和世俗化的过程中丧失了其否定性、超越性和颠覆性的功能,同时从表面上使所有人陶醉于同样的审美体验和虚假的"幸福意识"而遗忘了现实的不幸。之所以如此,是因为这种幸福意识相信"现实的就是合理的,已确立的制度不管如何终会不负人们所望。人们被引导到生产机构中去寻找其个人的思想和行为能够且必须任之摆布的有效动因"[③]。所以说,技术合理性向自然科学、日常语言、哲学、艺术等思想活动领域的拓展,不仅催生了以抽象性和形式化为特征的肯定文化,而且使人们对损害社会秩序的反抗意识和越轨行为感到内疚和罪恶,从而造成了当代西方社会政治一体化现象愈发严重的趋势。实际上,这从根本上消除了社会的一切否定性因素,使发达资本主义社会呈现出单向度的极权主义特征。

　　再次,技术理性因过分强调形式合理性而将价值因素排除在外,由此造成了否定性思维的丧失和实证性思维的盛行。马尔库塞指出,西方传统思想

　　① 　[美]赫伯特·马尔库塞:《单向度的人——发达工业社会意识形态研究》,刘继译,上海译文出版社,2008 年,第 48 页。

　　② 　同上,第 47 页。

　　③ 　同上,第 64 页。

包含着肯定性思维和否定性思维的双重向度，但当代西方社会在技术合理性的主导下只关心思维形式，如此一来，不仅消解了辩证逻辑中的"是"和"应该"、本质和现象之间的冲突，而且使数理逻辑和符号逻辑在当代西方社会得以盛行。所以马尔库塞把分析哲学作为批判的对象，更为集中地抨击了实证主义的肯定性思维方式及其消极的社会后果。在他看来，倘若用语言分析哲学所热衷的语义分析来解读"实证主义"（positivism），就会发现其词根本身含有"肯定的"（positive）意思，与之相对的"否定性"因素则因超出了可证实的经验范畴，而被斥责为脱离实际的玄思、虚幻的想象，甚至是奇谈怪论。通过对维特根斯坦、奥斯汀等语言哲学家的理论质询，他明确指出，实证主义在事实描述或形式逻辑的精确性观念驱使下排除了一切不确定的、混乱的及矛盾的思想成分，尽管 "在精确性和明晰性方法上可能是无与伦比的、也是正确的"，但是"对哲学思想和批判思想具有破坏性的作用"。①这主要是因为实证主义模糊了日常语言与理想语言（也作哲学语言、专业术语）的差异性，前者在语言与行为之间建立了直接而显著的因果联系，从而彰显了实践的社会历史向度；后者则恰恰相反，把语言从它的生成语境中剥离出来而使其免于思想的污染，只是作为一种操作性指令的理想语言表面上"公正无私"，实则引导大众对现有社会采取一种回避、默许或纵容的态度。然而分析哲学致力于把多向度的日常语言转译为单向度的科学语言，不仅使哲学在放弃形而上学的沉思之时也丧失了其批判现实的责任感，而且使人们在温和亲切的"语言伪装"中欣然地接受了技术性元语言的指令，由此搭建起一个排除了外在干扰的、没有反对意见的、自给自足的世界，从而扼杀了人们的否定性思维和批判性精神，以至于任何越轨性的思想和行为都难以付诸实践。

最后，科学技术与资产阶级意识形态的共谋，导致了当代西方社会对自然和人的盘剥，故而自然的解放与人的解放具有内在的一致性。马尔库塞强调，当代资本主义高度发达的物质文明是以对自然和人的双重压抑为代价的，一方面自然在科学技术的逼迫下成为不加节制使用的生产资料，另一方

---

① ［美］赫伯特·马尔库塞：《单向度的人——发达工业社会意识形态研究》，刘继译，上海译文出版社，2008 年，第 141 页。

面人的欲望在科学技术的帮助下成为社会强加的、与生存无关的虚假需要，于是自然和人在技术理性的裹挟下顺理成章地沦为被所压迫的对象。而人们那种看似自由的消费行为实则是资产阶级借助大众传媒这种极为隐蔽的方式刻意为之的结果，"它的生产率和效能，它的增长和扩大舒适生活品的潜力，它的把浪费变为需要、把破坏变为建设的能力，这都表明现代文明使客观世界转变为人的精神和肉体达到了什么样的程度"①，而且因把自然置于技术逻各斯中而加剧了生态环境的恶化。这意味着作为当代资本主义危机表征方式的生态危机，实则展现了人与自然、他人及其自身之间的敌对关系，通过占有更多的自然资源和生存空间加强对人的剥削，正如马尔库塞所说："在现存社会中，越来越有效地被控制的自然已经成了扩大对人的控制的一个因素：成了社会及其政权的一个胳膊。商业化的、受污染的、军事化的自然不仅从生态的意义上，而且从生存的意义上缩小了人的生活世界。"②所以他认为自然的解放理应包含两个方面的内容：一是对人自身自然的解放，二是对人身外自然的解放。前者是对人的本能和感觉的解放，主张以"爱欲"代替"物欲"，从而使人的感官在劳动过程中享受"爱欲发泄"的快感；后者是对人类赖以生存的自然的解放，同时还强调它与人的解放是同一过程，因为对自然界的损害与资本主义经济是紧密联系的。正是技术与资本的共谋造就了一个丧失人性的自然界，故而只有培育人的新感性和摧毁资本主义生产体系，才能把人们从消费主义制造的虚假需求中解脱出来。

基于上述分析，马尔库塞主张把以美学原则为核心的"新感性"作为颠覆理性工具化和实证化的力量，强调技术的艺术化趋向使"理性的功能与艺术的功能会聚在一起"③。这意味着这种"新理性"既不是技术的否弃也不是理性的终结，而是在技术与艺术的完美融合中生成一种新的技术范式。那么究竟如何从技术理性发展到后技术理性阶段呢？马尔库塞认为关键在于重建新感性，因为"新感性，表现着生命本能对攻击性和罪恶的超升，它将在社

---

① ［美］赫伯特·马尔库塞：《单向度的人——发达工业社会意识形态研究》，刘继译，上海译文出版社，2008年，第9页。

② ［美］赫伯特·马尔库塞等：《工业社会和新左派》，任立等译，商务印书馆，1982年，第128页。

③ ［美］赫伯特·马尔库塞：《单向度的人——发达工业社会意识形态研究》，刘继译，上海译文出版社，2008年，第188页。

会的范围内,孕育出充满生命的需求,以消除不公正和苦难:它将构织'生活标准'向更高水平的进化"①。而一旦将感觉、需要、情感、想象等新感性要素融入现有技术体系中,就会使技术理性走向工具与价值相统一的后技术理性,一方面使人们按照"美的规律"利用自然资源,把自然从片面追求利润的工具理性命令中解救出来,从而恢复了它原初的、本真的、自由的状态;另一方面通过艺术的合理性唤醒人们长期遭受压抑的爱欲本能和真实需要,为促成"价值的物质化"并使"技术构想的完善"得以实现提供了有利的主观条件,②同时感性的反叛力量也随着新技术在社会生活中的使用而切断了与工具理性的依存关系。也就是说,马尔库塞通过技术的艺术化和审美化来调和感性与理性、自由与必然、人与自然之间的矛盾,在改造技术体系的基础上释放人的生命本能,以期建构一个"人-自然-社会"和谐共生的非压抑性社会。

(三)哈贝马斯对工具系统殖民生活世界的批判

作为法兰克福学派的第二代领军人物,哈贝马斯以一种辩证的态度看待晚期资本主义社会的科学技术问题。他在承袭早期法兰克福学派理论家,特别是马尔库塞关于科学技术发挥意识形态功能的命题基础上,不仅斥责了系统对生活世界的侵蚀及其造成的文化商品化、社会同一化与人的去政治化等现象,而且主张通过交往理性把技术知识转化为实践知识以避免生活世界的殖民化。这表明哈贝马斯在进一步深化法兰克福学派技术理性批判理论的同时,实现了从"批判"到"建构"的范式转换,在很大程度上扭转了西方马克思主义的技术悲观主义倾向。

在为纪念马尔库塞诞辰七十周年而作的长文《作为"意识形态"的技术与科学》中,哈贝马斯通过区分劳动与相互作用之间的异同,指出它们分别是以"技术"和"交往"为旨趣——前者指向以金钱和权力为媒介的物质再生产领域,后者则指向以语言和符号为媒介的文化再生产领域,在此基础上社会形成了"系统-生活世界"的二元结构。在这一理论框架下,他批评了早期

---

① 〔美〕赫伯特·马尔库塞:《审美之维》,李小兵译,广西师范大学出版社,2001年,第98页。

② 参见〔美〕赫伯特·马尔库塞:《审美之维》,李小兵译,广西师范大学出版社,2001年,第87页。

法兰克福学派成员不加区分地把科学技术等同于意识形态的笼统看法,强调科学技术在晚期资本主义社会成为"第一位的生产力"时,才充当维护资本主义统治秩序的社会角色。这主要得益于晚期资本主义社会呈现出"国家干预活动增加"和"科学成为第一位的生产力"的两大发展趋势。具体来说,尽管国家干预经济虽然在一定程度上缓和了资本主义国家的社会矛盾,但却因抛弃了过去以"公平交换"为核心的资产阶级意识形态而使晚期资本主义社会遭遇合法性危机。与此同时,随着科学技术的一体化发展及其向社会生活的全面渗透,目的理性取代了价值理性并一跃成为人们在社会生活中普遍遵循的行为准则,从而消解了技术旨趣与交往旨趣之间的根本差别,不仅造成了"系统–生活世界"之间的不平衡发展,而且使当代资本主义在文化、社会和个性的三个层面都出现了生活世界殖民化现象。如此一来,科学技术的历史形象就发生了重大变化——从"作为生产要素"到"作为意识形态"的科学与技术,由于"生产力的相对提高,不再是理所当然地表现为一种巨大的和具有解放性后果的潜力;现存的统治制度的合法性在这种巨大的、解放性的潜力面前,将不堪一击。因为现在,第一位的生产力——国家掌握着的科技进步本身——已经成了[统治的]合法性的基础"①。在这个意义上,他认为,晚期资本主义社会危机不再是生产力与生产关系之间的矛盾运动所决定的经济危机,而是由人们道德实践所决定的文化危机,甚至还断言马克思的"剩余价值学说"和"阶级斗争理论"已经过时了。

既然技术的科学化趋势已然成为确证资本主义政治统治合理性的意识形态,那么它究竟是如何执行意识形态功能的呢? 哈贝马斯认为,关键就在于技术的理性化把实践问题排除在外, 通过专家治国的政治实践和技术进步的补偿机制使广大人民群众"非政治化",如此一来,他们非但不再关心政治领域的实践问题,而且还在享受富裕物质生活的同时增强了对现存社会的认同感和忠诚度。所以说,哈贝马斯延续并深化了法兰克福学派对技术理性的意识形态批判,表现为以下三个方面:

第一,政治问题在技术化的语言中被转换为技术问题,这就保证了"制度的稳定性"。哈贝马斯发现,由于 20 世纪科学技术在社会生活的各个方面

---

① [德]尤尔根·哈贝马斯:《作为"意识形态"的技术与科学》,李黎等译,学林出版社,1999 年,第 68~69 页。

都发挥着重要作用,一大批知识分子和技术专家(官僚)代替了传统的政治精英,他们在参与国家管理的过程中逐渐掌握了社会规划的决策权和意识形态的话语权。而基于专家意见的管理模式所奉行的是"技术统治论"和"专家治国论"的观念,主张通过科学的管理和技术的革新来克服和消除社会危机。只不过专家意见会不断压榨公众进行民主讨论的空间,个人话语表达的自由也必然让位于技术官僚的专制,至此政治领域的实践问题被草率地归结为一种纯粹的技术性问题。这意味着统治合法性的辩护标准与实践问题日渐疏离,随之而来的是把科学技术的效用性和功能性作为衡量社会秩序合理与否的最高准则,于是人们置政治问题于不顾,更关注从技术层面解决实践问题的"非政治化"倾向。

第二,通过技术科学化及其运用的规模化和制度化提高人们生活的舒适度,但同时削弱了公民的政治意识。哈贝马斯认为,晚期资本主义社会呈现技术科学化趋势及其向日常生活领域的全面渗透。科学技术作为第一位的生产力,一方面明显改善了工人的生活水平和社会地位,使传统意义上的阶级差距大幅缩小了,人的反抗精神和政治意识日渐消退;另一方面还推动了以休闲、消费和享受为主的文化工业繁荣发展,为工人提供了缓解工作压力的娱乐生活,这样就把公众的注意力从政治领域转移到注重物质享受和过度消费的文化工业领域。换言之,技术革新对生产力制度化增长的促进造就了一大批福利国家,这些国家通过提供更多的工作岗位、增加社会的福利政策、提高工人的收入水平等诸多"补偿政策",使个人需求得到最大程度的满足,使他们认可并甘愿臣服于资本主义统治。

第三,技术系统的无限扩张侵占了人们的生活世界,从而导致人与人的交往关系被物与物之间的关系所掩盖的异化现象。哈贝马斯虽然肯定了系统与生活世界的分离具有提高社会生产效率和管理水平的进步意义,但他严厉批评了社会的不平衡发展使人异化为资本追求利润的工具。究其根本,科学技术以合理性的名义抹杀了"劳动"(工具行为)与"相互作用"(交往行为)之间的区别,使生活世界被技术理性不断地蚕食并呈现出日益工具化、权力化、官僚化和资本化的特征,以至于人与人的交往变成了永恒的生存斗争和利益冲突,真诚而有效的沟通变得不再可能,同时技术也代替实践把建设性与破坏性的社会劳动高度融合在一起。随着自由而独立的个体被纳入经济政治子系统所管辖和操控的范围之中，原本属于私人领域和公共空间的非商品化活动被市场机制和科层制度所侵蚀，人与人之间的交往实践片面化为技术合理性，如此一来，"人的自我物化代替了人对社会生活世界所作的文化上既定的自我理解"①，这些丧失了反抗意识和否定向度的人，于是心甘情愿地成为"工业文明的奴隶"。

归结起来，哈贝马斯认为科学技术在晚期资本主义社会已经从"一般生产力"发展为"第一生产力"，且作为一种为资本主义合法性辩护的新型意识形态造成了生活世界的殖民化。与传统的意识形态相比，科学技术通常是以"非政治"的中立形象示人，故而具有较弱的意识形态性和较强的辩护性。具体来说，一是更具迷惑性。工具系统对生活世界的殖民在很大程度上改善了人们的生活环境，但在满足人的虚假需求的同时麻痹其反思能力，由此社会制度的不合理性就被隐匿于经济的虚假繁荣之下，致使人们难以辨别出它的剥削本质，同时让人们高度认同和积极拥戴现存社会。二是更具辩护性。大众之所以感受不到压抑的存在并且难以抗拒技术的控制，主要是因为科学技术通过对自然和社会的有效控制，为他们提供了丰富的消费产品和舒适的生活环境，这种"按照目的理性活动的系统模式建立起来的制度框架，作为一种以语言为中介的相互作用的联系，它的解体只是以牺牲十分重要的、能够实行人道化的方面为代价"②。三是更具操纵性。一方面，把政治问题都统统转化为经济问题，国家的政治统治随之让位于技术管理，技术专家的意见在政府决策过程中变得举足轻重，但公众的声音要么因公共空间的极度萎缩而被逐渐边缘化，要么因过度依赖专家的权威意见而被自己淡忘；另一方面，工具理性在科学技术的广泛应用过程中不断地向日常生活渗透，甚至以不易被觉察的方式占据着人的全部身心，使作为总体的人异化为单向度的人并丧失批判性和超越性的向度。所以说，科技意识形态与传统意识形态一样发挥着剥削、压抑、控制的社会功能，只是它往往采取一种更隐蔽的、更合理的、更易于被人们接受的方式。

在哈贝马斯看来，晚期资本主义社会的病症在于生活世界殖民化，之所

---

① ［德］尤尔根·哈贝马斯：《作为"意识形态"的技术与科学》，李黎等译，学林出版社，1999年，第71页。

② 同上，第75页。

以如此是因为作为系统运行规则的工具理性对交往理性的僭越，"当系统不再是实现某个目的的手段，从而不再是能通过生活世界而最终被检验的东西，而它自身就成了一种手段的时候，生活世界殖民化就出现了"①。基于此，他认为冲破科技意识形态牢笼的关键在于拯救生活世界而非改造技术体系，通过重建系统与生活世界之间相协调的机制，把科学技术及其应用置于交往理性的规约和引导之下，使之充分发挥提高劳动效率和政治效能的积极作用。由于交往活动的参与者不再是以个人成就为首要目的，而是在相互信服的前提下实现其共同利益，在主体间的沟通和理解中达成的共识作为约束性力量反过来规范经济和政治活动，这必然要求在科技工作者、政治家和公众之间建立一种民主对话的机制，从而破除了科技意识形态的话语垄断，最终实现生活世界的合理化和人的全面发展。

论及在交往理性基础上形成的民主机制的内容，哈贝马斯认为，一是科技工作者具有社会公民和研究者的双重角色意识，二是科学共同体内部及其与政治之间的平等对话为彼此提供意见，三是科技政策的提出和实施必须经过社会公众的广泛讨论和监督。然而交往行为的规范性基础是以语言为媒介的，言语行为的有效性又是以"理想的言语情境"，即以内容的真实性、表达的真诚性和言说的正当性为先决条件的，由此使哈贝马斯的解救方案显得过于理想化，福柯把这种脱离了社会现实的主张斥责为"交往的乌托邦"。尽管在很大程度上削弱了法兰克福学派技术政治学的批判锋芒，哈贝马斯对科学技术相对温和的批判及其合理化建构极大地拓展了批判理论的解释视域，不仅批评阿多诺和霍克海默等人把现代社会看作一种难以变革的封闭统治体系的悲观看法，而且坚定地维护了现代性立场，"企图抛弃否定的辩证法，重建解放理论在现代社会中的可能性"②。

哈贝马斯秉承了早期法兰克福学派的批判理论传统，在"劳动"与"相互作用"的理论框架下深入剖析了晚期资本主义合法性危机的成因，通过对科技意识形态使公众的非政治化和公共空间的萎缩的控诉，提出诉诸"交往理

---

① ［英］安德鲁·埃德加：《哈贝马斯：关键概念》，杨礼银、朱松峰译，江苏人民出版社，2008年，第20页。

② Gerard Delanty, *Social Science: Beyond Constructivism and Realism*, Buckingham: Open University Press, 1997, pp.81–83.

性"重建生活世界的行动策略,把科学技术及其使用范围圈定在经济子系统。至此,西方马克思主义技术理性批判理论实现了从主体哲学到交往哲学的范式转换,尽管这种相对保守的立场使其在现实实践中陷入一种道德乌托邦式的幻想。哈贝马斯将科学技术与民主对话结合起来扬弃技术理性异化的策略表明,他并没有彻底否定科学技术,由此扭转了第一代法兰克福学派理论家在论及科学技术问题时的批判态度和悲观情绪。

三、生态学马克思主义对技术的生态政治学批判

自 20 世纪六七十年代以来,随着全球性生态危机的爆发、西方绿色思潮的兴起以及公众环保意识的觉醒,西方马克思主义理论家把批判的目光聚焦于关乎人类生存与发展的生态问题。他们在承袭法兰克福学派生态思想的同时,汲取现代生态学的最新理论成果,比较自觉地运用马克思主义的立场、观点和方法,探索造成当代资本主义生态危机的根本原因及其解决途径,标志着生态学马克思主义的诞生。生态学马克思主义理论家把对科学技术问题的探讨同"控制自然"的观念、消费主义价值观以及资本主义生产体系的批判结合起来,指出生态危机的根源在于技术的资本主义使用而非技术本身,主张通过社会制度和生态价值观的双重变革,建构一个人与自然和谐共生的生态社会主义社会。总体而言,他们对科学技术问题的看法,不仅在总体上与西方马克思主义,尤其是法兰克福学派一脉相承,而且还进一步拓展了西方马克思主义技术批判理论的生态视域。

(一)威廉·莱斯对"控制自然"的观念的清理和生态后果的分析

威廉·莱斯作为北美生态学马克思主义的重要代表人物之一,在《自然的控制》和《满足的限度》等著作中系统考察了"控制自然"观念的历史演变及其生态后果。他认为,资本主义生态危机的认识论根源在于"控制自然"的意识形态,不仅强调通过理顺需要、商品和满足之间的关系使人们树立正确的消费观,而且把"较易于生存的社会"作为实现人和自然全面解放的可行性方案。

莱斯在《自然的控制》一书的序言中开宗明义地指出，"控制自然"的观念是造成资本主义生态危机的深层原因，因为这一观念是自相矛盾的，它既是进步性也是退步性的根源。①基于此，他极力反对把环境问题简化为一个经济代价问题或归结为技术进步的两种错误认识，认为前者因把环境质量当作能随意购买的商品而加剧了生态环境的恶化，后者则因将技术本身视为环境问题的罪魁祸首而错误地把征兆当作根源。为了破解资本主义生态危机的关键所在，莱斯首先考察了"控制自然"观念的道德性质所呈现出的阶段性变化，揭示了它的内在矛盾和真实意图。在萌芽时期，原始先民对于使用工具改变自然秩序的行为产生了既渴望又恐惧的矛盾心理，他们通过某种宗教形式给予自然精神慰藉体现了对自然的道德敬畏。在形成时期，基督教世界观认为人类凭借其理性和知识成为仅次于上帝的宇宙主宰者。这一传统在文艺复兴运动中得到进一步发展，培根把宗教和科学分别看作恢复人类的道德清白和自然统治权的两种形式，从根本上奠定了控制自然的思想纲领。在成熟时期，"通过科学和技术征服自然的观念，在17世纪以后日益成为一种不证自明的东西"②，人们更关心"怎么样"的问题而不再是"为什么"的问题，科学技术也因彻底摆脱了作为宗教婢女的形象而在"拷问"和"统治"自然的过程中获得了它的现代形式，尤其是资本主义的勃兴使这一观念成为现代社会的普遍意识。基于以上分析，莱斯认为只有把"控制自然"的观念纳入资本主义生产体系才会导致技术滥用和生态危机。资本主义社会中控制自然的意识形态消解了其作为神话或宗教形式的双重价值，人们非但不再对自然报以敬畏之心，而且在科学技术的助推下不断地占有自然以满足其不合理的需求，这种迷恋于自然之"奥秘"和"效应"的功利主义态度，又促使"控制自然"的观念大行其道，同时加剧了技术理性的滥用和自然资源的浪费。

在进一步论述控制自然的负面效应时，莱斯通过援引霍克海默、马尔库塞等人的观点，阐明了"控制自然"与"控制人"之间的内在联系。他认为，在资本主义社会中对自然的控制和对人的控制是不可分割的关系，前者是控

---

① 参见［加拿大］威廉·莱斯：《自然的控制》，岳长龄、李建华译，重庆出版社，1993年，第4页。

② ［加拿大］威廉·莱斯：《自然的控制》，岳长龄、李建华译，重庆出版社，1993年，第72页。

制人的表现形式,而后者则是控制自然的前提条件。莱斯通过引入生存斗争的视角,把控制自然的观念置于特定的社会关系中加以考察,进一步指出控制自然的观念与资本的逐利本性不谋而合。在生存压力的驱使下,资产阶级必然会加剧对外部自然和内部自然的深层控制。换句话说,当代资本主义是在生存斗争的相互冲突中实现对他人的控制,这实则意味着"由个人或社会集团完全支配这一特殊范围内的现有资源,并且部分或全部排除其他个人或社会集团的利益(和必要的生存)"①。所以资本主义条件下的人类生存是以技术依赖为特征的,因为科学技术直接同人的需要以及由此激化的社会冲突相联系,"对自然的技术控制而加剧的冲突又陷入追求新的技术以进行人与人之间的政治控制,加剧了的斗争使人与人更加拼命地彼此反对并要求采取能够忍受越来越大的斗争压力的方法"②。此时,科学技术成为联结"控制自然"与"控制人"之间的桥梁,即使技术革新为人们提供了富足的物质生活,却因遮蔽了控制自然的真实意图而使人们无法感知自身充当统治集团牟利工具的残酷现实,从而进一步强化了资本主义对自然和人的深层控制。他据此认为,问题的症结在于赋予"控制自然"的观念以新的内涵,认为应当把现代技术理解为对自然和人类之间关系的控制,而不是作为人类统治自然能力的表征,如此一来,"这种控制不再与产生于社会统治结构的压迫性需求相联系,能够实现在统治自然的原始概念中所蕴含的进步希望"③。这样就重新将"控制自然"的观念置于新的人性和伦理基础上,使人的非理性欲望和破坏性方面得到合理控制,至此人类能真正享受控制自然进步的积极成果。

如果说莱斯的《自然的控制》论述了现代"控制自然"观念,以及在此基础上技术理性泛滥是资本主义生态危机的根源,那么《满足的限度》则是在剖析商品、需求和满足之间的关系中找到了克服这一危机的社会替代方案。他认为,当代资本主义是一个以"高集约度的市场布局"为特征的社会,通过"鼓励一切个人把消费活动置于他们日常活动的最核心地位,并同时增强对

① [加拿大]威廉·莱斯:《自然的控制》,岳长龄、李建华译,重庆出版社,1993年,第122页。
② 同上,第144页。
③ 同上,第172页。

每种已经达到了的消费水平的不满足的感觉"①,从而导致消费主义价值观及其生存方式的盛行。上述社会变化的原因在于,人的需要被市场化社会系统地导向消费领域,商品逐渐成为满足人类需要的唯一手段,这就造成了个人、社会和自然在当代西方社会的异化处境。

从个人的维度看,现代人无法正确处理消费、满足与幸福之间的关系,把对商品的不断占有作为衡量自身满足感和幸福感的尺度。具体来说,由于建立在现代科学技术基础上的资本主义工业体系呈现出高度一体化和智能化的趋势,可供人们选择的商品数量和种类也越来越多,但人们因缺乏了解商品特性和质量的必要知识而难以判断自身的真实需要。不仅如此,人们在盲目消费的过程中还可能遭到生理和心理的双重伤害,一方面化学工业制品中含有的有害有毒物质会对人的身体健康产生潜在威胁,另一方面人格的完整性也被日益精细化的分工肢解为不同的组成部分。这种根据市场化原则重新诠释其需要的结果只能是人的需要与满足需要手段之间的本末倒置,因为消费活动作为满足人的需要手段和过程都是被社会提前规划好的,而"令人眩晕的欲望与商品的狂舞在人们面前展现了永恒变化的满足与不满足的总体组合:这一总体组合本身无法分解,人们唯一能做的,只是越来越广泛地参与市场活动"②。

从社会的维度看,当代资本主义为维系其不断扩张的发展趋势和高集约度的市场布局而宣扬"越多越好"的消费主义价值观,把人们的注意力从生产领域转移到消费领域,使社会面临普遍的匮乏、资源的浪费、废品的堆积等一系列问题。莱斯认为,当代西方社会的"匮乏"不是自然资源的不足,而是人们对资源的不合理使用所造成的状态,主要根源于当代西方社会的市场机制把人的自我确证和人与人之间的相互尊重等同于对商品的占有和消费。这不仅加剧了生产规模不断扩大与自然资源有限性之间的矛盾,而且使人们在非理性的消费行为中无视自然的承载力,如何实现对生产和生活废品的有效管理成为西方社会的难题。

从自然的维度看,正是人们对欲望无止境的追求和对商品无限占有的痴迷导致了技术的非理性运用,此时的自然充其量只是满足人的需要的手

---

① [加拿大]威廉·莱斯:《满足的限度》,李永学译,商务印书馆,2016年,第16页。

② 同上,第30页。

段,且在人类的野蛮征服中失去了平衡与和谐,人与自然关系的异化必然带来严重的生态危机。

基于以上认识,莱斯认为克服消费异化和生态危机的关键在于厘清技术、商品、需要和满足之间的关系,提出建构一种新的需要理论使人的最终满足根植于生产性活动,但这又在很大程度上依赖于"较易于生存的社会"的建立。在他看来,当代西方社会的"高生产-高消费-高污染"发展方式从根本上决定了科学技术的价值属性和社会后果。为了使这种发展方式延续下去,资本通过与技术的结合在全社会宣扬消费主义价值观和生存方式,不仅使人们沉浸在对商品-符号消费的盲目追逐中,而且还把控制自然变成了满足欲望的手段并加剧了人与自然的紧张关系。所以他强调在利用工业文明的技术成就基础上建立一个"较易于生存的社会",改变科学技术的使用方式而不是排斥技术进步和经济增长,更不是要人们回到过去那种穷乡僻壤的艰苦生活环境中去,相反"在替代性框架下,满足的可能性将与提供商品和服务的极端专业化(特别是脑力劳动与体力劳动的系统分离)以及在商品交换范围内随之而来的限制有关"①。

那么究竟应该如何建立"较易于生存的社会"呢?他认为,在变革资本主义不合理的生产方式和社会关系的前提下,赋予科学技术以新的人性和伦理基础。具体而言,一是破除消费主义价值观和生存方式,最大限度地减少人们对物质和能耗的需求,把人的满足从消费领域转向创造性的生产活动,实现从片面地追求商品消费的满足转向以创造性劳动维系的多种形式的满足;二是建立稳态经济使人们抛弃量的标准而采用质的标准,并在重新调整政策方向的前提下合理地分配资源,使需求问题不再被完全看作消费活动所特有的功能;三是反对技术的集中化和垄断化,把技术和资本分散到各种不同环境中以发挥其优势,这种技术的使用方式使之不至于沦为控制自然和牟取暴利的工具。尽管莱斯的这一社会构想带有明显的乌托邦色彩,但他对科学技术的资本主义使用方式及其社会后果的生态批判,使人们清醒地认识到"控制自然"的观念和消费主义的价值观盛行是由资本主义的社会性质所决定的,具有一定的进步意义。

---

① [加拿大]威廉·莱斯:《满足的限度》,李永学译,商务印书馆,2016年,第123页。

（二）安德烈·高兹：劳动分工和经济理性是技术法西斯主义的两大根源

在所有的生态学马克思主义理论家中，要数高兹从生态政治学角度对当代资本主义的批判最为尖锐、系统，尤其是他把资本主义批判同生产力、科学技术批判紧密地联系起来。一方面，他极力地反对"技术中性论""技术法西斯主义""技术官僚主义"等观点；另一方面，他试图通过生态理性与社会主义相结合的方式建构一种新型的生态社会主义模式。这不仅继承和深化了法兰克福学派对资本主义的批判，而且为从科学技术与社会政治的关联性视角研究资本主义生态问题开辟了生态学马克思主义发展的新阶段。

高兹对资本主义生态危机的分析始于对劳动分工的批判，因为他把一切异化现象的产生都归结为资本主义的劳动分工，认定作为生态危机根源的资本主义生产方式总是同劳动分工联系在一起的。为此，他立足当时欧洲工人阶级的发展状况，运用马克思的异化劳动理论阐明资本主义的劳动分工所带来的社会问题，认为当代资本主义在利润最大化的驱动下使劳动专门化、精细化，在促进自然和人最大限度产出的同时造成了工人自主性地位的下降。事实上，马克思在《资本论》中已作出这样的说明，资本主义的劳动分工"把工人变成畸形物，它压抑工人的多种多样的生产志趣和生产才能"，并且体力劳动与脑力劳动的分离又使"工人变成局部的工人"。[1]高兹进一步指出，资本主义的劳动分工把工人阶级分化为体力劳动者和脑力劳动者，其中一批从事技术研发的专家、工程师、学者等科技劳动者因垄断了科学技术知识而拥有了指挥、组织、监督体力劳动者的特权，由此造就了科技劳动者与体力劳动者之间的等级制关系。这种现象被他称之为"新奴隶主义"，前者相对于体力劳动者的绝对优势是因为 "对经济领域中劳动的不平等分配以及与此相伴的由技术发明所创造的自由时间的不平等分配，导致一部分人能够从另一部分人那里购买额外的空闲时间，而后者只能替前者服务"[2]。这意味着科技劳动者扮演资产阶级代理人的角色，他们可以利用先进的管理

---

① 马克思：《资本论》（第一卷），人民出版社，2004 年，第 417 页。

② André Gorz, *Capitalism, Socialism, Ecology*, London and New York: Verso Press, 1994, p.6.

模式和技术手段指挥、组织和监督体力劳动者的生产过程,而工人阶级内部的分化也进一步巩固了当代资本主义的统治基础。因此,高兹极力反对这种新的不平等分工,并以此为逻辑起点,把对资本主义劳动分工的批判延伸至对资本主义科学技术的批判,特别谴责了"技术中性论"的失误。

他从生态视域剖析了科学技术所代表的生产力同时也是一种破坏力,它的发展进一步实现了人的解放,却又招致社会的异化,并不必然具有进步意义。科学技术在资本主义社会中已经被纳入整个现代工业体系并服从于资本增殖的逻辑,成为资产阶级意识形态的重要组成部分。正如高兹所言:"科学技术不是独立于主导意识形态或者可以对它有免疫力的。它们作为生产力,服从于这个生产过程并和它整合在一起,不可避免地会带有资本主义生产关系的特质。"①在这个意义上,他斥责了"技术中性论"对资产阶级统治特权的辩护立场,坚决反对这种把机器同机器的资本主义使用严格加以区分的做法,指出科学技术导致社会消极影响的根源在于它的资本主义使用方式的观点是站不住脚的。科学技术宣称的中立性和客观性是根本不存在的,反而在本质、属性、结构和功能上具有明显的政治倾向,因遵循经济理性的原则而走向了自己的对立面。

基于以上认识,高兹把异化问题与资本主义的劳动分工、科学技术联系起来,从而揭示了资本主义与科学技术之间的交互机制。在他看来,科学技术在被异化为资本主义统治工具的同时,还持续制造着劳动、人和自然的多重异化,甚至把科学技术视为资本主义一切异化的"物质母体"。他从三个方面论述了资本主义技术模式对人类社会产生的负面效应。

首先,资本主义的利润动机必然会把科学技术与劳动条件、生产利润结合起来,使原本自主性的劳动在机械化和自动化的过程中变为服从经济理性的、外在于人的、强制性的异化劳动,"在大多数情况下,无论在工厂还是在办公室,劳动现在是一种消极的、预先安排好的活动,完全服从于大机器的运转,没有为个人的创造性留下任何余地。……'劳动'本身变成了等待和征服劳动者的物化活动的总量"②。

其次,资本主义生产体系对科学技术的高度依赖,不仅取消了人在劳动

---

① André Gorz, *The Division of Labour*, Sussex: The Harvester Press, 1978, p.165.

② André Gorz, *Farewell to Working Class*, London and Sydney: Pluto Press, 1987, p.67.

过程中的主体地位,而且破坏了人格的完整性和丰富性。一方面,人的劳动过程处在科学管理和机器系统的全面监视中,原本彰显人的本质力量的对象性活动只能按照机器的节律进行着,这就使人的积极性和创造性在机械化的重复性劳动中被消磨殆尽了,随之而来的是其从生产的"主导者"沦为了"旁观者";另一方面,现代工业体系利用科学技术进行的精细化分工把作为总体的人肢解为机器的一个"零部件",这些被固定在某个生产环节的劳动者不可能了解整个生产过程,他们所掌握的只是被预先设定好的部分知识和技能,而人的全面性和丰富性也随着人的能力退化而变得支离破碎。

最后,资本主义的发展逻辑把科学技术视为最大限度地剥夺自然的工具,在片面追求利润的动机驱使下对自然资源进行毫无节制地开采和利用,这必然会造成自然的破坏和生态的失衡。即使一些资本主义企业开始重视环境问题并采取相应改善措施,但它们本质上仍然是有利可图的商业模式,只不过披着一身绿色外衣罢了。关于这一问题,高兹明确指出:"生态技术法西斯主义还可能通过人工替换的自然圈层,把自然转化为商业来再生产生活基础,简直就像按照生产和利润最大化的要求,把生命的再生产、甚至人类生命的再生产工业化,把胎儿和器官商品化,把遗传基因甚至人类的基因工具化。"①

在资本主义技术体系所引发的三重异化中,他强调当代资本主义社会危机从根本上说是生态危机,无论过度积累危机还是再生产危机都与自然资源的匮乏密切相关。以核技术为例,莱斯强调以高度集中化为特征的核技术是一种独裁主义的政治选择,且潜藏核事故的生态风险和安全隐患就如同一把高悬于人类头顶的"达摩克利斯之剑"。尽管如此,资本主义国家仍热衷于发展这一类大规模的、垄断性的、不利于生态的"硬技术"(hard technology),主要原因在于"资本主义去除掉那些不符合现代社会发展状况的技术,而只发展那些和资本主义社会的发展逻辑相一致的并且发展那些有助于资本主义进行持续统治的技术"②。由此可见,他把技术问题与政治问题勾连在一起,通过批判"技术中性论"的观念和现代技术运用的社会后果,使资本主义制度的不合理之处展露无遗。

① André Gorz, *Capitalism*, *Socialism*, *Ecology*, London and New York: Verso Press, 1994, p.102.

② André Gorz, *Ecology As Politics*, Boston: South End Press, 1980, p.19.

高兹还从较为抽象的哲学层面探寻资本主义生态危机的根源，指出资本主义的现代化过程是以经济理性为核心原则，相应地，人们在生产和生活中遵循"越多越好"的信条，在加剧对自然资源盘剥的同时扩大了社会的两极分化。所以高兹把对资本主义技术体系的批判又拓展至对经济理性的批判，认为经济理性是以计算和效率为基础的，"确切地说，它以尽可能有效地使用生产的因素的经济的欲求为主要特征……这种合理性的目的就在于使这些'因素'经济化（如道德、感情、审美、价值等——引者注），它要求用简单的度量衡单位对这些要素的安排能够加以衡量、计算和计划，而不管这些要素是什么样子"①。也就是说，经济理性的形成与资本主义是同步发生的，在本质上是追求利润最大化的工具理性，坚持"利益优先""效率至上""越多越好"的指导原则，要求肃清所有与资本逻辑相悖的价值和目标，其直接结果是造成了经济理性对日常生活的殖民、职场精英对过剩人口的奴役、资本对自然最大限度的盘剥等一系列新的社会问题。

在认识到经济理性给当代资本主义社会带来的诸多危害之后，高兹强调问题的关键在于为理性划界，因为在经济理性支配下的资本主义生产方式，不可能解决其内在的生态危机以及与之相连的其他社会问题，只有诉诸一种彰显生态维度的新型理性才能超越经济理性。他把这种切断了"更多"与"更好"之间的联系以实现生态保护的理性形态称为"生态理性"，它从根本上说是以"更少地生产，更好地生活"为指导原则的价值理性，"旨在用这样一种最好的方式来满足人的物质需要，尽可能提供最低限度的、具有最大使用价值和最耐用的东西，以少量的劳动、资本和能源的花费来生产这些东西"②。这表明生态理性与追求生产效率、消费欲望和经济效益最大化的经济理性之间是不相容的，它追求的是生态效益的最大化，主张让经济活动的全过程服从于生态理性，使人们在劳动实践而非疯狂消费中体验到自由和幸福。

基于经济理性与生态理性在资本主义制度下呈现出一种对抗性关系的认识，高兹提出社会的生态重建必然走的是一条人与人、人与自然之间和谐的生态社会主义道路。作为对资本主义积极否定的社会主义生产方式，具有

① André Gorz, *Critique of Economic Reason*, London: Verso Books, 1989, pp.2–3.

② André Gorz, *Capitalism, Socialism, Ecology*, London and New York: Verso Press, 1994, p.32.

以下三点优势：第一，在生产活动中坚持以充足性为基本原则，尽可能以最少量的资源和劳动制造出大量的高耐用性商品，从而在避免资源浪费和生态失衡的同时恢复关注使用价值的生产性正义；第二，在日常生活中崇尚"更少但更好"的价值理念，使人们清醒地认识到拥有更多的金钱和商品并不一定带来幸福的生活，只有在自主性和创造性的劳动中才能实现满足和人生价值；第三，在社会转型中强调技术选择对社会制度的决定性意义，通过区分两种性质不同的技术说明社会主义的技术有利于人、自然和社会之间的协调发展，这种以小规模、分散型、人性化为特征的"软技术"（soft technology）打破了资本主义高度集权的统治逻辑。

高兹从生态政治学视角展开的资本主义劳动分工、技术法西斯主义及其经济理性原则批判，不仅深化了法兰克福学派基于人本主义立场的工具理性批判思想，而且在重新审视资本主义生产方式的同时，赋予理性精神以新的时代内涵，在此基础上提出建构一个以生态理性为原则的生态社会主义社会。尽管他的理论探索有利于我们树立正确的发展观、技术观和价值观，但还存在一些明显的不足，如因过分强调科学技术对社会变革的决定作用而表现出的"技术决定论"倾向，用生态理性矫正经济理性的做法遮蔽了扬弃资本主义私有制的必要性，只是抽象地谈论异化扬弃问题使他对未来社会的构想带有浓厚的乌托邦色彩。

（三）福斯特：资本主义生产方式是技术非理性运用的制度基础

在 20 世纪 90 年代之后，生态学马克思主义理论谱系得到了进一步的丰富和完善，主要得益于两点：一是全球性生态危机的加剧、生态新社会主义运动的发展、传统社会主义国家生态灾难的发生等一系列事件，促使西方马克思主义理论家在对现实的反思中，提出以"红绿联盟"为特征的生态社会主义理论；二是通过对 20 世纪 90 年代之前的生态学马克思主义和西方生态主义（包括生态中心主义、生态原教旨主义、主流绿党）的批判与继承，来重构马克思主义的生态学，主张从生态中心主义重返人类中心主义的立场，同时还把对资本主义的生态批判同全球问题结合起来，积极探索走出生态困境的可行性方案。在当今众多的新一代马克思主义理论家中，福斯特对技术非理性运用的制度基础的分析和论述最为系统和深刻。

在全球性生态危机愈演愈烈的时代背景下,西方理论家围绕"马克思是否有系统的生态学思想"的问题争论不休。他们对此大多持否定意见,认为马克思因专注于资本主义社会批判而在理论上存在着生态思想空场,更有甚者把马克思看作一个技术普罗米修斯主义者——因为他非但不关心科学技术对环境的影响,而且乐观地认为资本主义经济发展和技术进步能够解决生态限制的所有问题。福斯特驳斥了上述把现代唯物主义等同于机械决定论和技术决定论的观点,通过回溯历史唯物主义的理论传统指出,马克思的论著中已经包含了丰富的生态思想,"马克思的世界观是一种系统的、深刻的生态(指今天所使用的这个词中的所有积极含义)世界观,而且这种世界观是来源于他的唯物主义的"[①]。在福斯特看来,生态学在马克思的思想体系中不是"说明性的旁白",而是居于核心位置,集中体现在《1844年经济学哲学手稿》《共产党宣言》《资本论》等著作中。他强调系统阐释马克思生态学思想的重要性,因为"不仅在于这种唯物主义强调物质-社会生产条件这个社会前提,以及这些条件如何限制人类的自由和可能性,而且因为,在马克思那里,至少是在恩格斯那里,这种唯物主义从来没忽视过这些物质条件与自然历史之间的必然联系,也就是与唯物主义自然观的必然联系"[②]。其中,福斯特最为看重且详加阐述的是马克思关于人与自然之间的"新陈代谢断裂"理论。正是借助这一理论,马克思把对资产阶级政治经济学三个方面内容(即直接生产者剩余产品的剥削、资本主义地租理论和马尔萨斯的人口理论)的批判有机地联系起来,同时还将对资本主义社会的研究拓展至人与自然相互联系的生态领域。所以福斯特从本体论视角对马克思唯物主义的生态向度建构,使其生态学马克思主义理论具有不同于阿格尔、奥康纳、本顿等人的独特之处。依据其所建构的马克思生态学,他不仅深刻揭示了资本主义生态危机的内在必然性及其社会后果,而且还提出建立一个以社会正义为指向的生态社会主义社会。

---

① 　[美]约翰·贝拉米·福斯特:《马克思的生态学——唯物主义与自然》,刘仁胜等译,高等教育出版社,2006年,第3页。

② 　同上,第22页。

　　为了论证生态危机的根源在于资本主义制度而非科学技术本身，福斯特从资本主义制度和生产方式的特点入手，揭示了资本的扩张性与生态的有限性之间的敌对关系。就前者而言，资本主义作为一种积累制度驱使人们拒绝除了获得金钱以外的任何价值追求，物质财富的多寡成为衡量成功与否的标志。然而这种被物化了的道德标准只注重资本的短期回报，忽视作为生产要素的环境条件的长期规划，与之相适应的是，个人行为更注重对"交换价值"而非"使用价值"的追求，技术革新在利润逻辑面前也成了一种为之服务的工具，对自然的"创造性的破坏"因实现了资本增殖的目的而变得天经地义，这实质上就是资本主义社会的"结构性不道德"问题。就后者而言，资本主义的生产模式是由顶端的少数投资者和底层的多数工薪阶层所组成的金字塔结构，身处其中的每个人为了保证自己的位置而只能拼命地"奔跑"——投资者通过不断扩大生产规模维持其优势地位，工人则通过没日没夜地工作维持生计，福斯特称之为"踏轮磨房的生产方式"。但这种生产方式的维系却严重依赖于能源密集型和资本密集型的科学技术，它总是倾向于通过投入大量原材料和能源实现经济的持续增长。这意味着自然资源被迅速地消耗，以及随之产生的废弃物污染着环境，且在资本主义再生产的无限扩张过程中不断逼近生态阈值，最终对人类赖以生存的自然环境造成了不可逆转的危害。所以他把生态危机的根源归结为科学技术的资本主义使用方式而非科学技术本身，反对抽象地谈论科学技术的社会效应，强调资本的逐利本性决定了它不可能按照生态原则使用科学技术，只是诉诸单纯的技术进步去解决问题，而且"将可持续发展仅局限于我们是否能在现有生产框架内开发出更高效率的技术是毫无意义的，这就好像把我们整个生产体制连同非理性、浪费和剥削进行了'升级'而已……能解决问题的不是技术，而是社会经济制度本身"①。福斯特据此得出资本主义反生态性的结论，从而有力地驳斥了资产阶级理论家们大肆宣扬的"技术决定论"。

　　在考察科学技术与人类社会的关系问题时，福斯特坚持用生态唯物主义的分析方法，从特定的社会经济形态和政治制度出发，论述了资本主义条件下技术是如何加剧人和自然之间分裂的过程。他认为："更为重要的是，新

　　① ［美］约翰·贝拉米·福斯特：《生态危机与资本主义》，耿建新等译，上海译文出版社，2006年，第95页。

陈代谢概念为马克思提供了一个表述自然异化(以及它与劳动异化的关系)概念的具体方式。"①这一概念是马克思对资本主义展开全部生态批判的核心元素,它揭示了以劳动为中介的自然与社会之间的物质交换过程。通过对李比希关于"土壤肥力下降"的论述和马克思关于"土地衰竭"问题论述的系统梳理,福斯特进一步指出当代资本主义借助科学技术的力量加速了城市与乡村、人与土地之间的分裂。资本主义生产的目的在于获得高额的利润,至于发展科学技术则是由于它对生产效率的提高符合"利润的逻辑学",就像马克思所认为的那样,资本主义生产体系的日益完善是建立在剥夺劳动者和自然资源的技巧的进步之上,其结果必然是生产过程与现代技术的结合同时破坏了人的自主性和生态的平衡。究其原因,科学技术的发展促使大量的人口涌向了经济发达的大城市,这些"城里人"在生产和生活中制造的废弃物,因无法回到偏远的农村而使土地得不到养分,此外堆积如山的垃圾也远远超出了城市的承受能力,由此破坏了城市与农村之间的基本物质循环,同时造就了人类与自然之间的敌对关系。为了应对土地衰竭的问题,人们寄希望于第二次农业革命,尤其是化肥的使用。但福斯特明确指出,仅凭借化肥技术并没有从根本上弥合人与土地之间的物质变换裂缝,"相反,关于这个问题却有一种不断增强的认识,也就是,新的方法(技术的应用)只是有助于生态破坏的过程的理性化"②。一方面,化肥工业属于能源密集型产业,它的生产、运输和使用都需要耗费大量的不可再生资源;另一方面,化肥具有可溶解和价格低的特点,过度施肥不仅容易引发地下和地表水的污染,而且会造成土壤中有机物含量降低和生物多样性减少。据此,福斯特认为资本主义条件下科学技术的使用必然会带来人与自然之间新陈代谢的断裂,而科学技术不过是加速这一过程的助推剂。

基于上述认识,福斯特批评了资本主义国家企图通过市场方案和技术方案解除生态威胁的做法,指出在不触动资本主义制度及其生产方式的前提下奢谈人与自然之间的和谐是不现实的。就市场方案而言,西方资产阶级学者坚称环境保护兼具经济效益和生态效益,他们相信资本主义市场经济

---

① [美]约翰·贝拉米·福斯特:《马克思的生态学——唯物主义与自然》,刘仁胜、肖峰译,高等教育出版社,2006年,第176页。

② 同上,第166页。

特别是价格机制是妥善处理环境问题的最好方法。然而这种把作为公共产品的自然资源商品化、资本化和私人化的做法对于全球生态治理来说却是收效甚微的，企业之所以优先采取生态保护的策略组织生产也不过是为了攫取更多的剩余价值，那些被贴上"生态健康""绿色""无污染"等标签的商品，因更好地迎合了生态消费意识而顺利地实现了其交换价值，于是高昂的环境成本就以不断外化的方式转嫁给社会公众乃至第三世界国家。就技术方案而言，英国经济学家杰文斯以煤炭为例指出，技术进步对煤炭等自然资源利用效率的提高，非但不会减少，反而会增加资源的需求和消耗。福斯特则通过对美国汽车行业的技术革新与能源消耗总量之间关系的考证，认为"到目前为止，杰文斯悖论仍然适用，那就是，由于技术本身（在现行生产方式）无助于我们摆脱环境的两难境况，并且这种境况随着社会经济规模的扩大而日益严重"①。因为资本主义国家只会发展那些有利于经济无限增长的科学技术（如煤炭），至于那些即便是相对成熟的环保技术则被弃之不顾。尽管如此，他强调自然的解放不是要回到前工业时代，而是在运用技术文明的成果基础上构建一种新型的人与自然和谐的社会主义模式。为此要做到以下两点：一是把生态运动与社会革命联合起来的生态政治战略，建立环保主义者与无产阶级之间的联盟，从而保护生态系统的平衡、人的生存发展权以及二者之间的良性互动；二是把自然和人类的可持续性作为社会发展的基本原则，通过对资本主义国家违背生态规律的狂妄之举和转嫁生态危机的短视行为进行了批判，从而在人们的灵魂深处掀起了道德革命，使之摆脱商品拜物教和技术神话的宰制。

虽然福斯特对马克思生态学的理论建构遭到许多西方学者的抨击，还同生态学马克思主义内部的奥康纳阵营存在意见分歧，但正是在他的努力下，历史唯物主义的生态政治学向度才真正被开启。他并没有简单地否定科学技术，而是把技术问题与社会制度联系起来揭示资本主义制度的非正义性和反生态性，主张通过变革资本主义制度及其生产方式克服人与自然、人与人的疏离和对立。就此而言，他的基本观点和立场无疑是正确的，只是在

---

① 　[美]约翰·贝拉米·福斯特：《生态危机与资本主义》，耿建新、宋兴无译，上海译文出版社，2006年，第96页。

如何实现生态革命与社会革命的结合方面语焉不详，使其生态社会主义构想在现实面前缺乏说服力。

四、马克思主义女性主义对"技术－性别"的批判

女性受压迫与歧视是人类文明进程中长期存在的社会问题，但直至 19 世纪才冲破历史的迷雾而成为人们普遍关心的重大议题，也正是在这个时候，人们将女性遭到压迫的状况、根源和解放路径诉诸哲学，在 20 世纪六七十年代逐渐形成了自由主义女性主义、激进主义女性主义与马克思主义女性主义①的三足鼎立格局。马克思主义女性主义作为其中不容忽视的支流，致力于把女性主义与马克思主义结合起来作为其理论框架，从历史唯物主义观点出发揭示妇女处于从属地位的根本原因和促进女性解放的现实道路。尽管马克思主义女性主义者对技术问题的讨论与家务劳动、社会发展、日常生活等问题交织在一起，但都基于性别视角对包括自动化机器、避孕技术、辅助生育技术等在内的科学技术所扮演的资本主义和父权制意识形态角色加以批判，并在此基础上积极探索女性在政治、经济、文化等方面实现解放的可能性。以下择取该流派不同时期代表性人物本斯顿、米切尔、哈拉维等人的思想进行说明。

（一）本斯顿和科斯塔基于劳动价值理论视域下的家务劳动批判

20 世纪六七十年代，欧美国家在新左派运动的影响下掀起了声势浩大的第二次女权主义运动。但自由主义女性主义和激进主义女性主义忽视了女性所处的社会历史条件，使之难以找到消除性别歧视的出路，于是以本斯顿、科斯塔、詹姆斯等人为代表的早期马克思主义女性主义者试图在马克思

---

① 大多数研究者将马克思主义女性主义与社会主义女性主义看作同一的女性主义派别，因为二者尽管侧重点有所不同，但都坚持共同的信念，认为"妇女受压迫并不是个人蓄意行动的结果，而是个人生活于其中的政治、社会和经济制度的产物"。因此，在关于马克思主义女性主义技术批判思想的讨论中，不对它与社会主义女性主义作严格区分，而是关注从 20 世纪 70 年代的马克思主义女性主义者米切尔到 90 年代以来的唯物主义女性主义者哈拉维对技术问题的思考。参见［美］罗斯玛丽·帕特南·童：《女性主义思潮导论》，艾晓明等译，华中师范大学出版社，2002 年，第 141 页。

主义理论基础上提出一种新的理论范式。她们围绕家务劳动的性质、社会化及其同资本主义生产的关系等论题展开了激烈的讨论，从而开启了研究女性问题的马克思主义视角。

马克思和恩格斯的著作，尤其是《德意志意识形态》和《家庭、私有制和国家的起源》中关于生产、社会分工、劳动异化、家庭、阶级、解放等的论述在不同程度上与性别问题相联系，因而成为早期马克思主义女性主义探索女性受压迫原因的理论框架。在马克思和恩格斯合著的《德意志意识形态》中提出了"两种生产"理论，即物质资料的生产和人类自身的生产，后者基于生理原因所发生的"自然分工"造成了男女之间的不平等。恩格斯在晚年所撰写的《家庭、私有制和国家的起源》被大多数马克思主义女性主义者视为理论起点，他论述了女性的屈从地位是如何形成的，认为私有财产的出现是造成这一现象的根源。在恩格斯看来，最早的阶级对立就是家庭内部的性别对立，现代社会的家庭仍然建立在公开的或隐蔽的女性的家庭奴隶制之上，女性在私人领域所从事的家务劳动因不能直接生产剩余价值而无法获得相应的报酬。所以女性解放的第一个先决条件就是让一切女性重新回到公共事务中去，现代化的大工业也为女性参加社会生产活动开辟了道路。然而这样她们就不得不在完成繁重的家务劳动与参加社会化的生产活动之间作出选择，"如果她们仍然履行自己对家庭中的私人的服务的义务，那么她们就仍然被排除于公共的生产之外，而不能有什么收入了；如果她们愿意参加公共的事业而有独立的收入，那么就不能履行家庭中的义务"①。解决二者之间冲突的有效办法是使家务劳动社会化，把私人领域的家庭劳动变成社会领域的公共劳动。这一观点引发了人们关于家务劳动是否创造价值、是生产性劳动还是非生产性劳动、能否实现工资化、对资本主义的必要性等问题的讨论，为马克思主义女性主义者探讨妇女解放路径奠定了理论基础。

早期马克思主义女性主义者直接继承了经典马克思主义的观点，侧重于从经济因素出发揭示资本主义社会妇女受压迫的物质基础是无偿的家务劳动，号召无产阶级妇女走出家庭而积极投身于社会生产活动之中。加拿大学者玛格丽特·本斯顿在《妇女解放政治经济学》中，运用马克思的劳动价值

---

① 《马克思恩格斯文集》（第四卷），人民出版社，2009年，第87页。

学说对家务劳动进行分析。她认为,根据马克思对使用价值和交换价值的区分,可以把妇女的家务劳动看作只具有使用价值而不具有交换价值的生产性活动,因为从资本主义商品生产的逻辑出发,它不计酬劳而只对再生产负责,于是从事这项工作的妇女也被看作无价值的存在。正是在这个意义上,本斯顿认为妇女构成了一个阶级, 由这类在家庭生活中创造简单的使用价值的、却处于工业生产体系之外的人群构成。即使妇女进入劳动雇佣市场并参加社会生产,但她们的工作也往往被限定在技术含量较低的、具有女性特征的、无关紧要的领域,如清洁、烹饪、缝纫、照顾孩童等。此外,本斯顿还指出妇女作为社会生产者,只有在市场需求增加时才会成为重要劳动力,反之则沦为剩余劳动力。这表明男性从事社会生产的时间要远远长于女性,而女性只是暂时性地进入公共领域, 她们把更多的时间和精力耗费在重复、单调、琐碎、孤立、充满压抑的家庭劳动上。既然资本主义按性别分工的劳动体系导致家庭与社会、私人领域与公共领域、体力劳动与脑力劳动之间的分裂,那么女性解放的关键在于将私人领域的非市场劳动转化为公共经济的社会劳动,即家务劳动社会化。如此一来,女性就在很大程度上获得了独立的经济地位,其受歧视的经济基础被消除了、从事的家务劳动被社会尊重和认可、妇女相应地得到了一定的自由。基于以上分析,本斯顿指出:"家庭之外的就业平等,固然是妇女解放的一个先决条件,但这个条件本身并不足以给女人带来平等;只要家务劳动仍然是私人产物和妇女的责任,她们就只能继续承担双重负担。"[1]也就是说,女性解放必须具备两个重要条件:第一,家庭外获得平等的职业发展机会,即从事社会生产的平等机会;第二,从琐碎的家务劳动中解放出来,实现家务劳动社会化。这两个方面是密切联系在一起的,如果女性不先从家庭劳动中解脱出来,她们就难以有机会参加工业生产;如果女性被长期束缚在家庭中而不像男性那样外出工作,家务劳动的社会化也就无从谈起了。相应地,本斯顿认为解放策略分为两个阶段:一是通过家务劳动社会化减轻女性的家庭重担;二是鼓励女性积极加入公共领域,生产更多的交换价值。

但意大利学者玛利亚罗莎·达拉·科斯塔在与谢尔玛·詹姆斯合著的《妇

---

[1] Margaret Benton, *The Political Economy of Women's Liberation*, Monthly Review, 1969, p.21.

女与社区的颠覆》中,对上述恩格斯、本斯顿等提出的家务劳动社会化观点
进行了批判。在她们看来,家务劳动不仅创造了供家庭成员直接消费的使用
价值,而且还以孕育后代的方式创造了劳动力商品。家庭主妇实质上作为
"生产性工人"不断生产着剩余价值,为现在的和未来的劳动力提供衣食起
居和情感安慰服务,从而维系着资本主义社会的运行。资本家对这种剩余价
值的占有是通过向工人阶级丈夫支付工资来实现的,于是后者就顺理成章
地变成了剥削家庭妇女的工具。据此,科斯塔和詹姆斯认为,"妇女是工资奴
隶的奴隶,对主妇的奴役保证了对她丈夫的奴役",并进一步提出了"工人阶
级妇女反抗自身家庭的斗争是至关重要的"观点。[1]为了避免家务劳动社会
化使妇女陷入双重劳动压迫的生存困境,她们主张国家(政府和雇主)为女
性所从事的家务劳动支付工资,因为国家财政收入是"资本剥削女性"的成
果。这一主张不仅使人们深刻领会家庭劳动与社会劳动具有同等重要的地
位,而且表明女性作为剩余价值的生产者也是遭受剥削的工人阶级的一部
分,从而为女性主义政治运动奠定了理论基础。那么究竟应该如何实施"家
庭劳动工资化"的解放策略呢?科斯塔和詹姆斯提出两大行动方案:一是拒
绝无偿的工作,特别是对处在不断吸收家庭妇女从事工业生产的资本主义
经济制度中的女性来说,她们作为生产流水线上的奴隶与作为厨房水池边
的奴隶并没有什么本质区别,只有消解家庭主妇的角色而非停止做任何家
务劳动,才能使之从私人领域中的家庭劳动者转变成公共领域中的社会生
产者;二是在公共性问题、家务劳动无偿化、两性不平等、家庭与公共空间相
隔绝等问题上,广泛动员工人阶级主妇,促使家务劳动的斗争得以"社会
化"。[2]然而家务劳动计酬的观点遭到了马克思主义女性主义内部的强烈反
对,认为这样不仅无法把女性从家务劳动的禁锢中解救出来,而且还会进一
步将其隔离在家里并强化了性别分工机制。如美国女权主义经济学家芭芭
拉·伯格曼在《妇女的经济崛起》一书中所说,家务计酬只会鼓励妇女整日埋
头于无尽的家庭事务而无心参加社会工作,同时也在无形中助长了现代社
会把包括夫妻关系和亲子关系在内的一切家庭关系都商品化的倾向,其结

---

① Rosemary Hennessy and Chrys Ingraham (ed),*Materialist Feminism:A Reader in Class,Differ-ence,and Women's Lives*,New York:Routledge,1997,p.50.

② 参见秦美珠:《女性主义的马克思主义》,重庆出版社,2008年,第38页。

果必然是加剧劳动性别分工的僵化和妇女被歧视的状况。

无论本斯顿"家务劳动社会化"的方案,还是科斯塔和詹姆斯的"家务劳动工资化"策略,都是以马克思主义劳动价值理论为分析框架。正如沃格尔所总结的那样,二者"都运用了马克思主义术语分析妇女在家庭中无偿家务劳动的性质及其与现存社会矛盾的关系以及变革的可能性"①。事实上,从她们对压迫女性经济根源的剖析中不难看出,早期马克思主义女性主义者是站在"女性解放"的立场来解读"性别–技术–社会"的关系,由此开辟了马克思主义女性主义技术研究的基本路线。她们把性别的社会分工而非自然分工作为切入点,剖析女性从事低技术的私人领域劳动的主要原因。在她们看来,男性劳动者因体力和经济上的优势而迎合了资本主义社会化大生产的需要,而资本主义生产体系与追求客观性、精确性的科学技术之间的内在一致性,又注定会把重感情的女性排除在外,这样男性就通过掌握生产资料并生产剩余价值获得了高于女性的社会地位,同时也取得了对家庭的统治权。这表明资本主义条件下的科学技术及其劳动分工蕴含着性别歧视的政治偏好,仅仅诉诸家务劳动的社会化或工资化是难以彻底解决问题的,除非推翻隐匿于科学技术规则之中的资本主义权力关系及其制度框架。

(二)米切尔基于二元制理论视域下的资本主义和父权制批判

20世纪七八十年代,马克思主义女性主义者对经典马克思主义妇女理论观进行了批判性反思,主张把六七十年代发展起来的女性主义理论新潮中的精华"嫁给"马克思主义理论以改造这个理论,探索马克思主义与女性主义的深层结合。英国学者朱丽叶·米切尔第一次试图把马克思主义与激进主义女性主义的观点结合起来,明确提出了女性受压迫的"四类机制"理论,主张推翻资本主义制度与父权制意识形态,尤为看重精神文化因素对女性解放的意义。这不仅进一步深化和丰富了马克思主义的妇女理论,而且在维护女性权益、促进社会和谐、推动历史进步等方面都发挥了积极作用。

---

① Lise Vogel. *Marxism and the Oppression of Women Toward a Unitary Theory*, New Jersey: Rutgers University Press, 1983, p.17.

在《妇女：最漫长的革命——当代西方女性主义理论精选》一书中，米切尔通过对马克思、恩格斯、倍倍尔和列宁在妇女问题上的观点加以评述，指认经典马克思主义作家过分强调经济因素，以至于他们的妇女理论都沦为了"社会主义理论的附属品"。因此，她从非物质角度出发，把妇女深受压迫的原因归结为"四类机制"（即生产、生育、性关系和儿童社会化），强调解决问题的关键在于改变资本主义社会的四大结构。在对四类机制的研究过程中，米切尔具体讨论了科学技术在女性解放中所起的作用，特别强调"工业劳动和自动化技术为妇女的解放提供了前提——但仅仅是前提而已"[①]。

在生产结构方面，性别的社会劣势而非生理劣势构成了女性被排除在社会生产领域之外的主要原因。米切尔反对恩格斯倾向于用"男强女弱"的生理差异来解释性别分工的观点，认为这种过于简单化的看法不足以说明女性处于从属地位的真实状况。她指出，尽管科学技术的进步和工业化时代的到来使社会生产不再倚重于体力型的劳动，广大妇女同胞拥有了更多参与社会劳动的机会，但她们仍然没有改变其作为"社会奴隶"的悲惨命运。因为资本主义制度导致的结构性失业使妇女成为"劳动大军中最不稳定的成员和资产阶级社会里最容易被牺牲的成员"[②]，她们作为男性劳动力的后备军即便是短暂地逃离家庭而进入就业市场，也只能从事诸如清洁、烹饪、保姆等一类相对简单的低报酬职业。据此，米切尔断言，资本主义社会中技术的革新固然为女性迎来了解放的"契机"，但没有从根本上改变女性被排挤和歧视的社会处境，只有把技术进步与社会结构变革结合起来，才能保证女性与男性一样获得参与社会劳动的基本权利。

在生育结构方面，现代生育技术通过把生命的再生产与性生活分离开来，特别是避孕技术的发明给予女性生育的选择权和自主权，只是父权制的意识形态不断强化着女性"生儿育女、操持家务"的天职使之拒绝使用它们。在米切尔看来，女性与生俱来的生理结构在赋予其生育后代职责的同时，把她们禁锢于狭隘的家庭生活之中，于是长期在经济上依附男性而存在的女性就被社会逐渐边缘化了。尽管生产模式从原始社会到封建社会再到资本

①②　李银河主编：《妇女：最漫长的革命——当代西方女性主义理论精选》，中国妇女出版社，2007年，第11页。

主义社会已经发生了翻天覆地的变化,但人类得以繁衍生息的生命再生产模式却从未改变,技术进步实质上是"以一种典型的保守形式实现的"。一方面,资本主义国家通过限制避孕药的销售使它只能被少数特权阶层的女性所享用,而无产阶级的妇女想要避免生育的麻烦就不那么容易了,这样使原有的生育模式和父权制的威严得以维持;另一方面,仅仅针对女性而制造的避孕药使之在性冒险的过程中成为"实验品",男性不仅无须对女性负任何责任,而且还使女性承受药物带来的副作用。①由此可见,现代生育技术并没有减轻对女性的压迫,甚至在父权制意识形态的支配下加剧了性别不平等现象。

在性关系结构方面,20 世纪 60 年代的性解放浪潮力图以向传统性关系宣战的偏激方式使女性获得更大的自由,但大多数妇女体验到的不是解放而是压迫。米切尔清醒地认识到,性解放实质上解放的是男性,他们因不具备女性特有的生育功能而免于承担后果,避孕药的使用使之更加肆无忌惮地与不同女性结为临时的性关系,女性则在这种所谓的自由中沦为男性满足欲望的手段和工具。

在儿童社会化结构方面,父母在孩子社会化的过程中分别承担着"工具"和"情感"的作用,母亲相较于在外工作的父亲而言往往耗费了更多的时间和精力培养子女,这不仅使女性没有机会参与社会劳动和公共生活,而且使之因经济上不独立而不得不听命于丈夫的差遣。此外,米切尔还注意到,女性在扮演母亲角色的过程中遭遇的压迫并没有随着家庭规模的变小、生育时间变少而改变多少,"现在妇女生育率降低,她们的子女远比 19 世纪至 20 世纪之交时妇女所有的少得多,但她们用于子女社会化上的时间却并没有减少"②。

米切尔认为以上四大结构是紧密联系在一起的,女性正是在它们的"综合性压迫"下始终无法摆脱家庭和男性的束缚,在社会结构中仍处于受压迫和歧视的"他者"地位。在此基础上,她进一步指出这四个方面的内容是由资

---

① 参见李银河主编:《妇女:最漫长的革命——当代西方女性主义理论精选》,中国妇女出版社,2007 年,第 14 页。

② [美]罗斯玛丽·帕特南·童:《女性主义思潮导论》,艾晓明等译,华中师范大学出版社,2002 年,第 172 页。

本主义制度和父权制所决定的，提出了把对资本主义的唯物主义分析和对父权制的意识形态分析相结合的"二元制理论"，旨在从源头入手解决女性问题。

一方面，米切尔肯定了马克思所提出的女性处于从属地位的根源在于经济因素的看法，从历史唯物主义立场出发分析资本主义制度中女性问题产生的原因，指出资本主义生产体系把女性从事的劳动力再生产和家务劳动排除在外，从而弱化了女性劳动者在社会生产活动中的作用和价值，其结果是必然导致女性作为男性的附属品而被社会边缘化。尽管自动化技术的出现消除了男女之间在社会生产上的体力差别，但资本主义生产方式下的女性不被视为社会生产活动中必需的力量，总是被排挤在技术性工作之外，至多让其从事以情感为主导的服务性或辅助性工作。这表明妇女受压迫的状况并没有随着社会生产力的发展和科学技术的革新而减轻多少，资本主义社会中的男人和女人在参加社会劳动的权利上仍是不平等的。因此，她认为妇女解放运动应该集中于经济因素，"最基本的要求不是工作权利或同工同酬 —— 这是改革者的两大要求——而是同等工作本身"①，不能让妇女因被局限于家庭生活而无法参与社会生产活动，必须让其完全进入公共领域部分。

另一方面，米切尔又批评了传统马克思主义者把包括生育、性关系和儿童社会化在内的三大因素都简化为经济因素的做法，通过借鉴弗洛伊德的精神分析学说揭示了女性受压迫的非物质原因，强调父权制意识形态的作用不亚于资本主义经济。美国激进派女权主义者凯特·米利特在《性的政治》中第一次系统地论述了父权制理论，认为父权制是男性借以统治女性的意识形态和心理结构，"我们的社会是父权制的，我们的军队、工业、技术、高等教育、科学、政治机构、财政，一句话，这个社会所有通向权力（包括警察这一强调性的权力）的途径，全都掌握在男人手中"②。她的这一观点引起了米切尔的共鸣，且在《精神分析和女权主义》一书中指出，父权制作为一种普遍有效的意识形态结构，非但没有随着资本主义消亡而消亡，而且还渗透到生活领域形成了"男主外、女主内"的家庭模式，从而进一步维护了男性长期以来至高无上的统治地位。换句话说，正因为父权制意识形态把女性视为情人、

---

① 秦美珠：《女性主义的马克思主义》，重庆出版社，2008年，第29页。

② ［美］凯特·米利特：《性的政治》，钟良明译，社会科学文献出版社，1999年，第38~39页。

妻子、母亲，而不是劳动者，所以在这一根深蒂固观念的影响下，女性自身也把照顾丈夫、抚育子女作为理所当然的事情，并且心甘情愿地从事不被社会认可却烦琐无比的家务劳动。至此资本主义社会的家庭模式成为男性控制女性并施展其权威的最佳场所，同时承担着社会再生产的经济功能（即劳动力的生产）和意识形态再生产的文化功能（即父权制神话的创造），因为"父权制已经建构了男人和女人的精神，妇女仍将处于屈从男人的地位；除非她们和男人一样，都能在精神上解放出来，摆脱'妇女不能与男人平等'的思维约束"①。

如果说资本主义私有制是通过劳动的性别分工把妇女排挤出生产领域，那么父权制意识形态就是通过压抑女性的独立意识把妇女禁锢在家庭领域，二者的共同作用导致了女性长期受剥削、受压迫的生存困境。基于此，米切尔认为，实现女性彻底解放的根本途径在于消灭资本主义制度和父权制意识形态，尤为强调离开社会心理革命谈性别平等是空洞的，要同时在心理结构或思想层面发动革命，否则对待女性的态度绝不可能发生根本性改变。尽管米切尔没有专门讨论技术与女性的关系问题，但从其"四类机制"和"二元制"理论中不难窥见，她是基于特定的社会文化结构来剖析技术对女性地位的影响，认为仅仅是技术上的进步并不会给女性带来福音，它只不过是转换了一种压迫形式，为女性解放提供了前提条件而已。

（三）唐娜·哈拉维：基于后马克思主义视域下的身份政治批判

20 世纪 90 年代以来，为避免早期女性主义马克思主义和社会主义马克思主义着眼于社会结构剖析妇女受压迫根源的"宏大叙事"，后马克思主义女性主义（post–Marxist Feminism）在同后现代主义和后结构主义思潮的"联姻"中应运而生了。它"不是简单回到马克思主义，而是在女性主义、马克思主义和后结构主义的观点存在动态紧张关系的前提下，保持它们之间的平衡"②。不

---

① ［美］罗斯玛丽·帕特南·童：《女性主义思潮导论》，艾晓明等译，华中师范大学出版社，2002年，第 173 页。

② ［英］朱利斯·汤申德：《后马克思主义的女权主义》，载周凡主编：《后马克思主义》，中央编译出版社，2007 年，第 362 页。

论是以哈丁和贾格尔等为代表的强后马克思主义女性主义，还是以巴雷特和哈拉维等为代表的弱后马克思主义女性主义，都在对马克思主义理论的质疑和否定中，转而关注女性的身份认同、主体差异、精神气质等话题，并提出以话语政治和个体经验对抗结构性的资本主义制度和父权制意识形态的行动策略。尽管她们拒斥了马克思主义的总体逻辑和革命主张，但从资本主义文化批判的视角拓展了女性主义马克思主义的理论视野。

唐娜·哈拉维作为美国后马克思主义女性主义者的领军人物之一，在后现代主义与女性主义科学批判思想的启发下，发展了以赛博格本体论和情境知识论为内核的后现代女性主义科学技术观。面对 20 世纪中后期高新技术尤其是生物技术和信息技术的涌现及其对社会关系的重构，她在《赛博格宣言：20 世纪晚期的科学、技术和社会主义女性主义》中，从性别视角对科学技术展开了文化批判，在引入"赛博格"（cyborg）概念及其乌托邦想象的同时，建构了"社会主义-唯物主义"女性主义理论的批判框架。事实上，"赛博格"这一术语最初是由美国天体物理学家曼菲德·克林兹和内森·克莱恩于 1960 年提出的，用以指称那些经过改造可以在太空环境下生存的电子人。哈拉维在此基础上赋予了它新的内涵，认为"赛博格是一种受控有机体，一种机器和有机体的杂合体，一种社会实在的造物和一种虚构的造物"①。也就是说，"赛博格"作为人与机器的结合体，既是基于特定社会语境的现实创造物，又是以主观性想象为前提的虚拟创造物。

借用赛博格的隐喻，她进一步阐明其在本体论意义上对传统界限的消解，具体表现为三个方面：一是人与动物之间的界限在器官移植等技术的广泛应用中而被打破，二是有机体与机器之间的界限在人对物的高度依赖中变得日益模糊，三是物理的东西与非物理的东西之间的界限因微电子装置的随处可见而被逾越。但哈拉维并没有止步于技术层面的分析，而是将赛博格对社会秩序的摧毁和重建拓展至文化、政治层面，从而构想了一个消弭自然与文化、男性与女性、科技与社会之间差异的"后性别世界"。她认为赛博格神话不仅重塑了人类的生存空间，而且还生成了具有多元化的、边界模糊的、相互冲突的、异质性等特征的"新主体"，如此一来，那些妄图用性别、种

---

① Donna Haraway, *Siminas*, *Cyborgs*, *and Women*: *the Reinvention of Nature*, London: Free Association Books & New York: Routledge, 1991, p.149.

族、阶级为标准来定义"妇女"范畴的策略就难以奏效了。女性在现代社会中的处境通过科学和技术的社会关系得以全面重建，社会生产的机械化和自动化使更多的女性获得工作机会，特别是跨国公司更偏好雇佣第三世界国家的妇女，这就把工厂、市场和家庭重新组合起来形成了"家庭工作经济"（homework economy）。然而哈拉维清醒地认识到社会的女性化趋势不仅没有提高妇女的地位，而且使之承受着家庭和工作的双重压力，其结果是她们既损失了家庭（男性）工资又必须从事资本密集的高强度工作，随之而来的是贫困的进一步女性化。至此，所有人（包括女性化的男人在内）无一例外地被纳入赛博格之中，以往对男性与女性、白人妇女与有色妇女、资产阶级妇女与无产阶级妇女所作的划分都不再适用了。此时传统的主客二分法已经不能准确地描述当前妇女的真实状况，"赛博格"成为一种超越边界的对抗性形象，使"处在 20 世纪晚期这一神秘时代的我们都是怪物，都是由机器和有机体理论化后创造的杂交体，简言之，我们都是赛博格。赛博格就是我们的本体论存在，它给予我们自身的政治"①。

　　基于赛博格对传统界限的逾越和身份稳定性的断裂的论断，哈拉维大胆地提出了旨在突破性别二元论的赛博格女性主义构想，强调女性在现代技术环境下被不断地解构、重组对女性解放和性别平等的实现具有重要意义。

　　一方面，哈拉维对女性主义立场论的整体化倾向和传统二元对立的思维模式展开了无情批判。在承袭了黑格尔和马克思的思想传统基础上，女性主义立场论坚持女性的立场在认识和批判社会现实时具有先天的优势，如哈丁主张女性的日常生活及其经验为分析主流科学提供了一个更优越的视角，在不同社会位置的女性相较于统治阶级的男性而言拥有更多元化的生活经验，从中获得更加全面的、完整的、客观的认识。哈拉维则极力反对女性主义立场论所强调的"女性经验"，认为所谓的女性身份同一性或生活经验一致性本身就存在一种排他意识，并且批评了把处于社会弱势者作为知识优势者的浪漫主义看法。基于此，她明确表示社会主义女性主义和激进主义女性主义在本质上都是一种性别中心主义和霸权主义，因为二者根据特定差异去划定"统一主体"和"身份认同"，这与传统父权制的整体化倾向如出

---

① ［美］唐娜·哈拉维：《赛博格宣言：20 世纪晚期的科学、技术和社会主义女性主义》，载［美］伊丽莎白·韦德、何成洲主编：《当代美国女性主义经典理论选读》，南京大学出版社，2014 年，第 195 页。

一辙,也就不可避免地使女性主义再次掉入它所批判的二元论泥沼中。更确切地说,女性主义立场论的哲学基础是强调主体与客体、文化与自然、男性与女性、西方与东方等之间对立的二元论,由此造成的人类中心主义、男性中心主义、西方中心主义不断强化着白人父权制和帝国主义的统治合法性,只有在推翻认识上的二元论的前提下才有可能改变这种不平等的社会秩序。

另一方面,哈拉维借助于后现代社会中身份模糊的"赛博格"来颠覆传统女性主义视域中的主体概念,甚至乐观地期待所有人放弃对身份认同的执念而转向在差异性中解救自身。在她看来,赛博格表征着人类新的性别模式和新的政治形式,它抹平了所有边界和范畴而欣然地接纳多元化、异质性和非统一性,强调"身份即是矛盾的、部分的、战略的;多样化的性别、种族和阶级不能为本质主义的统一提供任何基础"[1]。正因如此,她对科学技术和赛博格式主体抱有一种相对乐观和包容的态度,不仅号召女性积极参与多样化的技术创新活动,而且把弥合性别鸿沟的新技术视为女性解放的潜在力量。对于新技术对社会结构的拆分和重组问题,哈拉维则明确地表示:"对科学技术的社会关系负责任意味着拒绝反科学的形而上学,拒绝技术恶魔论,因此意味着重构日常生活边界的技术任务。……科学技术不仅是人类获得高度满足的可能方式,还是众多复杂支配的发源地。……它意味着既建造又破坏机器、身份、范畴、关系、空间、故事。"[2]这又表明她既不乐观地肯定也不悲观地否定科学技术的态度,而是号召现代人在拥抱科学技术的过程中实现身体与机器的合理拼接,不要惧怕新技术的出现,以及它对人类身体和社会意识的重塑,由此超越了在技术问题上乐观主义的盲目自信和悲观主义的消极偏执,使女性在保持自身特殊性和差异性的前提下联合起来对抗男权社会的道路得以敞开。

哈拉维把边界模糊的、身份多元化的、非同一性的"赛博格"作为本体论基础,这就决定了她在认识论上坚持部分的视角、主体的多样性和客体的动

---

[1]　Donna Haraway,*Siminas*,*Cyborgs*,*and Women*:*the Reinvention of Nature*,London:Free Association Books & New York:Routledge,1991,p.155.

[2]　[美]唐娜·哈拉维:《赛博格宣言:20 世纪晚期的科学、技术和社会主义女性主义》,载[美]伊丽莎白·韦德、何成洲主编:《当代美国女性主义经典理论选读》,南京大学出版社,2014 年,第 231~232 页。

态性,反对任何超越特定历史情境而追求纯粹客观性的本质主义。在《情境化的知识:女性主义的科学问题与部分视角的优越性》(1988)一文中,她提出了作为科学客观性问题注解的情境知识论,主张所有知识都是基于特定情境和局部视角的具体而客观的知识。这种以局部性和地方性为前提的、居于动态的实践过程中的、综合不同主体位置的情境化知识,实质上表明哈拉维赞同科学技术的"价值负荷论"而反对"价值中立论"的立场,因为"女性主义客观性是关于有限的位置和情境化知识的,而不是关于超越以及主体和客体的分裂的"①。但她又不像传统女性主义者那样表现出一种技术悲观主义的理论倾向,认为社会主义女性主义政治的一条重要路径恰恰是"通过科学技术的社会关系的理论和实践",从科学技术的内部进行联合抵抗并重新"架构我们想象的神话系统和意义"②,最终使广大妇女在通向令人憧憬的赛博格之路时挣脱资本主义父权制的禁锢。不可否认,哈拉维的后现代女性主义科学技术观带有一定的理想主义色彩,但为我们审视新技术背景下妇女的生存困境和自我救赎提供了一种新的思路。

五、西方马克思主义技术理性批判的基本特点与理论得失

西方马克思主义技术理性批判理论是从卢卡奇到马克思主义女性主义理论家基于西方的社会现实和文化传统,从不同视角回答"科学技术的合理性问题"使人们走出现代性危机的理论思潮。尽管西方马克思主义理论家在具体讨论科学技术与伦理价值、政治效应、生态后果、社会性别等之间的关系问题时存在分歧,甚至持截然相反的观点,但他们始终把技术批判与制度批判结合起来的做法决定了其共同的价值取向。因此,对西方马克思主义技术理性批判理论的形成原因及其基本特点的揭示,是有利于我们客观而全面地评价其理论得失的。

---

① Donna Haraway, *Siminas, Cyborgs, and Women: the Reinvention of Nature*, London: Free Association Books & New York: Routledge, 1991, p.190.

② [美]唐娜·哈拉维:《赛博格宣言:20世纪晚期的科学、技术和社会主义女性主义》,载[美]伊丽莎白·韦德、何成洲主编:《当代美国女性主义经典理论选读》,南京大学出版社,2014年,第212页。

（一）西方马克思主义技术理性批判理论的形成根源

马克思认为："任何真正的哲学都是自己的时代精神上的精华。"①西方马克思主义技术理性批判理论也不例外，它的形成与发展不是一蹴而就的，而是在"理论逻辑"和"现实逻辑"共同作用下的结果。更确切地说，西方马克思主义理论家之所以对技术理性展开批判，与其所处的西方社会现实和哲学文化传统是密切联系在一起的。

从西方社会的现实看，当代资本主义的现代化进程不仅没有像启蒙理性所承诺的那样为人们带来幸福和自由，反而加剧了诸如价值失落、消费异化、环境污染、性别歧视等一系列社会问题，西方马克思主义理论家为了回答人类将何去何从的现实问题而把批判的矛头指向科学技术，以及构筑在此之上的资本主义现代性价值体系。20世纪资本主义在两次科技革命的助推下呈现出了新的特征，具体而言：第一，统治方式从暴力镇压转向意识形态控制。为了进一步巩固资产阶级统治的合法性，欧美主要资本主义国家更多的是采取金融、经济和文化手段而非直接的暴力手段维护社会的稳定，即通过重新介入经济领域和实施"补偿纲领"提高人们生活的舒适度和满意度，不仅强化了资本主义意识形态的控制，而且赢得了群众的忠诚以至于消解革命意识。第二，生产方式从"福特主义"转向"弹性制"。资本主义福特制生产方式通过专业性机器和低能化工人的有机结合提高生产效率，但两次石油危机、布雷顿森林体系的崩溃、社会性动荡等偶发性事件使其结构性矛盾日益显现。现代技术尤其是信息技术的广泛应用使资本在全球范围的重组和再生产成为可能，以此为基础的弹性生产建立灵活的信息流通机制和精准的生产模式，从而打破了标准化生产的僵化刻板和对需求关系的过度依赖，进一步推动资本主义经济不断向前发展。第三，生活方式从机械化生存转向数字化生存。当代资本主义正是在科学技术与工业体系的联姻中实现了生产的自动化和生存的技术化，且随着新信息技术向生活世界的扩张而呈现出生存的数字化特征，人们原本丰富的生活内容都被计算机语言以

---

① 《马克思恩格斯全集》（第1卷），人民出版社，2002年，第203页。

极简的方式压缩进"信息世界",至此真实与虚拟、在场与不在场、地方与全球、私人空间与公共空间的交叠、人机交互或人机一体化成为日常生活的常态,使人们的生存空间和交往范围得到了进一步拓展。尽管当代资本主义社会的不断合理化为人们带来了富足的物质生活,但是理性至上和效率优先的原则在向日常生活扩张的过程中造成了意义世界的丧失、人的主体性的消解、消费主义的盛行、自然资源的浪费等诸多制约社会发展的难题。简言之,技术进步非但没有使人走向自由解放之路反而招致了更大的祸患,正是基于对现代性悖论的深刻认识,西方马克思主义理论家把视线聚焦于技术的合理性问题,从不同视角回答"面对当代资本主义的不断合理化过程,人们究竟该如何走出生存困境"的时代之问。

　　从西方哲学文化传统看,西方马克思主义理论家在不同程度上受现代西方人本主义哲学思潮和马克思主义社会批判理论的影响,使技术理性的批判向度既浸染了浓厚的人本主义色彩,又具有强烈的社会政治批判诉求。自 17 世纪以来,西欧社会在启蒙精神和理性之光的照耀下开启了现代化的征程。启蒙理性承诺只要凭借技术进步和经济繁荣就可以给人们带来自由和幸福,但工具理性的过度膨胀所带来的只是生产效率的提高和物质财富的增加,人的价值却在这一过程中不断下降甚至枯萎了。正是在这样的背景下,西方出现了一股反思近代理性主义的哲学文化思潮,并由此导致了西方哲学从近代形态向现代形态的转型。现代西方哲学家特别是叔本华、尼采、萨特等人本主义思潮的哲学家认为,近代哲学所宣扬的主客二分、理论独断、逻各斯中心主义思维方式确立了理性的权威,只是这种遗忘了人的理性使西方文明走向现代性的"铁笼"。基于此,德国哲学家伽达默尔认为:"20 世纪是第一个以技术决定作用的方式重新确定的时代,并且开始使技术知识从掌握自然力量扩转为掌握社会生活,所有这一切都是成熟的标志,或者也可以说,是我们文明危机的标志。"①这里所说的"文明危机"体现在启蒙理性支配下的技术逻各斯把人客体化和工具化,作为现实的人及其社会活动被肢解为局部的、孤立的、原子式的对象性存在,如此一来,人们把注意力集中在社会的物质而非精神层面,生命的价值和意义也就成了问题。也就是说,

---

① ［德］伽达默尔:《科学时代的理性》,薛华等译,国际文化出版公司,1988 年,第 63 页。

现代人一旦被卷入愈来愈唯理化的生活形态,他的反应就会愈加的不合理,因为即使挣脱了物质的困境,享有更多自由的现代人对自己应该做什么也是茫然无知的。①究其原因,西方现代哲学家认为近代形而上学思维方式把追求绝对同一性和普遍必然性作为主要目标,从而抹杀了人的个性自由和价值诉求。所以现代西方人本主义思潮为了拯救"启蒙理性"而对技术化和工具化的唯理主义思维方式展开批判,并把这种批判引向了对西方传统哲学形而上学的批判。此外,马克思主义哲学同属西方哲学现代形态转型的内在组成部分,但它并没有像西方人本主义思潮那样仅仅停留在抽象的哲学批判层面,而是通过对资本主义的政治经济学批判探寻人类实现自由和解放的现实之路。西方马克思主义理论家注重发挥马克思主义哲学的批判性和现实性维度,从制度、价值、生态、性别等不同方面对现代资本主义社会进行了尖锐的批判,致力于揭示西方社会全面物化的原因和解救之道。就此而言,西方马克思主义理论家一方面深受人本主义思潮的影响,强调从哲学价值观和生存论视角展开对技术理性的批判;另一方面继承了马克思主义社会批判理论,强调立足资本主义社会展开对技术理性的批判。

(二)西方马克思主义技术理性批判理论的基本特征

虽然西方马克思主义理论家围绕技术理性及其社会效应进行的理论探索各有侧重,但总的来说,他们既注重从哲学世界观层面考察技术理性,以及在此基础上的资本主义现代性价值体系的形成原因,又把现代技术与社会政治结构紧密地联系起来论述资本主义条件下技术使用的社会后果。据此认为,西方马克思主义的技术理性批判理论具有如下特点:

第一,把"技术合理性问题"作为逻辑起点,重建彰显人本主义向度的科技伦理价值观。自近代工业革命以来,理性与技术的高度融合催生了技术理性,至此人的理性获得了稳定的物质形式,不仅广泛地渗透到社会生活的各个领域,而且作为一种追求效用的世界观支配着人们的思维方式和行为模式。然而在理性主义基础上形成的资本主义现代性价值体系及其现代化实

---

① 参见孙志文:《现代人的焦虑和希望》,生活·读书·新知三联书店,1995年,第7页。

践却证明:科技发展并不必然带来社会进步和人的自由,这就使人们不得不开始反思启蒙理性的弊病和科学技术的合理性。法国启蒙思想家卢梭较早开始探讨这一问题,他在《论科学和艺术》一文中指出,建基于科学和理性之上的启蒙文明非但没有给人类带来幸福,反而激起了人们的种种不合理欲望并使之陷入道德的败坏。此后,尼采、齐美尔、斯宾格勒、海德格尔等现代思想家又从不同的学科和视角对技术合理性问题进行了深化,形成了一系列丰富的理论成果。但他们大多是基于抽象的形而上学和文化哲学的立场,不仅没有找到造成技术异化的罪魁祸首,而且还把技术本身误认为是造成现代性问题的根源,采取悲观、质疑,甚至敌视的态度对待技术进步,以至于最终陷入浪漫的反技术主义泥沼之中。与上述思想家不同,西方马克思主义理论家秉承马克思的技术–社会批判传统,把技术问题置于资本主义批判的理论框架中,综合考察资本主义条件下技术与价值、政治、自然、女性之间的关系,从而揭示了技术的资本主义使用而非技术本身是造成社会全面物化的根源,致力于弥合工具理性与价值理性之间的断裂,重建技术与价值之间的内在关联,形塑一种彰显人本主义精神的技术伦理观。可以说,卢卡奇主张以批判理性反对物化意识,法兰克福学派反对作为顺世哲学的实证主义,生态学马克思主义重新阐释"控制自然"的观念,马克思主义女性主义批评资本主义的父权制意识形态等看法,事实上都是为了改造为资本所裹挟的技术理性及其现代价值体系。他们把技术是否有利于发挥人的主体性、是否有利于实现社会公平、是否有利于保护生态环境、是否有利于促进女性解放作为评价尺度,从而使科学技术朝着人性化、民主化、生态化及去性别化的方向发展。

第二,把技术批判与制度批判结合起来,从价值和制度两方面揭示技术理性盛行的社会根源。西方马克思主义理论家对技术理性的批判之所以能够在众声喧哗的现代性批判浪潮中独树一帜,是因为他们始终从哲学价值观和资本主义制度的不同视角探讨技术理性泛滥及其社会后果的根本原因。从哲学价值观批判的维度看,西方马克思主义理论家认为,工具理性和价值理性构成了"理性"的基本内容,前者追求效率的最大化,而后者追求人的自由,只有在价值理性规范下的工具理性才能朝着正确的方向发展。然而近代自然科学在把人们从宗教神学的桎梏中解救出来的同时却使理性越来越走向数学化、工具化和形式化,至此"理性"已经沦为失去价值理性指导的工具理性,而对理性的片面理解又使实证主义哲学大行其道,"控制自然"的观念随之成为人们普遍认同的伦理价值观,这势必会导致人们对科学技术的非理性运用,进一步加剧社会、人、自然三者关系的异化和紧张。基于此,法兰克福学派对实证哲学扼杀人的否定性思维和批判性精神进行驳斥,生态学马克思主义对西方文化传统中"控制自然"的观念及其生态后果展开批判,马克思主义女性主义对强调男尊女卑的父权制文化加以抨击,无一不是从哲学价值观批判视角澄清工具理性的内在缺陷及其社会效应。从资本主义制度批判的维度看,西方马克思主义理论家认为,技术与资本的合谋使科学技术成为一种新型意识形态控制着人和自然,因为资产阶级借助现代技术宣扬消费主义价值观和生存方式,使原本蕴含于科学技术的价值理性及其解放向度被逐渐消解,人们也沉溺在消费的快感之中而不再关心政治和追求自由,这就进一步巩固了资产阶级的统治地位。在这种情况下,技术进步尽管极大地提高了社会的生产力水平,并给人们带来了富足的物质生活,但因其在本质上是资本追求利润最大化的工具而不可能服务于人的全面发展和自然的解放向度,最终沦为资产阶级"控制自然"和"控制人"的有效手段。所以西方马克思主义理论家再三强调技术的资本主义使用而非技术本身是造成人和自然异化的罪魁祸首,主张通过哲学价值观和社会制度的变革实现"人-自然-社会"之间的协同发展。正是基于价值批判和制度批判的双重维度重审技术理性,才使西方马克思主义不至于像人本主义、生态主义、后现代主义等思潮那样陷入反对技术进步和社会发展的极端立场。

第三,把人的全面发展作为价值目标,提出现代人挣脱科技意识形态牢笼的不同策略。人的自由和解放是人类社会发展的永恒主题,同时也是马克思主义哲学孜孜以求的终极目标。西方马克思主义理论家在不同程度上坚持了马克思"改变世界"的信念,把高悬于"天国"的技术之思拉回到"人间",从不同视角对 20 世纪资本主义条件下科学技术及其社会后果的全方位批判,为人们冲破科技意识形态的束缚和奴役提供了新的思路。如果说早期西方马克思主义和生态学马克思主义侧重于关注作为整体的人的自由和解放问题,那么法兰克福学派和马克思主义女性主义则更倾向于关注作为个体的人的自由和解放问题。就前者而言,卢卡奇极力反对在技术理性支配下的资本主义生产体系对人的主体性的剥夺，主张通过主客体统一的辩证法重塑无产阶级的革命意识；生态学马克思主义理论家则是从人类整体利益出发，提出废止资本主义高生产和高消费的发展模式，主张建构一个以生态理性为主导性原则的生态社会主义社会以实现人的全面发展。就后者而言，法兰克福学派认为当代资本主义更多的是依靠文化意识形态维系其统治合法性，而只有诉诸彰显个性的艺术领域才能破除资本主义的总体性控制，如马尔库塞主张以技术审美化方式拯救"新感性"；马克思主义女性主义，尤其是在 20 世纪 90 年代之后强调父权制意识形态和统一的"女性经验"对妇女的宰制，认为女性解放的关键在于个体的差异性而非执着于身份认同。但无论如何，西方马克思主义理论家都力图把技术理性批判同实现人的自由和解放联系起来，不仅从哲学价值观视角考察理性病变的思想根源以重塑技术的人文主义向度，而且从社会制度视角提出改变资本主义生产方式是技术合理运用的前提条件。这种把社会制度、社会结构的变革同人的价值观变革相结合的拯救之道，既有利于克服人本主义技术哲学家停留在思辨哲学层面的空洞性，又有利于避免工程主义技术哲学家囿于技术系统内部的狭隘性，由此显示出西方马克思主义技术理性批判的现实性和理想性相契合的理论品格。

（三）西方马克思主义技术理性批判理论的总体评价

西方马克思主义理论家立足当代资本主义社会对技术理性展开的无情批判，实质上是对自启蒙运动以来理性主义历史进步观的深刻反思。如何看待西方马克思主义技术理性批判理论，不仅关乎西方马克思主义哲学的历史定位问题，而且还是能否实现同中国特色社会主义现代化建设相结合的先决条件。因此，在剖析西方马克思主义技术理性批判理论的形成根源和基本特征的前提下，从历史唯物主义立场出发阐发其理论得失是十分必要的。

为了应对当代资本主义合理化进程中人类所面临的生存困境，西方马克思主义理论家不仅对发达工业社会因技术理性泛滥而造成的发展悖论进行了严厉的控诉，而且还为人们如何积极扬弃技术异化提供了新的思路，从而彰显了马克思主义理论的时代蕴含和当代价值。归结起来，西方马克思主义技术理性批判的理论贡献主要表现为三个方面：

第一，深刻地揭示了技术的资本主义使用方式带来的一系列负面效应，告诫人们不要盲目相信"技术救世主义"的神话，要对技术理性及其向社会生活的渗透持一种审慎的态度。尽管西方马克思主义理论家对技术理性的深层批判与当代西方社会文化思潮相呼应，但他们不是仅仅停留在抽象的思辨层面谈论技术问题，而是把价值批判和制度批判有机地结合起来，揭示资本主义条件下技术与人性、政治、生态、女性等之间的现实关系。他们一方面在同实证主义的论战中逐步确立了一种批判的理性观，使人们清醒地意识到"历史进步主义"的狂悖和"技术救世主义"的谎言；另一方面在对现代技术与政治、生态和女性之间内在关联的考察中确证了科学技术的意识形态性，由此撕开了资产阶级大肆宣扬的"科技万能论"和"专家治国论"的伪善面具。这表明科学技术的社会效应取决于科学技术运用的价值观基础和制度基础，对于人们克服科技运用过程中的物质主义和享乐主义价值观具有积极意义，同时也警示人们彰显公平正义的社会制度是保证科学技术合理运用的必要前提。

第二，创造性地阐发了现代技术具有生产力和意识形态的双重社会功能，不仅进一步拓展了马克思技术批判思想的理论视域，而且有利于对历史唯物主义的传统叙事方式加以补充和完善。经典马克思主义把技术问题置于生产力的范围勘定其社会功能，认为科学技术与工业体系的结合极大地提高了社会生产效率，为人的自由而全面的发展奠定了坚实的物质基础。然而这种对技术正向价值的重视被第二国际理论家歪曲为一种"经济决定论"或"技术决定论"，从而阉割了马克思主义理论的批判性和革命性。西方马克思主义理论家延续了马克思主义的社会批判传统，敏锐地洞悉了现代技术从生产过程向日常生活领域的扩张及其对社会的总体性控制，据此合乎逻辑地得出"科学技术是意识形态"的科学论断，让马克思主义科学技术思想在新的历史背景下重新焕发生命力。

第三，严厉地控诉了工具理性对价值理性的僭越，通过批判理性、后技术理性、交往理性等不同方式重新确立人的主体性地位，有利于恢复现代技术的人文主义向度。西方马克思主义理论家从人的生存困境出发，驳斥了实证主义重事实而轻价值、启蒙理性蜕变为工具理性，以及现代技术发挥意识形态功能的看法，以期唤醒和重塑在资本主义条件下被技术的非理性使用所扼制的人类主体的批判精神和反抗意识。他们在对技术理性的全方位批判中时刻不忘高扬人的主体性，既是马克思主义主体性思想的逻辑延伸，也是人们挣脱科技意识形态牢笼的现实需要。正因如此，西方马克思主义技术理性批判思想才不至于放弃对主体的追寻而退回到蒙昧的状态，也不至于走向后现代主义敌视理性、反对技术、解构主体的矫枉过正。

尽管西方马克思主义技术理性批判理论不乏深刻之处，但却因混淆核心概念、偏离历史唯物主义、缺乏统一纲领而存在一些难以克服的理论缺陷，使之在不同程度上沾染了悲观主义、浪漫主义和理想主义色彩。

第一，把"技术理性"错误地等同于"工具理性"而加以拒斥，容易滑向技术实体主义的批判陷阱。西方马克思主义理论家虽然没有全盘否定科学技术，也没有放弃拯救理性的希望，但是他们几乎不假思索地把科学技术等同于技术理性，把技术理性片面地理解为与价值理性分庭抗礼的工具理性，因此在对技术理性的或激进批判，或温和限制，或全盘否定中走向技术悲观主义的泥沼。他们在控诉工具理性的同时，往往把连同内含于科学技术的价值理性一起拒之门外了，要么因片面否定技术理性的负面效应而忽视了其正向价值，要么因过分强调价值理性而使其凌驾于工具理性，这种偏执看法不免造成技术理性脱离了连接着物质生产活动的工具理性，以至于现代技术及其实践无法扎根于现实生活，并最终沦为一种技术乌托邦主义。

第二，注重从文化批判的视域追问科学技术的合理性问题，但因偏离了历史唯物的基本立场而使其解放规划化为泡影。值得肯定的是，西方马克思主义理论家把技术问题同当代资本主义社会联系起来加以考察的做法，在一定程度上触及了技术异化的制度性根源。然而他们更多地将其搁置于文化意识形态领域，如卢卡奇的物化批判、阿多诺的文化工业批判、马尔库塞的意识形态批判、米切尔的父权制批判。此外，他们有时还混淆了技术与技术应用之间的区别，把资本主义条件下技术理性泛滥所造成的社会问题简单地归因于科学技术，甚至是用意识形态批判替代资本主义制度批判，使批判理论的重心转移到技术异化现象或技术文化的批判。如此一来，不仅违背了他们技术批判的理论初衷，而且在不同程度上偏离了马克思技术批判的精神实质，从而使其技术理性批判的现实性和革命性大打折扣，最终从激进的话语批判走向虚幻的道德乌托邦。

　　第三,理论的异质性和多元化削弱了批判的锋芒,使马克思主义的革命话语存在被逐渐边缘化的隐忧。事实上,西方马克思主义理论家对技术理性的批判是随着西方马克思主义的多元化发展趋势不断向"外围"拓展的,大致经历了"物化批判—意识形态批判—生态批判—性别批判"的轨道转换。在理论内核方面,西方马克思主义理论家总是聚焦于光怪陆离的现象世界而非政治经济学批判,这就使技术理性批判思想看似具有很强的现实性,只是由于过分看重意识形态批判和文化心理革命而难以付诸实践;在理论外围方面,西方马克思主义理论家在继承马克思批判精神的同时广泛汲取现代西方哲学的理论养分,使技术理性批判思想在不断扩容的过程中逐渐稀释,甚至消解了马克思主义解放全人类的政治理想,尤其是 20 世纪 70 年代之后在同后现代思潮的融通中成为更加时髦的话语政治,以至于无产阶级革命的发生失去了现实可能,也使其显示出批判性有余而建设性不足的局限性。

第六章　生态学马克思主义的生态批判理论

　　生态批判是西方马克思主义,特别是法兰克福学派的重要理论论题。他们对生态问题的关注开始于对马克思的唯物主义哲学的解释、自然观的关注,以及对技术理性和消费主义价值观的批判,并对生态学马克思主义的形成和发展产生了重要影响。对此,刘仁胜在他的《生态马克思主义概论》一书中指出:"西方马克思主义对生态学的关注始于法兰克福学派的马克斯·霍克海默、西奥多·阿多诺和赫伯特·马尔库塞,之后经过马尔库塞的学生威廉·莱斯及其追随者本·阿格尔的发展,生态马克思主义得以创立。"①事实上,卢卡奇提出的如何理解马克思的唯物主义思想、自然观和技术理性批判的问题,就对西方马克思主义如何处理人与自然的关系问题产生了重要影响。真正把马克思主义与生态问题联系起来的是法兰克福学派,法兰克福学派在继承卢卡奇对马克思的唯物主义哲学和自然观内涵与本质的阐释和对技术理性批判的基础上,进一步拓展到对消费主义价值观和生存方式的批判,提出了"自然解放"与实现人的解放的内在联系,使得对马克思的唯物主义哲学和自然观的内涵与本质的阐释、对技术理性和消费主义价值观的批判和自然的解放,成为法兰克福学派生态批判理论的三个维度。生态学马克思主义则是在继承和发展法兰克福学派的生态批判理论的基础上,并以历史唯物主义关于人和自然的理论为基础,通过回应西方生态中心论的"深绿"生态文明理论和人类中心论的"浅绿"生态思潮,对生态危机论、生态价值观和生态治理论的理论观点,形成了系统的生态批判理论,对当代生态文明理论建构和生态文明建设产生了重要的影响。

---

① 刘仁胜:《生态马克思主义概论》,中央编译出版社,2007年,第2页。

一、法兰克福学派的生态批判理论的三个维度

法兰克福学派的生态批判理论大致可以划分为对马克思的唯物主义哲学的和自然观的内涵与本质的阐释、对技术理性、消费主义价值观与生态危机关系的揭示和"自然解放"论与生态危机的克服三个维度。其生态批判理论对生态学马克思主义的理论发展起了重要的推动作用,部分论者甚至把法兰克福学派的生态批判理论看作生态学马克思主义理论发展的第一阶段。[①]

（一）法兰克福学派对马克思的唯物主义哲学与自然观的内涵与本质的阐释

1.马克思的唯物主义是非本体论的唯物主义

法兰克福学派继承卢卡奇等早期西方马克思主义理论家注重阐发马克思对近代哲学的超越及其相对于旧唯物主义的特殊性,反对把马克思的唯物主义解释为"本体论的唯物主义",强调马克思的唯物主义在本质上是非本体论的唯物主义。弗洛姆、霍克海默、施密特等人的看法在法兰克福学派中尤其具有代表性。

弗洛姆在《马克思关于人的概念》等著作中首先反对那种把唯物主义解释为只追求金钱和享受,否定精神价值和精神追求的观点,强调与唯心主义认为观念决定物质世界不同,"在哲学的术语中,'唯物主义'(或者'自然主义')是指一种认为运动着的物质是宇宙的基本成份的哲学观点。……尽管从哲学的意义上讲,马克思是一个本体论的唯物主义者,但他确实对这些问题不感兴趣,也就是很少谈到这些问题"[②]。他由此具体论述了马克思的唯物主义哲学的特殊性。弗洛姆认为,马克思既反对那种机械论的唯物主义,认为这种唯物主义的特点是把一切思想和精神现象都归结为物质的原因,一

---

① 参见刘仁胜:《生态马克思主义概论》,中央编译出版社,2007 年,第二章。

② ［美］埃里希·弗洛姆:《马克思关于人的概念》,载《西方学者论〈1844 年经济学—哲学手稿〉》,复旦大学哲学系现代西方哲学研究室编译,复旦大学出版社,1983 年,第 26 页。

切精神现象都是物质因素的决定作用的结果，本质上是一种庸俗和浅薄的唯物主义；又反对那种排除历史过程的、抽象的自然科学的唯物主义。弗洛姆一方面根据马克思《1844年经济学哲学手稿》一书中在肯定费尔巴哈批判黑格尔唯心主义和把感性作为一切科学的出发点，以及在批评以黑格尔为代表的德国唯心主义哲学的同时，肯定了黑格尔辩证法中蕴含的合理要素，即彻底的自然主义或人道主义，并不是在唯心主义或者唯物主义的区分中偏执一方，而是应当在二者的结合中予以观照。另一方面，弗洛姆又根据马克思在《关于费尔巴哈的提纲》第一条中所批评的感性直观的唯物主义，以及对于感性活动的强调，总结出马克思唯物主义哲学的如下四点特质。具体来说：

第一，马克思反对那种机械的和脱离历史的自然科学的唯物主义，他自己也从来没有说过"历史唯物主义"或"辩证唯物主义"这种字眼，只是在批判黑格尔的唯心主义辩证法时，强调自己的辩证法具有唯物主义基础。因此，可以说正是"唯物主义方法"把马克思主义观点与黑格尔的观点从根本上区分开来，他由此强调马克思所说的方法论的唯物主义基础"只不过是指人类生存的基本条件"①，并强调坚持物质资料的生产方式决定了历史发展的基本进程，从而与唯心主义历史观区别开来。

第二，马克思在《关于费尔巴哈的提纲》中强调他的唯物主义与旧唯物主义的不同在于，他总是立足人的感性活动、人的实践，而不是像旧唯物主义那样仅仅立足感性直观去理解和把握对象和实现，又不同于唯心主义脱离社会物质条件去把握人和历史。马克思的唯物主义既不同于旧唯物主义，又有别于唯心主义，"因此他可以恰当地说，他的哲学既不是唯心主义，也不是唯物主义，而是人本主义和自然主义的综合"②。

第三，必须反对和澄清对马克思的历史唯物主义思想流行的误解。这种流行的误解主要根源于对"唯物主义"这个术语的误解。"唯物主义"以及与之相应的"唯心主义"具有完全不同的含义。当这两个术语被运用于说明人

---

① ［美］埃里希·弗洛姆：《马克思关于人的概念》，载《西方学者论〈1844年经济学—哲学手稿〉》，复旦大学哲学系现代西方哲学研究室编译，复旦大学出版社，1983年，第27页。

② 同上，第29页。

的态度时,"唯物主义者"主要是指满足于物质追求的人,"唯心主义者"主要是指受一种精神或道德动机所支配的人;而作为一种本体论的哲学术语,"唯物主义"主要是指物质决定精神的观点,"唯心主义"则是强调精神创造和决定物质的观点。正是因为混淆上述不同的含义,马克思的唯物主义被解释为如何获得金钱和物质享受,进而把解释历史的关键归结为是否满足人们的物质欲望,这实际上是把历史唯物主义归结为一种论述人的动力和激情的心理学理论。弗洛姆认为这是对历史唯物主义的曲解。因为历史唯物主义并不是精神分析学,它强调特定生产方式对于主体意识的决定作用,它同时也否认最大程度攫取利益就是人类欲望的全部内容,就此而言,经济要素的发展并不以心理层面的因素为动力,它关注的是客观的社会性因素。进而言之,马克思的历史唯物主义从分析生产方式和社会制度的性质出发,认为正是资本主义制度和生产方式使人们产生了对金钱和财富的欲望,从而造成了人的异化生存境遇。马克思的历史唯物主义是立足生产方式的决定作用,从实现人的自由和全面发展这一目的出发,以反抗异化和实现人的自由和解放为目的的学说。

第四,马克思的历史唯物主义始终联系人与人的关系谈论人与自然的关系。马克思的历史唯物主义强调人类是自己历史的创造者,人类在创造历史的过程中既受制于自然,又改变自然,而人类与自然关系的中介就是劳动。正是人类通过劳动形成了生产力和生产关系,并由此形成社会生产方式和社会意识形态,历史变革的动力在于生产力和生产关系、经济基础和上层建筑的矛盾运动,从而使人类社会呈现出从低级阶段到高级阶段的发展过程。弗洛姆特别强调,只有当生产力高度发展和破除资本主义生产方式,人类的史前时期才逐步结束,从而进入真正的人类自由全面发展的时期。可以看出,弗洛姆是在界定唯物主义和唯心主义内涵,破除人们对马克思的唯物主义曲解的基础上,指出马克思的唯物主义尽管从哲学的意义上可以被称为"本体论的唯物主义",但马克思对本体论问题并不感兴趣,马克思的唯物主义关注的是以劳动为基础的人与人的关系、人与自然的关系,以及通过揭示历史发展的内在动力,如何反抗和克服异化,实现人的自由和全面发展的问题。

霍克海默把马克思的唯物主义称为"社会批判理论"。他通过论述"批判理论"和"传统理论"的区别来阐发马克思的社会批判理论的特质。他在《批判理论》一书中认为,"批判理论"和"传统理论"的区别主要在于:传统理论是按照数学演绎和经验归纳的实证主义方法,把研究对象从社会生活整体中割裂开来进行分门别类地研究,不仅把理论看作"关于某个主题的命题总汇;这些命题之间紧密相联,有几个是基本命题,其他命题由基本命题推出。与派生命题相比,基本原理的数目越少,理论就越完善。理论的真正有效性取决于派生的命题是否符合实际。如果经验与理论相互矛盾,其中之一必须重新加以检查。不是科学家未能正确地进行观察,就是理论原理出了毛病。因此,就其与事实的关系而言,理论永远是一个假说"①,而且把"一切探讨普遍原则的活动看作是游手好闲、懒惰成性。如果要做理论工作的话,我们就必须坚定不移地着眼于事实;在可以预见的将来,不会出现综合性理论陈述的思想。这些学者十分迷恋精确表述方法,尤其迷恋数学方法"②。实际上是把理论活动看作对事实的描述和获得可以为经验所能证伪的知识,以服务于资本主义社会的现实需要,其功能在于为社会现实辩护。而马克思的社会批判理论则是以政治经济学批判为基础,在辩证逻辑的支配下,对社会现实展开质疑和批判,通过把握社会发展的总体性质和社会发展的基本趋势,以变革社会现实和实现人类解放为目的的理论。

在规定了马克思的社会批判理论的特质后,霍克海默又通过评论唯心主义、实证主义对唯物主义的批评,以及批判对马克思主义经济决定论的解释,强调坚持马克思的社会批判理论的唯物主义基础和批判本性的重要性。针对唯心主义和实证主义对唯物主义的批评,霍克海默指出,唯物主义和唯心主义的共同点是都强调对形而上学的追求,但与唯心主义沉溺于主观精神世界谈论形而上学,进而把对自然和社会强加于人的欲望的否定变为神圣的东西不同,唯物主义则在"当生活从头到尾都被证明为是一种幻象,对幸福的欲望被抛在一边,只剩下对幸福的渴望时,变革那些造成不幸福的外部条件,就成为唯物主义思想的目标。这个目标在不同的历史境况下采取不同的形态。……资本主义发展早期的唯物主义,则旨在发展对自然的认识以便获得新的控制自然和人的力量。我们本身所处时代的痛苦是与社会的结

_____

① [德]马克斯·霍克海默:《批判理论》,李小兵等译,重庆出版社,1989年,第181页。

② 同上,第184页。

构相联系的。因此,社会理论便构成当代唯物主义的主要内容"①。这就使得唯物主义既反对那种把社会问题划归到改善人类生存境况次要地位的企图,又使其理论的兴趣不再仅仅关注于世界观或人的灵魂的问题,它所关注的是变革使人类受苦受难的社会具体条件,从而构成了马克思的唯物主义产生的社会历史条件和理论主题。因此,"各种唯物主义学说,并不是一些稳定和不变的观念的例示。社会和历史的经济理论并非产生于纯属理论的动机,而是产生于全面把握当代社会的需求。因为这个社会已达到了这样的境地,它越发剥夺大多数去享有由博大丰盛的经济力所带来的幸福。在此背景下,形成了一个将出现于现存社会状况中的更好现实的观念,而这个过渡,遂构成当代理论和实践的课题"②。可以说,马克思的唯物主义不是从纯粹的理论动机中产生的,而是从人类追求自由和幸福的社会需要中产生的,是一种通过对制约满足人们追求自由和幸福的社会条件展开经济和社会批判,从而变革不合理的资本主义社会的社会批判理论。

在强调马克思社会批判理论的唯物主义基础的同时,霍克海默批评了当时把马克思的社会批判理论政治实用主义化、经济决定论化和实证主义化的倾向,强调马克思社会批判理论的批判性的理论本性。霍克海默明确肯定马克思的唯物主义学说对理解当代社会运动不可或缺的价值,但是认为马克思的唯物主义在当代又存在着被政治实用主义化、经济决定论化、实证化和庸俗化的错误倾向,这种对马克思唯物主义的解释,使得马克思的社会批判理论仅仅按照经济的法则而不是辩证思维来预测历史的变迁过程,导致了马克思的社会批判理论实证化和庸俗化的结局。霍克海默强调,应当在坚持马克思社会批判理论的经济分析法的基础上,破除对马克思社会批判理论的经济决定论的解释,才能恢复马克思社会批判理论的批判本性。

施密特在《马克思的自然概念》一书中反对当时流行的按照马克思早期著作,特别是《1844年经济学哲学手稿》中的异化和人道主义思想解释马克思哲学的做法,认为应当更多参照马克思成熟时期的著作,尤其是《资本论》及其手稿中的政治经济学理论对于解读马克思和黑格尔的关系极为重要,而这些内容恰恰是极易被忽视的。显然,施密特尤为看重马克思的《1857—

---

①　[德]马克斯·霍克海默:《批判理论》,李小兵等译,重庆出版社,1989年,第22页。

②　同上,第43页。

1858年经济学手稿》和《资本论》等著作,并试图通过政治经济学立场阐发马克思主义的哲学内涵。

与此同时,就马克思与以费尔巴哈为代表的旧唯物主义的关系问题来看,施密特一方面反对将其全然对立起来,另一方面也不赞同从断裂的意义上看待二者的思想史关系,强调马克思与旧唯物主义的关系经历了从认同、批判到超越的发展过程。从认同的维度看,施密特通过论述马克思对待法国唯物主义和费尔巴哈对黑格尔唯心主义批判的态度,肯定马克思的唯物主义是以一般唯物主义为基础的,并认为马克思的哲学唯物主义是其关于社会存在决定社会意识理论的前提。在施密特看来,马克思和恩格斯在《神圣家族》中对爱尔维修的肯定就充分肯定了上述论断。具体来说,爱尔维修把洛克的感觉主义认识论转变为一种唯物主义的社会理论,他将感性的特性和自尊、享乐和正确的个人利益看作全部道德的基础,强调人类智力的天然平等,理性的进步和工业进步的一致以及教育对于启迪心智的重要意义。显然,爱尔维修凸显了外部环境(工业发展、习惯养成和发展教育事业等)对于塑造人类主义的作用。马克思和恩格斯将其融入自身的唯物主义思考,并视其为关于每个人自由发展的共产主义社会的理论基础,并得出"既然是环境造就人,那就必须以合乎人性的方式去造就环境。既然人天生就是社会的,那他就只能在社会中发展自己的真正的天性;不应当根据单个人的力量,而应当根据社会的力量来衡量人的天性的力量"①的结论。

此外,施密特还进一步从马克思和费尔巴哈的关系出发,考察马克思的思想形成过程,但他并没有局限于《基督教的本质》中所体现的对宗教和唯灵论形而上学的无神论批判,而是更多地关注《关于哲学改造的临时纲要》和《未来哲学原理》。在施密特看来,费尔巴哈人本学的唯物主义的特点与那种以探讨原子的机械运动为主题的唯物主义不同,它是以探讨自然的质的多样性和作为感性的客观存在的人作为主题的唯物主义,并对黑格尔思辨唯心主义作了唯物主义的颠倒,这既帮助马克思形成了他的历史理论的基础概念,又给马克思奠定唯物主义提供了重要的出发点。因此,马克思不仅在《1844年经济学哲学手稿》中认为费尔巴哈的著作是一部真正包含革命性

---

① 《马克思恩格斯文集》(第一卷),人民出版社,2009年,第335页。

理论的文本,同时也在《神圣家族》等著作中延续了费尔巴哈的致思路径,他对于唯物主义立场的坚守并不是抽象的,而是要实现"世界的哲学化"和"哲学的世界化"的辩证统一。用施密特的话说,即马克思"把自己的理论称之为'唯物主义的',这不只是吓唬资产阶级的一种不客气的迫不得已的修辞手段,而是这种理论在严格意义上终究是属于唯物主义哲学史的"①。从批判和超越的维度看,马克思对法国唯物主义和费尔巴哈的唯物主义批判和超越主要体现在:第一,与法国唯物主义和费尔巴哈脱离实践和人类历史抽象地谈论自然不同,马克思尽管承认外部自然及其规律对人类实践和人类历史的先在性和优先性,因此那种把唯物主义的历史纯粹看作一种内在思想的发展,那么这种人一开始就走错了道。这是因为马克思所谈论的自然是被人类实践和人类历史中介过的自然,并强调"感性世界决不是某种开天辟地以来就直接存在的、始终如一的东西,而是工业和社会状况的产物,是历史的产物,是世世代代活动的结果"②。第二,与法国唯物主义和费尔巴哈仅仅用感性直观反对唯心主义的抽象思维不同,马克思并未驻足于费尔巴哈意义上的感性直观,而是进一步从感性活动出发去理解主体认识的形成过程,虽然马克思也强调外部自然的优先性,但他依旧将这种优先性保留于中介环节的本体论层面。

施密特还以马克思和恩格斯合著的《神圣家族》和《德意志意识形态》两部著作中对黑格尔体系的描述和批判为基础,进一步具体论证了马克思的唯物主义不是本体论的唯物主义。马克思和恩格斯在《神圣家族》一书中把黑格尔的体系归结为三个要素,即"斯宾诺莎的实体,费希特的自我意识以及前两个要素在黑格尔那里的必然充满矛盾的统一,即绝对精神。第一个要素是形而上学地改了装的、同人分离的自然。第二个要素是形而上学地改了装的、同自然分离的精神。第三个要素是形而上学地改了装的以上两个要素的统一,即现实的人和现实的人类"③。施密特认为,马克思和恩格斯首先批评斯宾诺莎的外在于人类中介的实体概念;其次批评了费希特将人的主观意识看作独立于人的唯心主义观念,认为现实的人和精神因素一样,都起到

① [德]A.施密特:《马克思的自然概念》,欧力同等译,商务印书馆,1988年,第6页。
② 《马克思恩格斯文集》(第一卷),人民出版社,2009年,第528页。
③ 同上,第341~342页。

了中介作用;最后批评了黑格尔的"绝对精神"通达的主客体统一的形而上
学的抽象性质,并没有看到人类思维的形成与自然界的辩证统一关系。在
《德意志意识形态》中,马克思和恩格斯则集中批判了费尔巴哈的直观唯物
主义思路,强调人类所面对的感性世界并不是天然就如此这般的,而是人类
实践活动的产物,费尔巴哈虽然提出了"感性对象"概念,但并没有从实践唯
物主义的立场予以考察,这就必然导致费尔巴哈眼中的自然是外在于人类
社会的抽象自然,其所关注的"人"也是脱离了社会关系属性的生物学意义
上的人。施密特由此得出结论,旧唯物主义对于自然和世界的抽象考察构成
了一种本体论的唯物主义哲学,而马克思则将实践活动作为实现主客体统
一的感性中介,并将人与自然的关系纳入社会历史的范畴中予以考察,提出
了一种非本体论的唯物主义。"马克思把从本体论角度所提出的关于最初的
人和自然的创造者问题,作为一种'抽象的产物'加以拒绝。"①

　　基于以上认识,施密特批评了第二国际和苏俄马克思主义把马克思的
唯物主义解释为本体论的唯物主义的做法,只看到了马克思同哲学唯物主
义的联系,却看不到马克思对哲学唯物主义的超越,无法真正阐释马克思的
唯物主义思想的理论特质。可以说,既肯定马克思的唯物主义与旧唯物主义
具有一致性和内在联系,属于唯物主义哲学发展史的内在组成部分;又强调
马克思对旧唯物主义的批判和超越,是一种新型的非本体论的唯物主义,是
施密特对马克思的唯物主义哲学特质的理解,这也是法兰克福学派的理论
共性,并在此基础上提出了他们的实践自然观。

　　2.马克思的自然观是一种实践自然观

　　以卢卡奇等人为代表的早期西方马克思主义理论家,反对立足近代理
性主义哲学的立场,把马克思主义哲学解释为一种对整个世界的普遍规律
和绝对本质的探寻的知识论哲学,强调马克思主义哲学是一种以人类实践
为基础,关于人与人和人与自然关系,以探讨人的自由和解放为目的的现代
形态的实践唯物主义哲学,这种实践唯物主义所研究的自然是纳入人类实
践中的自然,其自然观是一种实践自然观。法兰克福学派继承和发展了卢卡
奇等早期西方马克思主义理论家的上述观点,提出了他们的实践自然观。

---

① ［德］A.施密特:《马克思的自然概念》,欧力同等译,商务印书馆,1988 年,第 28 页。

霍克海默在《批判理论》一书中强调，马克思的唯物主义是一种以政治经济学批判为基础的唯物主义和社会批判理论，并批评以实证主义方法论为基础的传统理论看不到自然的社会和历史的性质，反复强调马克思的唯物主义所谈及的"自然"是以实践为基础，打上人类实践活动烙印的社会和历史的自然。

弗洛姆在论述马克思的唯物主义思想的特质时，强调19世纪盛行唯物主义认为只有物质才是真实的客观存在，而马克思的思路则不同，他并没有关注物质和精神的关系问题，而是将二者都作为主体感性活动的结果。也就是说，人的实践活动不仅创造了人自身和人类历史，也决定了人类历史和自然的具体的历史的统一关系。

马尔库塞在《论历史唯物主义基础》一文中，不仅强调"感性劳动"在马克思的唯物主义哲学中的基础和中心地位，在强调自然界既是人类存在的基础和前提的同时，又强调人类正是通过实践活动重新生产了整个自然界，体现为通过实践活动在改造自然界的过程中，进一步彰显了自我的能动本质，从这个意义上说，人类生命的历史同时也是人的对象世界的历史，我们既无法设想外在于存在的"孤独个体"，也不存在脱离于人而存在的纯粹的抽象自然，也就是说，人类与自然是以劳动实践为中介的相互制约、相互作用的辩证统一的关系。马克思的唯物主义所谈论的"自然"，总是人类实践和人类历史中的自然。

施密特是在集中探讨历史和自然的关系的基础上，提出了以实践为基础的"物质变换"概念和实践自然观。施密特认为，在历史和自然关系问题上存在着三种观点：第一种观点是以第二国际和苏俄马克思主义忽视了马克思的唯物主义与旧唯物主义的区别，把马克思的唯物主义解释为以探寻世界普遍规律和绝对本质的近代知识论哲学，进而脱离人类实践和人类社会历史抽象地看待自然；第二种观点是以当代实证主义者和解释学为代表，他们或者用自然科学的实证主义方法研究自然和人类社会历史的关系，或者用主观的体验和理解的方法研究人类社会历史和自然的关系，其共同点是割裂人类社会历史和自然的关系；第三种观点以卢卡奇为代表，他正确地凸显了马克思的唯物主义相对于旧唯物主义的特殊性，提出了"自然是一个社会范畴"的论断，这虽然正确地反对了对马克思的唯物主义哲学的实证主义解释,但是使自然完全消融在社会中,看不到马克思的唯物主义与旧唯物主义的内在联系,依然没有正确地理解历史和自然的关系。施密特在肯定历史和自然的辩证统一关系的基础上，提出了以实践为基础所形成的人类与自然的物质变换关系的思想和实践自然观，成为生态学马克思主义生态批判理论的直接理论来源。

为了阐明历史和自然的辩证统一关系，施密特批评 19 世纪以来流行的将自然科学的实证主义研究方法运用于人文科学与历史研究中，不仅在学科研究的意义上降格了历史研究的意义，也导致了人们在日常生活中愈发缺乏历史意识。与此同时,他也批评以狄尔泰和以文德尔班、李凯尔特为代表的新康德主义则要求把自然科学的因果方法与人文科学的理解方法区别开来,"把实在分割成两个截然不同的部分。……把自然理解为规律支配下的事物的存在,自然科学的'合规律的'性质正与这种观点相呼应;历史则被认为由大量受价值支配的、基本上没有联系的、只是'个别性的'事实集合而成,而只有描述性的'个性描述的'方法才能理解这些事实"①。马克思则主张自然科学和历史科学的有机统一，认为那些将二者对立起来的做法实际上是资产阶级的意识形态使然，马克思认为，既不存在那种必须从精神史来探究的采取观念衍生形态的纯粹内在，也不存在作为自然科学认识对象的完全不受历史影响的纯粹自然。

马克思和恩格斯始终强调历史和自然的辩证统一的关系。具体来说:第一,马克思和恩格斯既反对黑格尔脱离自然谈论人类社会的唯心主义观点,强调人类社会不可能脱离自然而生存和发展，同时也反对那种脱离人类社会历史谈论自然的做法,强调人类史和自然史虽然存在着区别,但二者又是辩证统一的关系。第二,人类史和自然史是一种具体的、历史的统一关系。马克思和恩格斯肯定人类史和自然史的区别在于,人类史是人类自己创造的,而自然史不是人类创造的,但他们既反对把人类史溶解于纯粹的自然史中,也反对把自然史溶解于人类史之中,强调人类和自然正是以实践为基础,呈现出"自然的人化"和"人化的自然"的辩证统一关系。第三,马克思和恩格斯在肯定社会史和自然史在人类实践的基础上的具体的、历史的统一关系的

---

① [德]A.施密特:《马克思的自然概念》,欧力同等译,商务印书馆,1988 年,第 41~42 页。

同时，又以二者存在着差别为基础，强调不能把自然规律搬到对社会规律的解释中，进而把社会规律简单地等同于自然规律，否则就不仅违背了马克思的唯物主义的原意，而且无法揭示马克思唯物主义思想的特质。

施密特认为，卢卡奇关于"自然是一个社会范畴"的结论看到了自然和社会的辩证统一性，认为不能脱离社会和历史把握自然，但他将自然全然视为社会附庸的做法违背了马克思的原意，因为"在马克思看来，自然不仅仅是一个社会的范畴。从自然的形式、内容、范围以及对象性来看，自然决不可能完全被消溶到对它进行占有的历史过程里去。如果自然是一个社会的范畴，那末社会同时是一个自然的范畴，这个逆命题也是正确的"①。在他看来，自然与社会是一种双向中介的关系，卢卡奇提出"自然是一个社会范畴"命题的目的是反对那种对马克思主义哲学的自然科学唯物主义式的理解，恢复马克思主义哲学的批判价值功能，其缺陷是忽视了马克思主义哲学的唯物主义基础。施密特捍卫马克思的唯物主义的自然基础，并强调自然和社会之间是一种双向中介的关系，力图避免卢卡奇理论的失误。施密特正是在批评上述对历史和自然关系的错误理解的基础上，以马克思的经济学研究为基础，探讨了自然与历史如何相互双向中介，系统阐发了他的人类与自然的物质变换关系的思想和实践自然观。

在自然和历史的关系问题上，施密特认为马克思既承认自然对人的实践活动的制约性，又强调人的实践对自然的中介作用即利用和改造自然，建立起二者物质变换关系，并形成了二者的辩证统一关系。为了论证上述观点，施密特把自然划分为"第一自然"和"第二自然"。所谓"第一自然"就是先在于人类而存在且未被纳入人类实践范畴中的自然，这就意味着必须坚持马克思唯物主义的立场；所谓"第二自然"则是人类为了生存和发展以实践中介过的"自然"，作为这一中介的实践的目的，不仅要受历史的和社会条件的制约，而且必须以尊重自然规律为基础和前提，上述思想体现在《1844年经济学哲学手稿》《神圣家族》和《资本论》等著作中。马克思在《1844年经济学哲学手稿》和《神圣家族》两部著作中，把自然看作一个具有外在性和物的性质的存在物，强调人类只有通过感性的对象，即人正是在劳动中通过对象

① ［德］A.施密特：《马克思的自然概念》，欧力同等译，商务印书馆，1988年，第67页。

化而设定自身的本质;在《资本论》一书中,强调只有把握自然物质的直接性
和劳动的中介性及其二者的辩证关系,才能把握商品、商品的使用价值和交
换价值以及商品拜物教的本质。因为商品不仅是由不能被消灭"自然基质"
和劳动者二者的结合所构成的,而且商品的使用价值、交换价值都离不开人
的有目的劳动和自然物质的结合。施密特把马克思所说的资本主义社会存
在的"商品拜物教现象"的本质,归结为人们看不到商品在资本主义社会既
表现的是一种物的关系,又表现的是一种社会关系,是自然属性和社会属性
的有机统一关系,从而以为是商品,而不是商品背后的社会关系支配着人
的命运。因此,马克思强调,对"商品拜物教现象"本质的认识应当"突破被
强化为物的经济现实的外观,深入到隐藏在它后面的本质、即人的社会关
系中去"①。

　　施密特进一步提出了"社会存在向自然物质的退化"的命题和人类与自
然之间"物质变换"的概念,来论证自然与历史的双向中介关系。所谓"社会
存在向自然物质的退化",就是指由于随着一定社会关系和社会形式的变化
和消解,使得由人类劳动赋予自然物质的社会形式也随之消解,并从社会存
在重新退回到自然物质。在他看来,人类是以自然界的客观性,通过创造性
的劳动使"自在自然"变成"为我之物",从而形成了自然物质的使用价值。但
是由于人类所创造的"第二自然"本身的缺陷使得使用价值无法真正为人的
目的服务,这就会出现"人化自然"向"自在的自然"倒退,即社会存在向自然
物质的退化的现象。他根据这一现象说明自然和社会、主体和客体在劳动基
础上的同一性中包含着非同一性,始终强调自然的基质是存在的和马克思
的唯物主义立场。

　　施密特还借用和改造 19 世纪自然科学家毕希纳、福格特和摩莱肖特等
自然科学家提出的"物质变换"概念,进一步说明自然与历史之间的辩证关
系。在他看来,马克思突破了自然科学仅仅从生理学模式把自然描绘成不断
转换和物质变换过程的缺陷,从哲学的视域和立场出发,将"物质变换"从生
物学或物理学的解读转换为表征人与自然关系的概念。马克思对于"物质变
换"概念的运用一方面继承了自培根以来的效用论观点,另一方面也将其纳

---

①　[德]A·施密特:《马克思的自然概念》,欧力同等译,商务印书馆,1988 年,第 66 页。

入社会生产的总体过程，从而克服了启蒙论者无法从作为占有自然手段的"劳动"进一步深入社会分工和阶级分析领域展开讨论的缺陷,运用"物质变换"这一概念表达自然被人化和人被自然化的双向中介和内在统一关系,成为他批判资本主义社会的不合理是如何造成城乡之间、人与自然之间物质变换关系的中断的理论武器。"物质变换"概念将劳动过程作为联系人与自然关系的中介,既表明马克思从狭隘的自然主义的唯物主义向历史唯物主义的转变,也表明虽然马克思的唯物主义哲学的基础是自然的必然性,但历史唯物主义又不是那种纠缠于探讨历史必然性规律的本体论的唯物主义,而是认为人能够在控制自然规律的基础上与自然之间展开物质变换。

通过以上论述,施密特认为马克思的自然观是一种在自然和历史之间以实践为基础双向中介的实践自然观,并由此批评恩格斯脱离实践来考察自然和自然辩证法的思想,不仅导致了他把马克思的唯物主义错误地解释为本体论的唯物主义,而且使马克思的唯物主义陷入独断论和实证主义的失误中。因为与马克思强调自然与历史辩证统一关系的实践自然观不同,恩格斯的自然辩证法只是力图对现代自然科学提供的材料加以百科全书式的整理和归纳,并把历史和自然看作相互割裂的领域,在坚持哲学唯物主义的前提下,强调物质之所以能够解释世界的进化,是因为物质是世界的最高原则,不仅把自然本体论化,而且"在恩格斯那里,自然和人不是被首要意义的历史的实践结合起来的"[①]。这就意味着在施密特看来,恩格斯不仅没有继承马克思的自然观,更是将其降格至朴素的实在论领域,施密特据此展开了针对自然辩证法的批判。从原因来看,一方面是出于反对将历史唯物主义混同于一般意义上的哲学唯物主义的做法,另一方面则是力图避免针对马克思主义的经济决定论的解读。他关于"物质变换"概念在马克思处理自然和历史之间的辩证统一过程中的重要性和实践自然观,对生态学马克思主义的理论建构产生了重要的影响。

---

① [德]A.施密特:《马克思的自然概念》,欧力同等译,商务印书馆,1988年,第50页。

(二)对技术理性、消费主义价值观与生态危机关系的揭示

技术理性批判是法兰克福学派的重要理论论题。他们揭示了技术理性盛行既造成人与人关系的异化,也造成人与自然关系的异化和生态危机。法兰克福学派首先从哲学世界观和资本主义现实两个维度揭示了技术理性盛行的根源。从哲学世界观的维度看,他们主要揭示了启蒙理性的内在缺乏,以及由此形成了机械论的哲学世界观和自然观。启蒙运动是由新兴的资产阶级领导的反封建神学的蒙昧主义和禁欲主义的思想运动,其核心是要求人们从对宗教和自然的恐惧中摆脱出来,以理性为基础独立思考和树立自立意识。以培根和笛卡尔为代表的近代哲学家以近代自然科学为基础,或者强调从经验出发,运用经验归纳法探索世界的本质和规律;或者强调从先天理性出发,运用理性演绎法探索世界的本质和规律,其共同点是相信人类具有把握世界的本质和规律的能力,认为人类只要把握了世界的本质和规律,就能使自然服务于人类的需要,并强调只有凭借着理性和科学技术进步,就能实现自由和幸福的理想王国。这实际上意味着启蒙理性提出的是一种以科学进步为基础的社会进步观。上述社会进步观存在的问题主要在于:

第一,启蒙理性把"理性"理解为"工具理性"。理性原本是"价值理性"和"工具理性"的辩证统一体。"价值理性"主要关注的是人的价值和尊严,表达的是人类对价值和意义的追求;"工具理性"则主要关注的是理性的工具化、实用化和技术化。但由于启蒙理性并不是把科学知识看作对世界终极根源和普遍本质的认识,而是把是否"有用"作为判断科学知识的标准,并把那些不能带来实际利益的观念当作应予以否定和抛弃的形而上学的幻想,实际上是把科学知识看作排除价值因素的实证科学,并把凡是不符合算计和实用规则的东西,任何不能还原为数字和形式逻辑的东西都排除在科学知识之外。排斥和否定科学知识中的价值因素必然会割裂科学和哲学、科学和价值的内在联系,不仅使科学运用失去哲学和价值的应有的指导作用,而且导致唯科学主义的"科学拜物教"现象的出现。启蒙运动由此也必然在倡导人们从对宗教和自然的恐惧与崇拜中摆脱出来的同时,陷入对科学的崇拜,启蒙运动走向了它的反面。

第二,启蒙理性认为人类之所以能够认识和利用自然,是因为人类具有其他物种所不具有的知识和理性。与此相对应,自然被看作遵循机械运动的被动客体,人们可以通过以科学技术为代表的"理性"为自然界立法,使自然界朝着符合人类利益的方向发展。从人与自然的关系谱系来看,人类依次经历了启蒙运动之前的敬畏自然,到启蒙之后开始迷恋自然的效用价值,并据此将人与自然的关系纳入工具理性的考察视域,将自然的价值仅仅视为满足人类生存之需要的阶段,然而这种人类中心主义价值观使得人类丧失了对自然的敬畏,必然会造成人与自然关系的紧张和生态危机。

第三,以科学技术进步为基础的社会进步观,是资产阶级现代性价值体系和意识形态的核心内容,它是建立在资本对经济增长的无限追求和资本物欲至上的价值观的基础之上的。这种社会进步观把科学技术进步的逻辑等同于社会进步的逻辑,认为科学技术进步在提高生产力和增加社会财富的同时,必然带来人类的普遍幸福和自由。但是在资本主义社会由于存在着以资本为基础的特殊利益集团,决定了这种逻辑必然性是不能成立的。因为在资本利润动机的支配下,科学技术在资本主义社会中必然异化为控制自然和控制人的工具,资本主义的现代化发展只能造成穷者愈穷、富者愈富的两极分化的结局,由此形成资本主义现代化发展中人的身心、人与人、人与自然关系异化的悖论和生态危机。

法兰克福学派还进一步揭示了消费主义价值观的本质和功能,及其必然强化生态危机的结局。法兰克福学派强调,当代西方社会之所以要倡导消费主义价值观,是出于资本追求利润和维系其政治统治的需要。从资本追求利润的维度看,资本为了追求利润,必然会不断扩张其生产体系,这在客观上要求扩张消费支撑资本主义生产体系的不断扩张。正因为如此,马尔库塞在《单向度的人》中强调,资本正是借助科技进步所带来的巨大物质财富,在全社会制造以"虚假需求"为基础的消费主义价值观和生存方式,"虚假需求"不仅是社会强加给个人的,而且其内容和发展方向取决于资本追求利润的需要。从资本维系其政治统治的维度看,一方面,资本正是通过鼓励人们为"虚假需求"所支配进行消费,使人们的兴奋点转向对商品占有和消费活动中,并在商品占有和消费中体验自由和幸福,忘却了对自由和解放的真实需求,体现为政治意识、革命意识淡化和弱化,西方人成了只知道追求商品占有和商品消费,忘却对自由和解放追求的"单向度的人",西方社会成了没有否定和批判意识的"单向度社会"。马尔库塞、霍克海默和阿多诺的消费主义价值观批判、文化工业和大众文化批判,都揭示了消费主义价值观的上述政治功能。另一方面,由于在当代西方社会中国家广泛干预社会经济生活,造成了资产阶级意识形态的合法性危机,为了解决资产阶级意识形态的合法性危机,资本通过向人们提供越来越多、越来越好的商品和建立广泛的社会福利制度,为资本主义的合法性作辩护。问题在于,为了支撑资本主义生产体系不断扩张和维系资本政治统治的消费主义价值观是建立在由资本所制造出来的"虚假需求"基础上的,这就意味着消费主义价值观所倡导的消费不仅在本质上是一种"异化消费",而且也会由于资本主义生产体系的不断扩张与生态系统的有限性之间发生矛盾冲突,其必然结局是人的身心、人与人、人与自然关系的紧张和生态危机。

(三)"自然解放"论与生态危机的克服

在法兰克福学派理论家中,施密特和马尔库塞所提出的"自然解放论"最具代表性。他们的"自然解放论"鲜明地体现了法兰克福学派在如何处理人与自然的关系、如何解决生态危机问题上的看法,对生态学马克思主义的生态批判理论产生了重要的影响。

施密特以马克思关于人自身的自然及对人与外部自然关系的理论、恩格斯在 1844 年《政治经济学批判大纲》中关于"人类同自然的和解以及人类本身的和解"的理论,来说明马克思和恩格斯关于如何实现人和自然关系的和谐与自然的解放问题。施密特认为,马克思和恩格斯首先批评以赫斯、格律恩和克利盖等人为代表的真正社会主义者为了逃避资本主义社会对自然的掠夺,而赞美自然的直接性和抵制科学技术进步,鼓吹和美化宗教式的小土地所有制,反对阶级斗争和鼓吹平均分配土地,把自然当作避难所的浪漫主义观点,也反对那种把人的自由和幸福归结为技术对自然的支配程度的观点,而是认为"人类的幸福并不只是依赖于技术对自然的支配程度,至关重要的,是凭借支配自然的社会组织来解决技术的进步是否是为了人类幸福"①。施密特进而把马克思和恩格斯在实现人与自然的和谐关系和自然的解放问题上的态度归结三个核心观点。具体来说：

第一，虽然马克思和恩格斯对于资本主义社会所造成的自然的破坏，以及人与自然物质变换关系的裂缝作出批评，但是认为人类的生存和发展依然需要维系与自然之间的物质变换关系。但是在资本主义经济关系下，"人还没完全从自然历史的条件下摆脱出来。在经济关系放任自流时，它作为盲目的自然力起作用……人不只是在理论上发现那支配自己生活的规律，还同样学会在实践上支配这些规律"②。也就是说，还必须在从对自然崇拜和把自然浪漫化的观点中摆脱出来的基础上，通过发展科学技术提高生产过程的全面科学化程度，并使科学技术进步建立在能够服务于人类的幸福的社会制度上。

第二，实现人与自然的和谐关系和自然的解放内在地包括人的自然本性的解放。施密特这里所说的"人的自然本性"主要是既要克服作为人的本质的自由自觉的劳动的异化，又要实现人的自由个性。由于受自然规律及建立在资本主义私有制和分工基础上的社会关系的制约，人们不仅被自然王国的盲目必然性所制约，而且作为人的本质体现的自由自觉的劳动成为一种异化劳动，指出马克思和恩格斯所谓恢复人的自然本性就是如何克服自然规律和社会关系对人的制约，实现从必然王国向自由王国的飞跃，使劳动不再是一件让人苦恼的事，而是成为人类实现自我的一种方式。马克思进一步把人的自由问题归结为自由时间不断扩大和自由个性不断发展的问题。当人类从必然王国进入自由王国，建立"自由人联合体"的社会后，"人在劳动中不应该再象以往那样受苦，但也不可能废除劳动，代之以现今称之为闲暇活动的东西。……在马克思看来，所谓自由时间总之并不是像按今天的语言所理解的只是时间的量的延长。……只有当'直接的劳动时间'结束它和'自由的时间处于抽象对立'的时候，人的许多本性才能达到普遍的发展，这种发展将回过头来再给生产力的增长以促进性的影响"③。

第三，人与自然的和谐关系和自然的解放不仅依赖于科学技术和生产

① ［德］A.施密特：《马克思的自然概念》，欧力同等译，商务印书馆，1988年，第145页。
② 同上，第143页。
③ 同上，第156页。

力的发展,还在于通过实现社会关系的变革,建立一个有利于人与自然物质变换关系的共产主义社会。马克思对此指出,实现从必然王国向自由王国的飞跃意味着"社会化的人,联合起来的生产者,将合理地调节他们和自然之间的物质变换,把它置于他们的共同控制之下,而不让它作为一种盲目的力量来统治自己;靠消耗最小的力量,在最无愧于和最适合于他们的人类本性的条件下来进行这种物质变换"①。

马尔库塞在《单向度的人》和《爱欲与文明》,把当代西方社会看作总体统治和总体异化的社会,认为当代西方人的政治意识、革命意识呈现出日益淡化和弱化的发展趋势, 西方革命的首要问题就是通过培育具有政治功能的"新感性",唤醒压抑在内心深处的批判否定意识。在《自然和革命》中,他进一步强调把如何处理人和自然的关系问题看作西方革命中的重要问题,强调实现"自然的解放"与实现"人的解放"之间的内在联系。马尔库塞把"自然的解放"的内容规定为"属人的自然"和人之外的自然的解放两个方面的内容。具体来说:"(1)解放属人的自然,即作为人的合理性和经验的基础的人的原始冲动和感觉;(2)解放外部的自然界:即人的存在的环境。"②马尔库塞认为, 由于当代西方社会中服从和服务于资本追求利润为目的技术理性盛行,不仅人的内心世界日益为技术理性所支配而失去自主意识,而且自然界也不断被商业化,以服从资本对利润的追求,其结果是人的日益异化和生态日益被破坏。对于这一点,他晚年在加利福尼亚的一堂荒野保护课的演讲"生态与现代社会批判"中指出,当代西方社会的激进变革不仅包括变革现有的社会制度和生产关系,而且还包括现存社会中的个体意识的变革。这是因为当代资本主义制度和国际政治关系造成了当代西方人普遍的破坏性的性格结构, 正是这种破坏性的性格结构与当代西方社会以虚假需求所支配的消费主义价值观相结合, 在支撑当代西方生产力发展和维系资本的政治统治的同时,沉溺于追求个人的满足。"在发达工业社会条件下,满足总是依赖于破坏,支配自然总是依赖于违背自然,寻找新能源总是依赖于破坏生活环境,安全总是依赖于奴役,国家利益总是依赖于全球扩张,而技术进步则

---

① 《马克思恩格斯文集》(第七卷),人民出版社,2009 年,第 928~929 页。

② [美]赫伯特·马尔库塞:《自然与革命》,载《西方学者论〈1844 年经济学—哲学手稿〉》,复旦大学哲学系现代西方哲学研究室编译,复旦大学出版社,1983 年,第 144~145 页。

总是依赖于持续不断地操纵和控制人类。"①马尔库塞强调,应当摈弃这种破坏性的性格结构,代之以保护和改善生命的生命本能。因为生命本能"将在重新夺回和重新恢复我们的生活环境的过程中得到满足,在恢复人类之外和之内的大自然的过程中得到满足"②。马尔库塞由此强调,生态运动既是反对资本的政治运动,又是使外在自然和人的内在自然都得到安抚的心理运动。因此,他批判当代西方社会就是通过控制自然来控制人的,并借用马克思在《1844年经济学哲学手稿》中的相关思想,对自然解放的内涵与意义作了进一步的阐述。

　　马尔库塞认为,在当代西方社会中,无论是外在的自然,还是人的内在自然,都被服从资本追求利润和维系政治统治的技术理性所控制,既造成自然界的不断商业化和自然的破坏,又使人丧失了自主意识和独立人格。这就意味着所谓"自然的解放",就是既要改变仅仅从资本的立场看待自然和技术理性控制自然的做法,要按照马克思在《1844年经济学哲学手稿》中所提出的以作为人的本质的感性活动为基础,按照美的规律利用和改造自然,恢复自然本身的活力,实现以彻底的人道主义和自然主义辩证统一为特征的人类与自然的和谐发展;又包含了培育具有解放功能的"新感性"的诉求,马尔库塞认为它能够使主体摆脱技术理性的操控,因为它直接与生命本能对接,包含着孕育生命和消除一切苦难的希冀,马尔库塞强调,这种"新感性"本质上是个人感觉的恢复和解,并赋予"新感性"唤醒被技术理性压抑到内心深处的批判否定意识的功能。为了避免陷入反科学技术进步的浪漫主义失误,他又强调,"自然的解放"并不"意味着倒退到前工业技术阶段去,而是进而利用技术方面的成就,把人与自然界从为剥削服务的破坏性地滥用科学技术中解放出来"③。马尔库塞的"自然解放论"中关于恢复人的感性解放力量、对技术理性的批判等思想,深深影响了生态学马克思主义的理论建构。

---

①　[美]赫伯特·马尔库塞:《生态与现代社会批判》,载《马尔库塞文集》(第五卷),黄晓伟等译,人民出版社,2019年,第301页。

②　同上,第304页。

③　[美]赫伯特·马尔库塞:《自然与革命》,载《西方学者论〈1844年经济学—哲学手稿〉》,复旦大学哲学系现代西方哲学研究室编译,复旦大学出版社,1983年,第145页。

二、生态学马克思主义的生态批判理论

生态学马克思主义运用历史唯物主义关于人和自然关系的思想，在继承和发展自卢卡奇到法兰克福学派生态批判理论的基础上，通过对西方生态中心论的"深绿"生态文明理论和现代人类中心论的"浅绿"生态思潮的批判，结合当代世界的生态运动，对当代生态危机的根源和解决途径展开探索，形成了系统的生态批判理论。

(一)"深绿"和"浅绿"生态思潮的分歧与共同点

1.深绿"生态思潮在生态问题上的主要观点

"深绿"生态思潮是对工业文明的发展所造成的生态危机的反思的结果。他们把当代生态危机的根源归结为工业文明所秉承的人类中心主义价值观和以追求无限增长为目的的发展观，认为解决生态危机的途径就在于否定人类中心主义价值观，拒斥科学技术的运用，实行经济零增长的稳态经济发展模式。"深绿"生态思潮依次经历了动物解放论、动物权利论、生物中心论和生态中心论四个阶段。美国学者利奥波德在继承动物解放论、动物权利论和生物中心论反对人类中心主义价值观，要求平等地看待人类之外的存在物的价值和权利的基础上，又克服了他们仅仅强调生态共同体中个体的价值和权利，开启了从维系生态整体的和谐与稳定的维度探讨生态危机的根源和解决途径的新路径。因此，学术界一般把利奥波德在 1949 年出版的《沙乡年鉴》看作"深绿"生态思潮形成的标志。这部著作不仅反对人类单纯从经济价值的维度看待人类之外的存在物，进而把自己看作生态系统的主宰者和征服者，要求人类把自己看作生态系统中的普通一员，而且根据权利关系在人类不断拓展的历史，要求把权利关系进一步拓展到人类之外的自然，形成了以维系生态系统的整体性和稳定性为目的的"大地伦理"，并强调"大地伦理"的核心原则是"当一个事物有助于保护生物共同体的和谐、稳

定和美丽的时候,它就是正确的,当它走向反面时,就是错误的"①。利奥波德的"大地伦理"所强调的维系生态共同体的整体的和谐与稳定,强调自然的价值和权利的思想,为美国学者罗尔斯顿、挪威学者奈斯等人所继承和发展,形成了"深绿"生态思潮的完整的理论体系。

"深绿"生态思潮是借助生态科学等自然科学所揭示的生态整体性规律建构其理论的,他们在生态问题上的主要观点可归纳为如下四点内容。具体来说:

第一,工业文明是建立在近代机械论的哲学世界观、自然观和人类中心主义价值观基础上的。近代机械论的哲学世界观、自然观看不到人类和自然之间的有机联系,把自然界看作遵循机械规律运动的被动客体,进而将人类和自然的关系归结为控制和被控制、利用和被利用的关系。人类中心主义的价值观只承认人类具有内在价值,人类之外的存在物只具有满足人的需要的工具价值,这根源于人类具有其他存在物所不具有的理性和知识,正是人类的这一特质使人类成为生态系统的主宰和征服者。这种价值观不仅是一种基于人类狭隘自我利益的物种歧视主义观点,而且也必然造成人类对自然的滥用和生态危机。

第二,工业文明的科学技术理性的膨胀和对经济增长的无限追求,必然造成人类对自然资源的滥用,造成自然资源的破坏和短缺,必然造成生态危机和工业文明的发展不可持续,由此形成了他们"缺乏对现代大规模技术、技术与官僚精英的信任,而且,他们憎恨中央集权和物质主义"②的特点。

第三,解决生态危机的途径在于破除人类中心主义价值观,破除把人类看作生态系统的中心和主宰者的观点,树立构成生态系统的每一个成员具有内在价值和平等权利的生态中心主义价值观。"深绿"生态思潮所谓的生态中心主义价值观主要是,要求承认人类之外的存在物具有内在价值和权利的"自然价值论"和"自然权利论"。虽然"深绿"生态思潮没有对"自然价值论"的内涵作出统一的规定,但他们都把其内涵归结为自然物的内在结构和属性、不依赖于人的需要的内在价值和不依赖于人类和评价者的主观评价

---

① [美]奥尔多·利奥波德:《沙乡年鉴》,侯文蕙译,吉林人民出版社,1997年,第213页。

② [英]戴维·佩珀:《生态社会主义:从深生态学到社会正义》,刘颖译,山东大学出版社,2005年,第48页。

的客观价值三种含义;他们所谓的"自然权利论"主要是指,生物和自然人之外的其他事物按照生态规律存在下去的权利。生存的权利、自主的权利和生态安全的权利是生物所享有的三种主要权利。"自然价值论"和"自然权利论"的实质是要求破除人类中心主义所秉承的"主观价值论",要求把道德关怀和权利关系扩展到人类之外的存在物上。

第四,在如何展开生态治理问题上,他们拒斥科学技术的运用,拒斥经济增长,从维护生态系统的整体和谐与稳定这一目的出发,反对人类利用和改造自然的行为,主张树立生态中心主义价值观,强调个人生活方式的改变和地方生态自治,实行经济零增长和稳态经济发展模式。

2."浅绿"生态思潮在生态问题上的主要观点

"浅绿"生态思潮是对"深绿"生态思潮的批评展开回应的结果,其本质是为了保证资本主义可持续发展的自然条件的绿色资本主义理论。他们在生态问题上的主要观点可归纳为如下三点内容。具体来说:

第一,解决生态危机和保护生态的整体和谐是为了捍卫人类的整体利益和长远利益,离开了人类利益谈论生态问题,就意味着生态运动失去了其内在的动力和基础,人类中心主义价值观不容否定。"深绿"生态思潮在评价人类中心主义价值观的问题上存在失误,它错误地把一种价值观层面的批评上升为对内容本身的反对。我们知道,近代人类中心主义价值观实际上是一种"人类专制主义",它把人类看作衡量宇宙万物的唯一尺度,主张不惜代价满足人类的任何感性欲望,完全忽视和否定了人类保护自然的责任和义务,从而造成人类与自然关系的紧张。

第二,生态危机的根源并不是人类中心主义价值观,而是人口过快增长、现代技术的缺陷和把自然资源看作上帝无偿的馈赠的观念。所谓人口增长过快是指人口增长超过经济的增长,导致了人类的贫困和为了解决贫困而不得不加快对自然资源利用,造成了自然资源的快速耗费和生态危机。"正是快速增长的人口使全球环境陷入危险境地,人口的膨胀看来不仅危及我们自身物种的生存,而且会让整个生物圈走向灭绝。"①"浅绿"生态思潮认为了实现经济增长这一目的,具有内在缺陷的现代技术所制造的化合物、

① [美]丹尼尔·A.科尔曼:《生态政治——建设一个绿色社会》,梅俊杰译,上海译文出版社,2002年,第3页。

化学品和工业产品被大规模使用,极大地破坏了地球生态系统的平衡,造成了生态危机日益严重的发展趋势。把自然资源看作上帝无偿的馈赠的观念导致了人类仅仅将自然看作满足人类需要的工具,从而使得人们无限度地开发和利用自然,造成了自然资源的滥用和生态危机。因此,生态危机仅仅是人类追求经济增长的代价问题,是人类发展过程中的一个暂时和能够解决的问题,资本主义制度和生产方式具有解决生态危机的潜力。

第三,解决生态危机的关键不在于否定人类中心主义价值观,而在于通过技术创新,开发出更好的技术和实现经济增长,使人口增长与经济增长保持一致,在此基础上制定包括奖惩机制的严格的环境制度,切实规范人们的实践行为。

基于以上认识,"浅绿"生态思潮提出了他们在生态问题上的主要主张。具体来说:在哲学世界观和自然观上,由于"浅绿"生态思潮的目的是保护资本主义经济可持续发展所需要的自然条件,因此他们秉承的依然是与资本紧密联系在一起的主客二分的哲学世界观和自然观。在生态价值观上,他们反对"深绿"生态思潮否定人类中心主义价值观的观点,指出人类中心主义价值观符合任何物种都以自己为中心的原则,捍卫人类的利益是生态运动的内在动力和基础;同时又认为必须修正近代人类中心主义价值观的内在缺陷,避免将人类中心主义价值观解释为"人类专制主义"。其具体做法是,他们把近代人类中心主义价值观不追问人的感性欲望的合理性问题,而要求人的任何感性欲望都应当得到满足的观点称为"强式"人类中心主义价值观,强调应当把它修正为基于理性欲望的"弱式"人类中心主义价值观;批评近代人类中心主义价值观只追求短期的利益,而放弃保护自然的责任和义务的做法,强调应当修正为基于人类整体和长远利益、保护自然的责任和义务的"现代人类中心主义价值观"。在如何展开生态治理上,他们强调解决生态危机需要通过技术创新开发出更好的技术,追求经济增长以适应人口的增长,通过自然资源的市场化来变革自然资源是上帝无偿馈赠的观念。在此基础上,制定严格的包括预防机制和末端奖惩机制的环境制度,形成以市场主导,政府和社会大众共同参与的"多中心"生态治理模式。

3."深绿"和"浅绿"生态思潮的争论与本质

"深绿"和"浅绿"生态思潮的分歧和争论主要在于:

第一，在生态本体论上，"深绿"生态思潮反对近代主客二分的机械论的哲学世界观和自然观，秉承的是将由生态科学等自然科学所揭示的整体论、有机论视为哲学世界观和自然观，坚持人类和自然之间的相互影响、相互作用和相互联系；"浅绿"生态思潮是一种追求资本主义经济可持续发展的绿色资本主义，他们秉承的依然是近代机械论的哲学世界观和自然观，因而他们并不是生态文明理论，而是一种追求可持续发展的绿色思潮。

第二，在生态价值观上，"深绿"和"浅绿"生态思潮围绕是走出人类中心主义价值观，还是践行人类中心主义价值观展开了激烈的争论。"深绿"生态思潮要求否定和抛弃人类中心主义价值观，树立以"自然价值论"和"自然权利论"为主要内容的生态中心主义价值观，要求人类放下主宰者和征服者的态度，平等地对人类之外的存在物，承认自然的内在价值和自然的权利；"浅绿"生态思潮则强调捍卫人类的利益是生态运动的基础和内在动力，不应当否定和抛弃人类中心主义价值观，只要把近代人类中心价值观修正为基于人类整体利益、长远利益和保护自然的责任的现代人类中心主义价值观，就能解决人与自然之间的紧张关系。

第三，在如何看待科学技术进步、经济增长与生态危机的关系问题上，"深绿"生态思潮反对科学技术理性的过度膨胀，这原本是必要的与合理的，但他们又反对科学技术理性，反对科学技术本身，同时又把经济增长看作生态危机的根源，其理论所主张的人类与其他存在物平等的价值与权利，以贬损人的价值和尊严来维系生态整体的和谐与稳定，上述理论主张与后现代主义具有高度的一致性，使其理论带有浓厚的后现代性质；"浅绿"生态思潮则强调生态危机的解决不仅离不开科学技术进步和经济增长，而且要以科学技术进步和经济增长为基础和前提，秉承的是现代主义的理论立场。

第四，在如何展开生态治理的问题上，"深绿"生态思潮主张通过树立生态中心主义价值观、个人生活方式的变革和地区生态自治来解决生态危机，形成了生态无政府主义和生态自治主义的生态治理模式，是一种带有浓厚的德治主义倾向的生态治理观；"浅绿"生态思潮则主张以自然资源的市场化、技术进步和经济增长为基础，制定严格的环境制度来规范人们的实践行为，形成了以市场为主导，政府和社会大众共同参与的"多中心论"的生态治理模式，是一种带有浓厚的技术主义倾向的生态治理观。

　　"深绿"和"浅绿"生态思潮在上述分歧和争论的背后,却具有下述一致性和共同点:

　　第一,割裂人类与自然、自然观和历史观的辩证统一关系是他们理论的共同点。在人类和自然的关系问题上,虽然他们都强调应当维系人与自然的和谐共生关系,但是"深绿"生态思潮是通过贬损人类的价值和尊严,进而反对人类任何利用和改造自然的实践行为,把人类与自然的和谐共生关系理解为,人类屈从于自然的生存状态;"浅绿"生态思潮把维系人与自然的和谐共生关系理解为,人类应当承担保护自然的责任和义务,但是其哲学世界观和自然观却还是把人类与自然的关系归结为控制和被控制的关系,二者都是在人类与自然的关系问题上各执一词。不仅如此,他们都割裂自然观与历史观的辩证统一关系,导致了他们都不去揭示在一定社会制度和生产方式下人类与自然之间实际的物质与能量交换过程是如何发生中断的,都撇开社会制度维度,仅仅从人类对自然的态度,即抽象的生态价值观维度揭示生态危机的根源,实际上是把生态问题的本质归结为一个价值问题,无法真正找到生态危机的根源与解决途径。

　　第二,都是以追求生活质量为导向的生态文明理论和生态思潮,都难以指导发展中国家以追求生存为导向的生态文明建设实践。"深绿"生态思潮是基于其生产力高度发达,社会财富极大丰富,从维系中产阶级既有的生活质量和审美趣味出发,完全忽视广大发展中国家面临的消除贫困和追求发展的需要和现实,否定科学技术进步和经济发展;"浅绿"生态思潮虽然强调技术进步和经济增长的必要,但他们所追求的经济增长不是为了满足人民群众的需要,而是为了满足资本追求利润的需要,他们所标榜的捍卫人类的整体利益和长远利益的现代人类中心主义价值观,本质上是以资本利益为基础的生态价值观。他们都是"追求生活质量导向"的生态文明理论和生态思潮,都漠视人民群众和发展中国家的生存权与发展权,难以用于指导发展中国家的生态文明建设。因为对于发展中国家而言,如何通过绿色"低碳"可持续发展实现生存是其生态文明建设的主要任务,其生态文明理论应当是"追求生存导向"的生态文明理论。

　　第三,他们秉承的都是西方中心主义的价值立场。"深绿"和"浅绿"生态思潮都撇开社会制度的维度,单纯从抽象的生态价值观的维度考察生态危机的根源和解决途径，都否定资本主义现代化和全球化是生态危机的根源这一事实，要求所有人承担由资本所造成的生态危机的后果，并主张在现有资本主义制度框架范围内，或者通过生态价值观的变革，或者通过制定严格的环境制度解决生态危机，他们秉承的都是西方中心主义的价值立场。

生态学马克思主义既反对"深绿"生态思潮所秉承的生态中心主义价值观，又反对他们把科学技术运用、经济增长与解决生态危机对立起来；同时揭示了"浅绿"生态思潮所主张的现代人类主义价值观的实质，指出其追求的发展并不是为了满足人民群众的需要，而是为了服从资本追求利润的需要。在此基础上，通过阐发马克思的唯物主义的特质，围绕着对资本主义制度和生产方式的批判，以及技术的资本主义使用、资本主义价值观与生态危机的关系的揭示展开了系统的探讨，形成了以社会正义和环境正义为导向，以满足人民群众基本生活需要的反对资本主义的生态批判理论。

（二）生态学马克思主义对历史唯物主义特质的理解和实践自然观

生态学马克思主义继承和发展自卢卡奇到法兰克福学派的生态批判理论，首先阐发了马克思的唯物主义的内涵与实践自然观，为他们的生态批判理论奠定理论前提。他们或者是通过阐发唯物主义的内涵，考察唯物主义的类型和唯物主义发展史，或者是通过批判对历史唯物主义的经济决定论、技术还原论的解释，重构历史唯物主义，在肯定唯物主义与生态思维的一致性的基础上，认为历史唯物主义本质上是实践唯物主义或生态唯物主义，开启或重构历史唯物主义的生态维度。

福斯特强调，唯物主义认为"任何事物的起源和发展都取决于自然和'物质'，也就是说，取决于独立于思想并先于思想而存在的物理实在的水平"①；并认为不能像西方绿色思潮那样，把唯物主义看作与生态思维相对立的。福斯特以美国生态学家巴里·康芒纳在《封闭的循环：自然、人和技术》一

---

① ［美］约翰·贝拉米·福斯特：《马克思的生态学——唯物主义与自然》，刘仁胜等译，高等教育出版社，2006年，第2页。

书中提出的"万物皆相互联系、万物皆有归宿之地、自然知晓最多、'无'无以产生'有'"①生态学四条原则,论证唯物主义既促进了科学的发展,又促进了生态思维的形成和发展。康芒纳所提出的四条生态法则不仅揭示了地球生态系统构成要素之间是相互影响、相互联系和相互作用的有机整体,还强调了自然界的存在物遵循物理学的物质不灭原理,强调了人类对生态系统的作用必须受制于生态整体性规律和遵循生态规律,否则就会破坏生态系统的和谐与稳定。康芒纳的这四条生态法则与唯物主义强调事物的客观性,事物之间的相互影响、相互作用和相互联系,以及人类的实践活动遵循事物的本性与客观规律具有完全的一致性。在论证了唯物主义与生态思维的一致性后,福斯特进一步分析了唯物主义的类型、马克思与唯物主义哲学发展史的关系,论述马克思的唯物主义本质上是实践唯物主义和生态唯物主义。

　　福斯特将唯物主义具体划分为本体论的唯物主义、认识论的唯物主义和实践唯物主义三种类型。所谓"本体论的唯物主义"是指,强调社会存在对物理存在的单方面依赖,强调前者来源于后者;所谓"认识论的唯物主义"是科学研究对象相对于研究活动的客观独立性;所谓"实践唯物主义"就是强调人类实践在社会形态变革中的重要作用。福斯特认为,马克思虽然也赞成本体论的唯物主义和认识论的唯物主义,但马克思的唯物主义从一开始就把人与自然的关系看作实践的关系,马克思的唯物主义主要是"实践唯物主义"。为了说明马克思的"实践唯物主义"的特质,福斯特通过考察唯物主义发展史和马克思对自然科学的概括和总结,一方面强调马克思的唯物主义是坚持以人类实践为基础的自然观和历史观辩证统一的实践唯物主义,另一方面也强调必须反对那种对马克思的唯物主义的经济决定论、技术还原论的解释。在福斯特看来,唯物主义发展史存在着以德谟克利特为代表的严格决定论传统和以伊壁鸠鲁为代表的有机论传统,马克思继承的是以伊壁鸠鲁为代表的有机论传统,并通过吸收费尔巴哈唯物主义和黑格尔的辩证法思想,使得马克思既反对唯心主义和神学目的论,又避免了机械决定论的失误;同时马克思和恩格斯又总结了达尔文进化论、摩尔根的遗传学,特别是李比希的农业化学,不仅奠定了以"劳动"为基础的唯物主义自然观和历

---

① ［美］巴里·康芒纳:《封闭的循环:自然、人和技术》,候文蕙译,吉林人民出版社,1997年,第25~36页。

史观相统一的唯物主义学说,而且提出了以历史观和自然观辩证统一的"物质变换裂缝"理论,用以揭示资本主义制度和生产方式所造成的生态环境的破坏,以及人与自然物质变换关系的中断,进而提出只有变革资本主义制度和生产关系,建立共产主义社会,才能合理协调人与自然的物质变换关系,实现人与自然关系的和谐与共同发展。

　　佩珀明确反对把马克思的唯物主义解释为本体论或认识论的唯物主义,因为马克思"没有宣称世界完全是由物质构成的,也没有宣称关于世界的认识能够'作为一个完全独立于主体(即努力认识世界的人)的客观物质现实存在'。但它的确意味着,马克思反对仅仅作为观念进步的历史观"[①]。佩珀把马克思的历史唯物主义看作通过分析以生产力和生产关系构成的社会生产方式、经济基础和上层建筑相互作用如何推动人类社会历史发展的理论。他认为,虽然马克思强调人类社会历史发展过程中经济动因和物质因素起着决定和支配作用,但马克思一方面否定物质和精神因素是单向和一一决定的因果关系,反对笛卡尔主义或机械决定论者把世界看作一部遵循机械规律运动的机器;另一方面也强调经济基础和上层建筑、社会和自然在人类实践的基础上构成一个有机体,并强调意识形态等上层建筑因素对经济基础的反作用,因此他反对那种对历史唯物主义经济决定论、机械决定论的解释。与佩珀一样,休斯认为马克思的历史唯物主义在人与自然的关系问题上坚持"生态依赖原则""生态影响原则"和"生态包含原则"三个原则,既坚持人类和自然的相互依赖、相互影响和相互作用的关系,又与旧唯物主义只强调自然对人类的制约作用不同,强调人类实践在处理人与自然关系问题上的主观能动性。

　　如果说福斯特、佩珀和休斯是直接论述马克思的唯物主义的特质和实践自然观的话,奥康纳和本·阿格尔则是在反对对历史唯物主义的经济决定论、技术还原论的解释的基础上,重构历史唯物主义,建立起以劳动实践为基础的人类和自然的辩证关系。

　　奥康纳认为,历史唯物主义反对把历史看作由抽象观念决定的唯心主义,强调人们的社会物质生活,生产力、生产关系形成的物质生产方式决定

---

　　① [英]戴维·佩珀:《生态社会主义:从深生态学到社会正义》,刘颖译,山东大学出版社,2006年,第100页。

了历史变迁的过程，因而历史唯物主义是"研究历史变迁中的延续性以及历史延续中的变化与转型的一种方法"①。虽然历史唯物主义关注的重点在于社会系统的生产方式的作用问题上，而不在于自然系统上，并没有给自然系统足够的关注。但是历史唯物主义存在着潜在的生态学视域，因为历史唯物主义不仅认识到了人类社会同自然界之间的辩证关系，而且也揭示了资本主义制度的反生态性质。问题在于，对历史唯物主义的经济决定论和技术还原论解释仅仅从技术关系来规定生产力、生产关系及二者之间的关系，忽视了二者之间的主观和价值维度，遮蔽了历史唯物主义所具有的潜在的生态学视域。历史唯物主义只有既向外部自然界扩张，又向内在的生物学领域扩张，才能克服对历史唯物主义经济决定论和技术还原论的解释，并把这种潜在的生态学思想挖掘出来，历史唯物主义理论的生态维度才能得以彰显。

基于以上认识，奥康纳将"自然维度"和"文化维度"引入历史唯物主义理论中，建立人与自然的生态关系。所谓历史唯物主义的自然维度，就是指自然生态系统对生产力发展、人们之间的协作关系和人们的劳动的相互影响、相互作用的关系，它是历史唯物主义理论中的客观维度；所谓历史唯物主义的文化维度，就是指文化与价值规范对于生产力发展、人们之间的协作关系和人们的劳动的影响和作用，它决定了在同一生产力条件下会形成不同的协作模式和劳动关系。奥康纳强调，只有在历史唯物主义理论中引入"自然维度"和"文化维度"，才能既坚持历史唯物主义理论的客观维度，又坚持历史唯物主义理论的主观维度，避免对历史唯物主义的经济决定论和技术还原论的解释，并在人类劳动的基础上，建立人类与自然之间的生态关系。

本·阿格尔认为，马克思主义理论包括马克思的异化和人的解放理论、资本主义的内在矛盾理论三个相互联系的组成部分。资本主义的内在矛盾理论揭示了资本主义必然崩溃和社会主义必然胜利，但这种必然性是一种逻辑上的必然性，要使这种必然性变为现实还离不开人的主观因素的参与。但是当时的马克思主义者没有正确理解马克思主义理论的上述特征，西方马克思主义的历史呈现出在决定论或唯意志论之间来回摇摆的特征。本·阿格尔进一步把"理论与实践相统一"的辩证法看作马克思主义的方法论，这

---

① [美]詹姆斯·奥康纳：《自然的理由——生态学马克思主义研究》，唐正东等译，南京大学出版社，2003年，第51页。

一方法论要求根据当代西方社会历史条件的变化，对历史唯物主义理论展开修正，这种修正应当放到历史唯物主义的危机理论上。因为"历史的变化已使原本马克思主义关于只属于工业资本主义生产领域的危机理论失去效用。今天，危机的趋势已转移到消费领域，即生态危机取代了经济危机"①。本·阿格尔由此通过分析服从资本追求利润和政治统治的消费主义价值观所形成的"异化消费"与生态系统有限性之间的矛盾，强调只有摆脱异化劳动和异化消费，正确处理人的需要、满足和消费之间的关系，树立创造性劳动幸福观，建立生态社会主义社会，才能真正克服生态危机。

（三）生态学马克思主义的生态危机论

生态学马克思主义反对"深绿"和"浅绿"思潮拘泥于价值观转变的生态治理策略，主张从生产方式入手找寻生态危机的制度根源，力图从历史唯物主义的视角出发，为生态危机的解决提供科学的路径和方法。其核心是通过揭示资本追求利润的本性、资本主义制度和生产方式的内在矛盾与生态危机的内在联系，明确提出了"资本主义制度在本性上是反生态"的命题，显示了生态学马克思主义生态批判理论的非西方中心论的理论特质。

生态学马克思主义把资本的本性归结为追求利润和实现资本的增殖，这就决定了资本必然会遵循经济理性而不断扩张其生产体系，这必然会加剧与地球生态系统的有限性之间的矛盾，造成人类与自然界之间的物质与能量交换关系的断裂和生态危机，并随着资本的全球化，使生态危机呈现出全球化发展的趋势。以奥康纳、福斯特和高兹等为代表的生态学马克思主义理论家对此展开了深入的分析。

福斯特将增殖机制和对财富渴求视为资本的最高目的，认为追求无限经济增长和无限扩张是资本运行的必然逻辑，"永不安分"是资本主义社会的本性和特点，其结果是自然资源的大量耗费和日益严重的环境污染，最终必然超过生态系统所能承受的极限，造成人类与自然物质变换关系的断裂和生态危机。

---

① ［加拿大］本·阿格尔：《西方马克思主义概论》，慎之等译，中国人民大学出版社，1991年，第486页。

　　高兹则认为，资本追求利润的本性一方面使得资本主义生产并不关注如何实现人类与自然关系的平衡问题和保护生态环境问题，而是把如何通过最小的投资，获取最大的收益作为其首要目标；另一方面，资本主义的生产过程遵循的是"经济理性"原则，而不可能遵循"生态理性"原则运行，其结局只能是人与自然关系的持续恶化。高兹具体分析了"经济理性"和"生态理性"的区别和关系。从二者的区别看，经济理性是一种以如何获得最大利润为目的的工具理性，它以"计算和核算"原则为基础；生态理性则是追求如何以最小耗费来满足人们生活需要的价值理性，它以遵循生态规则为基础。从二者的关系看，生态理性是对经济理性的限制。因为与经济理性奉行的"越多越好"的价值观不同，生态理性奉行的则是"够了就行"的俭朴生活的价值观。但问题是资本逻辑关注的是商品的交换价值，这就将以"效率"和"核算"为核心内容的经济理性及其原则凸显出来。由于如何获得最大限度的利润是资本主义生产首要考虑的问题，如何实现生态平衡并不是它首要关注的问题。从经济理性的角度看，资本主义生产热衷于追求技术发展和生产力的提高，而生态理性的视角则认为前者是在对自然的肆意破坏和资源的浪费，在这个意义上说，资本主义"生产就是破坏"。[1]

　　奥康纳在《自然的理由——生态学马克思主义研究》一书中明确指认资本的本性是追求利润的同时，强调资本只沉醉于向外扩张而不关心生态保护，其增殖逻辑意味着它只会在加速周转和不断扩展交换范围的过程中追求利润和积累，对于事物的保护则漠不关心。

　　科威尔在《自然的敌人：资本主义的终结还是世界的毁灭？》一书中指出，资本追求利润的本性使得它不计后果不停地超越自身和自然的界限进行资本积累，由此必然造成了两种后果。具体来说：一是资本通过制造与生态相对立的欲望支配人们的内心世界，使人与人的关系异化为工具性的占有关系，形成了通过消费证明自身人生价值和意义的"丢弃型"社会，使得人们丧失了阻止资本破坏生态行为的能力；二是资本把市场交换原则引入人与人、人与自然的关系中，形成注重效率和对科学崇拜的工具思维，自然由此仅仅被看作满足资本追求利润的工具，资本主义社会这种漠视自然系统

---

[1]　See A.Gorz, *Ecology as Politics*, Boston: South End Press, 1980, p.20

的规律和生态的长远利益的做法，是人与自然关系不断走向恶化的制度根源。可以说,正是由于资本的"不增长就灭亡"的进步强制原则,使得如何进行市场的拓展成为资本家的关注核心,因为一旦在上述过程中处于下风,就会丧失其原有的基础和地位,正是这种生产及其导致的对于自然的无节制索取,不可避免地导致了生态危机。科威尔进一步强调,由于资本追求利润和资本积累所形成的资本逻辑,决定了资本主义社会注定无法真正解决生态危机,这就意味着"要么资本灭亡,要么世界灭亡"①是我们的唯一选择。

在揭示资本追求利润的本性与生态危机内在联系的基础上,生态学马克思主义理论家进一步从三个维度揭示了资本主义制度和生产方式的内在矛盾与生态危机的必然联系。具体来说:

第一,资本主义制度中的"第二重矛盾"与生态危机的必然后果。奥康纳把马克思和恩格斯所揭示的生产力和生产关系、经济基础和上层建筑的矛盾称为资本主义社会的"第一重矛盾",马克思关于资本主义危机理论就是建立在"第一重矛盾"基础上的,并认为这一矛盾运动的结果是造成了因需求不足的经济危机。奥康纳认为,任何社会的生产都要以"生产条件"为基础,马克思和恩格斯尽管也关注到这一点,并把生产条件划分为工人阶级的劳动力的再生产的个人条件、土地等外在物质条件和交通与运输等公共条件,但他们理论探讨的重点是劳动力再生产的问题,缺乏系统地对生产所需要的自然条件的论述。奥康纳认为,马克思的上述理论空场与资本主义发展早期阶段的劳动力、土地,以及自然资源十分丰富且现成可得这一现实密切相关。但当前资本主义的新变化意味着我们需要关注"资本积累的外在限制,如工人和社区居民的健康和福利,有限的资源以及空间的局限性的基础之上的……后面这些因素不管是否是由资本对'生产条件'的无视所造成的,它们都客观存在着"②。也就是说,在当前应当把对"生产条件"的分析更多地侧重于对自然条件的研究上,并由此把资本主义生产与其自然条件之间的矛盾称为资本主义社会的"第二重矛盾",认为这一矛盾的发展必然造

①　[美]乔尔·科威尔:《自然的敌人:资本主义的终结还是世界的毁灭？》,杨燕飞等译,中国人民大学出版社,2015 年,第 40 页。

②　[美]詹姆斯·奥康纳:《自然的理由——生态学马克思主义研究》,唐正东等译,南京大学出版社,2003 年,第 5 页。

成因生产条件的破坏使生产无法进行的生态危机。可以看出，如果说马克思所揭示的是资本主义社会内部矛盾的话，"第二重矛盾"则关注的是资本生产及其赖以维系的外在条件的矛盾，正是由于后者的持续恶化，使得资本主义终将无力维系其再生产的可能性，这就意味着当代资本主义危机的表现主要体现在生态危机上。

　　与奥康纳持同样观点的还有本·阿格尔。本·阿格尔在《西方马克思主义概论》一书中认为，资本主义社会的矛盾已经从生产领域转向了消费领域，经济危机以生态危机的形式表现出来。可以说，资本主义生态危机根源于资本基于利润的本性而追求生产体系的无限扩张，导致自然资源的大量耗费以及与自然生态系统的有限性之间的矛盾，生态学马克思主义理论家由此提出了"资本主义制度在本性上是反生态"的命题，强调资本应当为生态危机负责。生态学马克思主义进一步分析了资本维系政治统治的新方式必然会强化生态危机。与马克思所处的古典资本主义社会主要依靠政治暴力维系其政治统治不同，当代资本主义社会则是一种依靠包括政治统治和文化意识形态控制在内的总体性统治的方式，并越来越依靠文化意识形态控制维系其政治统治，体现为资本在全社会范围内宣扬消费主义价值观和生存方式，既起到支撑资本主义生产体系不断扩张的作用，又把人们的兴奋点牵引到对商品的占有和消费中，把占有和消费商品作为自由和幸福的体验，起到淡化和弱化人们的政治意识、批判意识的功能。但是消费主义价值观和生存方式在起到支撑资本主义生产体系的不断向外扩张作用的同时，必然与有限的自然生态系统发生矛盾冲突，从而强化业已存在的生态危机。

　　第二，生态治理需要统一的绿色财政政策作为支撑，但是由于资本主义社会存在着总体资本和个别资本利益的不一致和矛盾，使得资本无法形成有效的生态治理方案。这是因为，开展生态治理必须依托于绿色财政，而实现绿色财政的目的在于对那些高污染和高耗能的企业征收重税，而将资金投向清洁能源的开发和利用，保护生态可持续发展和良好的工作与生活环境。但问题在于，"生态可持续发展"这一论题是环保运动和环保组织提出的，其实质是要求追求一种与生态相一致的维持性发展。资本从追求超额利润这一目的出发，故意把自己的产品包装成绿色产品，并在资金上支持环保组织和环保运动，但是环保组织和环保运动所提倡的"维持性发展"与资本追求无限发展的本性在本质上是矛盾的,这就决定了与生态环境相符的"维持性发展"在资本主义社会根本无法真正实施。与此同时,总体资本和个别资本的矛盾意味着后者总是以自身的利益为出发点,这就破坏了总体资本支出维系自身长期利益的物质和社会条件,从而在根本上决定了资本主义国家出于利润和资本增殖的需求而无法从根本上解决生态问题。

第三,资本为了开拓世界市场和获得更多的利润,通过资本的空间生产不断向外扩张,必然会造成生态危机全球化的发展趋势。资本的空间生产及其不平衡的发展策略转嫁了生态污染,剥夺了发展中国家的发展权和环境权。福斯特视其为发达国家的"生态债务",即发达国家出于自身的诉求,对于落后国家和地区实施的掠夺、侵占和破坏环境资源而累积的债务。这种观点的根本之处在于,对生态帝国主义所组织的自然与社会之间的社会相互关系的分析,将资本主义国家对于落后地区的剥削史看作生态债务的一部分。对于全球性的生态灾难和环境问题,资本仍然负有不可推卸的责任,正是资本主义国家的生产和消费方式,导致了全球环境的现状。

基于以上内容可以看出,生态学马克思主义超越了"深绿"和"浅绿"生态思潮拘泥于单纯的生态价值观的维度探讨生态危机根源的做法,而是坚持历史唯物主义的自然观与历史观辩证统一的思想和生产方式理论,强调资本主义制度和生产方式才是生态危机的根源,资本应当对生态危机和生态危机全球化发展趋势负责,正是资本追逐利润的本性及其资本的全球化,造成了生态危机及其全球化发展的趋势,只有变革资本主义生产方式及其支配下的全球权力关系体系,才能实现人与自然的真正和解。对资本主义制度和生产方式的生态批判,是生态学马克思主义生态批判理论的基础和核心,正是以此为基础,生态学马克思主义展开了对技术的资本主义使用和对生态价值观的批判。

(四)对技术的资本主义使用的批判与科学技术生态化的探索

在科学技术的社会效应问题上,"深绿"和"浅绿"生态思潮不仅对历史唯物主义展开质疑,而且二者之间由于观点的分歧而展开了激烈的争论。从他们对历史唯物主义的质疑看,他们批评历史唯物主义受"支配自然"观念的影响,过分迷信科学技术进步和生产力发展,并把历史唯物主义理论归结为与生态相冲突的"科技崇拜"和"唯生产力"的"生产主义"。从二者的分歧和争论看,"深绿"生态思潮把以人类中心主义价值观为基础的科学技术的运用看作生态危机的根源,强调必须放弃科学技术创新和运用,才能解决生态危机和保护人类实践之外的"荒野"与"自然"。"深绿"生态思潮正确地反对了科学技术理性的过度膨胀,具有积极的意义。但由于其理论的后现代性质,他们又从反对科学技术理性的过度膨胀错误地走向否定和反对科学技术本身。"浅绿"生态思潮反对把人类中心主义价值观和科学技术看作生态危机的根源,认为人口增长超过了经济增长的速度、现代技术的内在缺陷和自然资源的免费使用才是生态危机的根源,这就决定了解决生态危机既不能否定人类中心主义价值观,也不能离开科学技术的创新和科学技术的运用,而是应当通过科学技术创新,开发出更好的技术,以代替现有的对环境具有破坏作用的有缺陷的技术。但由于"浅绿"生态思潮的目的是追求以资本为基础的可持续发展,因而他们秉承的不仅是以资本为基础的近代机械论的哲学世界观和自然观,而且他们赞同科学技术本质上是与资本联系在一起的"技术理性"。对于上述两个方面的问题,生态学马克思主义都作了系统的回答。

　　生态学马克思主义强调,西方绿色思潮之所以质疑历史唯物主义是一种与生态思维相对立的崇拜科学技术乐观主义的"生产主义",根源于他们对历史唯物主义的误读。关于这一点,日本生态学马克思主义理论家岩佐茂曾指出,"生产主义"并不是主张追求生产力的发展,而是单纯追求量的提升,或者说它遵循了近代主义的思维方式是一种"生产力主义"或"生产第一主义"。①可见,"生产主义"偏向于追求数量的积累或规模的扩大,忽视了生产力发展的质量、效果和社会性影响。生态学马克思主义由此从三个方面对西方绿色思潮的上述观点作出了系统的反驳,并指出上述观点的失误在于:其一,没有理解历史唯物主义的真正内涵,将其归结为技术或经济决定论的一种理论形态,而没有从感性活动的视角,将历史唯物主义看作实现了自然

————
　　①　参见[日]岩佐茂:《环境的思想:环境保护与马克思主义的结合处》,韩立新等译,中央编译出版社,2006年,第126页。

观和历史观辩证统一的实践唯物主义。其二,没有把握马克思阐发的"生产力概念"是技术和工具等物的因素和人这一主体性因素的有机统一,是一种包括主观和客观维度、工具性和价值性维度的内在统一的概念。其三,既不懂得历史唯物主义主张的是遵循"生态依赖原则、生态影响原则和生态包含原则相统一"的有利于生态良性发展的生态生产力观,又不懂得历史唯物主义之所以重视生产力发展,是因为生产力发展既意味着人类创造力的增强和花更少的劳动时间获得更多的产品,又能为建立合理协调的人类与自然关系的共产主义社会创造条件。历史唯物主义同时也认为,应当充分考虑技术运用的社会效应,因为社会性的因素阻碍或促进技术的发展,而技术的发展也影响甚至决定社会进步,二者之间存在相互影响、互为因果的辩证关系,这也正是马克思力图阐发的历史唯物主义的核心内容。这就决定了不能脱离科学技术与承载它的社会制度、生产方式和价值观的性质,抽象地谈论科学技术的社会效应。生态学马克思主义由此肯定了历史唯物主义与生态具有完全的一致性。对于二者在科学技术效应问题上的分歧和争论,生态学马克思主义认为,他们的共同点则是脱离社会制度和生产方式,抽象地考察和看待科学技术的社会效应,不懂得科学技术本身无所谓价值属性,科学技术的社会效应取决于承载它的生产制度和价值观的性质,这就要求我们在考察科学技术的社会效应的时候,必须首先考察承载它的社会制度和生产关系的性质,然后考察承载它的价值观的性质。基于以上认识,生态学马克思主义从社会制度的性质与科学技术的运用、价值观的性质与科学技术的运用两个维度,系统考察了科学技术的社会效应。

从社会制度和科学技术运用的关系看,生态学马克思主义强调,正是资本主义制度的不正义性导致了科学技术的异化和非理性运用,使科学技术在资本追求利润的过程中成为控制人和自然的工具,使得科学技术进步不仅不可能带来自由和幸福,而且带来的是奴役和被总体控制的异化生存境遇,并必然导致人与自然关系的紧张和生态危机。这是因为,资本主义生产的目的不是为了生产使用价值来满足人们的需要,而是为了生产交换价值满足资本追求利润的需要,资本追逐利润和生产目的的不正义性,使得技术的运用只会遵循以"计算与核算"为主要内容的经济理性,而不会遵循以最小耗费和追求人与自然和谐为目的的生态理性,这意味着技术创新和运用不仅不可能真正按照生态原则运用,而且在资本主义制度和生产方式下,技术创新和技术运用不过是加快了资本对自然资源的掠夺和剥削。由于生态学马克思主义认为只有在生态社会主义社会中,技术进步、经济增长与人和自然和谐共同发展是辩证统一的关系,他们由此认为"深绿"生态思潮正确地批评了技术理性过度膨胀,但又错误地走向否定科学技术本身;同时又批评"浅绿"生态思潮要求实现科技创新是以资本追求利润的技术理性为基础的,其目的不是为了真正消除生态危机,而是为了维系资本主义再生产的自然条件,并把资本主义生产体系所生产的商品包装为绿色商品,以帮助资本获得更高的利润。

　　从价值观的性质和科学技术运用的关系看,生态学马克思主义主要揭示了建立在资本基础上的现代性价值观与科学技术非理性使用的内在联系。现代性价值观起源于文艺复兴和启蒙运动,其核心是要求人们摆脱对宗教神学和自然的恐惧,并运用理性树立自信。现代性价值观反对文艺复兴运动之前人们相信自然有精神属性,因而迷恋自然的奥秘的有机论哲学世界观,强调自然是一个遵循机械运动的被动客体,人们发现了自然的规律,就可以以科学技术为中介使自然满足人的需要,自然的祛魅化也使得人类逐渐摆脱了基于神秘主义的敬畏和信仰,而是希望从自然界中获取资源和有用物,人类与自然的关系也开始被塑造为一种基于操作主义的控制和利用的关系,这种观点进一步被资产阶级的进步意识形态裹挟为一种以工具理性为基础的社会进步观。在这种现代性价值观和社会进步观看来,所谓自由就是使得技术能够毫无顾忌地作用于自然界,作为一种社会性的安排,它鼓励个体化的追求和体验,却不顾自然和社会的影响。这种自由观与资本主义宣扬的物欲至上的消费主义价值观的结合,不仅没有实现科技进步对于人类幸福的允诺,相反,由于科学技术沦为资本非理性地追求利润的工具,其结果造成了人自身的异化,以及人与人、人与自然关系的异化和生态危机。

　　生态学马克思主义进一步从重建人与人的关系、重建人与自然的关系,以及科学技术生态化三个维度,探讨了如何克服技术的非理性运用的问题。从重建人与人的关系的维度看,由于资本主义制度和资本主义生产的根本目的是追求利润和生产交换价值,本质上是不正义的,这就要求建立以满足人们基本生活需要为目的的、遵循生态理性和实现生产目的正义性的生态社会主义社会,实现人与人之间关系的和谐。从重建人与自然的关系的维度看,就是要使自然从服从和服务于资本追求非理性的欲望的技术理性的支配中摆脱出来,建立一种旨在把人的欲望的非理性和破坏性方面置于有利于人的全面发展,与生态相一致的"技术伦理"的控制之下,从而实现技术进步、人的道德进步、自我完善和自然的解放的有机统一。从科学技术生态化的维度看,就是要变革资本主义制度下只发展与资本主义生产关系相适应、适合于集权统治和追求利润、对生态环境影响大的"坏的技术"和"硬技术",代之以与生态相适应的"好的技术"或"软技术",实现技术运用的人道化。生态学马克思主义所谓的"坏的技术"和"硬技术"主要是指与资本主义高度集中的生产体制、管理体制相适应,民众对其运用缺乏知情同意权,对生态环境破坏大的"大规模技术"。所谓"好的技术"和"软技术"则是指与生产过程和管理过程民主化相适应,建立在民众"知情同意"基础上的"中间技术"和以太阳能、风能等为代表的绿色替代技术,这种技术的运用既能够满足生产使用价值的需要,又能够实现经济发展与生态之间的和谐关系。而上述目标的实现,就必须把反对资本主义的"坏的技术"和追求与生态相适应的"好的技术"有机结合起来,这就决定了这一目标的实现绝不是一个单纯的技术问题,而是一个反对资本主义制度和生产方式的社会政治问题。

(五)生态学马克思主义生态批判理论的价值维度

在批判西方绿色思潮的生态价值观和消费主义价值观的基础上,重构生态价值观,树立以需要、商品、满足和幸福关系的合理化为前提的"劳动幸福观",形成了生态学马克思主义生态批判理论的价值维度。

西方绿色思潮在生态价值观上主要围绕着生态中心主义价值观和人类中心主义价值观展开争论。面对西方绿色思潮关于生态价值观的争论,生态学马克思主义一方面批评生态中心主义价值观在理论上无法成立,在实践中面临着难以克服的难题;另一方面批评人类中心主义所倡导的人类中心主义价值观并不是真正以人类整体利益和长远利益为基础的,而是以资本利益为基础的资本中心主义和阶级中心主义,并由此提出了他们的新型人类中心主义价值观和生态中心主义价值观。

　　在他们看来，生态中心主义价值观在理论上存在着混淆事实判断与价值判断的问题，没有认识到所谓生态危机总是指人类的实践行为产生了不利于人的后果。同时，任何理论建构都离不开人的实践和历史经验，"深绿"生态思潮的问题就在于脱离人类的需要和经验，抽象地谈论生态危机和建构生态学理论。"深绿"思潮主张"支配自然"的价值观是生态危机的主因，而"支配自然"正是人类中心主义价值观的核心内涵。生态学马克思主义理论家则反对上述提法，并对"支配自然"的观念展开了辩护。他们指出，并非"支配自然"本身出了问题，而是资本与"支配自然"观念相结合，使"支配自然"观念陷入非理性的境遇，从而违背了自然的规律和人类的整体利益和长远利益。但"支配自然"的观念本身只要符合下列前提就不仅不必然带来生态问题，而且有益于人类和生态的和谐发展。具体来说：第一，"支配自然"的观念在以追求短期经济利益为目的的工业主义的工具理性和经济理性指导下必然会带来生态危机，而工具理性和价值理性有机统一的"理性"指导"支配自然"的观念的运用，就能够实现人类利益与生态利益的统一。第二，避免对于"支配自然"的误解，即将其视为主观随意的操控和支配，而是应当理解为在顺应自然规律的基础上，实现以合作为基础的"驾驭"。这种以尊重和服从自然规律的"支配自然"的观念不会造成生态危机，只会更有利于人们更好地利用自然。第三，"支配自然"观念的初衷是满足人类的利益，只有建立在这一初衷基础上的支配自然才是真正的与合理的支配自然。在批驳了"深绿"思潮把"支配自然"的观念看作生态危机根源的观点后，生态学马克思主义强调之所以必须坚持"支配自然"的观念，是因为只有认识自然规律和利用自然规律，与自然展开物质与能量交换，才能解决人类的生存问题。但是这里所讲的"支配自然"的观念是为了满足人类的真实需要，而不是为了追求资本所支配的虚假需要。只有在尊重自然规律的前提下，把"支配自然"观念的理解建立在人类摆脱自然和社会对人的奴役的基础上，才能真正实现人类与自然关系共同协调发展。"深绿"生态思潮所主张的"自然权利论"不仅是以贬损人类的价值和尊严为代价来维护生态整体的和谐，而且无法处理人类与自然、珍稀动物与一般动物，以及生物圈的食物链之间的矛盾冲突。同时，"权利"是一个属人的概念，它要求权利主体具有承担权利义务的能力，而人类之外的存在物显然不具有承担义务的能力，这就决定了自然权利论只能导致自然道德化和自然神秘化的结局。

　　生态学马克思主义进一步批评人类中心论并非以人类整体利益和长远利益为基础的真正人类中心主义，而是以资本和阶级利益为基础，与古典经济学联系在一起的阶级中心主义和地方中心主义，在这种人类中心主义价值观的支配下，技术必然异化为资本追求利润的工具，经济增长必然会造成两极分化的格局，资本追求利润的本性不仅会造成人与自然关系的紧张和生态危机，而且必然使得穷人不得不以破坏生态环境的方式维系生存的后果。基于以上批评，以福斯特、佩珀、休斯和奥康纳等为代表的生态学马克思主义理论家提出了人类中心主义价值观。他们反对把自然道德化和神秘化，强调人类的需要和利益高于自然的需要和利益。这里他们所讲的"人类利益"包含三个层面的含义：其一，他们所讲的"人类"不是与资本相联系的那部分人，主要是指广大的人民群众，特别是穷人群体；其二，他们所讲的"人类利益"不仅仅是指人们的物质需要和对工具利益的追求，而且包含着人们的审美、宗教等精神需要和对终极价值的追求；其三，人类利益不是指与资本和古典经济学相联系的短期利益，而是真正的集体的整体利益和长远利益。以这种人类中心主义价值观为基础的生产的根本目的不是为了追求利润，而是为了满足人们的基本生活需要，特别是穷人的基本生活需要。可以看出，生态学马克思主义所说的真正的人类中心主义价值观应当具有如下特征：第一，它不是建立在资本和古典经济学追求短期和个人利益基础上的，而应当建立在生态社会主义社会中，真正为了集体的整体和长期利益的人类中心主义；第二，它不是以追求利润和满足人的非理性物欲为目的的人类中心主义，而是一种以满足人的基本生活需要为目的的"以人为本"的人类中心主义。这就决定了在这种新型人类中心主义价值观的支配下，技术运用、经济增长能够真正实现人与自然的和谐共同发展。以科威尔、本顿及本顿阵营为代表的生态学马克思主义理论家提出了一种与西方生态思潮既有共同点，又有区别的新型的生态中心主义价值观。在他们看来，所谓生态危机就是人类的实践活动违背了生态系统的本性，解决生态危机必须以恢复生态系统本性的生态中心主义价值观为指导。他们的生态中心主义价值观一方面赞同"深绿"思潮所提出的"内在价值论"，认为"内在价值"就是指事物的内在属性和本性；另一方面又包含有"深绿"思潮所不具备的反资本主义制度和生产方式的"反政治经济学"的内涵,即资本主义制度和生产方式使得使用价值从属于交换价值,不仅违背了事物的本性,而且也必然造成生态危机。生态学马克思主义所秉承的"内在价值"论,就是要批判资本主义制度颠倒使用价值和交换价值的关系,使其回归到对使用价值的生产和追求。可以看出,生态学马克思主义所主张的生态中心主义价值观,实际上是一个包含着反资本主义的政治经济学概念,这是西方生态思潮所主张的生态中心主义价值观所不具备的内容。而批判资本主义制度和生产方式则是生态学马克思主义所主张的人类中心主义价值观和生态中心主义价值观所共有的内容。

　　生态学马克思主义进一步揭示了资本所倡导的消费主义价值观的本质与生态后果,提出了应当树立以创造性劳动为基础的"劳动幸福观"。为了支撑资本主义生产体系的不断扩张,资本必然要在全社会倡导消费主义价值观和生存方式,让人们在商品占有和消费中体验自由和幸福,不断弱化、淡化人们的政治意识和批判否定意识,维系资本的政治统治。问题在于消费主义价值观关注的不是人类的真实需求,而是以人的感性欲望为基础的,它是资本出于对利润的渴求而生产的"虚假需求",它将人们实现自我的"根据"由生产领域迁移至消费领域,将商品占有的多寡等同于幸福指数的高低。这种价值观使得把自由和幸福的体验寄托在劳动过程之外的闲暇时间的商品占有和商品消费中,由此形成了西方社会的"劳动-闲暇二元论"现象。按照生态学马克思主义理论家的指认,这种逃避劳动和把商品占有和商品消费作为自由和幸福体验的"劳动-闲暇二元论"现象,不仅颠倒了商品、需要、满足与幸福的关系,而且受生态系统有限性的制约,必然会造成人与自然关系的紧张和生态危机,造成人们对商品无限追求和期待的"期望辩证法的破灭"。生态学马克思主义由此要求人们理顺需要、商品、满足和幸福的关系,树立劳动幸福观,把满足看作劳动的功能,进而在创造性的劳动中而不是在异化消费中寻找满足和幸福。

(六)生态学马克思主义的生态政治战略与生态治理论

　　变革资本主义生产方式、资本支配下的全球权力关系和价值观,建立生态社会主义社会并从根本上实现人与自然关系的和解，既是生态学马克思主义生态政治战略关注的核心问题，也是其生态批判理论的理论结局。要实现上述内容，就必须在推动生态运动战略转化的基础上，实现生态运动和社会主义运动的有机结合。具体来说：

第一，必须在理论和实践上消除西方生态运动和社会主义运动的误解并结成同盟。长期以来，导致二者未能结成同盟的原因在于，生态运动认为社会主义者偏离了其创始人力图批判资本主义生产目的之不正义性的原意，反而把社会主义看作应当通过生产完成资本主义制度所没有完成的关于自由和平等的承诺，本质上是追求无限增长的"生产主义者"；由于生态运动主张经济的稳态增长或零增长，关注财富分配的均等化，因此被社会主义者视为以维护中产阶级利益为目的的禁欲主义意识形态。二者结盟的关键在于，推动生态运动摆脱地方自治主义或个体化的生活方式转变，真正将生产方式和社会制度批判贯彻于解决生态问题的始终；而对于社会主义运动来说，则需要凸显对生产性正义的关注，在兼顾人与自然关系的同时，保证生产的效率和效果，就此而言，社会主义和生态学二者具有互补性关系。

第二，生态运动必须实现生态转换战略，它具体包括两个方面的内容：一是要在保护自然资源和保护以开采自然资源为生的工人阶级的生存权利之间保持一种张力，消除工人阶级和环保运动彼此的成见和敌视，反对以获取利润为导向的自然开发和资源获取行为；二是注重将生态运动引申到激进的资本批判运动层面关注生态运动，即破除建立在以破坏人类和自然和谐关系为代价，以积聚财富为目的的国家和资本之间的合作关系，同时变革资本主义国家高度集中的权力关系，并建立生态社会主义社会。

如何破除异化消费，树立劳动幸福观，正确处理需要、商品、满足和幸福的关系则是生态学马克思主义生态政治战略的另一个重要维度。"异化消费"倡导把商品的占有和消费作为人们实现满足的唯一形式，颠倒了需要、商品、满足和幸福的关系，不仅造成人自身生存的异化，而且起到了支撑资本主义生产体系无限扩张和强化生态危机的作用。消除异化消费的关键在于破除高度集中的资本主义生产体制和管理体制，通过"分散化"和"非官僚化"，使得工人阶级能够直接参与到资本主义的生产和管理过程之中，从而以主体的地位激发他们的劳动积极性和创造性，使他们真正理解幸福和满足根源于创造性的主体实践,而非消费主义的生存方式,从而树立劳动创造幸福观,在创造性的劳动中,而不是在消费活动中实现满足和幸福。

　　生态学马克思主义进一步从三个方面论述了生态社会主义社会与资本主义社会的区别及其特征。具体来说:第一,资本主义社会的生产目的是不正义的。因为其生产目的是生产交换价值和追求利润,而不是生产使用价值;生态社会主义社会的生产目的则是回归到了使用价值的生产,生产目的是满足人民群众的基本生活需要,回归到了社会主义创始人关于生产正义性的价值追求;第二,生产目的的正义性使得生态社会主义社会的生产遵循的不再是遵循经济理性,而是生态理性,这就决定了在生态社会主义社会中的经济增长、技术运用不会造成人和自然关系的紧张,只会有益于自然的发展和人的发展;第三,生态社会主义社会并不是要人们回到穷乡僻壤的艰苦生存状态,而是要改变当代资本主义社会高生产、高消费的所谓理想生活方式,利用工业文明的技术成就,从高度集中的生产和管理体制下,从以消费活动为唯一的满足形式中解放出来,建立一个以创造性劳动为基础,具有多种满足形式的生活方式。这就意味着生态社会主义社会能够通过技术进步和经济增长,实现人的自由全面发展,实现人与自然、人与人共同和谐发展的理想社会。

　　总体而言,生态学马克思主义的逻辑起点在于对资本主义制度和生产方式的生态批判,提出了"资本主义制度在本性上是反生态"的命题,在此基础上进一步展开了资本主义生产方式下的技术运用、物欲至上的消费主义价值观及其生存方式的批判,并把他们的生态政治战略和生态政治理想看作其生态批判理论的结局,从而构成了系统和完整的生态批判理论。

三、生态学马克思主义生态批判的理论特质与当代价值

(一)生态学马克思主义生态批判的理论特质

　　生态学马克思主义的生态批判理论是以历史唯物主义关于人和自然关系的学说为基础,坚持历史唯物主义自然观与历史观辩证统一,坚持历史分

析法和阶级分析法,继承和发展自卢卡奇到法兰克福学派的生态批判理论,对当代西方社会展开生态批判的产物。与西方绿色思潮相比具有鲜明的理论特质。这主要体现在:

第一,理论基础不同。"深绿"生态思潮的理论基础是伴随着生态科学等自然科学兴起和发展的生态哲学世界观,以及把自然观和历史观割裂开来的抽象伦理共同体思想。这使得他们脱离社会制度和生产方式,不去考察人类与自然之间实际的物质与能量交换过程,把生态问题仅仅归结为抽象的生态价值观问题,进而把生态危机的根源归结为人类中心主义价值观和科学技术的运用,无法找到解决生态危机的现实途径。"浅绿"生态思潮秉承的依然是以资本为基础的哲学世界观和发展观,虽然它主张技术进步和经济增长,但其根本目的是维系资本主义的可持续发展,是一种绿色资本主义理论。正因为如此,"浅绿"生态思潮相信资本主义制度具有解决生态危机的潜力,把理论重点放到如何修补人类中心主义价值观这一问题上,虽然在具体理论观点上与"深绿"生态思潮存在着分歧和争论,但他们在思维方式上具有割裂自然观和历史观的有机统一的共性,他们都是维护资本利益的生态学。生态学马克思主义的生态批判理论则始终坚持自然观与历史观辩证统一的历史唯物主义生态共同体思想,强调资本主义制度和生产方式才是生态危机的根源,是资本主义现代化和全球化造成了生态危机和生态危机的全球化发展趋势。这使得他们不同于"深绿"和"浅绿"生态思潮仅仅拘泥于抽象的生态价值观批判,而是始终把制度批判作为其生态批判理论的核心和重点,生态价值观的批判从属于制度批判,其理论是反对资本主义的生态学。生态学马克思主义与"深绿"和"浅绿"生态思潮的上述区别,形成了建构生态文明理论的两条路径,由此形成不同理论谱系的生态文明理论。

第二,理论的价值取向和价值归宿不同。"深绿"生态思潮把生态的利益置于人类的利益之上,借口以保护生态的利益,特别是保护人类实践之外的"荒野",完全忽视了通过发展消除贫困和满足广大人民群众的生存需要依然是广大发展中国家面临的主要问题,而反对人类利用和改造自然的行为,本质上否定了广大发展中国家的发展权,只能导致把人类生存与生态保护对立起来的激进环境运动,其理论的立场和价值归宿在于维护资本主义的既得利益,维持中产阶级的既有生活水平和审美趣味。"浅绿"生态思潮虽然要求技术进步和经济发展，但是他们所说的发展不是以满足人民群众生活需要和对美好生活向往的发展，其价值立场和价值归宿是服从于资本主义利益的"假发展"。生态学马克思主义则对资本主义生产方式及其目的展开批判性反思，强调正是资本主义遵循的是使用价值从属于交换价值的生产逻辑，导致了对自然的予取予求；而只有以"生产性正义"为立足点，建构以使用价值为核心关注的生态社会主义社会，才能杜绝生态问题。此外，满足人民群众的基本生活需要是生态社会主义和生态文明建设的关注核心，是"以人为本"和兼顾集体、整体和长远利益的人类中心主义价值观的真正体现。

　　第三，在如何看待科学技术的社会效应和经济发展的问题上存在着不同。虽然在如何对待科学技术的社会效应问题上，"深绿"和"浅绿"生态思潮之间存在着具体理论观点的争论，但都是脱离科学技术所承载的社会制度和价值观的性质，抽象地谈论科学技术的社会效应，或者陷入反科学技术作用的后现代主义错误中，或者陷入盲目崇拜科学技术，而看不到科学技术在资本主义制度下非理性运用的必然性，都无法正确解决科学技术的社会效应问题。在要不要经济发展的问题上，"深绿"生态思潮基于其理论的后现代主义性质，把经济发展与解决生态危机和生态文明建设绝对对立起来。"浅绿"生态思潮基于其理论的现代主义性质，从维护资本追求利润这一目的出发，强调经济发展是解决生态危机的基础和前提。生态学马克思主义则始终强调，应当联系社会制度和价值观的性质来探讨科学技术的社会效应和如何看待经济发展的问题。具体来看，理论家们否认科学技术与生态问题的逻辑关联，而是将关注点置于承载科学技术使用的生产方式和社会制度，特别是在资本主义生产方式下，追求物欲的享乐主义价值观在全社会流行，科学技术也必然成为人与人、人与自然、人与其自身关系异化的中介和帮凶。只有在重建人与自然以及人与人的关系的生态社会主义社会里，实现科学技术创新和科学技术的生态化，技术运用才能真正有益于人的自由全面发展、人与自然的和谐共同发展。在如何看待经济发展的问题上，生态学马克思主义既不同意"深绿"生态思潮把经济发展与解决生态危机和生态文明建设绝对对立起来的观点，强调当人们无法满足基本生活需要时，人们必然会以破坏环境的方式追求生存。可以说，经济发展是解决生态危机和生态文明建设的基础和前提。生态学马克思主义又不赞同"浅绿"生态思潮追求的不以满足人民生活需要,而是满足资本追求利润为目的的经济发展,真正与生态相适应的经济发展必须是满足人民群众基本生活需要为目的的发展。生态学马克思主义由此强调,无论是解决生态危机,还是生态文明建设,都必须在实现生态社会主义社会的基础上,以技术进步和经济增长为基础和前提。生态社会主义社会和生态文明不仅不否定科学技术和经济发展,而且强调应当利用工业文明的技术成就,为人民群众创造出更多和更好的满足形式。

(二)生态学马克思主义生态批判理论的当代价值

尽管"深绿"和"浅绿"生态思潮在具体理论观点上存在着争论和分歧,但他们的理论基础或者是自由主义的政治哲学,或者是自由主义的发展哲学,都是漠视人民群众和发展中国家生存权、发展权和环境权的"西方中心主义"性质的生态思潮。而生态学马克思主义的生态批判理论则是维护人民群众的生存权和发展权,追求社会正义和反对资本的"非西方中心主义"的生态思潮。其生态批判理论对于我国生态文明理论研究和建设实践具有重要的价值与意义。

第一,生态学马克思主义生态批判理论对于我国生态文明理论研究具有重要的推进作用和启示。我国的生态文明理论研究开始于 20 世纪 80 年代初对"深绿"和"浅绿"生态思潮的评介与引进,并由此形成了借鉴和认同其理论范畴和研究范式的生态文明理论,并纠缠于人类中心主义价值观和生态中心主义价值观的争论。随着我国学术界研究的深入,人们逐渐认识到"深绿"和"浅绿"生态思潮的理论的抽象性和西方中心主义的理论性质,并由此提出了建构中国化的生态文明理论的呼声。20 世纪 90 年代,特别是 21 世纪初,伴随着学术界对生态学马克思主义的研究,人们开始借鉴生态学马克思主义的理论资源,挖掘、整理马克思主义生态文明思想,并开启了运用历史唯物主义关于人与自然关系的学说,超越生态文明的西方霸权话语,建构以马克思主义为理论基础,捍卫中国的发展权与环境权为目的的中国形态的生态文明理论的主张,并由此形成了我国生态文明理论研究中以生态中心主义、人类中心主义和马克思主义为理论基础的多种理论谱系的生态文明理论同时并存的格局。①生态学马克思主义生态批判理论不同于西方"深绿"和"浅绿"生态思潮理论仅仅从割裂人与自然、自然观与历史观辩证统一的生态共同体思想建构其理论体系，而是始终坚持人与自然辩证统一和自然观与历史观辩证统一的生态共同体思想建构其理论体系，探索生态危机的根源与解决途径，避免了西方"深绿"和"浅绿"生态思潮理论或者撇开社会制度和生产方式，单纯从抽象的生态价值观维度去把握生态危机的本质，脱离对人类与自然实际的物质与能量交换过程的考察，进而简单地把生态危机的本质归结为一个价值问题；或者在人类与自然关系问题上各执一词，要么把解决生态危机与人和自然的和谐关系看作人类屈从于自然的生存状态，要么把解决生态危机与人和自然的和谐关系理解为维系资本追求利润所必需的自然条件的环境保护，以及人类为了维系资本追求利润的自然条件所应承担的责任和义务。我国生态文明理论的研究应当像生态学马克思主义生态批判理论那样，坚持历史唯物主义人与自然辩证统一和自然观与历史观辩证统一的生态共同体思想，既坚持历史唯物主义关于人与自然辩证统一的生态哲学世界观，又坚持以历史唯物主义和环境正义价值诉求为基础，追求人的身心、人与人、人与自然和谐共生的"和"的生态文化价值观，摒弃西方"深绿"和"浅绿"生态思潮的"西方中心主义"的价值立场，结合中国生态文明建设的实际和当代全球环境治理，建构既捍卫中国的发展权与环境权，推进中国的生态文明建设实践，又有利于促进全球环境治理的超越生态文明理论的西方霸权话语的中国形态的生态文明理论。

第二，生态学马克思主义批评资本主义国家和西方"深绿""浅绿"生态思潮的生态治理论缺乏长期规划和系统性，对于中国生态文明建设实践坚持党的领导和发挥社会主义制度的优越性，提升生态治理体系和治理能力的现代化具有重要的价值。生态学马克思主义揭示了资本主义制度的"第二重矛盾"与生态危机的内在联系，并认为资本逐利的本性决定了资本在利润动机的支配下，必然会不断追求生产规模的扩大和经济总量的增长，这种把经济增长和利润置于首位的生产方式和为了逃避投资风险的本性使得资本只关注短期效益的经济行为，注重追求资本的短期投资回报率和利润，与生

---

① 参见王雨辰：《西方生态思潮对我国生态文明理论研究和建设实践的影响》，《福建师范大学学报》，2021 年第 2 期；王雨辰：《构建中国形态的生态文明理论》，《武汉大学学报》，2020 年第 6 期。

态治理需要长期的规划必然相矛盾，同时，个体资本与总体资本的利益矛盾也使得资本无法制定统一的绿色财政政策，决定了资本主义制度既无法实现生态治理的效率，也不可能真正处理好生态问题，只可能进一步破坏人与自然之间的关系。而西方"深绿"和"浅绿"生态思潮或者主张通过生态价值观变革的无政府主义的生态自治，或者主张以技术进步、市场化和严格的环境政策为基础的以市场为主体的多中心生态治理模式，其共同弱点是无法协调总体资本和个体资本之间的生态利益矛盾，无法保证生态治理问题上的计划性和协同性，严重制约了生态治理的效能。

　　党的十八大以来，中国特色社会主义实践进入生态文明新时代。中国特色社会主义实践不仅提出了"五位一体"的总体布局、"四个全面"的战略部署和将"双碳"目标纳入生态文明建设的总体目标，把生态文明建设置于中国特色社会主义实践的基础和战略性地位，而且从"思想、法律、体制、组织、作风上全面发力，全方位、全地域、全过程加强生态环境保护，推动划定生态保护红线、环境质量底线、资源利用上线，开展一系列根本性、开创性、长远性工作。……我国生态环境保护发生历史性、转折性、全局性变化"①。习近平总书记从生态文明建设的领导体制改革和坚持生态治理的科学思维两个维度，阐明了党的十八大以来党领导的生态文明建设所进行的改革和采取的举措。从生态文明建设的领导体制改革的维度看，习近平总书记强调，由于生态文明建设和生态治理时间紧、任务重、难度大，必须"坚决维护党中央权威和集中统一领导，坚决担负起生态文明建设的政治任务，全面贯彻落实党中央决策部署"②。为了克服生态治理和生态文明建设中"九龙治水"的缺陷，必须通过深化党和国家的机构改革，加强党对生态文明建设的领导和顶层设计，先后出台了《关于加快推进生态文明建设的意见》《生态文明体制改革总体方案》等涉及生态文明建设的改革方案，从总体目标、基本理念、主要原则、重点任务、制度保障等方面，对如何开展生态文明建设和生态治理作了科学的顶层设计，通过深化党和国家的机构改革，组建了生态环境部，实现党对生态治理和生态文明建设的统一领导与规划。从坚持生态治理的科学思维的维度看，习近平总书记强调，生态文明建设和生态治理是一项系统工

①　《中共中央关于党的百年奋斗重大成就和历史经验的决议》，人民出版社，2021年，第51~52页。
②　习近平：《论坚持人与自然和谐共生》，中央文献出版社，2022年，第21页。

程,这就要求我们在生态治理中坚持系统思维、科学思维和协同思维,要求对生态治理"要从系统工程和全局角度寻求新的治理之道,不能再是头痛医头、脚痛医脚,各管一摊、相互掣肘,而必须统筹兼顾、整体施策、多措并举,全方位、全地域、全过程开展生态文明建设"①,形成了党和政府主导,地方政府、市场和社会大众积极参与的生态治理体系,既保证了生态治理的系统性与科学性,又要求发挥地方政府和社会大众参与生态治理的主动性与积极性,既实现了对西方生态治理模式的超越,又有力推进了我国生态治理体系现代化和治理能力现代化。

　　第三,生态文明建设必须正确处理技术进步与运用、经济发展和生态文明的关系。"深绿"生态思潮把技术进步与运用、经济发展和生态文明看作对立的关系,实际上是把生态文明的本质看作人类屈从于自然的生存状态,是从后现代主义的立场,以贬损人的价值与尊严的方式理解人类与自然的和谐关系。"浅绿"生态思潮虽然强调解决生态危机不能脱离技术进步与运用和经济增长,但是一方面把人与自然的和谐共生关系理解为人类保护自然的责任和义务;另一方面他们所赞同的技术进步本质上属于与资本联系在一起的技术理性,他们所说的经济增长不是以满足人民需要为目的的经济增长,而是服从于资本追求利润的经济增长,这就意味着在资本无止境追逐利润这一目的的支配下,技术理性必然过度膨胀,经济增长必然会超越生态系统所能承受的极限,不仅无法实现他们所追求的人与自然的和谐共生关系这一环境保护的目的,而且也必然导致生态危机。生态学马克思主义则认为,解决生态危机和生态文明建设必须以技术运用和经济增长为基础和前提,人类屈从于自然的生存状态并不等于解决好了人与自然的关系,生态文明不是要否定工业文明的技术成就,回到人类屈从于自然的穷乡僻壤生存状态,而是要利用工业文明的技术成就,使人们摆脱在技术理性和资本支配的异化消费中寻找满足和幸福的体验,而是要利用工业文明的技术成就,在创造性的劳动中寻找多种满足形式,进而实现人与自然的和谐与共同进步。在生态学马克思主义那里,技术运用是建立在遵循生态理性的生态社会主义基础上,而不是建立在遵循经济理性的资本主义社会的基础上,经济增长

不是为了满足资本追求利润的目的,而是为了满足人民群众,特别是穷人的基本生活需要这一目的,并强调只有这样,技术运用和经济增长才能真正促进人与自然的和谐与共同发展。

要处理好技术进步与运用、经济发展和生态文明的关系,既要求我们正确地认识和把握生态文明的本质,又要求我们区分生态文明和工业文明的发展观的不同。

从生态文明的本质看,当前我国学术界对生态文明本质的理解主要有对工业文明的“修补论”“超越论”和使工业文明生态化三种观点。所谓生态文明是工业文明的“修补”主要是肯定工业文明取得的巨大成就的同时,认为工业文明也给人类带来了巨大的生态创伤,工业文明只有修补生态文明这个环节,才能成为一种完善的文明。所谓生态文明是对工业文明的“超越”主要存在着三种具体观点:一是在“深绿”生态思潮的影响下,认为生态文明就是对工业文明的绝对否定。二是受生态学马克思主义的影响,认为生态文明是超越工业文明的新型文明形态,这种超越主要体现在生态世界观与自然观超越工业文明的机械论哲学世界观与自然观,用可持续的绿色发展方式超越工业文明的不可持续的黑色发展方式,用共同体价值观和劳动幸福观的生存方式代替工业文明的个人主义价值观和消费主义生存方式,用人民积极参与的民主管理方式超越工业文明高度集中的管理方式。[①]三是受“浅绿”生态思潮和发展主义思潮的影响,认为生态文明本质上是工业文明的生态化,认为生态文明本质上是运用生态工艺学使工业文明生态化,它克服了工业文明的唯生产力论和对物质增长的无限追求,是以生态工艺学为基础的真正的可持续发展理论。[②]上述意见分歧的核心问题是,如何看待生态文明与工业文明的关系,以及生态文明是否是一种独立的文明形态。要解决上述问题的关键在于,必须厘清不同研究者对“文明”这一概念的理解,确立研究者到底是以技术为中介理解“文明”这一概念,还是从社会形态的角

---

① 参见王雨辰等:《我国学术界对生态文明理论研究的回顾与反思》,《马克思主义与现实》,2020 年第 3 期;王凤才:《生态文明:人类文明 4.0,而非“工业文明的生态化”》,《东岳论丛》,2020 年第 8 期。

② 参见汪信砚:《生态文明建设的价值论审思》,《武汉大学学报》,2020 年第 3 期;卢风:《生态文明与美丽中国》,北京师范大学出版社,2019 年,第 123~135 页。

度理解"文明"这一概念。如果单纯从技术这一中介来理解"文明"的概念,把生态文明界定为工业文明的生态化大致是可以成立的。但是如果从社会形态的角度理解"文明"的概念,我们就应当把生态文明理解为超越工业文明的新型文明形态。事实上,生态文明本身绝非一个简单的技术问题,其在逻辑上理性地将生产方式、价值观和文化意识形态等因素包含在内。生态学马克思主义论者正是立足上述立场,揭示了资本逻辑必然带来人与自然关系的紧张,因为资本主义自身的增殖诉求,必然会以非理性的方式看待自然,导致资本主义生产方式中只会存在以维系资本再生产条件的环境保护,而不会形成以人与自然和谐共生为内在旨趣的生态文明。习近平认为,"生态文明是人类社会进步的重大成果",强调"生态兴则文明兴,生态衰则文明衰"①。这不仅表明了习近平生态文明思想的历史唯物主义底蕴,也展现了中国式现代化道路的绿色维度。

生态文明和工业文明所秉承的发展观虽然存在着根本区别,但生态文明对工业文明的超越不是要绝对否定和排斥工业文明的积极成就,而是在吸收工业文明成就的基础上的超越。正因为如此,习近平总书记在论述中国为什么要走生态文明发展道路的问题时,一方面反复强调工业文明的传统粗放型发展方式对于促进我国经济发展总量的积极作用;另一方面又强调自然资源的约束既使这种发展方式难以为继、不可持续,也无法满足人民群众对美好生活的需要和向往,并从实现中华民族永续发展和满足人民对美好生活的需要和向往这两个维度出发,强调必须摒弃工业文明的以资源投入型为主的粗放型发展方式,以主要追求经济总量增加的发展观,代之以科技创新为主导和以创新、协调、绿色、开放和共享发展为主要内容的生态文明发展道路和追求数量与效益有机统一的发展观,并强调我们追求的现代化是人与自然关系和谐共生的现代化,其基本特征就是注重同步推进物质文明建设与生态文明建设。这一思想落实到如何处理生态文明建设与经济增长、技术创新的关系问题上,习近平总书记认为,经济发展是生态文明建设的基础和前提,离开经济发展谈论生态文明建设无异于缘木求鱼和流于

---

① 中共中央文献研究室编:《习近平关于社会主义生态文明建设论述摘编》,中央文献出版社,2017年,第6页。

空想，并提出了"绿水青山就是金山银山"的"两山论"来比喻二者的关系，强调二者之间虽然存在着矛盾，但完全能够通过认识水平的提高和发展方式的变革，实现二者的辩证统一。所谓认识水平的提高，就是要认识到以污染生态环境为代价的发展必然会破坏人们赖以生存和发展的基础，进而认识到既要金山银山，又要绿水青山；所谓发展方式转换，就是践行保护环境就是保护生产力和改善环境就是发展生产力的"生态生产力"发展观，通过以生态文明和科技创新为主导，质量与效益内在统一的内涵式发展方式，实现人与自然和谐共生的现代化。

第四，必须坚持"以人民为中心"和"人民至上"的生态文明建设的目的和归宿论，不仅把人民群众看作生态文明建设的主体，而且把人民群众是否满意作为判断生态文明得失成败的唯一标准。"深绿"和"浅绿"生态思潮把解决生态危机的目的或者归结为维系中产阶级的既得利益和生活品质，或者归结为维系资本主义再生产的自然条件，都是漠视人民群众和发展中国家生存权、发展权与环境权的"西方中心主义"的生态思潮。生态学马克思主义是以历史唯物主义关于人与自然关系学说为基础，运用历史唯物主义的阶级分析法和历史分析法分析生态危机的根源和解决途径，明确提出"资本主义制度从本性上是反生态"的命题，要求变革资本主义制度和生产方式，建立以满足人民基本生活需要，特别是穷人的基本生活需要，实现技术进步、经济增长和人与自然和谐共同发展的生态社会主义社会，是一种反对资本主义的"非西方中心主义"的"穷人的生态学"。中国共产党是以马克思主义理论为指导的无产阶级政党，其初心使命就是为民族求富强，为人民谋幸福，全心全意为人民服务是党的宗旨，由此形成了群众路线的思想方法和工作方法。党领导的生态文明建设的出发点就是以人民群众为中心，充分发挥人民群众在生态文明建设中的主体地位，把满足人民群众对美好生活的需要和向往作为生态文明建设的价值归宿和目的，并由此提出了"环境民生论"的理论命题，要求我国的生态文明建设和生态治理必须放在人民群众怨言多、意见大的领域，把生态文明建设与改善和提升民生有机结合起来，充分显示了作为中国生态文明建设指导思想的习近平生态文明思想的人民至上的价值指向和人民情怀，既是对西方生态思潮的超越，又是对马克思主义生态思想的继承和发展。

第七章　西方马克思主义政治哲学研究

西方马克思主义可以划分为经典西方马克思主义和广义的西方马克思主义,前者主要包括从卢卡奇到阿尔都塞的西方马克思主义理论家,后者则涵盖生态、女性和分析学马克思主义的流派和理论家。虽然他们的理论视域、观点和方法各具特色,但政治立场大抵相同,即试图在正统马克思主义之外,形成一种区别于经济决定论的马克思主义。由此出发,他们在诊断资本的时代状况和探索多元革命路径层面做出了独特贡献,对破除教条主义的认识论误区,突出历史唯物主义的微观视域以及坚持以阶级为基础的总体革命观有积极意义。本章集中讨论从早期西方马克思主义到生态学、女性主义和分析学马克思主义的政治哲学理论。

一、总体性与阶级意识:早期西方马克思主义的政治追求

早期西方马克思主义理论家强调西方革命失败的根源在于无产阶级阶级意识的危机,强调西方革命应该采取有别于俄国十月革命的总体革命模式,并通过阐发马克思主义哲学的意识形态功能和主体性辩证法,以纠正当时对马克思主义哲学的经济决定论的解释,并由此奠定了西方马克思主义关注文化和意识形态批判的学术传统。

(一)总体性辩证法的批判价值

从辩证法的发展历程看,苏格拉底视其为谈话的艺术,既是主体间的沟通,也是个体和灵魂的交流,目的是追求真理或本质。柏拉图则视其为"唯一

的这种研究方法,能够不用假设而直接上升到第一原理本身"①,这种不通过
感官而触及真理的思辨路径被黑格尔完整继承和发展，并通过诸多逻辑环
节的理性演绎达到了"理性和现实和解"②。这种将辩证法看作具有本质相关
性的方法论的倾向被早期西方马克思主义理论家卢卡奇继承。在他看来,
"马克思主义问题中的正统仅仅是指方法"③,其目的在于反对流行于马克思
主义阵营中的修正主义和教条主义倾向，这两种思路都自称马克思主义的
"正统"，但实际上却试图通过新康德主义或教条化的解读方式论证社会主
义的可能性,不仅削弱了唯物史观的批判价值维度,也为经济决定论敞开了
大门。而卢卡奇眼中的马克思主义"正统"则是指总体性辩证法,其本质是
"主体和客体的相互作用、理论和实践的统一"④的变革现实的革命的辩证
法。卢卡奇正是借助这种"总体性辩证法",通过发挥马克思主义哲学的主观
价值批判向度,对资本主义社会展开文化意识形态批判,培育无产阶级成熟
的阶级意识,探讨西方革命的可能途径。

卢卡奇所说的"总体性辩证法"包含两部分核心内容:其一,总体性辩证
法是一种主客体相互作用的主体辩证法。其核心在于改变社会现实。卢卡奇
这里所讲的主体辩证法与黑格尔建立在绝对精神基础上的主体辩证法不
同,它是以人的实践为基础的改变社会现实的主体辩证法。黑格尔哲学虽然
确立了主体性原则,但是在他那里,历史辩证运动的主体是绝对精神,其主
体辩证法是一种绝对精神运动的辩证法。费尔巴哈虽然克服了黑格尔的唯
心主义,但是他把人理解为历史之外的孤立个人,从而陷入直观唯物主义的
立场。马克思一方面把人理解为感性活动的主体,另一方面又强调人是一种
社会存在物,并把人看作社会历史过程的主体和客体,把历史看作主体实践
生成的过程。因此,"总体性辩证法"要求从主体实践的原则出发理解历史,
其核心在于改变社会现实,实现理论和实践的辩证统一。

其二,"总体性辩证法"是以人及其实践为基础的历史辩证法。卢卡奇由
此批评恩格斯把辩证法推广到自然界，指出这种脱离人的主体地位谈论辩

<hr/>

① [古希腊]柏拉图:《理想国》,郭斌和、张竹明译,商务印书馆,1986年,第300页。
② [德]黑格尔:《小逻辑》,贺麟译,商务印书馆,1980年,第30页。
③ [匈]乔治·卢卡奇:《历史与阶级意识》,杜章智等译,商务印书馆,2004年,第48页。
④ 同上,第51页。

证法只会导致实证主义,使辩证法丧失其革命性和批判性的内在本性;指出恩格斯对辩证法的表述之所以造成误解, 主要是因为他错误地跟着黑格尔把这种方法也扩大到对自然界的认识上。然而辩证法的决定性因素,即主体和客体之间的相互作用、理论与实践的统一、作为范畴基础的现实中的历史变化是思想中的变化的根本原因等,并不存在于我们对自然界的认识中。卢卡奇把"总体性辩证法"看作历史唯物主义的基础,只有运用这一方法,才能真正把握历史发展的趋势和过程, 才能真正把握主客体的辩证统一运动的具体历史过程。

在以主客体统一辩证法为内容的总体性讨论中, 卢卡奇着重强调人的主体地位。在卢卡奇看来,主体如果想了解自身,它就必须把客体当作一个总体。这就意味着人不是片面、孤立的个体存在物,而是有着渴望总体的感性冲动,只不过在资本主义的生产环节中,由于特定生产环节的锁定,丧失了把握世界整体图景的能力,加之商品化客体的对象性奴役,将生产者从劳动的总体过程中剥离出来,沦为无反思能力的异化存在。卢卡奇进而从主观和客观两个层面分析了上述物化现象。从客观方面来说,物化是指在资本主义社会中,劳动者和商品之间的关系以颠倒的形式表现出来,物与物的关系取代了人与人的关系,主体被由自己所创造的商品世界所支配,即"人和人之间的社会关系可以说是颠倒地表现出来的,就是说,表现为物和物之间的社会关系"①。它意味着资本的交换关系获得了永恒的幻象形式,不仅完成了从主体的经验世界到无意识领域的全面规训,也在消解了辩证法之批判性的同时,泛化了资本的意识形态统治。从主观方面来说,劳动者的主体性、能动性和创造性逐渐在重复性和机械化的劳动过程中丧失,作为结果,劳动者便只能将生产活动匹配于以碎片化和可计算性为特征的实证主义原则,并从心理层面认同上述内容,这既是物化意识的形塑过程,也是主体通过"非人的客观性"表征自身并丧失批判维度的开始。

由于物化意识的遮蔽,无产阶级不仅无法洞察资本主义社会的本质,也难以把握社会现实的发展趋势。在卢卡奇看来,只有通过培育成熟的阶级意识,扬弃拜物教的意识形态结构,西方社会主义革命才有可能。用他自己的

———

① 《马克思恩格斯全集》(第31卷),人民出版社,1998年,第426页。

话说："正是在暴力问题上，正是在阶级与阶级之间赤裸裸的生死斗争的情况下，阶级意识的问题才表现为最终起决定性作用的因素。"①可见，阶级意识在卢卡奇的政治哲学中占据关键地位，虽然他反复强调暴力革命的重要性，但第二国际的马克思主义忽视和否定无产阶级的主体意识，使其对马克思主义哲学的解释陷入近代理性主义知识论的立场。为了恢复马克思主义哲学的主体意识，卢卡奇强调马克思和黑格尔思想的内在联系，特别强调黑格尔的辩证法和历史主义对于马克思思想的影响，强调马克思哲学的革命性主要体现在主体辩证法和历史辩证法上，因为马克思眼中的历史绝非外在于主体的形而上学悬设，而是基于主体感性活动洞穿的生存论境遇。如果说辩证法主张的"过程绝对性"彰显了"历史"本身的实在论意义的话，那么辩证法的总体性特征关注的正是内容的生成。换言之，卢卡奇将实践作为辩证法的基础，强调总体性与人的主体性具有本质关联，即人不再是屈从于交换价值和技术理性的"孤独个体"，而是拥有批判意识和总体性渴望的实践主体，有产者因其与资本主义生产方式的直接同构性而将物化视为永恒的自然状态，只有作为物化之彻底牺牲者的无产阶级，才能在客体化、数字化和抽象化的社会过程中洞察物化的消极后果，并成为改变现实的主体力量。

卢卡奇通过"物化""总体性"和"阶级意识"等概念，阐发了一种不同于第二国际甚至马克思和恩格斯本人的政治哲学理论。从叙事路径来看，阶级意识的形成乃是无产阶级革命能动性的最高呈现，但资本主义社会的物化现象却延迟了上述过程，导致无产阶级沉沦于客体化的生存境遇。而总体性预设的关键环节便是阶级意识的自觉，它意味着以意识革命为核心的内在转变不再是政治经济批判的伴生现象，而是跃升为推进社会制度变迁的核心议题，这虽然正确地反对了对马克思主义哲学的经济决定论解释，但也存在着夸大人的主观意识的作用的倾向。

晚年卢卡奇意识到，如果不能在总体上超越"物化–救赎"的目的论思维，就必然重蹈黑格尔以理性观念统摄社会存在的覆辙，这种"纯粹唯心主义的伦理成见"②只有在重塑"整体在本体论上的存在优先性"③的基础上才

---

① [匈]乔治·卢卡奇：《历史与阶级意识》，杜章智等译，商务印书馆，2004 年，第 109 页。

② 同上，第 3 页。

③ [匈]乔治·卢卡奇：《关于社会存在的本体论》（上），白锡堃等译，重庆出版社，1993 年，第 134 页。

能被"克服"。卢卡奇由此从青年时期对阶级意识的片面倚重转向关注实践本体论，并认为以劳动为代表的社会实践，为消解意识哲学的片面性乃至扬弃异化提供了积极思路。但具体到操作层面，卢卡奇依旧立足革命的主体向度，主张"反抗这种现实社会制度的斗争，不可避免地要从意识形态方面对统治阶级为其意识形态所提出的这种万能性要求进行批判"①。这就需要社会主义国家发挥教育职能，通过"心灵革命"提升群众普遍的思想觉悟和政治参与的积极程度。在《民主化的进程》一书中，卢卡奇进一步将"社会主义民主"视作"真正的类存在的自我教育"的中介环节，②因为它不仅涉及对资本主义自由之虚假性和平等之伪装性的批判，也关乎参与意识和权利意识之于日常生活领域的渗透，肩负反对资本主义生产方式和斯大林式社会主义模式的双重任务。当然，卢卡奇也指出"社会主义民主化"任务具有的总体性和长期性特征，但他始终强调"确立和推动该目标实现的核心力量必须是共产党"③，体现了作为马克思主义学者的理论担当。

（二）柯尔施与文化批判意识的"回归"

作为卢卡奇同时代的理论家，柯尔施面临同样的时代境遇和理论问题，即西欧国家未能复制苏俄革命的成功经验，而考茨基等理论家同时曲解了马克思和恩格斯关于"废除哲学"的论断，进而导致对历史唯物主义的狭隘化解读。在柯尔施看来，问题的根源在于未能正确处理"马克思主义和哲学之间的关系问题"④。因为在当时的马克思主义阵营和西方思想界主要有两种倾向：一是否定马克思主义蕴含的哲学内容，将其全然等同于实证的经济学理论；二是借口马克思主义不包含哲学，把新康德主义和马赫主义与马克思主义融合。对此，柯尔施认为，上述思路要么不懂得作为"黑格尔的学生"的马克思必然有自己的哲学理念，要么混淆了马克思主义与资产阶级哲学

---

① ［匈］乔治·卢卡奇：《关于社会存在的本体论》（下），白锡堃等译，重庆出版社，1993 年，第892 页。

② See George Lukacs, *The Process of Democratization*, State University of New York Press, 1991, p.97.

③ George Lukacs, *The Process of Democratization*, State University of New York Press, 1991, p.162.

④ ［德］卡尔·柯尔施：《马克思主义和哲学》，王南湜等译，重庆出版社，1989 年，第 1 页。

的区别。换言之,马克思主义不仅包含自己的哲学内容,而且这种哲学一方面要求总体上把握理论和实践的辩证关系,另一方面强调以总体性反对机械的被动反映论,在理论上认识了社会和历史整体,而它的实践则颠覆了这个整体。可见,试图以马克思主义的哲学内涵衬托批判价值向度的柯尔施和卢卡奇有相似之处。

柯尔施认为,理论和实践相统一的总体性是马克思主义批判价值向度的集中体现。然而第二国际理论家却割裂了这种联系,抛弃马克思所继承的自黑格尔以来的德国古典哲学的辩证法传统,导致后来的马克思主义学者以实证主义眼光看待唯物史观,从而将社会历史发展看作与人无涉的客观历史过程。柯尔施则强调,马克思的科学社会主义理论是在政治、哲学和经济批判的总体视域中形成的。而那种否定马克思主义具有自身的哲学内容的观点,柯尔施以理论与实践相统一的辩证法为基础,把马克思主义发展史划分为三个阶段。具体来说,第一阶段是从 1843 年前后的《黑格尔法哲学批判》到 1848 年的《共产党宣言》。这一阶段的马克思主义理论建立在无产阶级工人运动的基础上,是无产阶级阶级意识的表现。这一时期的马克思主义理论把社会发展和社会革命看作活的整体来理解和把握,它没有被分解为经济的、政治的和精神的各种因素,保持着理论上的整体性和总体性。第二阶段是从 1848 年巴黎公社到 19 世纪末 20 世纪初。第二国际正统的马克思主义者把马克思主义的经济、政治、文化意识形态等因素从马克思主义理论总体中抽取出来,使马克思主义理论变成了与实践相脱离的纯粹理论批判,这种批判不必然发展为革命实践,使得马克思主义失去了原有的革命性。原来的马克思主义社会理论变成了一种没有任何革命结果的理论批判,它导致了马克思主义决定性的危机。第三阶段是从 20 世纪初开始到现在,并延续到一个还不能确定的将来。在这一时期,关于理论和实践的内在联系已经被有意识地重建。马克思主义者开始把注意力从资本主义的经济规律转移到工人阶级的主观方面,出现了对原初马克思主义理论的明显复兴。柯尔施一方面批评列宁以革命需要取舍哲学的政治实用主义做法"只是根据非哲学的考虑和结果来决定哲学问题"[①];另一方面也认为所谓反映论实际上是

---

① [德]卡尔·柯尔施:《马克思主义和哲学》,王南湜等译,重庆出版社,1989 年,第 78 页。

近代哲学的认识论余波，其非辩证性和机械性导致实践唯物主义所统一的社会总体再度分裂，从而回到了"康德到黑格尔的德国唯心主义已经超越了的历史阶段"①。

　　基于上述历史分期，柯尔施认为当时的理论界存在针锋相对的两个派别：一方是以考茨基和列宁为代表的正统派联盟，另一方是由卢卡奇和以他自己为代表的理论家所构成的西方马克思主义阵营，后者的任务在于恢复马克思主义的批判本性并重建其与工人阶级运动的有机联系，试图将哲学批判和革命实践结合起来，即"它不是实证的而是批判的科学。它详细地说明资产阶级社会，研究在其当前发展中显然可见的倾向和走向它面临的实际的彻底变革的道路"②。由此一来，柯尔施进一步将马克思的哲学批判和政治经济学批判的关系问题纳入思考，并认为马克思在理论的草创时期便已经形成了政治经济学批判的学术视域，它反驳的不是个别化的资本主义信条，而是试图从前提层面颠覆资本的政治经济过程，即"把被资产阶级经济学家已经视为最后总结的范畴继续进行概括，并从而把它作为经济学范畴加以扬弃"③。它意味着马克思的哲学批判和政治经济学批判并不像某些学者理解的那样是截然对立的，而是统一于资本批判的实践过程。柯尔施特别以拜物教批判为例，强调马克思揭示了拜物教如何以镜像的方式颠倒了主体和商品的对象性关系，并割裂了革命理论和激进实践构成的社会总体。换言之，马克思的拜物教批判不仅是异化经济现象的指认，更关乎一种革命的可能性。在革命策略的引申层面，柯尔施赞同卢卡奇的立场，认为"真正的辩证唯物主义的历史观（肯定地说，马克思和恩格斯的唯物主义）不可能不认为哲学意识形态，或者一般的意识形态是一般的社会–历史现实的一个实在的组成部分"④。这就需要不仅把马克思主义看作关于社会或自然界的规律性阐释，而且应当将其看作理论与实践辩证统一的革命理论。

---

　　① ［德］卡尔·柯尔施：《马克思主义和哲学》，王南湜等译，重庆出版社，1989 年，第 81 页。

　　② ［德］卡尔·柯尔施：《卡尔·马克思——马克思主义的理论和阶级运动》，熊子云等译，重庆出版社，1993 年，第 50 页。

　　③ 同上，第 84 页。

　　④ ［德］卡尔·柯尔施：《马克思主义和哲学》，王南湜等译，重庆出版社，1989 年，第 39 页。

（三）"意识形态领导权"的阐释与文化霸权的争夺

葛兰西所阐发的是实践哲学,通过对资本主义社会结构的分析,通过探讨国家和市民社会的关系,形成了以"意识形态领导权""有机知识分子"和"阵地战"等为核心的政治哲学理论。具体来说,葛兰西首先阐发了一种以实践为基础的马克思主义哲学观。从理论渊源来说,维科和赫尔德强调哲学和历史相一致的考察原则,反对以理性主义的方式肆意裁切不同民族国家的历史和文明,形成了西方历史主义文化哲学传统。拉布里奥拉所阐释的马克思主义哲学坚持哲学、历史和政治三者同一,开创了意大利马克思主义哲学传统。葛兰西继承了西方历史主义文化传统和意大利马克思主义传统结合意大利革命实践,把马克思主义哲学阐释为"哲学、历史与政治三者同一"的实践哲学。他由此反驳庸俗唯物主义的宿命论立场和以新康德主义调和马克思主义的做法,强调实践哲学所实现的哲学革命变革,也强调哲学、历史和政治三者同一, 特别批评了那种把唯物史观视为辩证唯物主义之于历史领域的运用的"推广论"。葛兰西认为,这不仅降格了马克思关注的"感性活动"对德国古典哲学的转折性意义,也同时消解了唯物史观蕴含的政治哲学旨趣。用他自己的话说,即"把哲学同历史和政治理论分开来,那么它和形而上学就别无二致"[①]。可见,葛兰西试图表述的实践哲学不是探讨世界普遍规律和绝对本质的近代理性主义的知识论哲学, 而是以探讨人的自由和解放为目的的主体实践论哲学。

葛兰西继承和发展了卢卡奇和柯尔施对总体性辩证法的强调,并在《狱中札记》一书中指出:"当存在着一种有效而积极的前提,人们心目中对这种前提的意识已经变得有效,向集体意识提出具体目标,并构成一套以'普遍信念'的形式发挥强有力作用的信念和信条的复合体的时候,必然性就存在了。"[②]这显然是对黑格尔谓之"实体即主体"的总体性主张的摹写,即一旦"逻辑在先"革命意识形态渗透于智识层面,就必然引发激进的政治行动。只不过葛兰西没有像卢卡奇那样偏执于哲学化的致思路径, 而是通过市民社

---

① 　[意]安东尼奥·葛兰西:《狱中札记》,曹雷雨等译,中国社会科学出版社,2000 年,第 352 页。

② 　同上,第 327 页。

会和国家的关系问题予以阐释，进而形成了以夺取文化领导权为目标的新型革命策略。

在他看来，发达资本主义国家不能复制俄国十月革命经验的原因在于东西方国家结构的不同，在东方社会，落后的政治经济状况对应尚未充分发育的市民社会，掌管暴力职能的国家意味着社会生活的全部内容，这也是列宁领导的布尔什维克能够通过击溃以克伦茨基为首的资产阶级临时政府而迅速取得革命胜利的原因；西方社会则相反，发达的市民社会凸显出伦理或文化向度的政治统治职能，国家亦在维持暴力统治的同时，转向意识形态统治的支配，后者引申的契约、协商和议会等理性化原则正是资本赖以为继的合法性基础。正如葛兰西所言："资产阶级社会法律意识带来的革命、以及由此给国家职能带来的革命，特别表现为服从意志……国家职能因此得到彻底改变，成为一个'教化者'等等。"①可见，由于东西方社会结构的差别，导致基于武装斗争的传统革命路径让位于意识形态领导的争夺，它意味着只有实现市民社会领域的普遍认同，在此基础上，再展开政治革命和经济革命，才能取得西方国家的无产阶级革命的胜利。

基于上述认识，葛兰西提出以夺取意识形态领导权为核心的革命策略。就具体内容而言：

首先，葛兰西认为存在针对政治社会和市民社会的两种不同领导权，相对于列宁关注的是政治领导权，葛兰西关注的则是文化意识形态领导权，二者虽然都掌握在统治阶级手中，但政治领导权需以文化意识形态领导权为依托，政党只有通过有效的大众媒介将自身的道德理念等渗透于市民社会的智识层面，方可凝聚政治革命的现实可能性。

其次，葛兰西区分了"运动战"和"阵地战"两种战略，前者主张传统意义上的大规模集团军作战，后者则强调在固守阵地的基础上的步步为营，二者的区别在于是否涉及一个意识形态领导权的夺取过程。显然，"运动战"适用于市民社会尚未充分发育的东方社会；而"阵地战"则切中市民社会已经在国家的政治经济生活中拥有相当地位的西方国度，特别在资本主义尚未进入总体危机的阶段，若贸然采取直接性的军事打击，既难以保证国家权力机

---

① ［意］安东尼奥·葛兰西：《狱中札记》，曹雷雨等译，中国社会科学出版社，2000年，第216页。

关的易主,更无法获取市民阶层的认可,因为国家和市民社会之间存在相互关系,如果国家遭遇动摇,市民社会就会发挥类似"壕堑"的保护作用。因此,只有率先通过学校和教会等组织化的社会团体传播革命阶级的文化道德价值观,才能在唤醒工人阶级的革命意识,以及获得市民阶层的同意的基础上全面执掌国家权力。

最后,葛兰西强调"有机知识分子"对传播无产阶级的道德价值观和凝聚重叠共识的关键意义。在他看来,知识分子即上层建筑领域中的"公务员",虽然他们都能够为特殊利益集团的文化和意识形态提供佐证并确保其泛化于大众的智识层面,但依旧根据代表阶级不同而形成"传统"和"有机"之分。前者指所属阶级已经丧失历史必然性,仅凭借文化的传承和惯性而存续的知识群体;后者则充分意识到实践哲学的总体性内涵,他们既能够在介入社会批判的基础上启蒙无产阶级的激进意识,亦能够赋予群众中的无定向分子以批判性的价值维度,为夺取市民社会中的意识形态领导权奠定基础。

葛兰西延续了卢卡奇对革命的主体问题及其衍生的意识形态问题的关注。他一方面强调有机知识分子之于教化大众的关键意义,另一方面也指出无产阶级政党在培育上述知识分子过程中的重要作用,显然,由"政党-有机知识分子-普罗大众"三者的辩证关系及其引申的市民社会和意识形态领导权问题,构成了葛兰西政治哲学的核心内容,特别是上层建筑领域的凸显不仅细化了卢卡奇关于阶级意识与历史建构可能的论述,也开启了西方马克思主义激进论者强调意识形态问题的先河。

二、批判与承认:法兰克福学派的政治哲学

法兰克福学派在认同马克思主义哲学的批判性的本质和立足西方人道主义思想的基础上,将早期西方马克思主义的文化意识形态批判进一步扩展到技术理性批判、大众文化批判、消费主义批判及性格结构和心理机制批判等微观领域,建构了以追求西方个人自由和解放为目的的政治哲学,不仅拓展历史唯物主义的理论空间,而且对于被社会发展总体日益吞没的西方个人实现自由和解放具有积极的意义。但由于他们不能很好地把政治经济

学批判、哲学批判和文化意识形态批判有机结合起来,而过于强调文化意识形态领域的变革对于实现西方个人自由和解放的作用,找不到实现西方个人自由和解放的现实道路,陷入在实现解放途径问题上的浪漫的乌托邦结局。

(一)批判理论与启蒙的辩证法

霍克海默和阿多诺不仅把马克思的唯物主义解释成为社会批判理论,而且确立了法兰克福学派的理论主题,在《批判理论》《启蒙辩证法》等著作中强调了恢复社会批判理论的批判本性的重要性。

霍克海默首先区分了"传统理论"和"批判理论"的不同。在他看来,传统理论是以旧式的社会分工为基础派生的辩护性理论。所谓旧式的社会分工,即马克思在《1844 年经济学哲学手稿》中批判的国民经济学及其衍生的理论假设、分析方法和政治倾向等,正如它未能从生产力和生产方式构成的历史本质主义视角出发,形成资本主义生产方式的结论那样,传统理论也只是缺乏批判维度的知识论哲学,全部世界"被知觉者看作是事实的总和;它是存在的东西,我们必须接受它"[①]。批判理论一方面拒绝充当特定社会制度的阐释者,认为并不存在具有先验合理性的现成秩序;另一方面则从主客体统一的视角出发,强调作为社会进步之内在组成部分的批判理论与革命行动的内在同构性,即"批判理论的每个组成部分都以对现存秩序的批判为前提,都以沿着由理论本身规定的路线与现存秩序作斗争为前提"[②]。可见,批判理论并非流于历史现象学的外部反思,而是以扬弃生产方式为目的的激进政治理论,它不仅在事实维度揭示出现代性主体的生存困境和异化命运,也在价值维度确证了历史、现状和未来之间的张力结构,奠定了法兰克福学派激进叙事的理论基础。

霍克海默强调"批判"不仅仅是纯粹哲学意义上的形而上学反思,而是在综合社会学、经济学和文化学等学科的基础上,针对国家、意识形态和社会的价值审视。就其内容来看,主要表现在资本现代性批判、苏联社会主义

---

① ［德］马克斯·霍克海默:《批判理论》,李小兵等译,重庆出版社,1989 年,第 191 页。

② 同上,第 127 页。

模式的评价，以及唯物史观的当代重建等方面。霍克海默和阿多诺合著的《启蒙辩证法》主要从技术理性批判的维度，开启并推进了对资本现代性及其内涵的权威主义道德、文化工业和国家等问题的批判工作，后两者则主要由马尔库塞和哈贝马斯完成。具体来说，第二次世界大战的爆发引发了法兰克福学派的反思，为何"理性为自然界立法"的信条不仅无法构成生活本身的伦理承诺，反而导致了野蛮的无序状态？这既是霍克海默等人试图回答的问题，也是其切入资本现代性批判的基础视域。在他看来，随着福特主义生产模式的全面扩张，不仅确立了技术理性的支配地位，社会主体也被整合进资本的意识形态神话之中，它一方面使人类沉湎于理性主义乐观立场，陷入将自由和解放等同于弘扬技术理性虚假幻象中；另一方面封闭了具有反思和批判维度的"他者"视域，从而将对自然界的统治视为确证主体性的唯一尺度。霍克海默和阿多诺将上述问题推进到启蒙的审视层面，认为正是由于试图祛魅世界的启蒙自身蜕变为神话，导致了技术理性崇拜的歧途与泛滥。它意味着以统治和支配自然为目的技术理性排除了任何带有否定特征的思维形式，而一旦"启蒙"理性被解读为辩护性的顺世哲学，马克思经由实践辩证法通达的现代唯物主义也随之退回到费尔巴哈的直观立场，丧失了引申解放政治的现实可能性。

启蒙虽然使人们摆脱了对自然和宗教神学的崇拜，但同时又陷入对技术理性的崇拜，启蒙的这种"自反"带来彻底异化的世界。霍克海默和阿多诺指出："人们不仅彼此完全疏离开来，同时也远离了自然，因此，他们所有人都只知道他们自己的要求和伤害。每个人都变成了一个要素，这种要素可能是某种实践的主体或客体，也可能是不值一提的东西。"①这就意味着主体间的关系被归结为利用和被利用的效用关系，具有自律性外观的技术理性也表现出了比镇压性国家机器更为强大的社会整合力量，而资本现代性塑造的正是一种受技术理性规训的异化社会。一方面，现代科学开始行使意识形态职能，并在嫁接技术进步合理性和政治统治合法性的同时，也将从事感性活动的实践主体排除在社会系统之外，沦为专业化分工和技术权威的依赖者；另一方面，传统思想中的价值维度被解构，使作为社会实践主体的人被

---

① ［德］马克斯·霍克海默、西奥多·阿道尔诺：《启蒙辩证法：哲学断片》，渠敬东等译，上海人民出版社，2006年，第236页。

资本主义生产过程彻底支配，整个社会也随之成为一架非人格化的冰冷机器。正如《启蒙辩证法》所言："就进步思想的最一般的意义而言，启蒙的根本目标就是要使人们摆脱恐惧，树立自主，但彻底启蒙的世界却笼罩在一片因胜利而招致的灾难之中。"①显然，启蒙辩证法代表了霍克海默和阿多诺对资本现代性的激进指认，虽然其在反对进步主义和宏观历史理性层面略显偏激，但对启蒙理性内在缺陷的阐释深深影响了马尔库塞和生态学马克思主义的理论运思。

（二）否定的辩证法与非同一性的革命逻辑

如果说启蒙辩证法剖析了资本现代性及其技术文明的悖论性质，否定的辩证法则在解构技术理性的集权主义逻辑的同时，批判笛卡尔式的关注形而上学对象并试图探索一种新的政治文明。在阿多诺看来，任何试图设想本源或实体的思路都是理性的虚妄，它源于虚假的目的论预设，不仅消解了主体的能动、创造和批判本性，也派生出一个等级森严和理性至上的权力结构。正如马克思用"形而上学的微妙和神学的怪诞"②指认拜物教那样，技术理性支配的世界图景同样拥有与人无涉的自律外观，它意味着主体以带有强制色彩的同一性思维捕捉感性存在物，从而陷入资本通过技术理性构筑的意识形态深化。阿多诺进一步将上述问题追溯至辩证的否定观引申的否定之否定状态，换言之，阿多诺谓之"否定"不含任何同一性维度，甚至辩证法也不是关于观念或实践逻辑的学术推演，而是要否定任何宣称把握世界图式的学说或方法，即"坚持不懈的否定非常严肃地主张它不愿意认可现存事物。否定之否定并不会使否定走向它的反面，而是这种否定不是充分的否定"③。显然，否定的辩证法以瓦解（"崩溃的逻辑"）为宗旨，并认为想要在本体论层面兜售自身的哲学体系，要么是落后知识分子用以掩饰自身激进性欠缺的手段，要么是资本主义集权统治的隐性同谋，本质上是为特定意识形

---

① [德]马克斯·霍克海默、西奥多·阿道尔诺：《启蒙辩证法：哲学断片》，渠敬东等译，上海人民出版社，2006年，第1页。

② 《马克思恩格斯文集》（第五卷），人民出版社，2009年，第88页。

③ [德]阿多尔诺：《否定的辩证法》，张峰译，重庆出版社，1993年，第157页。

态服务的辩护性理论。

阿多诺之所以强调"否定"的重要性,一方面与资本通过技术理性、大众文化、消费主义和性格结构等异化衍生的总体统治有关,另一方面也启发了法兰克福学派中后期的批判以基础主义和同一性哲学为基础的形而上学的哲学理念密切相关。可以说,拒斥同一性逻辑、奥斯维辛的反思和"星丛政治学",构成了否定的辩证法的核心诉求。

首先,阿多诺立足哲学史的视角,认为不论是黑格尔针对"绝对理念"的逻辑展开,还是海德格尔试图澄清的存在论境遇,实则是无中生有的形而上学沉思,"他们不是一种直观意义上的肤浅,而是来自于深刻的思辨自欺"①。因为任何带有一般性质的哲学理念都依赖主体的自我意识, 例如包括感觉界和理智界、共相和殊相、经验论和唯理论、本质主义和现象学在内的任何二元论偏好,都没有跳出同一性哲学的范畴论制约,因为它试图给出的本体论承诺依旧是"第一哲学"的余波,其寻求的同一性秩序必然派生集权主义的等级结构,资本基于增殖逻辑形成的世俗统治权力便是现实表征,即通过把主体的感性活动还原为"劳动一般"并赋予其与货币的可通约性,达到商品化、齐一化和同质化之目的。阿多诺则从非同一性视角揭示出资本现代性(总体性)的虚假和抽象性,并提出以"星丛"关系为关键词的解放政治理论。

其次,如果说哲学史的梳理只是理论层面的解释,奥斯维辛事件便是阿多诺对同一性暴力的现实指认。在阿多诺看来,奥斯维辛之后的诗歌被认为是野蛮的,②他认为其根源在于"同一性"的自反。一方面,人类主体试图追问存在本质的逻各斯精神被降贬为资产阶级社会治理术的理论基础。为了生产虚假的抽象总体,非同一性的"存在者"甚至在肉体上被摧毁,而"通过管理手段对数百万人的谋杀使得死亡成了一件看样子并不可怕的事情"③。因为人的存在论意义在技术理性的支配下都荡然无存,人们只是被用以确证某种统治合法性的中介而已。另一方面,在奥斯维辛中消逝的不只是个体生命,还包括主体的形而上学冲动,哲人们至此开始以冷漠姿态面对感性生活,任何想要沟通感觉界和理智界的企图都被视为讽刺,"沉默只能用客观

---

① 张一兵主编:《当代国外马克思主义哲学思潮》(中卷),江苏人民出版社,2012 年,第 388 页。

② 参见[德]阿多尔诺:《否定的辩证法》,张峰译,重庆出版社,1993 年,第 363 页。

③ [德]阿多尔诺:《否定的辩证法》,张峰译,重庆出版社,1993 年,第 362 页。

真理状态使自己的主观的无能合理化，由此再一次将真理贬低为谎言……它们废黜了文化，并使文化作为纯粹的支配手段变成了废物"①。受制于交换逻辑的文化商品被实证主义的经验思维捕捉，不论是汲汲于虚假的崇高，还是显得麻木不仁，均刻画了现代主体的生存状态，而经由符号政治经济学过滤的美学体验和情感宣泄所表征的野蛮状态，正是"同一性霸权"的显性呈现。

最后，阿多诺并没有因为批判本质主义和基础主义就陷入总体虚无的悲观主义情绪，而是主张积极的反叛意识。阿多诺一方面要破除主客二分的近代理性主义思维模式，但他没有回到马克思关注的感性活动和对象性关系，而是遵循韦伯的社会学思路，将资本现代性所切割的事实与价值解读为永恒的断裂状态，进而得出重估一切价值革命方针；另一方面，阿多诺挪用本雅明的"星丛"概念，并视其为对强调矛盾、差异的非同一性关系的概括。星丛与星宿的若即若离，星丛代表的开放性姿态消解了支配、奴役和先验本质，星宿间的辩证互动和共谋彼此则意味着非还原论意义上的伙伴关系。用阿多诺的话说："星丛不应该被还原为某一种本质，在这个星丛中内在地存在的东西本身不是本质。"②在真实和想象构筑的星丛中，任何存在论范畴都身处张力结构的历史性过程之中，否定辩证法自身亦复如此。阿多诺据此也从未在本体论意义上讨论前者，因为"当一个范畴——如同一性和总体性在否定的辩证法中——变化时，一切范畴的星丛、因而每一个范畴也会有所变化"③。卢卡奇的阶级、柯尔施的总体乃至葛兰西的实践哲学等都是同一性支配的虚假概念，甚至马克思以生产力为内容的进步合法性都被阿多诺贬黜，然而这种放弃了任何建构可能的"绝对否定"与其说是批判理论的彻底贯彻，不如理解为后现代主义的敞开，阿多诺也由此成为西方马克思主义政治哲学发展史中的转折性人物。

（三）从技术政治学到审美政治学

马尔库塞的政治哲学包含技术政治学和审美政治学两重维度。前者延

---

① ［德］阿多尔诺：《否定辩证法》，王凤才译，商务印书馆，2019年，第419页。

② ［德］阿多尔诺：《否定的辩证法》，张峰译，重庆出版社，1993年，第191页。

③ 同上，第164页。

续了《启蒙辩证法》中的工具理性批判,揭示出发达资本主义社会的技术理性所具有的意识形态职能;后者则继承了《否定辩证法》中的不妥协精神,提出以培育"新感性"和"爱欲解放"为核心的"大拒绝"战略,既是阿多诺的否定的辩证法的现实演绎,也完整呈现了西方马克思主义政治哲学的乌托邦特质。

早在 1941 年出版的《理性与革命——黑格尔和社会理论的兴起》一书中,马尔库塞就确立了以批判和否定为原则的社会研究方法。马尔库塞认为,黑格尔辩证法中蕴含的否定性原则体现了激进旨趣,在积极方面,它预示了凡是能够被理性统摄的范畴必然会在历史进程中获得具象表征;在消极方面,它确证了一切存在论范畴中内涵的对立统一性质及其必然灭亡的命运,而内置于理性环节中的辩证否定或者说"扬弃"便是推动事物联系和发展的关键。据此,马尔库塞进一步界划了"肯定的理性"和"否定的理性",并认为前者是实证主义之保守倾向的典型表征;后者则特指黑格尔辩证法中的批判和超越性维度,包括对"常识的固定和静止的范畴的否定"与"范畴所设计的世界的不真实的特征的否定"。[①]这就不仅改变了黑格尔之于阿多诺的保守主义形象,也同时建构了自己的理性主义革命理论。在《单向度的人》中,马尔库塞延续了从卢卡奇到霍克海默的技术理性批判,并将目光投向经验主义和操作主义等实证主义的现实变种,他也由此重蹈了生产力批判的虚无主义境地。作为结果,马尔库塞陷入爱欲解放的审美救世主义,并以青年中的造反分子、嬉皮士和民权主义运动中的激进派置换了工人阶级的主体地位,从而彻底疏离于马克思的阶级政治和总体革命观。

就技术政治学来说,马尔库塞在《单向度的人》一书中揭示了技术理性、消费主义和意识形态的合流能导致的西方个人的单向度的生存境遇。所谓单向度,是指一种放弃了自由和解放期许的异化状态,马尔库塞据此引入"虚假需求"概念,认为这种外在于主体需要的而被强制灌注的消费冲动正是资本试图支配人的内心世界的典型表现,其目的在于消除文化意识形态中存在的不利于维护政治统治的内容,进而达到为资本辩护的目的。在马尔库塞看来,由于前资本主义时代的社会结构尚未被技术理性完全统摄,文学

---

① [美]赫伯特·马尔库塞:《理性与革命——黑格尔和社会理论的兴起》,程志民等译,重庆出版社,1993 年,第 112 页。

和艺术作品依旧能够保持与现实的张力状态,既能超然世外并慰藉心灵,也能反映主体向往自由的超越维度。但资本现代性的发育却消解了文化的自否定向度,特别是与消费主义的深度绑定导致个体沦为沉湎于物欲享乐的单向度存在,放弃了全面把握感性本质的解放诉求。马尔库塞进一步从政治意识形态视角出发,认为发达工业社会的科学技术是新型的社会异化力量。它一方面借口保证科学研究的客观性,割裂了事实与价值的辩证统一,并试图掩盖其价值中立伪装下的集权主义企图;另一方面则通过技术理性规训日常生活世界,以丰裕和富庶之名推动顺从意识内化于主体心灵层面,从而达到对接技术进步合法性和政治统治合法性的目的。

就审美政治学而言,马尔库塞在后期文本中给出了以培育"新感性"和"爱欲解放"为核心的审美救赎路径。他把马克思的历史唯物主义与弗洛伊德的精神分析学结合起来,将发达工业社会导致主体单向度化看作本能受压抑的过程。"人的历史就是人被压抑的历史"[①],所谓"压抑"可以进一步界划为"必要的压抑"和"额外的压抑",前者是指在生产力发展尚不足以维系全体社会成员的生命再生产时期,以维护共同体团结为目的形成的约束;后者则是以政治统治为目的的本能压抑,例如强制性劳动分工和父权制社会组织形式等都可归为此类。显然,资本现代性及其集权主义的异化治理模式正是"额外的压抑"的根源,资产者出于阶级利益,将"虚假需求"强加给人们,导致人们的政治意识、革命意识呈现出弱化和淡化的趋势,并最终形成非革命的顺从意识和肯定意识。据此,马尔库塞借用马克思在《1844年经济学哲学手稿》中提出的"感性活动",主张通过"表现着生命本能对攻击性和罪恶的超升"[②]的"新感性"或象征解放诉求的"爱欲",想象一种长期以来受到禁忌和压抑的本能的满足状态。显然,马尔库塞试图重建非理性的本能和(批判)理性的有机联系,包括将异化劳动转换为消遣行为,将以官能体验为内容的"性欲"升华为关注美、艺术和消遣的"爱欲"等,这意味着他所提出的解放理论具有浓厚的浪漫主义和乌托邦色彩。

---

① [美]赫伯特·马尔库塞:《爱欲与文明:对弗洛伊德思想的哲学探讨》,黄勇等译,上海译文出版社,2005年,第3页。

② [美]赫伯特·马尔库塞:《审美之维》,李小兵译,生活·读书·新知三联书店,1989年,第194页。

（四）批判理论的政治伦理转向

法兰克福学派一方面把卢卡奇等早期西方马克思主义理论家的文化意识形态批判具体化为技术理性、大众文化和对极权主义心理机制的揭示等方面，把他们追求西方无产阶级的解放转换为追求西方个人的解放；另一方面，阿多诺通过"星丛"概念表达的异质性渴求将批判性的理论逻辑推演至极的同时，也揭示出现实介入的不可能性；马尔库塞据此走向非理性主义的审美政治；哈贝马斯则选择重写现代性的哲学话语，并经由"交往理性"拉开了政治伦理转向的序幕。

在哈贝马斯看来，晚期资本主义社会的突出特点即"技术的科学化趋势日益明显……随着大规模的工业研究，科学、技术及其运用结成了一个体系"①。其不仅发挥"第一生产力"的作用，而且具有为现实辩护的意识形态功能，意味着依托于镇压性国家机器的暴力统治开始被科学技术奠基的官僚治理模式取代，科学技术也不独为学术领域的专属，而是蕴含社会整合与政治统治维度的总体性范畴。需要关注的是，哈贝马斯并没有像早期法兰克福学派理论家那样讨论科学技术与意识形态的转换机制，而是强调二者的直接同一性，或者说科学技术正是意识形态的实体化表征，即所谓异化，并非源于技术的资本主义应用，而是由其本身蕴含的"进步强制"或实证主义态度决定的，特别是随着技术操持的物化劳动取代了基于对象性关系的交往行为，一方面把人的关系降格为物的关系，使人全面屈从于技术社会的统治；另一方面导致理性化的经济系统和科层化的行政权力摆脱了交往理性的支配，并在符号系统和大众媒介的中介下殖民生活世界，使其"下降为一种与其他下属体系并行的一种下属体系。在这里，体系机制越来越脱离社会结构，即脱离社会统一借以进行的社会结构"②。针对晚期资本主义的意识形态逻辑，哈贝马斯认为应当在以交往理性扬弃技术理性的基础上，推进生活

---

① ［德］尤尔根·哈贝马斯：《作为"意识形态"的技术与科学》，李黎等译，学林出版社，1999年，第62页。

② ［德］于·哈贝马斯：《交往行动理论·第二卷——论功能主义理性批判》，洪佩郁等译，重庆出版社，1994年，第206页。

世界的合理化，但他并没有像马尔库塞那样通过引入他者视域展开理论致思，而是通过交往行为和主体间性视域中的唯物史观重构，形成了以商谈伦理为特征的话语政治学。

哈贝马斯认为，以"主体-客体"结构为基础的主体性哲学压抑了主体间的互动和理解行为，不仅滋生出历史阐释过程中的经济决定论倾向，也同时忽视了社会结构变迁中的伦理因素。据此，哈贝马斯一方面凸显了普遍语用学对凝结主体间重叠共识的重要意义，即通过符号和意义系统联结的交往互动实则是话语双方的语言理解行为，它强调以生活世界为背景的普遍性规范而非技术理性的意识形态强制；另一方面，哈贝马斯主张以兴趣为导向的认识论建构，因为较之于隔绝了生活世界的实证主义知识论"静观"而言，兴趣"不是满足直接的经验需求，而是解决一系列的问题"①，而批判和反思性正是其认识论的核心旨趣。在澄清上述内容后，哈贝马斯试图通过以语言为媒介的交往互动置换与技术理性密切相关的生产行为，进而将道德领域的相关内容纳入社会进化的动力机制，显然，哈贝马斯拓宽了马克思以物质资料生产为核心的社会动力论阐释，但在理论结局层面已经全然退守至话语政治或道德共同体立场，这既是交往行为理论应用于政治哲学领域的必然结果，也体现了哈贝马斯试图回应二战后形成的多边主义的地缘格局，及其衍生的民族主义和共和主义、普遍主义和特殊主义之矛盾的努力，但对于阶级政治和暴力革命的疏离也预示了激进性的退守，法兰克福学派的批判叙事也进入为承认而斗争的政治伦理阶段。

作为法兰克福学派第三代领军人物的霍耐特继承了哈贝马斯的思路，强调主体间的交往理性对于维系激进政治立场的关键意义。但他认为仅仅形而上学地探讨道德经验或认识论兴趣是不够的，而是应当进一步为交往行为架构规范性的经验基础，并借以消除普通语用学的模糊特质。据此，霍耐特强调经验性与规范性的深度缝合，试图通过人类学语境中的交往行为审视，实现"语言伦理"向"承认伦理"转向。大体而言，霍耐特将米德的"主我-客我关系"和"普遍化的他人"等社会心理学概念纳入黑格尔的"承认"理论，将"绝对理念"澄明自我的逻辑学考察转向包容他者的后形而上学思索，

---

① ［德］尤尔根·哈贝马斯：《认识与兴趣》，郭官义等译，学林出版社，1999年，第25页。

从而将主体间的承认关系视作交往合理化的最终体现。可见,霍耐特的目的是要扭转从霍克海默到哈贝马斯的批判理论演进中日益凸显的非规范化趋势,其理论基础是交往行为理论,但作为核心的普遍语用学已被替换为"为承认而斗争"的政治逻辑,这就不仅实现了作为认识论的批判理论和行动论的有机统一,也为社会学和人类学等经验性学科融入基础上的规范性构建提供了可能。霍耐特的承认理论可以说是法兰克福学派自阿多诺终结了西方马克思主义逻辑后,形成的第一个具有后现代意味的理论成果,不论是为"从主体间性理论的角度建立一种更普泛的道德概念"来说,还是就其与"规范内容的社会理论联系起来"①的努力而言,都有原创性的意义与贡献。

三、阿尔都塞的意识形态理论和虚空政治学

从卢卡奇到法兰克福学派的理论演进体现了人道主义的叙事特征,即以青年马克思的实践理论和异化学说为基础,通过批判资本对于主体本质的压抑和消解支撑起激进的政治学说。这种哲学叙事在存在主义的马克思主义那里走向终结,晚年萨特的"希望本体论"及其对抗的虚无主义,恰恰印证了外在于政治经济学批判的人本叙事之于资本批判的无力感。以阿尔都塞为代表的唯科学主义的马克思主义声名鹊起,一方面是西方马克思主义试图在逻辑内部解决上述问题的尝试,另一方面也为解构主义清理了理论地基,并将"否定辩证法"初步开启的后现代叙事引向纵深。

(一)对人本主义马克思主义的批判

阿尔都塞认为马克思的思想存在着一个"认识论断裂",即由"人道主义总问题"走向"理论上的反人道主义"的发展过程,即距离康德和费希特较近而离黑格尔较远的"理性加自由"的人道主义阶段(1840—1842),费尔巴哈的"共同体"人道主义阶段(1842—1845),以及以《德意志意识形态》为文本标志的"科学"阶段。在阿尔都塞看来,1845年后的马克思摆脱了人道主义意

---

① ［德］阿克塞尔·霍耐特:《为承认而斗争:论社会冲突的道德语法》,胡继华译,上海人民出版社,2005年,第74页。

识形态的束缚,排除了人道主义或者说"主体""经验主义"和"观念本质"等概念的影响,实现了从非科学的意识形态向历史唯物主义科学的转变。实现认识论断裂后的马克思不仅拒斥任何借"总体人"之名的抽象的目的论预设,而且也开始运用"生产力和生产关系""经济基础和上层建筑"与"社会形态"等新概念来展开理论思考。实际上,阿尔都塞反对用异化、人性和人的本质等青年马克思的人道主义的思想来解释历史唯物主义,强调只有从"生产力和生产关系""经济基础和上层建筑"等概念出发,才能真正把握历史唯物主义的本质。为了论证上述观点,阿尔都塞从两个方面阐发了人道主义意识形态盛行的后果:其一,以费尔巴哈为代表的德国古典哲学通过抽象的人来说明感性关系的做法,既无法逃脱"异化-扬弃"的解释学循环,也难以洞察历史的真实本质,即人道主义哲学词语被一种意识形态用来对抗,也就是打败另一个正确的词语,而且对抗无产阶级生命攸关的词语:阶级斗争。其二,阿尔都塞结合苏联社会主义的现实,认为流行的人道主义表现了当时社会主义阵营对个人崇拜和无产阶级专政的滥用现象的现实,如果用人道主义来解释和统领历史唯物主义,必然会贬损马克思主义理论的科学性。阿尔都塞由此提出了马克思主义是"理论上的反人道主义"论断。

　　阿尔都塞并不反对人道主义作为一种伦理原则的合理性,他反对的是把人道主义作为一种分析历史和政治的理论工具,因为作为意识形态的人道主义不仅有损于唯物史观的科学性,同时也将人类和社会的关系降格为基于无意识结构的体验关系,导致"真实关系不可避免地被包括到想象关系中去,这种关系更多地表现为一种意志(保守的、顺从的、改良的或革命的)甚至一种希望或一种留恋,而不是对现实的描绘"①。可见,阿尔都塞将人道主义和意识形态等同视之,"人道主义的本质是意识形态"②,即是否秉承"理论上的反人道主义立场"构成区分意识形态与科学的核心标准。人道主义者试图以抽象的人性论解读历史结构,这实际上是重复了黑格尔的一元决定的历史观,而在阿尔都塞看来,历史既不是"绝对精神"的逻辑展开,也非主体感性本质的持续外化,而是"无主体过程",它意味着既不存在以"异化-扬

---

① [法]路易·阿尔都塞:《保卫马克思》,顾良译,商务印书馆,2006年,第230页。
② 同上,第227页。

弃"为循环的虚假的目的论预设,也没有人的普遍的抽象本质,唯一真实可靠的只有辩证法所揭示的过程本身,个人不过是过程具体化的承载者而已。阿尔都塞据此得出的结论是"历史无主体",即"历史是作为没有主体的异化过程或没有主体的辩证过程被思考的"①。

阿尔都塞对人道主义的批判源于其意识形态和科学的对立论主张,即作为资产阶级意识形态的人道主义由于消解了唯物史观的科学性,割裂了马克思主义蕴含的科学性和革命性的统一。在他看来,处于特定物质利益关系中的群体,特别是有产者处于巩固并延续既得利益的考量,总是试图对全部社会关系施加总体性影响,这就需要将真实的社会关系包裹于想象的社会关系中,例如以虚假的自由(特别是人道主义诉求)掩盖事实上的剥削,这便是资本意识形态的作用机制。但阿尔都塞并没有笼统拒斥意识形态,而是将其视为国家权力结构有机部分,并就其维护政治统治和消解批判意识的职能展开论述。大体而言,阿尔都塞眼中的意识形态不只是统治阶级的意志体现,而是一种永恒存在。阿尔都塞同样认为,"历史唯物主义不能设想共产主义社会可以没有意识形态"②。换言之,如果说卢卡奇以降的人本主义者继承了马克思的意识形态观,将意识形态看作批判价值维度的解构因素的话,阿尔都塞则视其为一种基于体验关系的无意识结构,既可以是感性世界的表象体系,也可以构成主体的强制性力量,对其价值取向、思维方式和行为路径施加影响,从而达到维护阶级统治和政治利益的目的。阿尔都塞的意识形态观反映在其意识形态国家及其理论之中,对于列斐伏尔的空间生产理论和后马克思主义的霸权思想和话语政治产生了深远影响。

(二)意识形态国家机器与生产关系再生产

马克思在《德意志意识形态》中提到清除实体、主体、自我意识和纯批判等无稽之谈,揭示了资产阶级意识形态的虚假本质;阿尔都塞力图在此基础上进一步阐发意识形态维系政治统治的具体机制,并从社会再生产理论出

---

① [法]路易·阿尔都塞:《马克思与黑格尔的关系》,《马列主义研究资料》,1984年第6期。
② [法]路易·阿尔都塞:《保卫马克思》,顾良译,商务印书馆,2006年,第228页。

发予以说明。在他看来,任何一种社会形态都需要在完成物质资料生产的同时,关注生产条件,特别是生产关系的再生产,资本主义的统治合法性就是凭借生产方式之外的意识形态结构赋予的。正如佩里·安德森所言:"西方马克思主义作为一个整体,当它从方法问题进而涉及实质问题时,就几乎倾全力于研究上层建筑了。"①阿尔都塞并未重点关注经济基础领域,而是通过重释意识形态的内涵与外延,强调达成权力关系的持续认同是资本维系统治的关键,这种顺从意识的再生产机制便是阿尔都塞政治哲学的核心论域。

　　阿尔都塞首先从马克思主义的国家观入手,从资本主义国家的职能发挥入手展开讨论。在他看来,马克思主义经典理论家将国家视为镇压性国家机器,主张无产阶级的革命目标,即夺取资产阶级控制的国家机器的革命路径,已经无法适应资本主义的统治模式,因为国家机器既可以通过暴力镇压来发挥职能,也能够以意识形态操控的方式发挥作用,相应的国家机器可以分为镇压性国家机器和意识形态国家机器。前者的统一性受统治阶级的政治代表所领导的中央集权组织来保证,主张通过暴力手段为生产关系的再生产提供政治保证;后者则主要通过意识形态的方式发挥作用,虽然它需要镇压性国家机器提供权力保证,但不论是就其作用机制还是呈现方式来说,都具有柔性、隐蔽和难以察觉的特征,这就意味着在意识形态国家机器的庇护下,统治者通过义化领导权的获取,不仅能够掩盖自己的真正意图,也能够提升被统治者的价值认同感,从而实现剥削性生产关系的再生产。

　　就意识形态国家机器的作用机制来说,阿尔都塞主要从劳动力的再生产和生产关系的再生产两个层面展开论述。一方面,阿尔都塞认为劳动再生产不仅是维持生命活动的过程,同时也是意识形态再生产过程,即统治者会通过意识形态传播和教化培育认同现存生产方式的合格劳动者。特别是当劳动的技能培训主要不是在传统意义上的工厂中习得的,而是愈发倚重资本主义教育体制和组织结构,例如学校、教会以及各种提供公共生活的场所等,资本的意识形态会附着于职业操守、知识技法乃至公序良俗之中,劳动者接受技能培训的同时,也遭遇性格结构、心理机制和价值取向的形塑。阿尔都塞据此认为,意识形态具有建构主体的作用。另一方面,规约劳动者价

---

①　[英]佩里·安德森:《西方马克思主义探讨》,高铦等译,人民出版社,1981年,第96页。

值取向的直接目的是推动生产关系的再生产。阿尔都塞对两种国家机器的职能作出了明确区分,即镇压性国家机器主要是以暴力形式发挥作用,而意识形态国家机器则通过意识形态体现其功能。在人类历史早期,前者发挥着维系政治统治的主要作用,而资本主义生产方式则将意识形态国家机器的作用凸现出来,特别是当代西方社会广泛存在的由教会、学校和家庭构成的"三位一体"对于传播顺从意识和钝化批判价值取向有重要作用。阿尔都塞引入了精神分析学来说明上述内容,例如弗洛伊德将人类文明历程看作本能的压抑史,认为文化禁忌和道德规约对于个体起到了超越"本我"并形成"自我"的重要意义,意识形态的作用如出一辙,阿尔都塞以婴儿为例,认为意识形态能够在他发生第一声啼哭前就抓住他,把他的身份地位和角色指派给他,意味着意识形态能在无意识层面规约主体,导致人们不仅无法自觉这种自欺状态,反而会将既有认知判定为真理,从而陷入深层次的遮蔽状态。

从意识形态国家机器的相关论述可知,阿尔都塞一方面将意识形态的功能归结为支持镇压性国家机器实现生产关系的再生产,另一方面将意识形态的功能归结为通过教育、文化来"传唤"和塑造主体,即把资产阶级的文化价值观和统治秩序植入人们的无意识结构,从而达到异化主体和钝化批判意识的目的。显然,阿尔都塞延续了卢卡奇等西方马克思主义学者对革命主体向度的关注,但他立足结构主义视角,将人道主义等同于意识形态的做法,实际上是以另辟蹊径的方式引申了西方左翼的激进政治传统,不仅捍卫了历史唯物主义的科学性,也在思想史层面构成了后马克思主义的理论前置。正如西姆所言:"阿尔都塞是一个有趣的例子,因为具有讽刺意味的是,他的计划是恢复马克思主义的理论权威,反而为后马克思主义规划开辟了一些非常有希望的探究路线"①,特别是意识形态与霸权、多元决定以及相遇的哲学等,都呈现出与后马克思主义明显的家族相似性。

---

① ［英］斯图亚特·西姆:《后马克思主义思想史》,吕增奎等译,江苏人民出版社,2011年,第29页。

(三)相遇的哲学及其政治职能

"偶然相遇的唯物主义"是晚期阿尔都塞提出的重要理论,其目的在于批评目的论式的马克思主义理解。他强调马克思与唯物主义的偶然相遇,并不意味着从结构主义思路转投意志论立场,而是试图在与非批判的知识论哲学保持距离的同时,引申无产阶级的激进意识和革命可能性。从背景层面看,"五月风暴"折射的发达资本主义国家的社会危机,以及对马克思主义的经济决定论的解读,构成了阿尔都塞提出偶然相遇的唯物主义的现实和理论境遇。一方面,阿尔都塞对于法共未能利用"五月风暴"构筑无产阶级的意识形态国家机器倍感失望。在他看来,当时的法共依然受制于经济决定论的影响,主张政治实践中的改良主义和修正主义,不仅贻误了革命战机,也未能探索出一条区别于斯大林主义的革命道路。另一方面,阿尔都塞认为,自第二国际以来的马克思主义理论界就普遍存在一种抽象的目的论预设,特别是对"必然王国"和"自由王国"的辩证关系而言,看似提供了历史性的规律阐释,实则是主观臆想的"共同体神话"①,缺乏普遍的理论有效性;与此同时,马克思(甚至包括后来者)也没有提出系统的国家理论,即马克思、列宁甚至包括葛兰西都未能阐明国家之于阶级统治的关系,以及国家机器的作用机制问题。阿尔都塞则借由谱系学的视角挖掘了西方哲学史中压抑的唯物主义"潜流",并试图以此摆脱抽象的决定论和价值论对马克思主义的理论影响。

阿尔都塞遵循马克思的博士论文中的思想史路线,从古希腊哲学的原子论开始展开讨论。在他看来,从伊壁鸠鲁到马克思的唯物主义线索试图在表象世界背后寻找不变的"一",这种抽象的目的论预设暗含着技术还原论和经济决定论的趋势。偶然相遇的唯物主义则主张"任何既成事实都是偶然的,来自于原子偏斜的偶然相遇"②,类似黑格尔将"虚空"视为真理之开端,作为存在论初始阶段的"纯存在"本质上即相当"无",也正是因为二者的辩

---

① [法]阿尔都塞:《哲学与政治——阿尔都塞读本》,陈越编译,吉林人民出版社,2003年,第254页。

② Louis Althusser, *Philosophy of the Encounter:Later Writings.1978–87*, Verso, 2006, p.188.

证互释,使得真理能够以具体的过程形式存在。与此同时,阿尔都塞也否认主体的存在,不论是伊壁鸠鲁的原子,还是马克思的物质生产,都一概视作目的论的残余,虚空中的偶然相遇是唯一的真实,所谓"存在"不过是具象化了的相遇,但我们却无法在开端、过程或结果的任意层面把握上述内容。显然,阿尔都塞试图给予"偶然相遇"以本体论关注,但这种完全意义上的理论退却意味着他连类似"历史科学"概念都一并否弃了,因为"规律是可以变化的,所谓规律的有效性不过是暂时的而非永恒的"①。阿尔都塞继而通过分析马基雅维利的《君主论》介入历史认识论层面,提出了偏好"偶然"和关注"形势"或"事件"的虚空政治学。

马基雅维利在阿尔都塞的政治哲学中占有重要位置。在阿尔都塞看来,马基雅维利基于意大利的历史境遇寻求的统一实践表征了偶然相遇的唯物主义的现实状态,"马基雅维利是第一个谈论形势的理论家……在形势中,也就是说,作为偶然、独特情况的形势概念中进行着思考"②。铸就"形势"的正是民族国家的创建和民族统一体制问题的"相遇",但马基雅维利并没有因袭基于自然法的政治学传统,而是将问题的思考纳入"虚空"场域,或者说围绕"新君主"的产生问题展开讨论。首先,新君主的形成需要同时具备"空场、机遇和能力"三个条件,即耦合众多复杂形势的空场、偶然性奇遇,以及能够转化幸运的政治能力的因缘机会见证了从布衣到君主的转型,既然是偶然相遇的过程,那么"新君主可以从任何一个地方起步,可以是任何一个人:说到底,他们可以从无起步,并且在起步的时候本身就是无"③。其次,阿尔都塞认为起源于虚空状态的新君主能够摆脱既有的意识形态框架,以断裂性姿态凝聚新的政治环境。他将新君主隐喻为纵身跃上行进中的火车的英雄,由于对起点和终点的认知均处于蒙昧状态,导致其所判断的形势必然剥离抽象的决定论或目的论预设,从而避免陷入意识形态的臆想。

在《马基雅维利与我们》一书中,阿尔都塞将无产阶级的实践行为等同于新君主的诞生,既是复杂革命形势的相遇使然,也是破除资产阶级意识形

---

① Louis Althusser, *Philosophy of the Encounter : Later Writings. 1978–87*, Verso, 2006, p.195.

② [法]阿尔都塞:《哲学与政治——阿尔都塞读本》,陈越编译,吉林人民出版社,2003年,第395页。

③ 同上,第473页。

态神话的过程。用他自己的话说，即"有两个原因使开始的新颖吸引着我们：既是因为前与后、新与旧之间的对比；也是因为他们的独立以及它们的冲突、他们的断裂"①。最后，阿尔都塞借卢梭之口澄清了虚空政治学的激进内涵。在他看来，卢梭的"自然状态"描述的正是社会关系的虚空阶段，至于"契约"不过是意识形态国家机器试图编织的话语陷阱，无产阶级革命的首要目的，即在于洞察并生产一种虚空，既有利于揭示资本意识形态的虚假性，也为无产者推进理论领域的阶级斗争和话语革命打开了政治空间。

（四）来自波朗查斯的批评

波朗查斯在继承阿尔都塞关注的国家、阶级和意识形态等问题的同时，也对其阶级理论、意识形态国家机器理论和理论实践等提出批评，并进一步结合马克思、恩格斯、列宁和葛兰西的经典著作，系统讨论了关于阶级定位与划分、政治权力本质，以及资本主义国家功能变化等问题，在一定程度上弱化了经典西方马克思主义对于哲学或上层建筑问题的关注度，也在一定程度上扭转了审美救世主义的政治旨趣，对西方左翼理论界特别是马克思主义理论的形成产生了重要影响。

按照佩里·安德森的指认，西方马克思主义的关注点集中在上层建筑领域，并由此形成了"人本–结构"的两级游移；波朗查斯则试图避免这种摇摆，他一方面在批判经济决定论的同时阐发了具有多元决定色彩的结构主义国家观，另一方面通过细化阿尔都塞政治哲学的相关概念，提出了"民主社会主义"的政治构想。具体来说，波朗查斯赞同阿尔都塞将马克思主义区分为关注意识形态功能的"辩证唯物主义哲学"，以及具有科学认识功能的"历史唯物主义科学"。在他看来，1845年前的马克思受制于意识形态总问题，试图围绕异化理论和实践学说建构一种黑格尔式的历史本体论；《德意志意识形态》之后的马克思通过生产方式概念的总体阐发，摆脱了循环论的线性史观，并提出了结构因果性主导的多元决定的历史观。但波朗查斯对生产方式的理解具有独特性，在他看来，"生产方式构成一个抽象形式的事物，严格来

① ［法］阿尔都塞：《哲学与政治——阿尔都塞读本》，陈越编译，吉林人民出版社，2003年，第381页。

讲在现实中是不存在的……实际存在的唯一事物乃是一种由历史决定的社会形态"①,即由经济、政治和意识形态等具有非对称性特征且各自独立的范畴结合而成的结构主义概念,在不同历史时期,发挥主导作用的因素也不尽相同,虽然它们都受经济因素的制约,但经济因素的决定作用只是从根本上决定着生产方式中的哪一个因素起统治作用。波朗查斯从严格的结构主义立场出发,指责阿尔都塞的意识形态国家机器中进一步区分"国家机器"和"经济机器",仿佛国家只有严格二分的意识形态和镇压两种职能,而不论是政治(镇压)还是意识形态都不过是生产方式的部门之一,国家具有"综合的调和职能",而且"严格地说,国家的技术经济职能、意识形态职能或'政治职能'是并不存在的"。②据此,波朗查斯认为,仅仅通过意识形态领域的齐一化回溯国家政权问题是行不通的,它在最好的意义上也只是葛兰西主义的翻版。

就革命战略而言,波朗查斯认为阿尔都塞的失误在于没有关注阶级概念,甚至在意识形态国家机器的阐发中,也没有给予阶级斗争以合理的评价。在波朗查斯看来,彼时左翼学者的阶级认知有两种错误观点:一是历史创生论或阶级循环论。他们要么像卢卡奇那样混同了社会形态和社会结构,把阶级看作推动社会结构转化的核心要素;要么把社会结构看作既成的静态框架,并把阶级斗争视为推动其调整或转换的核心因素,这两种思路都陷入黑格尔的历史循环论。二是经济决定论,它没有将阶级看作社会结构及其相互关系的产物,即"分辨一个阶级既可以从经济方面,从政治方面,也可以从意识形态方面"③,片面凸显阶级蕴含的经济关系的做法虽然和卢卡奇的"唯意志论"相对立,但必然会陷入抽象的目的论假设。波朗查斯的阶级观与他的国家观和革命观具有一致性。在他看来,阶级并不是抽象的实体概念,而是同时受到诸多社会关系共同形塑的动态过程影响,不论是第二国际理论家关注的经济关系,还是阿尔都塞强调的意识形态因素,不过是阶级概念的单一面向,但这并不意味着我们不能把握阶级的具象表征。波朗查斯特别指

---

① [希腊]尼科斯·波朗查斯:《政治权力与社会阶级》,叶林等译,中国社会科学出版社,1982年,第5页。

② 同上,第44页。

③ 同上,第60页。

出,"阶级仅仅存在于阶级斗争中"①,即只有在阶级斗争的总体实践中才能定位阶级,因为在日常生活中,某一政治立场可能不是单一阶级的专属,属于特定阶级的主体可能拥有和阶级利益不一致的立场,即便是占据支配地位的意识形态也表征着统治阶级以外的其他阶级的利益。波朗查斯继而提出"意识形态亚总体"概念,并以此展开了对传统社会主义政治战略的反思。

众所周知,列宁将无产阶级专政视为资本主义向社会主义过渡的关键环节,波朗查斯则认为上述提法遮蔽了代议制民主和直接民主的关系问题。卢森堡曾批评列宁取消了立宪会议会导致不同的意见交锋、出版和集会自由的失落,官僚成为政治生活中的唯一因素。②波朗查斯同样认为任何直接性的基层民主都会导致国家主义的专制政治,即便在马克思那里,无产阶级专政也只是一种理想化的叙事,俄国十月革命后的苏俄依然处于群众斗争和国家政权互为外在的状态,只有实现代议制民主与社会主义的有机结合,方能彻底摆脱资本的异化统治。波朗查斯指出,代议制民主虽然是伴随资本主义发展形成的,但并不意味着它是资本主义的专属,特别是针对战后的社会统治策略而言,资本已不止于对工人阶级的剥削,少数族裔、生态主义者和女权主义者等都遭遇异化的侵袭,这就需要我们有更为成熟的整合模式联合这些反抗势力。但波朗查斯的探索却悲观地止步于此,他甚至认为"民主社会主义"既是一项未竟的事业,也是不可能的任务。实际上,对于无产阶级专政立场的摇摆已经预示了他的理论结局,正如列宁所言:"承认无产阶级专政的必要性,是同《共产党宣言》提出的只有无产阶级是真正革命的阶级这一原理最密切地不可分割地联系着的"③,只有坚持共产党领导的无产阶级专政,方能确保革命的最终胜利。

四、绿色乌托邦:生态学马克思主义的政治哲学追求

生态学马克思主义对当代资本主义社会展开技术批判、消费批判和制

① Poulantzas, *Classes in Contemporary Capitalism*, NLB, 1974, p.14.

② 参见[德]罗莎·卢森堡:《论俄国革命·书信集》,殷叙彝等译,贵州人民出版社,2001年,第31页。

③ 《列宁全集》(第6卷),人民出版社,1986年,第216页。

度批判,形成了系统的资本批判理论和生态政治哲学,其突出特点在于以历史唯物主义为理论基础,并在批判地反思当代西方绿色思潮的基础上,形成资本主义制度变革和生态价值观变革的生态政治战略,提出了以生产正义,以及人与人、人与自然共同协调发展为目的的生态政治理想。

(一)资本逻辑与生态危机

生态学马克思主义与当代西方绿色思潮的本质区别在于,与后者拘泥于抽象的生态价值观维度,抽象地探讨生态危机的本质与解决途径不同,前者坚持从批判资本主义制度和生产方式出发,强调只有变革资本主义生产方式及其支配的全球权力关系,才能找到解决生态危机的现实途径。

生态学马克思主义学者将资本的反生态本性归结为增殖机制和利润诉求。例如,奥康纳从资本扩张和生态系统有限性的矛盾出发,认为资本主义国家的绿色财政政策只不过是资本家的一厢情愿,充其量不过是维护资本主义再生产的条件而已,且不论绿色环保组织在资本主义国家时常处于弱势地位,其资金也主要来源自资本主义企业,而后者乐于资助绿色组织,根本目的依旧是出于保全企业形象或提升剩余价值的获取能力;与此同时,生态主义者寻求的稳态经济模式是与资本的逐利本性背道而驰的,后者秉承的扩张性经济模式必然会在广义的时空规模上寻求自然的介入,从而打破自然的平衡状态。奥康纳进一步从个别资本和总体资本的关系层面,以及绿色环保运动的社会效应层面展开分析。就前者来说,正如资本面临的"个别企业内部生产的有组织性同社会生产的无政府状态之间的矛盾"[①]那样,个别企业出于维系剩余价值率的需要,必然会在社会层面滋生破坏再生产条件的倾向,而最终结果便是全部资本主义企业的难以为继;就后者而言,个别企业出于维持环保形象的缘故,必然会增加成本支出,而这些"非必要"开支同样会转换为利润诉求,形成恶性循环。这便是奥康纳在《自然的理由——生态学马克思主义研究》中揭示的资本主义的第二重矛盾,即"资本主义生产关系(及生产力),与资本主义生产的条件,后者说'社会再生产的

---

①　刘国光主编:《政治经济学》(第二分册),经济管理出版社,1983 年,第 628 页。

资本主义关系及力量'之间的矛盾"①。这里主要包含两重含义:其一,资本积累对生产条件的破坏。奥康纳认为,不论是经济趋势的上行还是下行,都会强化自然资源的开发力度,从而达到降低生产成本并提升利润率的作用。其二,资本在空间地理层面发展的不平衡性诱发生态危机。所谓"不平衡性"描述的是资本布局的众多凝结性积累中心带来的空间区隔状态,包括"垄断地区"和"原料供应地区"之间、"城市"和"乡村"之间、"发达地区"和"欠发达地区"之间等。这些二元结构不仅阻碍了地区间的物质交换,也导致贫困地区人口不得不以破坏自然的方式维持生命的再生产,从而进一步破坏生态系统。

福斯特同样认为,资本主义生产方式与生态危机密切相关。在他看来,"人类按'唯利是图'的原则通过市场'看不见的手'为少数人谋取狭隘机械利益的能力,不可避免地要与自然界发生冲突"②。这就意味着以交换价值为诉求的资本必然崇尚不断扩大的商品交换,因而与地球有限的生态系统构成矛盾关系;而偏好利润的资本不仅无视人与自然关系的恶化,反而会缩短资本循环的周期以抵消因生态问题导致的回报风险,加之资本的集中化趋势会导致寡头垄断,即前者凭借资金筹措、技术创新和成本节约的优势使处于低端或下游的个体经营者陷入工人阶级的赤贫状态,导致无序的扩张状态以至于在生态问题上积重难返。

法国学者高兹同样阐发了资本的反生态本性。在他看来,资本主义的生产受制于"经济理性",其遵循的是实证主义的"可计算性和效率原则",强调以获取利润为目的的生产组织形式,忽视了人与自然的统一关系,因为在经济理性的支配下,"对于个人的是否成功的评价已经不是以生活品质为标准了,而是主要看他占有财富的多寡……效率作为万物的标准,数量即正义,财富的数量就是成功的象征"③。人们为了攫取财富而尽可能地向自然界开战,如果说前资本主义时代人们尚且主张"够了就行",那么在资本主义时代,"越多越好"的原则已经深入人心,特别是对于作为自然资源、劳动力要

① [美]詹姆斯·奥康纳:《自然的理由——生态学马克思主义研究》,唐正东等译,南京大学出版社,2003年,第257页。

② [美]约翰·贝拉米·福斯特:《生态危机与资本主义》,耿建新等译,上海译文出版社,2006年,第69页。

③ Andre·Gorz, *Ecology as Politics*, Pluto Press, 1980, p.5.

素和生产工具的统一体的资本主义企业而言，最大限度地控制自然和增加投资并追求立足世界市场已成为唯一目标，而这正是经济理性盛行的逻辑必然。在高兹看来，经济理性实际上是工具理性的资本主义变种，它与后者一样解构了主体的感性本质，人们在可计算的经济效益面前顶礼膜拜，然而这种唯经济主义论不仅缺乏生态异化的批判视角，也无法通过有效的经济干预提供全局性调控，最终导致人类与自然之间无法兼容彼此。高兹认为，资本主义国家只能通过国家内部的不平衡发展战略，或是向落后国家地区转嫁危机并以牺牲他国的发展权和环境权为代价偿还生态债务，从而不可避免地将地方性的环境问题泛化为全球性的生态危机。

　　较之于上述学者从资本主义生产同生态危机的必然性关系角度展开论述，阿格尔从异化消费问题入手阐发了资本的反生态本性。阿格尔指出，在资本之于生产力发展的边际效应持续递减的当下，消费主义的生活方式和文化价值观日益成为资本获得统治合法性的基础，一方面，消费主义在强化了人们对于资本的依赖关系的同时，也满足了资本的利润诉求，巩固了资本主义的统治基础；另一方面，不断扩大的商品生产却带来了人与自然关系的扭曲，但人们由于"劳动–闲暇"二元论的异化机制而无法洞察上述过程。阿格尔认为，在消费主义的牵引下，原本在感性活动中汲取的幸福感被转移至交换价值的实现过程，只有在以符号为关注点的异化消费中，人们才能体会到自由和价值的意义所在。由此一来，消费便不再是维系生命活动的必要手段，而是取得了实践活动的本体论地位并成为幸福的来源。但异化的消费活动并非出自主体的真实需要，而是由大众传媒刻意制造的欲望驱使，即消费活动是"为补偿自己那种单调乏味的、非创造性的且常常是报酬不足的劳动而致力于获得商品的一种现象"①。作为结果，不仅主体的批判和反思意识被以符号为载体的顺从意识取代，人类改造自然的规模和力度也会不断加大，而地球生态承载力的有限性必将演绎"期望破灭的辩证法"，即由商品提供能力的弱化而形成的变革行为，人们通过反思需要、商品和幸福三者之间的逻辑关联，认识到"人的满足最终在于生产活动而不在于消费活动"②，进而

---

① ［美］本·阿格尔：《西方马克思主义概论》，慎之等译，中国人民大学出版社，1991年，第494页。
② 同上，第475页。

引申反对资本主义生产方式的社会革命。

生态学马克思主义关注自然资源的有限性，通过揭示资本的利润诉求和增殖机制遭遇的悖反状态，将生态问题根源归结到社会制度和生产方式层面，体现了其理论的激进底色。正如福斯特所言："在现行体制下保持世界工业产出的成倍增长而又不发生整体的生态灾难是不可能的。事实上，我们已经超越了某些生态极限。"①它意味着生态问题既不是经济发展的必要代价，也非简单的产业结构或技术路线调整便可解决，而是需要树立历史本质主义思维，从生产关系层面探寻人与自然和谐共生的可持续发展途径。生态学马克思主义利用唯物史观的分析范式，不仅有力回击了西方绿色思潮将马克思主义指认为生产主义或技术乐观主义的诘难，也系统阐发了以反对资本主义生产方式为核心的生态学理论，为建构以唯物史观为基础的中国特色社会主义生态文明理论提供了借鉴。

（二）对生态价值观和需要理论的重构

西方生态中心论的生态文明理论将生态危机的根源归结为人类中心主义价值观，试图通过树立生态中心主义价值观来解决生态危机。生态学马克思主义则从制度批判和价值批判相结合的角度，追溯生态问题的根源，强调只有实现二者的共同变革，才能找到克服生态危机的现实途径。

西方生态中心主义的"深绿"和现代人类中心论的"浅绿"思潮虽然都放弃了社会制度和生产方式的变革，试图以抽象的价值观变革探索生态问题的解决途径，但他们在如何对待人类中心主义价值观这一问题上，也存在着争论和分歧。具体而言，前者认为人类中心主义是人与自然关系恶化的最终根源，它以技术理性为基础，将自然看作满足人类需要、遵循机械运动规律的被动客体，人与自然的关系不过是以科技为中介的利用和被利用关系，只有以主张"自然价值论"和"自然权利论"的生态中心主义价值观替代人类中心主义价值观，并辅之以限制科技进步的稳态经济模式，才能解决生态危

---

① ［美］约翰·贝拉米·福斯特：《生态危机与资本主义》，耿建新等译，上海译文出版社，2006年，第38页。

机。"浅绿"生态思潮则旗帜鲜明地立足人类中心主义立场,认为人类终究无法在自身利益之外开展实践活动,包括环保意识的生产也是人类为了自身利益思考的结果。但"浅绿"生态思潮也反对近代人类中心主义价值观基于感性需要的"强式"人类中心主义价值观,主张应当反思需要的合理性,满足经过理性思考后的合理的需要,坚持人类保护自然的责任和义务的"开明的人类中心主义"和"弱式"人类中心主义价值观。可见,"深绿"和"浅绿"思潮在通过扭转价值观来解决生态问题方面达成了共识,分歧在于如何看待人类中心主义的问题;而生态学马克思主义则立足历史唯物主义,主张从分析和批判资本主义制度和生产方式入手,探讨生态危机的根源和解决途径。

　　生态学马克思主义认为,生态中心主义"深绿"思潮的缺陷主要在于:其一,反历史主义和唯心主义。将克服生态危机的根本路径诉诸价值观维度,不仅没有看到资本主义制度和生产方式的反生态特质,而且其理论直接从生态科学的整体性规律出发,从事实判断直接推出价值判断,混淆了"是"和"应当"之间的区别,无法保证其理论的严密性和科学性。其二,生态中心论的"反进步主义"倾向意味着自然保护需要以贬损人的价值和尊严,否定技术运用和经济增长为代价,是立足后现代主义的价值立场来思考生态危机问题。生态学马克思主义认为,现代人类中心主义的生态思潮的问题在于,一方面,他们所主张的人类中心主义并不是真正以人类整体利益和长远利益为基础的,而是以资本利益为基础;另一方面,批评他们所追求的技术进步和经济增长并不是为了满足人民群众的需要,而是为了满足资本追逐利润的需要的,其本质是一种与古典经济学相联系,服务于资本追求利润的地区中心主义和阶级中心主义的价值观,而真正的人类中心主义应当是排除了利润导向机制的一种致力于可持续发展的长期的人类中心主义。

　　在此基础上,生态学马克思主义继承和发展了西方马克思主义的技术理性批判和消费主义价值观批判,揭示了资本主义制度和资本物欲至上的价值观支配下的科学技术异化使用的必然性。具体来说,生态马克思主义理论家认为,启蒙理性所标榜的"控制自然"的观念把人的自由看作科学技术控制自然的程度,"几个世纪以来,我们的社会一直把自由视为技术支配自然的结果,是一种社会安排的结果"①。但随着资本主义的兴起,交换价值取代了使用价值成为生产的唯一目的, 科学技术由此沦为资本获取利润的手段,生态学马克思主义论者据此强调,不能脱离生产方式抽象地谈论科学技术的生态效应,既不能视其为环境问题的罪魁祸首,也不能当作解决生态危机的根本途径,而是看到"资本必然非理性地使用技术,最终必然造成人与人、人与自然关系的紧张,展现为人生存的异化和生态危机"②,并指出科学技术进步虽然有助于提高自然资源的利用效率, 但是在资本追求利润动机的支配下,技术进步不过是加快了资本对自然资源的开发,因此"绝没有先验的理由可以保证生态技术将会以生态原则为基础的,——除非各个资本或产业相信那是有利可图的"③。正是借助科学技术进步所带来的巨大的社会物质财富,资本在全社会宣扬服从于资本追求利润和维系政治统治的消费主义价值观与生存方式,既支撑资本主义生产体系的不断扩张,又使人们沉醉于商品占有和消费中体验自由和幸福, 其结局必然是无产阶级政治意识和革命意识的不断弱化, 又使资本主义生产体系的无限扩张和生态系统的有限性的矛盾不断激化,其必然导致人自身、人与人,以及人与自然关系的异化和生态危机。

(三)生态学马克思主义的绿色乌托邦构想

生态学马克思主义政治哲学始终坚持实现社会制度和生态价值观的双重变革,建立遵循生态理性的技术进步与经济增长的生态社会主义社会,既避免了"深绿"思潮以否定生产力发展和贬损人的价值与尊严为代价的后现代主义思路,也克服了"浅绿"思潮服务于资本追求利润的绿色资本主义的理论缺陷,形成了环境正义和实现人与人、人与自然共同协调发展的绿色乌托邦构想。就实现生态社会主义社会的绿色乌托邦的具体生态政治战略而言,他们要求实现生态运动和社会主义运动的有机结合,形成反对资本的统

---

① [美]约翰·贝拉米·福斯特:《生态危机与资本主义》,耿建新等译,上海译文出版社,2006年,第44页。

② 王雨辰:《国外马克思主义生态观研究》,崇文书局,2020年,第72页。

③ [美]詹姆斯·奥康纳:《自然的理由——生态学马克思主义研究》,唐正东等译,南京大学出版社,2003年,第326页。

一战线。生态学马克思主义者认为,社会主义者和生态运动之间相互误解,即社会主义者将生态运动误解为"禁欲主义者",生态运动则将社会主义者误解为有害于生态保护的"生产主义者",这种误解使得他们无法形成反对资本的统一战线,也无法遏制资本为了利润而滥用自然的行为。事实上,社会主义运动和生态运动是互补的关系。社会主义运动能使生态运动认识到资本及其资本的全球化是生态危机的根源,任何地方的生态危机与资本的全球化是密切相关的,不变革资本主义制度及其支配的全球权力关系,地方生态自治不可能获得成功。生态运动又启示社会主义者必须恢复社会主义创始人提出的关于生产目的必须是生产使用价值,实现生产正义,而不是把社会主义引向资产阶级所作的实现分配正义的承诺。基于以上认识,生态学马克思主义提出了他们的生态政治战略。具体来说:

第一,环境主义思潮认为,生态危机的根源在于未能在经济核算中,将人口增长导致的资源消耗计入生产成本,只要改变计量口径并辅之以环保技术的提升便可以克服生态危机。对此,生态学马克思主义者认为,从当前的全球化趋势来看,本质上是资本权力关系的空间布展,作为积累中心的资本主义国家将经济发展的环境代价转嫁至发展中国家,是通过牺牲他国的发展权和环境权换取资本的利益,资本支配的全球权力关系即当前全球环境危机的罪魁祸首。从技术进步和生态问题的关系维度看,生态学马克思主义学者认为,正如我们不能抽象地谈论价值观转变一般,剥离于制度维度的技术讨论无异于隔靴搔痒,"技术运用的后果取决于一定的社会结构及其价值观"[1],资本的利润机制必然导致技术的非理性运用,即要么是作为剩余价值率的提升中介,要么是用以保护资本主义再生产的条件,无法从人与自然辩证统一的互动视角扬弃占有与被占有的异化关系,因为以交换价值为诉求的资本会将技术理性遵循的效率和计算原则无限放大,以至于陷入"控制自然"的极端境地。正如科尔曼所言,资本主义"高度重视牟利及与此相随的效率、物欲、经济增长等价值观,并进而激发技术服务与这些价值观,甚至不惜毁损地球"[2]。

---

①　王雨辰:《生态学马克思主义与生态文明研究》,人民出版社,2015年,第155页。

②　[美]丹尼尔·A.科尔曼:《生态政治——建设一个绿色社会》,梅俊杰译,上海译文出版社,2002年,第32页。

　　第二,就生态主义思潮主张的生态中心主义和生态自治主义来说,生态学马克思主义学者批评前者拘泥于抽象价值观变革,试图通过"自然价值论"和"自然权利论"之于人类中心主义的替换来解决生态问题,没有看到任何一种价值观都是由生产方式决定的,任何外在于资本主义生产关系的伦理反思或价值批判终将陷入抽象的话语革命。生态自治主义则将问题的根源归结为随现代性发育的支配意识和等级秩序。众所周知,文艺复兴和宗教改革之于主体性的唤醒,同时也提升了人类之于改造自然的迷恋。而经验论者培根针对宗教和科学的效应界定使人类笃信"宗教负责恢复人类的道德清白,科学负责恢复人类对万物的统治权"①,不仅强化操作主义的实用态度,也进一步剥离了工具和价值理性,资本现代性的兴起更是直接将上述支配自然的理念内化为意识形态的内在组成部分,以交换价值为导向的进步强制导致资本和能源密集型企业持续扩张,加之资本在社会层面宣扬的消费主义价值观强化了符号性的占有快感,加剧了人与自然关系的紧张程度。显然,生态自治主义看到了资本及其消费主义生存方式必然导致的生态灾难,但局限于地方性的自治主义并辅之个体化的日常生活革命终究忽视了资本全球化及其国际分工的弊端。但正如奥康纳所言,"生态问题……在地方性的层面上是不可能得到解决的"②,只有将地方性的反抗行为纳入宏观叙事,才能从总体上破除资本的异化逻辑。

　　第三,生态学马克思主义在批判并借鉴了环境主义、生态中心主义和生态自治主义的基础上,阐发了以扬弃资本逻辑为核心的生态政治哲学。在其看来,生态问题的解决需以历史唯物主义为指导,不能脱离制度维度抽象地谈论价值观或技术变革的作用,因为人与自然关系的失衡不仅是物质变换过程的断裂,更是主体间交往关系的异化,而主张增殖逻辑和利润诉求的资本现代性正是上述问题的制度根源。例如福斯特就曾指出:"忽视阶级和其他社会公正而独立展开的生态运动,充其量也只能是成功地转移环境问

---

① 王雨辰:《生态学马克思主义与生态文明研究》,人民出版社,2015 年,第 155 页。
② 〔美〕詹姆斯·奥康纳:《自然的理由——生态学马克思主义研究》,唐正东等译,南京大学出版社,2003 年,第 433 页。

题……进一步加强了全球资本主义的主要权力关系。"[①]可见,生态问题的真正解决有赖于社会权力关系和生产关系维度的批判性反思,而这正是西方绿色思潮所缺乏的维度,这就决定了只有实现有组织的工人运动同激进环保运动的有机结合,克服环保主义者单纯将生态危机视为人与自然关系异化的狭隘认识,在坚持从生产方式、社会制度和阶级运动的立场展开分析的同时,将地方性的反抗行为泛化于广义的地理尺度,才能在根本上解决生态问题。生态学马克思主义者据此将生态社会主义看作人与自然的双重解放的社会形态,其特点是生产方式和社会制度的双重变革。一方面,改变以资本的交换价值为导向的生产模式,代之以"分散化"和"非官僚化"的技术使用策略,不仅崇尚小规模的生态技术,也注重提升劳动过程的民主化程度或者说工人阶级之于生产过程的参与度,使劳动真正成为主体外化感性本质的自我实现过程,从而在根本上扬弃异化消费的影响与制约。另一方面,主张以可持续发展为内容,强调以人与自然和谐共生的消费伦理和环境道德观,取代控制自然的非理性主义价值观,引导人们意识到主体需要的满足源于创造性的生产活动而非符号性的占有过程,通过理顺商品、需要和幸福的关系,克服"劳动–闲暇"二元论的制约。

生态学马克思主义的政治哲学对于资本主义生产方式的反生态本性的揭示,以及试图将区域性的环境保护运动引申至全球层面,通过由生态主义者和工人阶级形成的行动者联盟推动社会革命的策略,体现了马克思主义的历史分析法和阶级分析法,体现了他们理论的历史唯物主义底色。生态学马克思主义在展开技术理性批判的过程中,既没有陷入抽象的价值观说教,也避免了一种贬损生产力进步的穷乡僻壤的生存方式。它一方面旗帜鲜明地为人类中心主义立场展开辩护,只不过主体已经由资本所有者转变为人类整体利益,并特别关注贫困人口的基本生活保障;另一方面反对技术的资本主义运用,批判了借环境保护之名维系资本主义在生产条件和在社会层面推行消费主义意识形态的做法,主张基于个体真实需要而非虚假欲求的绿色生活方式。但作为西方马克思主义的有机组成部分,生态学马克思主义也不免在关键层面沾染前者的悲观情绪。例如,在实现环保运动和有组织的

---

① ［美］约翰·贝拉米·福斯特:《生态危机与资本主义》,耿建新等译,上海译文出版社,2006 年,第 97 页。

工人运动的结合层面,就无法给出具有可操作性的实践路径,导致生态学马克思主义的政治哲学在最好的意义上, 也只是一种秉承良好生态愿景的绿色乌托邦理论。

五、正义与平等:分析学马克思主义的政治哲学诉求

以柯亨、埃尔斯特和罗默等学者为代表的分析学马克思主义强调,应将分析哲学的方法论运用于对马克思主义的问题域、研究方法和解放规划的研究中。具体到政治哲学论域中,分析学马克思主义一方面承认科学社会主义的合理性,但同时也试图以反对元理论、基础主义和整体主义的现代哲学视为方式予以改造,[①]以适应当代日益复杂化的西方社会。值得指出的是,分析学马克思主义的政治哲学建构依旧遵循着唯物史观的基本建制。正如罗默所言:"为什么这类工作能够称作是马克思主义的呢? 我不能确定他应该是怎么样的;但是'分析的马克思主义'这个标记至少告诉我们,他的某些基本的洞见都是来自马克思。"[②]正义和平等是其政治哲学的核心论题。

(一)对社会主义的"道德辩护"

面对当代西方自由主义政治哲学的兴起及其对资本主义制度的吹捧,分析学马克思主义理论家, 特别是柯亨从政治哲学视角直面回应了其对历史唯物主义的诘难,并通过对罗尔斯和诺齐克的新自由主义的批评而展开对社会主义的道德辩护,形成了柯亨的以正义和平等为主题的政治哲学。

柯亨一方面肯定了马克思主义蕴含关于自由、平等问题的讨论,另一方面也承认唯物史观较少对上述规范性问题展开专门的论述。因此,柯亨试图通过澄清"平等的必要条件到底是什么,有生产能力和有才能的人到底对相对来说没有生产能力的人、残疾人或有特殊需要的人负有什么样的义务"[③],为社会主义展开道德辩护。首先,柯亨认为诺齐克将"持有正义"归

---

① See John Roemer, *Analytical Marxism*, Cambridge University Press, 1986, p.2.

② John Roemer, *Foundation of Analytical Marxism*, Cambridge University Press, 1994, p.2.

③ [英]G.A.柯亨:《自我所有、自由和平等》,李朝辉译,东方出版社,2008 年,第 164 页。

结为"无论什么，只要它是从公正的状态下以公正的步骤产生的，它本身就是公正的"①，实际上是将洛克的"自我所有原则"用以论证资本主义的道德合理性。柯亨指出，诺齐克在论述上述问题的过程中，弱化了洛克对无主物占有时的条件论述，使工人们相信"在与原始自然状态下运用劳动力所能收获的东西相比，他们出卖劳动力所得到的东西已经够多了"②。由此一来，似乎资本家支付给工人的工资即劳动力的全部价值，但实际上它只是劳动力本身的价值，增殖部分被资本家无偿获取了，工资的幻象形式遮蔽了资本的剥削本质，而诺齐克恰恰没有看到这一点。其次，对于"公正的过程产生公正的结果"的论断，柯亨揭示了其中的循环论证。具体来说，诺齐克并没有具体阐述权利的具体内容，而只是强调权利的赋予能够保障主体的自由，这显然是在用权利论证自由的同时，又用自由论证权利，关于权利内涵的揭示却被自由就是一个人采取他有权利采取的行动而没有受到阻挠这样的简单论断所掩盖，这种缺乏内容属性的循环论证模式当然不能确保所谓正义原则的有效性。最后，柯亨认为诺齐克反对为缩小平等的强制性再分配的指认存在矛盾，即使回到其理论出发点"自我所有原则"，也无法得出自由与平等不相容的结论，更何况作为理论出发点的"自我所有原则"本身若无其他权利保证也不会有实际意义。

　　柯亨对罗尔斯的批评则集中于"差别原则"及其适用等方面。罗尔斯认为，不仅每个人的自由和平等的权利不应被剥夺，社会经济利益分配中还应遵循最大限度地照顾处境最不利者的分配原则。但柯亨认为，不仅那些高薪酬和高地位的人完全可能来源于幸运等偶然因素，而且就如何保证以利益为诉求的市场主体能够按照正义原则行事而言，仍旧是罗尔斯需面对的挑战。此外，虽然罗尔斯在论述"基本结构"时引入了对惯例、习俗等非强制性制度的探讨，但其理论的着眼点仍旧是与立法体系相一致的强制性制度，也就是说，"差别原则"强调对制度的选择而非主体日常行为的影响，因为后者与非强制性的惯例、习俗的关系更为密切。实际上，柯亨并不反对罗尔斯对公正社会中"正义规则"的强调，他所要指出的是一种"超越正义规则"的崇

---

　　① ［美］罗伯特·诺齐克：《无政府、国家与乌托邦》，姚大志译，中国社会科学出版社，2008 年，第 157 页。

　　② 同上，第 100 页。

尚正义的社会风尚。

柯亨指出,社会主义的平等主义是"社会主义的机会平等",它与资本主义的平等主义的最大区别在于,前者力图消除由于社会地位、观念等非先赋性因素对于机会平等的限制,而后者则致力于消除那些并非人们自由选择的不利于机会平等实现的障碍。①该理论规划的真正实现不仅要废除资本主义私有制,还需情感和动机的革命,即通过奉献精神与互利互惠意识的培育以实现理想的社会状态。值得注意的是,柯亨所倡导的并非传统意义上的社会主义,而是市场社会主义,即一方面要充分利用市场社会主义的全面市场信息,以确保社会生产的效率;另一方面则崇尚互惠意识与奉献精神,从根本上破除市场竞争的不平等后果,使社会主义不仅作为可欲的对象,更成为可行的目标。

(二)"重构"马克思主义的阶级理论

革命的主体问题是西方马克思主义的关注核心。早期卢卡奇强调的阶级意识到葛兰西的文化领导权均试图通过凝聚总体性的阶级力量推动反对资本主义的斗争。法兰克福学派揭示了发达资本主义国家的意识形态对人的总体控制和个人日益为社会总体支配的同时,把理论重点转向如何形成个人自主意识和独立人格,以形成具有批判意识和否定意识的革命主体。阿尔都塞则批判了"人道主义"的马克思主义,通过对意识形态实现政治统治的具体机制的揭示,强调文化意识形态斗争对于西方革命的重要性。分析学马克思主义学者则通过分析当代西方社会阶级结构和阶级意识的变化,来探寻西方革命应当采取的策略。为此,分析学马克思主义从三个维度,来重构马克思主义的阶级理论。具体而言:柯亨是从重新规定阶级结构的维度,来重构马克思主义的阶级理论;罗默是从反思剥削理论的维度,来重构马克思主义的阶级理论;赖特则是从西方阶级结构变化的维度,提出了"中间阶级"概念来重构马克思主义的阶级理论。

柯亨在《自我所有、自由和平等》中指出,虽然自由、平等和民主这些价

---

① 参见[英]G.A.柯亨:《为什么不要社会主义?》,段忠桥译,人民出版社,2011年,第255页。

值观也是马克思主义信仰的内在组成部分，但是马克思却并未对诸如公平和正义这样的规范性命题作出系统的论述，这与历史唯物主义秉持的三个观点存在着密切的联系：第一，经济上不平等产生的原因在于物质财富的匮乏，随着生产力的发展和人类驾驭自然能力的增强，社会物质财富的极大增加，经济平等的实现是历史发展的必然。第二，工人阶级处于不平等和社会低端的地位不仅使他们都会赞成平等，而且随着工人阶级和工人运动力量的壮大，最终会变革不平等的社会，从而实现平等。既然平等的到来既是受欢迎的，也是必然会到来的，因此就没有必要浪费时间去研究平等为什么在道德上是正确的问题。第三，历史唯物主义虽然关注平等、正义等规范性命题，社会主义运动当然也与上述规范性原则存在联系，但是由于历史唯物主义把一切价值观都看作随着经济和社会变迁而不断发生变化的，因此马克思主义传统较少地从哲学上研究和论证规范性命题。柯亨指出，自由资本主义时期的被剥削阶级不能直接等同于当下资本主义社会中的贫困人口，对于阶级的内涵和外延均需要重新定义。但目前来看已经没有任何范畴或群体能够同时满足上述条件，因为随着资本的福利和薪酬待遇提升，典型意义上的贫困人口已经显著降低，即便是诸如女性、少数族裔和失业者所代表的那些社会弱势群体也并不具有革命的能动性。柯亨进一步指出，阶级的定位"只能由他在所有制关系网之中的客观地位来确立"①，而当下的主要问题是在经济关系中纳入了文化意识形态或政治因素，加之资本主义的自我调整，导致左翼激进政治的持续衰落。柯亨据此消极地认为，已经无法组织反抗资本主义的阶级力量，只有通过道德方面展开辩护才能引发激进的革命可能性。

　　罗默延续了柯亨的道德批判路径，认为马克思的政治经济学揭示了资本主义生产方式的非正义性，但对于非正义性的呈现范围和深度都尚待加强。罗默的做法是抛开马克思的劳动价值论，通过引入西方经济学重构马克思的剥削理论，以达到回应当前资本主义阶级结构变迁的目的。具体来看，罗默一方面肯定了剥削理论之于阶级划分的关键意义，认为剥削理论正是马克思通过斯密的劳动价值论进入剩余价值论的枢纽；另一方面也认为"马

---

　　① ［英］G.A.柯亨：《卡尔·马克思的历史理论——一种辩护》，段忠桥译，高等教育出版社，2008年，第92页。

克思主义的一些关联的理论模型,例如剩余价值论等,是需要改进的"①。他据此得出了"阶级-财富对应原理"和"阶级-剥削对应原理",目的是将资本主义社会的阶级结构与初始资产占有的多寡、财富分配状况以及是否处于被雇用地位相互关联,阶级构成由此被进一步泛化为资产阶级、小资产阶级、独立手工业者、半无产阶级和无产阶级。无产阶级的受剥削程度主要由其获取社会财富所需要的劳动时间衡量,而处于模糊地带的"中间阶级"是否处于被压迫地位及其程度则需要细致考察。如果说罗默的解读只是大致勾勒出当代资本主义的阶级状况的话,美国学者赖特则在其《阶级》一书中,通过微观阶级分析法的运用,澄清了罗默谓之阶级划分的"模糊地带",系统阐释了其"中间阶级理论"。在他看来,马克思对于资产阶级和无产阶级的划分实际上是受近代二元论哲学影响的结果,不仅缺乏微观的研究视域,也难以说明当前资本主义复杂的社会关系。例如,赖特就指出特定社会中的阶级构成要纳入蕴含复杂剥削关系的复合视域中予以审视,因为可能会存在类似专业管理人员和技术工种那样同时拥有剥削和被剥削地位的阶级,这些人可能在政治立场上具有摇摆性,既能作为革命者同盟,也可沦为剥削阶级的附庸。赖特据此认为,推翻资本主义生产方式的主体可能不只限于工人阶级,"中间阶级"以其日益重要的社会地位和政治角色甚至会对革命走势产生决定性影响。

分析学马克思主义学者试图通过微观视域的介入泛化既有的阶级理论,虽然他们在追踪资本的逻辑变迁,特别是新型财产关系的形成层面具有前沿性,但是也显示出分析学马克思主义政治哲学对于在西方开展激进的阶级斗争和暴力革命的悲观色彩。

(三)"市场社会主义"的理想追求

分析学马克思主义虽然引入了分析哲学的研究范式,并重构了马克思关于阶级和剥削的经典理论,但其在理论结局层面依然坚持资本批判的唯物史观立场。例如,柯亨等学者针对政治哲学的讨论,实际上是意图以分庭

---

① John Roemer,*Free to Lose-An Introduction to Marxism Economic Philosophy*,Harvard University Press,1988,p2.

抗礼的方式匹配以罗尔斯为代表的新自由主义的平等理论，其最终目的是要从规范性视角出发,论证社会主义之于资本主义的道德优越性,筹划一条"包括对当代资本主义的弊端和不公正做出解释,并设计出一套能消除这些缺陷的可行的社会主义社会的理论蓝图"①。在继承和深化了西方马克思主义激进的政治哲学传统的同时,也彰显了自身学院派的理论特色。

　　柯亨曾明确指出制定推翻资本主义统治具体策略涉及的首要问题,即"我们想要什么,甚至更具体点就是,我们所追求的是什么形式的社会主义社会?"②对此,罗默在其《社会主义的未来》一书中认为,需要从长期和短期两个维度展开讨论,长期目标应当是以平等为核心价值旨趣的社会主义社会,短期目标则是建构"市场社会主义社会"。柯亨同样在《为什么不要社会主义?》一书中指出,市场社会主义既是针对资本主义替代性想象的"可欲"的目标,也是"可行"的现实方案,因为以增殖机制为原则的资本主义从根本上排除了平等的可能性,反对资本主义的革命应当具有经济结构的革命和情感动机革命的双重视域,而只有在市场社会主义社会中,才能既克服由于计划经济的信息不对称导致的资源配置失衡,也能够经由市场意识的置入而培育关注平等、互惠和奉献的社会风尚。由此来看,市场社会主义一方面要求发挥市场在优化资源配置和提升经济运行效率中的关键意义,同时也要以生产资料公有制确保消除因生产资料的私人占有而造成的生产和分配环节中存在的道德失范。在确切的意义上,市场社会主义是一种强调公有制经济和市场相结合的新型社会主义策略。罗默则进一步提出了"证券市场社会主义",即在将社会财富细分为"现金货币"和"证券货币"的基础上,通过财产的证券化避免资本主义生产过程中的劳资纠纷并确保财产公有,例如规定国有企业必须采取股份制形式,成年公民可以按比例领取股权并计息,政府只负责有重大意义的投资项目,鼓励个人创办企业等。可见,市场社会主义被分析学马克思主义学者认为是兼具公平、效率和可行性的社会组织形式。

　　在论证市场社会主义之于资本主义的优越性及其可行性的过程中,分

---

　　①　张一兵主编:《当代国外马克思主义哲学思潮》(中卷),江苏人民出版社,2012年,第208页。
　　②　[英]G.A.柯亨:《信奉而不恭维:对分析的马克思主义的反思》,段忠桥译,《马克思主义研究》,1996年第1期。

析学马克思主义主要从"机会平等"和"协商民主"两个层面展开论述。在他们看来,基于社会主义发展史考察,不论是空想社会主义主张的基于个体道德觉悟的抽象平等,还是当代西方激进左翼倡导的福利主义制度,实际上均未剥离资产阶级的意识形态陷阱,即致力于消除由先天禀赋或社会造成的地位悬殊或观念差异对机会平等的限制,分析学马克思主义主张的机会平等则是基于爱好的选择的差异,而非人们自由选择的不利于机会平等实现的障碍。显然,市场社会主义的机会平等致力于营造平等的竞争环境,主体无须考虑出身和家庭等先赋性因素的影响,只需要将关注点置于总体地把握自身的社会关系本质即可。此外,分析学马克思主义认为,通过否定"自我所有"原则而引申的资本批判理论最终尚需落实于民主层面,"一套更加完善的民主理论方案对于社会主义的辩护事业而言将不可或缺"①。据此,柯亨和埃尔斯特等学者认为,资本主义代议制民主虽然能够保证体现最大多数人的选举意志,但是贬损了作为政党基础的阶级的重要性,同时与选民的渐行渐远也背离了意志体现的初衷,而"协商民主"则既能够保证社会各阶层主体特别是穷人不受经济状况制约地行使政治权力,也有利于培育主体的公共精神并提升政治参与的理性程度,从而推动市场社会主义的最终实现。

　　从分析学马克思主义的政治哲学理论中可以看出,虽然其在一定程度上偏离了马克思和恩格斯的设想,但结合具体的历史语境,依旧能看到其理论的合理之处。分析学马克思主义兴起于 20 世纪 80 年代,彼时正是西方社会主义运动陷入低潮的时期,解构主义思潮的泛滥凸显了"话语革命"和"身份政治"的激进内涵,柯亨等学者坚持以阶级政治为基础的社会主义理想,通过政治哲学的系统研究,一方面搭建了唯物史观与当代西方自由主义思潮的对话平台,"弥补经典历史唯物主义在理论上的不足,从而实现历史唯物主义同现实生活的真正关联"②;另一方面也拓宽了马克思主义的问题域,有利于推进历史唯物主义与生活世界的衔接,并回应诸如现代性社会的信仰危机、生态问题和科学技术异化等问题,有效提升了马克思主义的解释力与批判力,对于提升当代马克思主义理论建设有重要的理论意义。

---

① 张一兵主编:《当代国外马克思主义哲学思潮》(中卷),江苏人民出版社,2012 年,第 211 页。
② 王雨辰:《论柯亨对社会主义的平等主义的辩护》,《哲学研究》,2012 年第 1 期。

六、女性主义马克思主义的政治哲学

女性主义问题长期存在于人类历史演进过程中，然而到了19世纪前后才获得了较为普遍的理论关注，他们通过与当时流行的社会激进思潮相结合，形成了多元复杂的理论图景。女性主义马克思主义借鉴了历史唯物主义关于家庭问题上的主要观点，主张女性受压迫的根源主要在于资本主义生产方式，以及由男性主导的私有财产制度。他们吸收了西方马克思主义的批判精神，从阶级分析法、异化理论和劳动价值论等层面介入女性的社会地位分析，将女性解放视为无产阶级革命成功的重要标志，形成了以消除性别分工和性别意识形态为核心内容的反对资本主义的政治哲学理论。

（一）"父权制"与"私有制"的融合叙事

女性主义马克思主义旗帜鲜明地将女性受剥削和压迫的根源指向资本主义生产方式。他们立足女性在当代资本主义的社会地位，对于资本主义社会中的女性受压迫地位和原因展开了深入的讨论，成为在当代具有重要影响的一支重要政治力量。女性主义马克思主义对于女性受压迫的原因主要有两种观点：一是以凯特·米利特为代表的激进的女性主义，其主要将父权制看作女性受压迫的根源；二是以米切尔和哈特曼为代表的女性主义马克思主义将父权制和资本主义私有制相结合的观点。

父权制是19世纪的西方社会学理论家对于社会制度反思的结果，它的主旨是将家庭作为社会结构的基本要素，而父亲则体现了对于其他家庭成员的支配和统治力，其他家庭成员需依赖于男性的权威地位。20世纪60年代的激进的女性主义者借用上述观点并将问题的讨论引向纵深。例如米利特认为，父权制的本质是男性用以支配女性的社会制度体系，其核心是以依赖和顺从心理为核心的威权政治结构，它"比任何形式的种族隔离更坚固，比阶级的堡垒更严酷、更普遍、更持久"①。然而父权制的形成并没有任何科

① ［美］凯特·米利特：《性的政治》，钟良明译，社会科学文献出版社，1999年，第38页。

学的生物学基础和形而上学根据,它完全是先验的意识形态结构,将男性的体力优势等同于地位优越,并在长期的社会演进过程中内化为两性心理结构的一部分,从而形成父权制的社会意识形态。

以米切尔和哈特曼为代表的女性主义马克思主义者则认为,父权制和私有制共同压抑了女性的社会地位。在米切尔看来,应当从家庭内部和社会两个层面展开分析,作为意识形态和心理结构的父权制主要体现在家庭当中,而基于商品交换关系形成的资本主义社会则主要靠私有制维系,家庭主要通过负责劳动力的生产来支持资本主义社会再生产的顺利进行。哈特曼则认为,女性的社会地位是基于以性别为标准的社会分工体系形成的,其在根本上是源于资本主义的生产方式。但不同于米切尔的解读,她认为父权制尚未被资本主义的意识形态所统一,它本身即拥有了现代主义的统治外观。二者的相互结合既维护了资本主义的统治地位,也同时巩固了男性的强势地位。女权主义马克思主义另一位代表人物爱丽丝·杨则认为,上述理论实际上是一种二元论思维,即父权制和私有制互为外在性阐释,它并不能够通过马克思主义理论的引入而改善女性处境。在她看来,资本主义并不像二元论阐释的那样,先在地规定了男性的优势地位,而是通过将性别作为分工尺度融入资本主义生产方式之中,使得对女性的压迫成为资本主义发展的逻辑必然。

从上述理论可以看出,父权制和私有制的融合讨论主要是通过马克思的阶级分析、异化理论和劳动价值论实现的。马克思以生产资料的占有与否为标志,区分出了资产阶级和无产阶级,二者的矛盾和冲突关系构成了资本主义社会的主要社会关系,而女性是无产阶级的重要组成部分,女性的解放就是无产阶级解放的重要标志。此外,女性主义马克思主义者认为,资本主义的社会分工带来了女性地位的异化,且异化机制之于女性的作用更为深刻,不仅有源于雇佣劳动的剥削,也有来自父权制以及作为结果的家务劳动的压迫。显然,女性主义马克思主义者试图将家庭范围内的劳动纳入马克思的剩余价值学说,主张将没有被交换因而不具有价值的家务劳动纳入劳动力市场且商品化,从而实现政治经济学批判和父权制批判的有效衔接。

（二）家务劳动异化与意识形态禁锢

　　针对女性社会地位日益边缘化的问题，女性主义马克思主义学者主要从家务劳动异化和意识形态禁锢两个角度展开论述。从家务劳动异化的维度看，女性主义马克思主义强调女性的异化主要体现在雇佣劳动和性别分工两方面，因为女性除了要参与社会性劳动之外，还在家庭内部从事家务劳动，虽然后者专注于私人领域，但其重复性和琐碎性特征同样会对女性的心理乃至生理形成异化效应。例如贾格尔就认为，在资本的支配下，"女性在社会中被异化成三种形象：性伴侣、母亲和妻子"[①]，失去了总体把握社会关系本质的解放可能性。米切尔则进一步从"身体异化"的视角指出女性的弱势地位来自她无法在生物学的意义上获得完整的身体自主权，而来自社会和家庭的异化力量放大了上述影响，导致女性沦为生育工具。在米切尔看来，"只要剩余仍是一种自然现象，妇女就注定要成为社会剥削的对象"[②]。与此同时，贾格尔从"性异化"的视角深化了上述批判，在她看来，"性伴侣"概念的形成实际上意味着女性自身的异化，一方面，男性对性活动的习惯性主导导致女性往往依据男性的需求形塑自身，一切活动的目的都是为了男性的青睐而非出自真实的意愿，导致了女性的人格与身体相互分裂；另一方面，就像工人阶级会为工资提升而形成竞争一样，女性之间也会为了获得男性的瞩目而形成竞争，从而在根本上消解了基于共同利益的团结可能。不可否认，上述学者的论述进一步揭示了资本异化的总体性特征，不同于法兰克福学派等西方马克思主义者关注社会层面的异化力量，女性主义马克思主义揭示了隐蔽于家庭内部，且具有非货币性关系的家务劳动的异化效应，即男性在身体、情感和经济上获得满足感是以女性地位的弱化甚至身心分裂为代价的，她们不仅被公共领域的领导角色所排斥，也受到来自私人领域的剥削。正如多诺万所言，女性所从事的工作"把人分散在各个组成部分中，让她

---

　　① ［美］阿莉森·贾格尔：《女权主义政治与人的本质》，高等教育出版社，2009年，第454页。
　　② 李银河主编：《妇女：最漫长的革命——当代西方女性主义理论精选》，中国妇女出版社，2007年，第20页。

们从事重复性的、缺乏技术的劳动"①。据此,以一种非异化的新型劳动模式取代现有模式成为女性主义马克思主义者的核心议题。

从意识形态禁锢的维度来说,女性主义马克思主义者承袭了西方马克思主义的文化和意识形态批判,特别注重运用阿尔都塞的视角,将两性关系解读为渗透着资本要素的权力运作机制。具体来说,他们将家庭视为意识形态国家机器的表征形态,强调作为私人领域的家庭空间已经被公共领域的权力关系笼罩,它在持续强化女性被统治地位的同时,推动资本主义统治秩序的再生产。此外,阿尔都塞对弗洛伊德和拉康的借鉴也启发了米切尔等学者,在其看来,男尊女卑的社会结构根植于主体的无意识层面,除非在社会心理层面消除阳具象征的支配意识,否则两性始终无法处于平等的地位。女性主义马克思主义者进一步指出,当代资本主义社会的性别意识形态主要通过划分"男性气质"和"女性气质"来表征自身,正如巴雷特在《今日妇女所受的压迫》中指出的那样,资本主义惯常以意识形态来解释性剥削和阶级压迫,所谓两性气质的说法不过是资本试图掩盖性别歧视的说辞而已。由此一来,女性主义马克思主义者关注革命的主体向度,主张从文化和意识形态的视角出发,识别在语言、教育、大众传媒和法律制度中体现的父权制因素,进而结合资本主义生产方式展开总体批判。例如,相关学者发起了旨在唤醒女性反叛意识和革命行为的"提高觉悟"运动,试图通过苦难倾诉和经验分享形成意识形态共识,进而将个体反叛行为泛化于社会层面。显然,将女性受压迫的根源归结为社会制度和生产方式,体现了女性主义马克思主义的激进面向,但如何将众多不妥协的女性主体凝结为阶级力量,依旧是其无法解决的问题。

(三)两性平权与解放的微观叙事

女权主义马克思主义不仅从解构父权制和资本批判的融合视域揭示了女性弱势地位的制度和文化根源,也给出了针对性的解放策略,构成了当代激进左翼阵营的重要力量。大体而言,学者们试图通过推翻资本主义生产方

---

① [美]约瑟芬·多诺万:《女权主义的知识分子传统》,赵育春译,江苏人民出版社,2003年,第123页。

式、消除性别分工和性别意识形态三重路径，推动以两性平权为目标的社会革命运动。

首先，女性主义马克思主义不同于其他激进女权主义的关键之处在于用马克思主义的阶级分析法和历史分析法来审视女性受压迫问题，将两性平权的社会目标纳入生产方式批判和社会制度批判的视域，体现了历史本质主义的立场和方法。具体来说，阶级剥削和女性受压迫具有同质性，但女权主义马克思主义并没有将二者简单等同，她们只是借鉴了历史唯物主义的研究方法，认为"父权制和资本主义实际上是一体的"①，而没有像其他女权主义思潮那样，要么拘泥于历史的现象学诊断以至于陷入话语革命的意识形态窠臼，要么由于非此即彼的斗争策略而背离两性平权的革命初衷。在女权主义马克思主义者看来，只有在看到女性和阶级的同一性和差异性的基础上，通过唤醒女性的主体意识和制定生活化革命策略，才能实现两性平权的革命目标。

其次，女性主义马克思主义者通过从作为私人领域的家庭入手，认为女性解放有赖于家务劳动的社会化。在她们看来，现代性的家庭结构渗透着男性至上的思维模式，主要表现为女性从事的家务劳动由于不能直接形成剩余价值，而无法获得相应的收入。因此，提升女性社会地位的首要条件即让女性重新回归公共生活领域，但资本主义机器大工业却通过巧妙的制度设计排除了上述可能，这就必然引发类似"二律背反"的角色定位。因此，只有扬弃基于性别分工的资本主义生产逻辑，才能赋予女性以全面发展的可能。但在策略制定过程中，她们却将性关系以及心理、生理关系和唯物史观强调的经济关系等同视之，从而泛化并降格了马克思主义的解释力和批判力。显然，女性主义马克思主义的革命策略带有明显的后现代倾向，这也是西方马克思主义自阿多诺提出"否定辩证法"后的共同旨趣，如果说将原本作为阶级构成因素的"女性"提升为"并列"关系已经是"降格"了阶级叙事的话，那么对于两性关系的过分诉诸则更为明确地表征其政治哲学的乌托邦特质。

最后，文化和意识形态批判构成了西方马克思主义政治哲学的重要维度，女性主义马克思主义也同样认为性别意识形态对于女性受压迫地位的

---

① 张一兵主编：《当代国外马克思主义哲学思潮》（下卷），江苏人民出版社，2012年，第602页。

形成起重要作用,只有从增强女性的主体意识层面入手,消除男性主导的意识形态建构,才能从根本上推进两性平权运动。在相关论者看来,自从母系制度终结伊始,父权制意识形态便通过与权力关系的深度绑定而渗透于社会的深层次结构,其对于男性利益的确证和保护不仅滋生了虚假的性别意识,也强化了女性的弱势地位。从作用机制来看,性别意识形态具有虚假特性,其根源在于父权制的虚假性,即通过思想层面的歪曲反映,掩盖了两性在物质生活中的不平等的现实,正如拜物教所描述的人和物的颠倒关系那样,性别意识形态代表了理论和现实的颠倒,不仅粉饰了两性对立的窘境,也通过传媒、技术和分工等将其内化为普遍的社会规则,固化了当下的两性结构。因此,必须将以消除性别意识形态为内容的心理革命作为扬弃性别分工和私有制的先导,才能将女性解放和社会主义革命关联起来。但正如贝尔·胡克斯所言:"它没有帮助妇女理解资本主义——它是如何作为一个剥削女性劳动的制度来运作的以及它与压迫性的相互联系……最重要的是它没有不断地促使妇女们去理解,只有投入到革命中、建立新的社会秩序,旨在结束性压迫的女权运动才能成功。"①尽管女性主义马克思主义者看到了私有制和父权制的同构性关系,但试图以边缘群体的反叛意识取代无产阶级革命能动性的策略,已经预示了其两性平权的解放目标不过是虚幻的政治愿景。

七、西方马克思主义政治哲学的总体评价

对政治哲学的讨论构成了西方马克思主义研究的重要内容,其涉及内容之广泛甚至涵盖了传统西方政治哲学的全部内容,例如国家理论、阶级和阶级斗争理论、意识形态理论和解放政治等。如果说探索适合西方社会的社会主义革命道路是西方马克思主义哲学共同的理论结局的话,寻找凝聚阶级力量的具体路径则是贯穿始终的问题逻辑。西方马克思主义学者坚持路径探索的本土逻辑,从文化和意识形态批判视角出发,形成了阶级意识理论、文化领导权理论、意识形态国家机器理论和"星丛"政治学等革命理论,

① [美]贝尔·胡克斯:《女权主义理论:从边缘到中心》,晓征等译,江苏人民出版社,2001年,第84页。

在很大程度上丰富了当前左翼理论界的思想内涵。从思想史层面看,我们可以将他们划分为两个类型:一是以卢卡奇、葛兰西、阿尔都塞和广义西方马克思主义学者为代表, 他们试图从阶级叙事的立场探索反对资本主义的革命方略;二是以法兰克福学派为代表的理论家,他们试图在全景式勾勒当代资本主义社会的总体异化图景的基础上,寻求个体的自由解放,该思路被阿多诺的《否定的辩证法》直接表达为阶级叙事的不可能性,遂肇始了后马克思主义的理论开端。虽然二者的具体观点略有不同,但都以唯物史观为理论底蕴,将资本主义生产方式的扬弃视为实践解放政治的根本遵循,体现了其激进的政治旨趣。据此,我们就不能仅仅因其对马克思和恩格斯经典论述的"微词"而一概否定之,而是应当结合历史条件的变迁予以公允评判。实际上,不同于马克思和恩格斯所处的自由资本主义时代,西方马克思主义者面对的发达资本主义(或后工业社会)已经将维系生产关系的手段转向文化意识形态领域,对于主体内心向度的异化和操控多于对身体的支配,这就必然导致革命意志的钝化,革命主体的向度的重要性被凸显出来。这就意味着西方马克思主义政治哲学实际上对于资本统治方式变迁的理论折射, 它不仅主张破除资本主义的国家机器, 同时也强调上层建筑特别是文化领导权的重要性,体现了在苏联式的革命道路之外,结合西方社会的具体历史语境独立探索社会主义策略的理论勇气和实践精神。

　　虽然西方马克思主义政治哲学对于革命主体向度的强调对于对抗第二国际决定论式的马克思主义, 以及探索西方语境中的解放政治实践层面有积极意义,但其对于唯物史观的误读却更值得警惕。例如,卢卡奇在架构技术理性批判的过程中, 错误地拓宽了物化原则的反思论域。正如马克思所言:"资本不是一种物,而是一种以物为中介的人和人之间的社会关系。"①然而卢卡奇却将马克思之于资本主义生产关系的批判推进到生产力层面,似乎在逻辑深度上有所增益,但实际上却带来了深层次的困境,即面对资本的总体异化,解放性的社会期许应当置身何处?虽然卢卡奇试图通过对阶级意识的强调化解危机,但对黑格尔哲学的过分倚重以及政治经济学批判的选择性忽视已经预示了悲观情绪的滋生, 如果说卢卡奇的路径是通过阶级叙

---

① 《马克思恩格斯文集》(第五卷),人民出版社,2009 年,第 877~878 页。

事的形而上学化来挽救革命可能性的话，那么法兰克福学派政治哲学的两重面向表述得更为彻底，一是以马尔库塞为代表的审美化倾向，即试图以无意识的激发或新感性的培育换取激进的救赎，凸显了弗洛伊德心理学的方法论原则。二是阿多诺的否定的辩证法引申的"星丛政治学"。在他看来，既然阶级力量的凝聚已经成为"不可能"事件，那么就干脆在碎片化的状态本身中汲取激进的可能。由此一来，革命路径的探索开始让位于反叛势力的挖掘，诸如女权、生态、少数族裔等都被寄予革命的期许。作为结果，拉克劳和墨菲的"话语政治"应运而生，西方马克思主义政治哲学也在众声喧哗的裹挟中，遁入后马克思主义的差异立场和微观叙事。

第八章　西方马克思主义的理论效应与实践效应

　　西方马克思主义的理论效应和实践效应是西方马克思主义学术史研究的重要内容。西方马克思主义的理论效应主要体现为,西方马克思主义所实现的文化转向和理论主题的转换不仅使后马克思主义和英国文化研究脱离经济基础的决定作用,片面夸大文化意识形态,从而产生背离历史唯物主义构建其理论的消极影响, 又使得晚期马克思主义在坚持马克思的生产方式分析方式的基础上,展开对晚期资本主义社会的文化意识形态批判,体现为国外马克思主义研究向政治经济学研究的复归, 使整个国外马克思主义哲学研究呈现出"两次转向"的现象,即文化研究的转向和政治经济学研究的复归, 而且也对中国马克思主义理论研究和新的研究论域的开启产生了重要的影响。西方马克思主义的实践效应则可划分为对西方社会主义运动、西方新社会运动和如何处理中国现代化实践中的"现代性问题"的影响。揭示西方马克思主义的理论效应和实践效应, 对于我们认识和把握西方马克思主义的理论价值具有重要的意义。

一、西方马克思主义的理论主题的转换

　　英国学者佩里·安德森在《西方马克思主义探讨》一书中指出,与马克思不断从哲学研究走向政治学与经济学研究相反,西方马克思主义越来越忽视政治经济学和政治学研究,而是不断走向哲学研究。"随着欧洲马克思主义越来越不把经济或政治结构作为其理论上关注的中心问题, 它的整个重

心从根本上转向了哲学。"①佩里·安德森进一步指出："自二十年代以来,西方马克思主义渐渐地不再从理论上正视重大的经济或政治问题了……西方马克思主义作为一个整体,当它从方法问题进而涉及实质问题时,就几乎倾全力研究上层建筑了……西方马克思主义典型的研究对象,并不是国家或法律。它注意的焦点是文化。"②学者们依据上述特质提出了"文化转向"概念,并且以文化马克思主义指称西方马克思主义。在理论转向的过程中,学者们基于新的理论主题和研究方法,形成了重视批判性与现实性有机统一的学术传统,并将其具体化为针对资本逻辑的社会批判、文化批判和意识形态批判。西方马克思主义上述文化转向具有深厚的理论根源、社会历史根源和哲学文化根源。

(一)西方马克思主义理论主题转换的理论根源

对西方马克思主义文化转向的理论根源的揭示,必须从西方马克思主义理论探索的目的展开。西方马克思主义产生于马克思主义阵营内部关于西方社会主义革命的战略与策略问题的争论。共产国际建立以后,在其所属的各国共产党支部中推行"布尔什维克运动",要求共产国际各支部按照俄国十月革命的模式展开社会主义革命道路。西欧共产党按照俄国十月革命模式展开的社会主义革命相继失败,引发了西方共产党内知识分子的反思。他们认为,正是由于西方社会结构与统治方式不同于俄国的特点造成了无产阶级阶级意识的不成熟,导致了西方革命的失败。他们由此深入地分析了西方社会结构和统治方式与俄国的不同,并批评当时马克思主义阵营将马克思主义哲学理解为近代理性主义的知识论哲学,不注重马克思主义哲学的批判价值功能。与俄国处于长期的封建社会,没有国家和市民社会之分,政治统治就是一切,只要打碎国家暴力机关,革命就能取得成功不同,西方社会存在着国家和市民社会之分,资产阶级不仅依靠政治暴力维系其政治统治,而且还通过市民社会的意识形态来控制人们的内心世界,是一种包括

---

① [英]佩里·安德森:《西方马克思主义探讨》,高铦等译,人民出版社,1981年,第65页。
② 同上,第96~97页。

政治压迫、经济剥削和意识形态控制在内的总体统治,而且在当代西方社会资产阶级越来越从政治暴力统治转向意识形态控制, 这就意味着西方社会革命必须发挥马克思主义哲学意识形态功能, 培养无产阶级成熟的阶级意识,在此基础上采取不同于俄国十月革命的包括文化心理革命、经济革命和政治革命在内的"总体革命"模式。但是当时的马克思主义阵营不仅把马克思主义哲学解释为以探讨世界普遍规律和绝对本质为目的近代理性主义的知识论哲学, 形成了对马克思主义哲学经济决定论、机械决定论的解释模式,无法发挥马克思主义哲学的批判价值功能, 而且西方共产党不注重运用马克思主义哲学培育无产阶级的阶级意识, 使得无产阶级无法摆脱资产阶级意识形态的束缚和市场经济物化意识的侵袭, 造成了无产阶级阶级意识的危机,西方马克思主义由此要求重新解释马克思主义哲学的本质与功能。

西方马克思主义的上述主张受到了第二国际和共产国际的批评, 马克思主义阵营内由此形成关于西方革命战略和策略问题的争论, 这场争论又进一步发展成为如何理解马克思主义哲学的本质的哲学争论。对于这一点, 柯尔施在《马克思主义和哲学》一书中指出,正是由于对于西方革命战略和策略是否应当采取俄国十月革命的模式的争论, 引发了关于马克思主义哲学本质的争论,这种争论主要在"以考茨基的旧马克思主义正统派和新的俄国'列宁主义'正统派之间的联盟为一方(尽管它们之间有次要的、暂时的或琐碎的冲突),而以当代无产阶级运动中所有批判的进步的理论趋向为另一方"[①]之间展开,争论的结果是形成了不同于苏俄马克思主义的西方马克思主义哲学。西方马克思主义认为,第二国际和苏俄马克思主义对马克思主义哲学的解释,没有真正理解和把握马克思主义所实现的哲学革命的实质,强调马克思就是通过对以把握整个世界的普遍规律和绝对本质为目的的近代形态的知识论哲学的超越而实现哲学革命变革, 并认为马克思主义哲学是以实践为基础,以人与社会、人与人的关系为研究对象,通过变革世界从而实现人的自由和解放为目的的现代形态的主体实践论哲学。

在论述了马克思哲学革命变革的实质之后, 西方马克思主义理论家强调,马克思主义哲学的本质并不在于其具体结论,而在于"理论和实践相统

---

① [德]卡尔·柯尔施:《马克思主义和哲学》,王南湜等译,重庆出版社,1989年,第57页。

一"的辩证法,辩证法研究由此成为早期西方马克思主义的理论重点。卢卡奇把主客体相互作用的"总体性辩证法"看作马克思主义哲学的方法论基础,在系统论述了"总体性辩证法"与近代理性主义方法的差别的同时,指出"总体性辩证法"既是主体性辩证法,也是历史辩证法,实际上把马克思主义哲学归结为历史唯物主义,并凸显马克思主义哲学的批判性、生成性和现实性的理论本性。柯尔施反复强调恢复自德国古典哲学以来的"理论与实践相统一"的辩证法传统,对于复苏马克思主义哲学意识和批判价值功能的重要性。葛兰西把马克思主义哲学称为"实践哲学",他反对立足近代理性主义的立场理解实践哲学,反复强调"不可把实践哲学同其他一切哲学等量齐观或降低到它们的水平上。它的独创性不仅表现在对先前哲学的超越上,而且首先表现在它开辟了一条崭新的道路,使理解哲学的整个方式从头至尾焕然一新"①。为了阐发"实践哲学"的特质,他一方面通过批判克罗齐的主观唯心主义哲学,要求坚持经济基础决定上层建筑这一马克思主义哲学基本原理,反对把实践哲学解释为一种唯心主义哲学;另一方面又通过区分哲学与科学、历史规律与自然规律的不同,反对那种对实践哲学的自然科学唯物主义和经济决定论的解释,强调实践哲学是一种以人类实践为基础,探讨历史发展进程中主观因素和客观因素所构成的总体如何决定人类社会发展基本趋势的关于人与人、人与自然关系的学说。

　　基于以上对马克思主义哲学的理解,早期西方马克思主义理论家注重实践、辩证法在马克思主义哲学中的基础地位,相对于第二国际和苏俄马克思主义注重客观因素对主观因素的决定作用,西方马克思主义更加强调探讨历史规律与自然规律的不同,以及人的主观因素在人类历史发展进程中的作用,并把能否发挥马克思主义哲学的批判价值,对资本主义社会展开文化批判和意识形态批判,形成无产阶级成熟的阶级意识看作西方革命成功的关键。正是从探索适合西方社会主义革命的道路出发,为了发挥马克思主义哲学的价值批判功能和形成无产阶级成熟的阶级意识,早期西方马克思主义理论家把马克思主义哲学解释为现代形态的主体实践论哲学,把理论主题转向对文化意识形态问题的研究。

---

① 中共中央编译局编:《葛兰西文选》(1916—1935),人民出版社,1992年,第537页。

(二)西方马克思主义理论主题转换的社会历史根源

西方马克思主义产生于西方社会由现代社会向后现代社会转型的时期,在以理性主义哲学为基础的现代性价值体系的指导下,西方现代化已经完全展开。现代性价值体系不仅宣扬理性、自由、平等的资产阶级的价值观念和意识形态,而且秉承以科学技术为基础的社会进步观,把科学技术进步逻辑等同于社会进步的逻辑,认为只要随着科学技术进步和社会财富的增加,西方就能够实现自由、平等的资产阶级共和国。但是西方现代化的结果却并没有实现现代性价值体系的理想和目标,相反却出现了人的价值下降和物的价值上升,人的身心关系、人与人以及人与自然关系异化的现代化悖论。

德国社会学家马克斯·韦伯从价值中立的立场出发,以其"合理化"理论为基础,把西方现代化归结为不断理性化、世俗化和效率化的过程,并认为"理性"包括工具理性和价值理性两个不可分割的内容:"工具理性"是理性的技术化和功利化,遵循的是效率原则;"价值理性"是对人的价值和尊严的尊重。西方现代化是一个由工具理性支配下的不断合理化的过程,它造就了资本主义现代化生产力发展水平的不断提高和社会财富的增加,但是由于西方现代化的工具理性与价值理性处于相互割裂的状态,这就造成了资本主义物的价值上升和人的价值下降的"现代化两难困境"。

卢卡奇在《历史与阶级意识》一书中,受黑格尔精神现象学关于对象化、异化思想,马克思关于"商品拜物教"思想和马克斯·韦伯的"合理性"思想的影响,从关注无产阶级的价值和尊严的立场出发,把资本主义现代化归结为不断的理性化和合理化过程。"合理化"的基本特点将劳动过程根据"计算或可计算原则"来进行调节,这虽然带来了劳动效率的提高,但由此也导致了生产过程和劳动者的异化,并强调资本主义现代化既是一个不断合理化的过程,又是伴随着技术理性的盛行人不断异化的过程。可以说,技术理性的盛行与资本主义社会现代化、人的异化是同一历史过程。"劳动过程从手工业经过协作、手工工场到机器工业的发展所走过的道路,那么就可以看出合理化不断增加,工人的质的特性、即人的一个体的特性越来越被消除。"①也就是说,资本主义现代化不仅没有给人民带来自由和幸福,相反由于技术理性的盛行,资本主义现代化带来的是人的价值下降和人们受奴役的异化生存状态。正是由于西方现代化实践的上述悖论,引发了西方思想界对理性主义哲学和现代性价值体系的反思。

西方马克思主义理论家对马克思主义哲学的阐释,就是在西方上述反思理性这一大的社会历史背景中展开的,这就决定了他们必然反对立足近代理性主义哲学的立场理解和阐发马克思主义哲学。而俄国则处于从前现代社会到现代社会过渡的发展阶段,如何反对封建文化和树立理性主义文化是其面临的历史任务,因此从近代理性主义哲学的哲学立场理解和阐释马克思主义哲学,是苏俄马克思主义者必须面对的时代课题。可以说,正是社会历史条件的不同,造就了西方马克思主义和苏俄马克思主义在理论上的不同侧重点。如果说苏俄马克思主义把马克思主义哲学阐释为一种探讨世界普遍规律和绝对本质的近代理性主义的知识论哲学的话,西方马克思主义则是从反思理性和西方现代化的角度,把马克思主义哲学阐释为一种以探讨人的自由和解放为目的的现代形态的文化哲学。

西方马克思主义和苏俄马克思主义理论的上述差别,我们应当把其看作马克思主义哲学世界化和民族化过程中民族国家自觉的文化选择的必然结果,他们都是 20 世纪马克思主义发展史的内在组成部分,脱离他们所处社会历史条件,对他们采取非此即彼的态度,必然无法真正把握 20 世纪马克思主义哲学发展的历史进程。

(三)西方马克思主义理论主题转换的哲学文化根源

西方马克思主义文化转向,与 20 世纪西方哲学文化的现代转型,以及西方马克思主义理论家各自所处的哲学文化传统密切相关。

从 20 世纪西方哲学文化的现代转型看,20 世纪西方哲学发生了诸如语言学转向、生存论哲学转向、解释学转向、实践哲学转向等各种哲学运动,尽

---

① 　[匈]乔治·卢卡奇:《历史与阶级意识》,杜章智等译,商务印书馆,2004 年,第 152 页。

管这些哲学运动和哲学转向具体观点各不相同，但其共同点都是反对近代理性主义哲学把整个世界划分为现象世界和本质世界，认为哲学的任务就是运用理性把握现象世界背后的本质世界，体现为一种基础主义、本质主义、理性主义、逻各斯主义。现代哲学不仅批评近代理性主义哲学把握世界的绝对本体的要求是理性的狂傲和虚妄，而且反对近代哲学关于现象世界和本质世界的划分，要求哲学放弃对世界终极本质和意义的追求，回归到人的现实生活世界。现代西方哲学中的科学主义流派或者要求哲学应当分析现象世界不变的规律，寻求知识增长的方法和途径；或者主张哲学应当通过语言分析，来消除因语言误用而导致的各种"哲学病"，因此他们不是把语言升华到真正哲学的高度，而是把哲学降到了工具性的语言的层面。现代西方哲学人本主义哲学则主张哲学应当回到人的现实生活世界，探寻人存在的价值和意义问题。

20世纪西方哲学现代转型的核心是批判近代理性主义的形而上学和知识论哲学，要求哲学回归到人的现实生活世界，西方马克思主义对马克思哲学革命与实质的探讨就是在这一大哲学背景中展开的，这既决定了他们不可能立足近代理性主义哲学的立场解释马克思主义哲学，也决定了无论是如卢卡奇等人本主义的西方马克思主义流派，还是如阿尔都塞等科学主义流派，都把探讨马克思哲学与近代哲学的超越关系作为他们理论的重点内容。

西方马克思主义的文化转向还与马克思主义哲学世界化和民族化过程中对马克思和恩格斯思想的不同选择密切相关。马克思主义哲学世界化和民族化是以马克思和恩格斯的思想为源，与各国社会历史条件和文化传统相结合的历史发展过程。在这一发展过程中逐渐形成了以恩格斯、普列汉诺夫、列宁、斯大林为主要代表的知识论模式的马克思主义哲学。西方马克思主义继承的则是马克思的实践哲学传统。这一哲学传统的核心就是反对用自然科学的思维方式和方法阐明人的自由和解放问题，要求确立实践论思维方式来说明人的自由和解放问题。以卢卡奇、柯尔施和葛兰西为代表的早期西方马克思主义理论家都认为，立足近代理性主义哲学的思维方式和近代理性主义方法所理解的马克思主义哲学，是一种违背马克思主义哲学的本性，忽视和否定马克思主义哲学批判价值向度的自然科学唯物主义的理解。正因为如此，卢卡奇在《历史与阶级意识》一书中反复强调"总体性辩证法"，而不是近代理性主义方法是马克思主义哲学的基础。立足"总体性辩证法"，马克思主义哲学必然会被解释为以人类实践为基础，以探讨人的自由和解放为目的的的关于人与自然、人与人关系的现代形态的实践唯物主义哲学；立足近代理性主义方法，马克思主义哲学必然会被解释为探讨整个世界普遍规律和绝对本质的近代形态的知识论哲学。柯尔施在《马克思主义和哲学》一书中反复强调，恢复自德国古典哲学以来的"理论与实践相统一"的辩证法传统，对于复苏马克思主义的哲学意识的重要性。葛兰西在《狱中札记》一书中，一方面通过区分哲学与科学的不同，强调哲学与自然科学的研究对象和研究目的存在着根本的区别，前者是从人的主体实践的视角出发，将物质世界纳入人的实践活动中，探讨实践如何影响人与人、人与自然的关系；后者则是研究自然的物理属性、化学属性等，揭示自然界的规律。另一方面，通过区分历史规律与自然规律的不同，批评那种把历史规律等同于自然规律，忽视人的主观因素在历史发展进程中的作用，认为这种对马克思主义哲学的理解必然在理论上导致经济决定论、自然科学唯物主义的理解，在政治上导致忽视人的主观能动作用和政治倦怠症的结局。早期西方马克思主义反对把马克思主义哲学理解为近代理性主义知识论哲学的理解，为后来的西方马克思主义理论家所继承和发展，使得如何发挥马克思主义哲学的文化意识形态功能这一问题成为西方马克思主义重要的理论主题。

西方马克思主义文化转向还与西方马克思主义理论家各自所处的民族文化传统密切相关。具体是：卢卡奇的理论建构不仅受到了黑格尔精神现象学方法的影响，而且还与以齐美尔为代表的浪漫的反资本主义的人本主义传统密切相关。葛兰西实践哲学的反实证论、反唯科学主义的倾向，既根植于西方历史主义文化哲学和意大利马克思主义哲学传统，又深受克罗齐强调精神因素的思想的影响。阿尔都塞唯科学主义的马克思主义理论建构，既与西方实证主义哲学，特别是结构主义方法密切相关，又深受以巴歇拉尔为代表的法国科学认识论传统的影响。法兰克福学派对人的生存境遇和人的微观心理分析，同西方人道主义哲学、弗洛伊德的精神分析学密切相关。生态学马克思主义的理论建构，是在北美的民粹主义传统中展开的。分析学马克思主义同英美分析哲学传统等，都在不同程度上影响了他们对马克思主义哲学的解释。

只有立足理论根源、社会历史条件和文化传统三者统一的立体维度,来理解和评价西方马克思主义文化转向和理论主题,才能得出科学的结论。西方马克思主义文化转向和理论主题的确立,不仅对国外马克思主义新思潮的发展和中国马克思主义理论研究产生了重要影响,而且对西方社会主义运动、新社会运动和处理中国特色社会主义现代化进程中的"现代性问题"产生了重要影响,彰显了西方马克思主义的理论效应和实践效应。

二、西方马克思主义理论主题转换对于后马克思主义和英国文化研究的影响

后马克思主义和英国文化研究正是借用和引申西方马克思主义理论主题转换的研究成果,并进一步割裂了经济批判与文化意识形态批判的辩证统一关系,彰显了西方马克思主义的消极理论效应。

"后马克思主义"概念的内涵经历了一个发展过程,最早提出"后马克思主义"概念的理论家是英国哲学家迈克尔·波兰尼。他在《个人知识:迈向后哲学批判》一书中,把"后马克思主义"看作以摆脱斯大林主义控制,反对斯大林极权主义为目标的自由主义和人道主义思潮。在他看来,后马克思主义是指斯大林去世以后,出现了马克思主义人道主义化的潮流,他把后马克思主义看作一种不具有科学意义的意识形态,以及拒斥革命的自由主义政治立场,对后来的后马克思主义理论产生了一定的思想引导作用。在波兰尼之后,加拿大学者麦克弗森和美国学者丹尼尔·贝尔分别在 1964 年和 1973 年再次使用了"后马克思主义"的概念。麦克弗森在 1964 年发表的《后-自由主义的民主》一文中指出,当代西方社会已经是被高度管理和组织化的"后-资本主义社会",而与"旧资本主义社会"相适应的古典马克思主义,需要用与"后资本主义社会"相对应的"后马克思主义"所代替。他的这一思想被丹尼尔·贝尔在 1973 年出版的《后工业社会的来临》一书中所继承和发展。丹尼尔·贝尔强调,资本主义社会已经进入后工业社会,社会结构、社会关系和阶级关系已发生了很大的变化,传统的马克思主义已经不能解释当代资本主义社会的发展和变化,需要用一种"后马克思主义"来代替传统的马克思主义。可以看出,麦克弗森和丹尼尔·贝尔都是强调由于当代西方社会条件的

变化,使得马克思主义的某些原理已经不能适应当代西方社会,需要变革传统马克思主义理论,构建一种后马克思主义理论,才能适应当代西方社会条件的变化。

伴随着西方社会结构和哲学文化思潮的变化,西方学者借用西方马克思主义的理论资源,出于各自目的把马克思主义与西方后现代哲学思潮结合起来,分析和解决当代西方社会面临的新问题,形成了影响甚广的后马克思主义思潮。从研究主题和内容来看,我们可以进一步将其细分为广义和狭义的后马克思主义思潮。前者主要是指 20 世纪七八十年代以来,试图通过后现代主义思潮融合马克思主义所形成的理论,也有学者称其为"后现代的马克思主义理论";后者则特指拉克劳和墨菲在《领导权与社会主义的策略》一书中,通过葛兰西的"霸权理论"和阿尔都塞的"意识形态国家机器"理论中介而形成的社会政治思潮。这里所讨论的后马克思主义主要是针对后者而言的。

(一)拉克劳、墨菲的后马克思主义对葛兰西领导权理论的借用和引申

拉克劳和墨菲在《领导权与社会主义的策略》一书中,明确指出了葛兰西和阿尔都塞的理论对于建构后马克思主义理论的价值与重要性。在其看来,列宁的"领导权"概念是建立在历史必然性规律和阶级同一性政治的基础上的。列宁强调的领导权主要是政治领导权,"由于阶级构造的特殊领域存在于生产关系之中,政治领域中阶级的存在只能被理解为利益的代表"①。在他们看来,列宁主义的"领导权"概念的核心是强调阶级利益一致下的政治领导权,政党和阶级之间的关系是说服与被说服、领导和被领导的关系。但是伴随着对西方社会主义革命道路的探索,如何看待"领导权"概念的内涵与作用在马克思主义阵营内发生了分歧和争论,这种分歧和争论开始于罗莎·卢森堡。

---

① 　[英]恩斯特·拉克劳、查特尔·墨菲:《领导权与社会主义的策略》,尹树广等译,黑龙江人民出版社,2003 年,第二版序言,第 58 页。

卢森堡在《群众罢工、政党和工会》一书中强调，与俄国工人阶级的贫困和缺乏政治自由爆发革命不同，在资本主义社会中，工人阶级处于分裂状态，工人运动根源于群众的"自发性"。在卢森堡那里，群众运动的自发性既与历史必然性规律相关，又与群众的革命意识、党的领导、工会的组织以及偶然性的事件密切相关。也就是说，卢森堡的"自发性"概念虽然承认历史必然性规律，但她同样强调革命主体等主观因素的作用，强调革命主体的形成和历史规律的实现是一个必然性和偶然性多元决定的历史过程。拉克劳、墨菲认为，卢森堡的上述观点由于凸显了偶然性的作用而明确区别于第二国际的理论。与卢森堡不同，考茨基和普列汉诺夫等马克思主义正统派则是坚持以阶级同一性和由经济因素所决定的历史必然性规律为基础，探寻西方社会主义革命的战略和策略问题的。考茨基在《阶级斗争》一书中明确提出，资本主义社会结构及其对抗日益简单化和无产阶级日益贫困化，不仅使得工人阶级形成反对资本主义的统一的革命主体，并通过三个预设的前提，即工人阶级的同一性、资产阶级的同一性和由经济因素所决定的资本主义崩溃的必然规定，而且也决定了资本主义社会必然崩溃，并以此为基础认为无产阶级应当与资产阶级展开"消耗战"。拉克劳、墨菲认为，考茨基的"消耗战"与葛兰西的"阵地战"是存在差别的。因为葛兰西的阵地战是以"领导权"的概念为前提的，而考茨基的"消耗战"是以他预设的三个前提为基础的，批评考茨基的上述乐观主义和简单化的观点没有看到当代社会的新变化，这种新变化主要体现在日益组织化的资本主义社会的复杂性、社会的不透明性，在很大程度上造成了工人阶级的分裂，使得像考茨基那样把社会关系还原为单一的因素的决定论和一元论变得更加困难了。与考茨基一样，普列汉诺夫不仅创造了"辩证唯物主义"这一术语，而且完全割裂了经济基础和上层建筑的辩证关系，导致他的"经济基础概念听任取消社会力量的介入，经济过程完全由被理解为技术的生产力决定"①。拉克劳、墨菲认为，马克思主义正统派之所以越来越走向经济决定论，是由他们面临的困境所决定的。一方面，由于阶级的"当前意识"与"历史意识"之间的裂缝的扩大只能通过政治介入来外在地弥补；另一方面，由于支撑政治介入的理论被表述为机械决

---

① ［英］恩斯特·拉克劳、查特尔·墨菲：《领导权与社会主义的策略》，尹树广等译，黑龙江人民出版社，2003 年，第 23 页。

定和必然性的意识,它的分析变得更加决定论和经济主义,也使得理论变成了与认识具体社会过程日益不相关的工具。为了克服马克思主义理论与当代资本主义社会发展之间的分裂,正统马克思主义采取的是不妥协地强调马克思主义理论的历史必然性规律来克服上述分裂,而以伯恩斯坦、索列尔等为代表的修正主义理论家则采取了完全相反的立场。

伯恩斯坦认为,当代西方社会工人阶级并不是如马克思和恩格斯在《共产党宣言》中所描述的那样越来越被剥夺和日益贫困化,而是越来越在经济利益上走向分化,因此伯恩斯坦认为,正统派所说的以经济必然性规律为基础的阶级同一性已经不可能实现,工人阶级的政治同一性只能通过克服不同部分工人的阶级局限性来构造,经济与政治主体之间的政治裂缝会持久存在。拉克劳、墨菲认为,这实际上是把偶然性的政治介入置于经济必然性规律之上。"来自经济基础的政治自治形式是伯恩斯坦论点的新鲜之处,事实上在伯恩斯坦对经典马克思主义的批判中一直被强调,在其中存在着恢复特殊领域政治主动精神的企图。"①针对正统派用经济必然性来论证阶级同一性的做法,伯恩斯坦则认为马克思主义不仅没有成功地表明社会主义将随着资本主义的崩溃到来,而且也无法证明历史是单纯客观因素决定的结果,而只能把历史解释为主客体相互作用的结果。伯恩斯坦在强调社会民主党是无产阶级实现阶级同一性的根源的同时,主张借用康德的伦理学,通过引进一种伦理主体,诉之于伦理主体的自发性来终结历史决定论。如果说康德的伦理学把普遍的善看作历史进步的动力的话,伯恩斯坦则认为无产阶级的优越性正在于它代表了正义和进步的观念,阶级同一性的实现有赖于经济与政治的进化得以实现。上述观点使伯恩斯坦能够把政治的自发性与改良主义、渐进主义的革命战略结合起来。

与伯恩斯坦诉之于进化论和伦理学来解决阶级同一性问题不同,索列尔一方面相信经济必然性规律能够实现阶级的同一性,另一方面又通过引进伦理主体来克服机械决定论。他并不认为历史必然性理论是马克思主义最有吸引力的地方,而是把理论的重点转向对无产阶级的意识形态和集体意志在历史发展中作用的分析。他既借用维科重视历史发展中道德力量的

---

① ［英］恩斯特·拉克劳、查特尔·墨菲:《领导权与社会主义的策略》,尹树广等译,黑龙江人民出版社,2003 年,第 32 页。

思想,又借用尼采的唯意志主义哲学和柏格森的生命哲学,强调马克思主义是"真正的形而上学",其特点是既注重对社会结构的分析,又重视无产阶级统一的阶级意识在历史发展中的作用,并把阶级同一性建立在以"总罢工"为基础的阶级斗争中。因为"总罢工"能够使无产阶级产生他们原本具有的最高尚、最注定的阶级情感,从而重新构造无产阶级的阶级同一性,这实际上意味着索列尔把构建阶级统一的构成因素从经济领域转向政治领域。拉克劳、墨菲高度赞扬索列尔的上述思想,认为他不仅用"'偶然性'和'自由'领域的基本原理代替了破碎的必然性链条,而且还有关于重构总体化作用的新领域、'偶然性逻辑'的特殊性的努力思考"①。而且他强烈的反经济主义倾向和对培育无产阶级统一的阶级意识的强调,既凸显了历史发展的偶然性,也深刻地影响了葛兰西,因为葛兰西的"历史集团"概念是"来自列宁的'领导权'概念和来自索列尔的'集团'概念得到了新的综合"②。拉克劳、墨菲通过上述考察,强调阶级同一性问题是当时马克思主义阵营思考和探索的核心问题。在这一过程中,虽然"偶然性"逻辑不断冲击必然性逻辑,但在他们那里"偶然性"逻辑始终只是必然性逻辑的补充,真正凸显偶然性逻辑的是葛兰西的领导权概念。

拉克劳、墨菲把葛兰西看作马克思主义阵营对"阶级同一性"和"领导权"问题探索的转折点。虽然葛兰西在《南方问题笔记》中遵循的是严格的列宁主义的论述来阐发政治领导权的,但是葛兰西后来提出领导权应当包括政治领导权和文化道德领导权两部分内容则意味着他对列宁主义的置换和超越。这种置换和超越主要体现在:第一,葛兰西强调意识形态的物质性,破除了将意识形态仅仅归结为代表特定阶级的虚假观念的上层建筑式解读,而把意识形态解读为连接历史集团的一种有机关系的整体,并具体存在于制度和机构之中。第二,通过历史集团的概念和有机的意识形态的论述,强调领导阶级通过道德和知识分子展开意识形态灌输,从而超越了经济基础和上层建筑的机械区分。第三,结束了意识形态还原论。拉克劳、墨菲认为,在葛兰西那里,政治主体并不是阶级主体,而是有机的"集体意志",与此相

---

① [英]恩斯特·拉克劳、查特尔·墨菲:《领导权与社会主义的策略》,尹树广等译,黑龙江人民出版社,2003年,第40页。

② 同上,第47页。

对应，领导权阶级所连接的意识形态要素没有必然的阶级属性。因为"集体意志是政治意识形态连接分散和破裂的历史力量的结果"①。正是通过上述三重置换和超越，葛兰西颠覆了第二国际等对马克思主义的经济主义的解释，并一方面使"历史偶然性的领域比先前任何话语更完全渗透到社会关系之中：社会片段已经失去了那些把它们当成阶段论典范的要素的本质联系，而且它们自身的意义依赖于没有得到历史规律保证的领导权连接。……另一方面，这些不确定的连接形式开始获得命名，被理论思考，而且被合并到社会代表的同一性之中"②。

同时拉克劳、墨菲认为，葛兰西的"领导权"主要关注文化层面，有利于实现不同利益集团的结合，因而更能适应左翼力量分化日益加剧的西方社会，正是在葛兰西霸权理论的中介下，后马克思主义找到了实现不同利益主体"链接"的方法论依据。拉克劳、墨菲正是基于对当代西方社会发展所造成工人阶级的分裂和统一意识的丧失，指认以历史必然性为基础的阶级政治已经不再可能，西方社会出现了多元政治主体和多元社会结构，如何把这些多元政治主体有机地连接起来成为西方革命的关键。他们由此从反对决定论的阶级政治出发，通过借用和改造葛兰西的"领导权"概念并使之与后结构主义相结合，形成了他们的话语和激进民主理论。在葛兰西那里，"领导权"来自对列宁的继承和发展。列宁的"领导权"概念侧重于强调"政治领导权"，而葛兰西则侧重于强调"文化和道德领导权"，意指无产阶级政党应当重视文化和意识形态斗争，通过夺取文化意识形态的领导权，形成无产阶级统一的"集体意志"，建立反对资产阶级的"阶级联盟"和统一战线。拉克劳、墨菲认为，葛兰西将列宁的"领导权"概念从单纯的政治层面拓展到了强调文化、道德和知识分子层面，从而完成了对阶级政治的超越。这是因为，列宁所谓的政治领导权必须建立在以阶级为基础的一致利益的基础上，而葛兰西的文化、道德的领导权概念则可以横贯多个阶级，通过知识分子发挥其功能，建立不同阶级之间的历史性联盟，从而更能适应当代西方的具体现实。

① ［英］恩斯特·拉克劳、查特尔·墨菲：《领导权与社会主义的策略》，尹树广等译，黑龙江人民出版社，2003年，第73页。
② 同上，第74~75页。

但是拉克劳和墨菲对葛兰西"领导权"概念和"多元决定论"的借用恰恰违背了葛兰西的原意,并朝着偏离历史唯物主义的方向展开。因为葛兰西的"领导权"概念既是建立在他的实践哲学基础上的,同时也是与他的国家理论紧密联系在一起的。葛兰西的实践哲学既反对对实践哲学的经济决定论和实证主义解读,又反对对实践哲学的唯心主义解读,主张从"哲学、历史和政治三者的统一"的维度解释实践哲学的内涵与特质,强调实践哲学的目的并不是要发现某种一成不变的形而上学原理,而是要求科学分析历史发展进程中的主观因素与客观因素所形成的历史总体,如何影响人类社会发展的基本趋势,并通过传播新的世界观,改变人们的心态和形成无产阶级统一的"集体意识"。葛兰西提出,"领导权"概念正是以他对马克思哲学的上述理解为基础的。不仅如此,葛兰西提出,"领导权"概念也与他的国家理论密切相关。葛兰西根据对当代资本主义社会结构的分析,把国家划分为"政治社会"与"市民社会"两部分,分别行使"政治领导权"和"文化领导权"。在葛兰西那里,夺取"文化领导权"的目的是通过形成无产阶级统一的"集体意志",建立反对资本主义的阶级联盟和领导权,为最终夺取"政治领导权"创造条件,而文化意识形态斗争又是与经济结构变革紧密联系在一起的。但拉克劳和墨菲在研究葛兰西"领导权"理论的过程中,由于没有看到文化领导权和政治领导权的内在关联,导致对前者的片面关注以至于陷入否定阶级政治的窠臼;与此同时,他们将葛兰西基于实践哲学的理论阐发斥责为本质主义的残余,并以此凸显其多元异质的话语革命策略。显然,后马克思主义的革命路径既曲解了葛兰西的思想表达,也贬损了历史唯物主义的核心原则。

(二)拉克劳、墨菲的后马克思主义对阿尔都塞理论的借用和引申

阿尔都塞理论对拉克劳、墨菲的影响主要体现在,他们通过借用和引申阿尔都塞的"多元决定"的历史观、意识形态理论和偶然性概念,来建构他们的后马克思主义理论。

"多元决定论"的历史观是阿尔都塞在《保卫马克思》一书中为了反对对马克思主义理论的经济决定论和还原主义的解释模式而提出的。它主要包括两层含义:第一,经济因素归根结底的决定作用;第二,上层因素具有相对

自主性和独立性,它在具体历史发展过程中也能起到决定作用。拉克劳、墨菲认为,经典马克思主义强调无产阶级在夺取领导权时阐发了三个基本论题,即"经济运动规律的内生特征相应于生产力中心地位这一论题;社会代表在经济层面上的统一性相应于工人阶级贫困的普遍化论题;生产关系应该成为超越经济领域的历史利益所在地的条件,相应于工人阶级是社会主义根本利益的论题"①。而上述三个论题是一种需要克服的经济主义和还原论的本质主义的错误。因为人类社会历史并不存在经典马克思主义所说的由经济必然性所决定的历史规律,当代西方社会也不存在经典马克思主义所说的统一的工人阶级,工人阶级已经破碎化为具有不同利益的主体,这就意味着当代西方政治的首要问题是如何把这些不同的主体结合起来。拉克劳、墨菲认为,阿尔都塞的"多元决定"的历史观突破了经济必然性的观念,凸显了社会发展的差异性、多维度、多元性特征,为连接当代差异性的社会关系提供了可能和基础。英国学者西姆认为,拉克劳、墨菲肯定了阿尔都塞主张的多元决定论开启了关注偶然性的先河,但他们同时又认为要真正发挥阿尔都塞的"多元决定"的历史观对经典马克思主义的社会总体观的解构作用,必须剔除阿尔都塞"多元决定论"的历史观中的本质主义的残余,即阿尔都塞关于经济因素的最后决定作用的论断。因此,"假如多元决定这一概念不能在马克思主义话语之中产生它对总体的解构作用,这是因为,从一开始就存在着要适应阿尔都塞话语之中另一个中心因素的企图。严格地说,即适应经济的最后决定作用"②。只有剔除阿尔都塞"多元决定"历史观中的"经济的最后决定作用"的本质主义残余,才能为把总体中有差异的各要素连接起来创造前提。这实际上意味着,拉克劳、墨菲对阿尔都塞"多元决定"历史观的借用和引申,违背了阿尔都塞提出"多元决定"历史观的原意和目的,即既坚持历史唯物主义的历史规律,同时又反对对历史唯物主义的经济决定论、技术还原论的理解。

借用和引申阿尔都塞的意识形态理论,是拉克劳、墨菲建构其后马克思

---

① [英]恩斯特·拉克劳、查特尔·墨菲:《领导权与社会主义的策略》,尹树广等译,黑龙江人民出版社,2003年,第85页。

② 同上,第106页。

主义理论新霸权理论的又一途径。阿尔都塞的意识形态理论经历了一个发展变化的过程。具体来说:在《保卫马克思》一书中,他主要是从捍卫马克思主义理论的科学性出发,坚持科学与意识形态对立论,一方面把意识形态看作一种不提供科学认识的虚假意识,另一方面又强调在捍卫马克思主义理论科学性的基础上,发挥其意识形态职能;在《列宁和哲学》中,他从本体论的维度揭示了人的生存与发展离不开意识形态,甚至把人规定为意识形态的动物,并将意识形态的特征规定为物质性、无历史性、想象性和强制性等,特别是他关于"意识形态国家机器概念"的提出和对意识形态功能的阐述,深深地影响了后马克思主义的理论建构。

　　拉克劳、墨菲强调历史唯物主义所说的统一的阶级在当代西方社会已经不复存在,而成为一个有差异和多元主体的社会,因此他们认为当前的理论任务就是如何把这些多元的主体接合起来,形成进行话语革命的统一主体。拉克劳、墨菲主要是借助阿尔都塞意识形态理论完成上述任务的。众所周知,阿尔都塞在论述意识形态的功能时,除了强调了意识形态对人们的欺骗、想象和体验的功能之外,在《意识形态与意识形态国家机器》一文中重点论述了意识形态对主体的建构功能,从而维系资本主义生产关系的生产和再生产。意识形态对主体的建构功能主要体现在其对主体的召唤和质询。在阿尔都塞那里,所谓召唤和质询,就是通过意识形态与个体对话和打招呼,把个体建构成真正的主体,这个被意识形态所建构出来的主体即便表面上看是自由的,但也从属于更大的主体,即受资产阶级意识形态所束缚的。

　　拉克劳、墨菲的后马克思主义正是通过借鉴阿尔都塞上述思想来建构其理论的。具体来说:拉克劳、墨菲改变了阿尔都塞的意识形态召唤和质询机制的内在结构。在阿尔都塞那里,意识形态召唤和质询机制的内在结构是建立在他对拉康镜像理论的运用之上的。阿尔都塞把意识形态区分为宗教、法律、政治和伦理等具体意识形态,强调其功能在于维系不同阶级的利益;同时又认为存在着意识形态的一般,其功能是通过对个体的召唤和质询功能,在使个体变成为主体的同时,让主体既感觉到自己是自由的主体,同时又能够服从社会秩序的要求。如果说阿尔都塞的意识形态理论强调了意识形态的普遍性、虚幻性和对主体的建构功能,并借用拉康的镜像理论,通过召唤和质询等话语的实现来保证意识形态与主体的内在一致性的话;拉克劳、墨菲的后马克思主义侧重的则是意识形态的召唤和质询功能对意识形态本身的作用和影响，从而将阿尔都塞关注意识形态与个体之间的相互作用，转移到意识形态本身上来。在拉克劳、墨菲看来，意识形态总是与政治实践联系在一起的，因此他们更加关注的是意识形态内部如何实现话语的统一性。这就意味着在阿尔都塞意识形态理论中的作为主体的具体的个人，已经被转换成意识形态的构成要素；阿尔都塞所强调的意识形态与主体之间的相互作用和统一，被转换成了意识形态内部不同召唤与质询之间的相互作用和如何实现不同召唤与质询之间的统一。可以看出，拉克劳、墨菲解构经典马克思主义关于意识形态的统一性，其根本目的并不是要反对意识形态的统一性本身，而是要解构经典马克思主义基于经济因素的根本决定作用基础上的阶级统一性。在这一解构过程中，他们把经典马克思主义的意识形态批判完全转化为话语批判，断定社会存在以及社会存在中的一切关系都归结为话语建构的结果，其发展变化不存在经典马克思主义所强调由内部矛盾所决定的必然性，而是社会多种因素偶然作用的结果，这种偶然作用决定着社会存在的差异性、多样性和不确定性，经典马克思主义所强调的由经济因素所决定的历史必然性、阶级就这样被后马克思主义所解构了。正因为如此，他们也告别了阶级的政治，把西方人自由和解放的道路寄托在如何接合好当代西方的生态运动、女性运动等各种新社会运动上。

借用和引申阿尔都塞晚年所提出的"偶然性"概念，是拉克劳、墨菲建构后马克思主义理论的又一途径。阿尔都塞晚年从反对目的论和决定论的唯物主义出发，提出了"偶然相遇的唯物主义"哲学的理论主张，其核心是反对任何追求开端、本质和目的的哲学，强调世界的虚空性、差异性、偶然性，希望在当代西方存在政治空白（虚空）的情况下，建立马克思主义理论与政治实践的联系。阿尔都塞反对决定论、本质主义，强调差异、偶然性的思想与后马克思主义思想具有高度的一致性，并为后马克思主义所继承和发展。

拉克劳、墨菲是通过解构经典马克思主义历史必然性、经济决定论、阶级统一性的思想，把葛兰西的"领导权"理论、阿尔都塞的多元决定、后现代主义思潮结合起来，强调当代西方社会的差异性、多元性、偶然性，通过接合当代西方社会的多元主体形成的所谓新霸权，展开以多元主义文化和民主为主要内容的话语革命。后马克思主义所建构的新霸权，首先是建立在解构经典马克思主义的阶级主体之上,目的在于找寻一个新的霸权主体。在他们看来,经典马克思主义在经济决定论的本质主义的支配下,提出了三个核心论点,即认为生产力对生产关系具有决定作用,工人阶级在生产关系中的地位决定了它的阶级主体性,工人阶级在生产关系中的地位也决定了它的历史使命和追求目标。应当通过把不同的主体连接起来,形成多元主体在彼此认同基础上新的霸权。可以看出,拉克劳、墨菲正是借助阿尔都塞关于必然性和偶然性关系的论述,并加以引申,运用偶然性来重建霸权主体。阿尔都塞尽管提出了要重视偶然性,但他不仅把必然性看作经济因素运动的结果,并与偶然性之间存在密不可分的关系;而在拉克劳和墨菲这里,必然性被斥之为本质主义而予以抛弃,他们虽也追求霸权主体的同一性,但他们所追求的同一性是通过多元性、偶然性的结合而形成的。拉克劳、墨菲把经典马克思主义强调经济因素在历史发展进程中的决定作用的思想当作本质主义予以否定和抛弃,代之以偶然性的逻辑;又消解了经典马克思主义的阶级概念和由经济利益决定的阶级同一性的思想,认为工人阶级在当代西方已经被碎片化、非同质化了,强调今天"不固定性已经成为每一个社会同一性的条件"[①]。后马克思主义关注的正是在政治实践中如何运用接合理论把偶然性、必然性、差异性、多元性的主体连接成具有某种文化和政治认同同一性的新的霸权主体。在阿尔都塞那里,对偶然性的强调是为了更准确地理解经典马克思主义所说的必然性,捍卫马克思主义理论的科学性,偶然性从属于必然性。阿尔都塞"偶然相遇的唯物主义"理论强调马克思主义的政治实践应当注意把握"形势",在他那里对偶然性的重视更多地体现为马克思主义政治实践的一种策略。而在拉克劳、墨菲那里,他们在借鉴阿尔都塞思想的同时,完全改变了阿尔都塞的原意。其主要体现在:他们把承认必然性的存在看作一种应该加以否定和抛弃的本质主义思想,因而也必然否定由经济必然性所决定的阶级同一性。不仅如此,他们在政治实践中强调通过接合,形成所谓的具有同一性的新霸权主体,但这种同一性不是建立在具有共同经济利益基础上的阶级同一性,而仅仅是具有文化认同和政治认同的同一性,这就

---

① [英]恩斯特·拉克劳、查特尔·墨菲:《领导权与社会主义的策略》,尹树广等译,黑龙江人民出版社,2003年,第96页。

决定了他们已经从经典马克思主义所强调的阶级政治转变成多元主体的西方新社会运动，从经典马克思主义所强调的以阶级同一性为基础的宏观政治转向了以多元主体为基础的微观政治，既不符合阿尔都塞思想的原意，也是对马克思主义理论的根本背离。

（三）西方马克思主义对英国文化研究的影响

西方马克思主义对英国文化研究的形成和发展产生了重要的影响。英国文化研究是为了把握二战后英国的社会现实，建构多元包容的社会而形成和发展的。在这一过程中，他们借鉴和改造了阿尔都塞和葛兰西的思想，不仅自觉实现了从"文化主义"到"结构主义"和"葛兰西转向"的研究范式转换，而且在运用阿尔都塞的结构主义方法和意识形态召询机制，分析大众文化、青年亚文化、女性和少数族裔"他者"身份之后的权力运作机制，以及运用葛兰西霸权思想激活其抵抗潜能的过程中，创造性地提出了"编码与解码"、大众文化消费、通过仪式抵抗的青年亚文化，以及接合女性和少数族裔等社会力量实现身份认同的差异政治学，推进了自身从宏观阶级政治到微观身份政治的研究主题转变。

1.阿尔都塞与英国文化研究的"结构主义"范式

斯图亚特·霍尔指出，"如果没有那些'欧洲文本'，文化研究不可能实现自我发展：它无法生存下来；也不可能成为如今的研究领域"①。这里的"欧洲文本"指的便是西方马克思主义。在 20 世纪 70 年代，阿尔都塞思想在英国引发了一场重要的知识运动，更是直接推动了英国文化研究的研究范式转换，即从由英国第一代新左派开创的，以马克思主义综合英国本土的经验主义和莫里斯激进思想，强调经验分析和人道主义的"文化主义"范式转向"结构主义"范式。相较于"文化主义"范式，在阿尔都塞思想中介下形成的"结构主义"范式具有三点显著优势：一是借意识形态理论对二战后英国出现的大众文化、女性运动、种族运动等文化现象进行结构性分析，将它们看作特定

---

① Hall,Stuart,The Emergence of Cultural Studies and the Crisis of the Humanities,*The Humanities as Social Technology*,1990(53),p.16.

结构下意识形态召唤的产物,以克服"文化主义"将文化当作既定生活方式下的纯粹经验而无法有效解读、系统分析和体系化表达新兴文化现象的缺陷,更好地理解战后英国社会的变化。二是强调从实践活动、生活关系的总和出发来理解文化,克服"文化主义"过于强调人道主义和主体性因素,忽视主体性因素发挥作用要基于一定的经济基础、生产方式等客观因素的局限。三是强调权力关系以及由此导致的社会生活的不平等和文化冲突差异,将文化看作不同利益集团进行意识形态斗争的动态和生成过程,克服"文化主义"单纯强调文化稳定性和共性的局限。英国文化研究正是借用阿尔都塞的"结构主义"研究范式,以探究资本主义文化霸权的权力运作机制为主题,实现了理论视域的三重转变:一是引入"意识形态"概念,重新界定文化的内涵与功能;二是借鉴意识形态国家机器,探讨大众文化对人的主体性建构;三是援引意识形态召询机制,分析女性、少数族裔等社会边缘群体的"他者"身份建构。具体来说:

第一,引入"意识形态"概念,重新界定文化的内涵与功能。由于对阿尔都塞意识形态理论的引入,英国文化研究不仅实现了文化内涵从"作为主体经验的文化"到"构造现实的意识形态"的转变,而且使文化成为规训主体和维护统治秩序的权力符码。不同于"文化主义"主张文化是注重历史逻辑、反映社会现实的经验,阿尔都塞的"结构主义"强调文化是注重逻辑结构、构造社会现实的意识形态。作为意识形态的文化具有如下三个特点:首先,强调范畴而非经验。在"文化主义"范式中,经验是基础,文化是经验的产物。而结构主义研究范式对经验的前提性进行澄清,指出范畴和概念才是经验存在的前提,正是通过一系列范畴概念,我们的经验才得以生成。其次,强调结构逻辑而非历史逻辑。不同于"文化主义"强调历史中主体实践的生成,结构主义认为历史是结构主导的过程,人是言说和安置他们的结构的承受者,而不是创造他们自己历史的主动者。最后,强调文化的构造功能而非反映功能。"结构主义"主张人们日常生活中所熟悉的文化现象,乃至通常称之为真理的宗教、伦理、法律,并不是对现实世界的真实反映,它们作为"个人与其实在生存条件的想象关系的表述"①,是社会结构和意识形态操纵的结果,是带

____

① ［法］阿尔都塞:《哲学与政治——阿尔都塞读本》,陈越编译,吉林人民出版社,2003年,第352页。

有虚假性质、想象性歪曲的幻觉和暗示。就文化的功能而言，"文化主义"认为文化作为主体实践的产物，是对人的主体性和本质力量的确证，阿尔都塞的"结构主义"研究范式则将文化看作深入参与主体性建构以维持既定统治秩序的意识形态工具。一方面，阿尔都塞改造了拉康的主体性思想，将个体看作意识形态召询机制下的主体，指出意识形态以一种无意识的、隐蔽的方式，借助宗教的、教育的、法律的、政治的等意识形态国家机器，将个体嵌入由这些意识形态国家机器所支配的各种实践中，进行承认意识形态的实践，从而把具体的个人构成为主体。另一方面，之所以规训主体，是为了使其误以为自己在"自由地服从主体的诫命"，而实际上却成为资产阶级的盲目支持者和服从者，隐蔽地服务于资本主义生产关系的再生产，从而巩固资本主义社会的统治秩序。阿尔都塞在政治语境中考察文化的视角，深刻影响了英国文化研究目标和研究主题，不仅将阿尔都塞的意识形态服务于生产关系再生产转换为服务于权力关系再生产，将文化分析和文化政治问题置于政治中心，确定了揭示文化现象的复杂权力关系及其运作机制，以及权力宰制下主体生存境遇的理论目标；而且将阿尔都塞对阶级问题的关注拓展至边缘文化和亚文化，确定了揭示大众文化、性别和种族中的权力关系及主体性建构的研究主题。

　　第二，大众媒介中的主体性建构。英国文化研究将阿尔都塞的意识形态国家机器理论运用于大众媒介分析，聚焦于大众媒介作为一种意识形态国家机器如何通过"表征"来构建社会现实，继而规训社会主体。在阿尔都塞看来，任何一个阶级，如果不在意识形态国家机器中行使其领导权，就不能持久掌握政权。霍尔则融合了列维·斯特劳斯、罗兰·巴特的符号学和结构主义，进一步探讨其作用机制，指出大众媒介之所以能够成为与统治集团合谋的权力载体，得益于它具有凭借自身内部结构将事物符号化和话语化，进行意义生产的表征功能。这里的表征作为对阿尔都塞的意识形态是"个人与其实在生存条件的想象关系的表述"的变形，指向文化内部复杂权力关系的符号化表达。这种表达不是对既有现实的消极反应，而是一种通过主动选择赋予事物意义的实践和生产。而在资本主义操纵下，大众媒介生产和传播意义，并与国家权力系统捆绑在一起，发挥着将现存世界合理化和规训主体的重要功能。

具体来说:其一,大众媒介的首要功能在于生产与统治集团意识形态相符的舆论,使现存统治秩序合理化。霍尔不仅指出人们生活中习以为常的现实并非自发形成的,而是在资本主义主导下,媒介运用技术设备,遵循一套演示规则对文字、数字、图像符码进行编排,进行意识形态生产的结果,而且进一步探讨和揭示了新闻、广播和电视的运作机制,强调新闻以复杂的结构化方式对语言、修辞、图像进行意识形态编码,在一定的意识形态框架内制造新闻。符码结构赋予了新闻特定意义,新闻报道中的图片和文字都是意识形态概念的具体化,其功能并不在于生产新知识,而是在于生产对这个我们已经习以为常的世界的认同;广播虽有一定的编辑自主权,但它无法超出国家的现实框架,无法超出社会主导机制的意识形态框架;①而电视也是通过符码来构建和维持社会生活秩序、经济政治权力秩序和意识形态秩序。

其二,为了维持和巩固现有的社会秩序,统治集团进一步通过大众媒介制造舆论和社会图像,来召唤塑造个体的价值观念,深度参与了大众文化受众的主体性建构。英国文化研究主张,媒介作为一种生产意识形态符码的文化权力载体,其重要功能在于引导、塑造,乃至决定人的认识、喜好、需要和价值观念,从而真正将具体的个人传唤为服从特定利益集团的主体。对此,霍尔指出,统治集团利用大众媒介在意识形态领域对民众进行支配和控制,通过为受众提供生活的形象、知识和信息以塑造其主体性,大众媒介潜移默化地引导和塑造大众的趣味、价值观,从而达到规训主体,使其"自由地服从主体的诫命",进行承认主导集团意识形态的实践,维护主导集团的文化价值标准,进而巩固其政治统治。

基于以上分析可以发现,在借鉴阿尔都塞的意识形态国家机器解析媒介是如何构建社会秩序的基础上,英国文化研究进一步借助意识形态召询机制揭露大众媒介下主体被塑造和规训的现实境遇,从而得出结论:大众媒介作为与统治集团共谋的文化权力载体,所表征的现实是"虚假的现实",社会大众在媒介的召唤下被规训为服从现有统治秩序的空无的、失落的"主体"。

第三,性别和种族的身份生产。英国文化研究借助阿尔都塞的意识形态召

---

① See Hall, Stuart, The Limitation of Broadcasting, *The Listener*, 1972(87), pp.328–329.

询机制,综合后结构主义、女性主义和后殖民主义等思潮,对性别和种族等身份问题的权力关系及其运作机制展开分析,将女性和少数族裔的"他者"身份也归因于资本主义霸权的意识形态生产和召询,由此形成了下列论题。

具体而言:其一,意识形态对女性文化身份的建构。英国文化研究运用阿尔都塞的结构主义框架和意识形态理论探究社会性别中的权力关系,指认女性的"他者"身份是意识形态质询的结果,并呼吁为女性寻求一席之地。他们采用阿尔都塞的意识形态理论、结构主义和拉康的镜像理论,将电影看作资本主义重要的意识形态国家机器和意识形态产品,并将主体看作意识形态召询机制下被建构,臣服于或缝合进主流意识形态之网的被动存在,并将性别与阶级、种族、青年亚文化等异质性因素相结合,考察社会生活中女性"他者"身份的建构,并产生了默克罗比的青年工人阶级女性亚文化研究、罗博瑟姆的工人阶级女性意识理论和卡比的黑人女性主义等理论。其共同点是认为长久以来占统治地位的父权制和资产阶级共谋,并在阶级、性别、种族和代际等多重因素的张力中,引导女性认同"女性不适合行政与经济管理工作""缺乏冒险精神""应当服务于家庭"等价值观念,从而完成自我身份建构。

其二,意识形态对少数族裔的文化身份建构。英国文化研究也将阿尔都塞的意识形态理论应用于种族问题研究,将少数族裔的"他者"身份看作西方发达国家霸权主导下的意义生产,并力图通过意识形态召询机制探寻其生成机制。霍尔提出了两种文化身份的定义:第一种认为文化身份是一种"集体性的、固定的、共同的历史经验和共同的文化编码"[1],是根植于过去的固定的本质,少数族裔只需挖掘他们的过去,就能发现他们真正的文化身份。但霍尔更推崇第二种,即文化身份具有差异性,受制于历史、文化和权力的嬉戏而处于永远开放的过程中。霍尔指出,不论是哪一种对于文化身份的定义,意识形态作为一种文化权力对少数族裔的身份构建都具有关键作用。他指出在西方话语霸权中,帝国主义依靠强权政治,通过文化思想上的潜移默化对殖民地区进行统治,塑造出"第三世界是落后的"僵化形象,扼杀了来

---

① Hall,Stuart,*Colonial Discourse and Post-colonial Theory:A Reader*,Colonial University Press,1994,p.398.

自不同地区、不同文化传统的少数族裔内部鲜活丰富的差异性和多样性,无一例外地被看作具有同质性的"他者"。这种同质化形象作为西方霸权对少数族裔的意识形态召唤,使得他们在日常实践中自觉服从单一标准,从而起到巩固现有统治秩序和既得利益的目的。

英国文化研究创造性地借鉴和改造了阿尔都塞的结构主义方法和意识形态理论,不仅推进了研究范式的"结构主义"转变,而且在将其运用于大众文化、种族、少数族裔等微观问题分析时提出了许多精彩见解。然而由于"结构主义"重客观结构而轻主体能动性,重范畴而轻经验,无法唤起主体的革命和反抗意识,因而被坚持"文化主义"范式的 E.P.汤普森斥责为"新的神学""理智的悲观主义"和"结构命定论"。两方互为镜像,具有全然不同的理论视角,但这也导致了主观与客观、经验与范畴的二分,使得它们在解读当代资本主义变化时"都不足以将文化研究构造成一个有明确概念和充分理论根据的领域"①。为了打破这一僵局,英国文化研究转向葛兰西,进一步推进了自身研究范式的转换。

2.葛兰西与英国文化研究的"葛兰西转向"

与阿尔都塞的意识形态理论探讨的是大众文化、性别和种族中的文化霸权是如何建构的,权力如何通过"编码"将外在的意义强加给民众以施行政治统治不同;葛兰西的霸权理论则揭示了以上领域中反霸权何以可能,在对权力的"解码"中创造出属于自己的意义,推进政治斗争和从压迫与统治中解放出来的进程。在葛兰西分析框架的影响下,英国文化研究提出了三方面的理论创见:一是将文化看作不同利益集团展开文化斗争的权力竞技场,二是从解码、消费和仪式抵抗维度挖掘大众文化中的抵抗空间,三是以多元差异和身份认同切入女性、少数族裔等边缘群体的解放问题。具体来说:

第一,作为权力斗争场所的文化。霍尔认为,之所以转向葛兰西是因为他"为我们提供了一套更明晰的术语,他用这些术语将大量'无意识'、特定'常识'的文化范畴同更为主动的和组织性的意识形态方式联系在一起,后者可以介入常识和大众传统的基础,并通过这种介入组织男女大众"②。在霍

---

① [英]斯图亚特·霍尔:《文化研究:两种范式》,载罗钢、刘象愚编:《文化研究读本》,中国社会科学出版社,2000 年,第 61 页。

② 同上,第 64 页。

尔看来,葛兰西的霸权具有能动性、差异性和生成性的权力空间。所谓能动性是指葛兰西强调主观因素与客观结构范畴的能动关系,始终在经济因素和客观物质的基础上探讨文化领导权对于社会变革和无产阶级自由解放的重要作用;所谓差异性是指霸权作用的发挥有赖于主导利益集团通过协商谈判,融合具有异质性的、不同利益诉求的意识形态要素,引导不同利益集团达成共识,最终获得文化领导权;所谓生成性是指霸权是充满张力、不断趋于平衡的权力斗争空间,它既包含统治集团对从属集团的道德与智识领导,又潜藏着从属集团的反抗,统治集团的优势地位并非亘古不变,权力的斗争与反抗不断上演。由此,英国文化研究用"霸权"取代了阿尔都塞的"意识形态",不仅突显能动性、差异性和生成性因素,将文化看作社会差异和社会斗争的场所,即文化是一个你争我夺的领域,它既在意识形态的操控下为统治阶级政治权力辩护,也可以在民众高度参与下成为通过抵抗和抗争以获得自身认同的必争之地。这一立场既回归了"文化主义"对主体性的彰显,又有效修正了"结构主义"架空主体性而无法唤起革命主体斗争意识的缺陷;而且进一步拓展了英国文化研究的研究计划——关注并尊重边缘文化和群体的潜在颠覆性潜能,从而实现推动社会的转型,并且试图具体说明统治与抵制的力量,以便推进政治斗争和从压迫与统治中解放出来的进程。

第二,大众文化的解码、消费与抵抗。在葛兰西霸权理论的启发下,英国文化研究将大众文化看作由统治集团压制与从属集团反抗所构建的,包含宰制性文化、从属性和对抗性文化的权力竞技场。为了深入挖掘大众文化的抵抗潜能,他们将研究重点转向大众文化的生产、传播和消费环节,并提出了编码解码、大众文化消费和通过仪式抵抗的青年亚文化理论,呼吁主体在大众文化的解码和消费中对其进行再创造、体验快感并确证自我。其主要内容包括:

其一,霍尔的解码大众文化。作为"葛兰西转向"的开拓者,霍尔极力强调大众文化的复杂性,认为它"不可避免地包含着抑制与对抗的双向运动"①,而对抗的力量就潜藏在对大众文化的解码中。在《电视话语的编码和解码》一文中,霍尔援引阿尔都塞的多元决定论,将马克思的商品生产、流通、分

---

① Storey,John,*Cultural Theory and Popular Culture:A Reader*,Pearson Education,2009,pp.122-123.

配、消费、再生产模式置换为电视传播的制作、发行、传播、消费和再生产过程,并引入了葛兰西霸权中的能动因素,强调受众对大众文本的解读是自我选择、对信息消费、再生产和再加工的过程,流通和接收实际上是生产过程的"环节",并提出了主导–霸权式、协商谈判式和对抗式三种"编码解码"模式。所谓"编码"即意义的生产,是指在遵循一套演示规则的基础上对文字、数字等符码进行编排,使之成为传达特定意义的信息的过程;所谓"解码"即意义的再生产,是受众根据不同主体立场对给定的编码信息符码进行再阐释的过程。霍尔认为,主导一霸权式是编码与解码在意义上存在一致性的解读模式。协商谈判式是受众理解编码意图,认可其合法性,但是保留权力与之协商的解读模式;而对抗式是指受众完全理解话语意义但拒绝与之配合,以一种全然相反方式去解码信息。综合来看,"协商式"是霍尔最赞同的解码模式,它带有葛兰西霸权思想的烙印:协商的空间意味着大众文化的受众既是信息的接收者,又是信息的生产者,他们在认同主导文本信息的合法性基础上,不是完全地服从于它,而是在解读中融入自己的思想观点,赋予文本以新的生命力。霍尔进一步将对大众文本的解码运用于政治生活分析中,指出受众在解码大众文化时所体现的反抗力量决定了统治集团如果想要维护既定统治秩序,必须授权于大多数人的意志,获得民众的普遍认同,也即葛兰西所说的"要求或强征广大群众的认可"[①]。这就意味着必须推动大众媒介运作方式的转型,即从过去单向度赋予意义、生成意识形态话语、制造舆论,转变为主动吸收、融合和引导从属甚至对抗利益集团的意愿诉求,在协商中生产普遍赞同、寻求共识;从输出价值观以构建人的主体性的"规训机器",转型为不同历史集团利益和诉求的"调节机器"。霍尔认为,这种寻求共识的大众媒介运作机制的巧妙之处在于,使多数人意志得到合法保护从而为我所用,成为巩固自身统治的国家利益的一部分。毋庸置疑,这种调整的消极与积极效应并存,消极之处在于它成就了一种更为隐蔽的霸权统治策略,通过将对抗力量收编到主流话语中,进一步巩固了统治集团的地位;积极之处在于它切实融入了民众的意愿诉求。总体来看,尽管大众文化承担着服务统治集团霸权的职能,但从属集团作为解码者可以通过与统治集团对话协商

---

① [意]安东尼奥·葛兰西:《狱中札记》,曹雷雨等译,中国社会科学出版社,2000年,第167页。

表达自身诉求,从而削弱统治集团作为编码者的意图。两者互动所衍生出的冲突、协商与能动空间,实际上就蕴含着民主解放的潜能。

其二,费斯克与大众文化消费。费斯克同样坚持葛兰西式分析,将大众文化看作"社会秩序的规训权力和对此权力进行多重抵抗"①的权力斗争场域,其间充满了封闭与开放、读者与生产者、被偏好意义的同质性与解读的异质性的内在张力。与霍尔侧重于探讨大众文化的编码解码机制不同,费斯克将重心聚焦于大众文化消费,提出了一种根据自身欲望对大众文化进行意义再生产、体验快感和确证自我的消费抵抗策略。这一策略以大众主导和日常狂欢的消费精神,代替和颠覆了传统的统治集团主导和享乐主义文化消费,力图通过消费对既定文本和社会规范进行再阐释,将"大众文化"变为"大众的文化"来变革现存文化和权力格局。一方面,消费是由大众主导的意义再生产活动,强调大众在消费过程中占据绝对主导地位和在消费活动中对现存文化和权力的原初意义进行戏仿、反转,在对附庸于其中的政治、道德、法律、美学的颠覆中,躲避、消解、转化甚至抵抗统治集团编织的无所不在的意识形态罗网,能动地进行意义再生产和再创造。可以说,如果没有大众的参与和消费,大众文化便不能显现任何意义,大众文化"总是在对统治力量做出反应之中形成的,而且从未成为统治力量的一部分"②。另一方面,费斯克反对法兰克福学派将消费快感看作放弃思考、丧失批判性、沉迷于享乐的堕落,而是秉承对大众文化的肯定。他指出,大众文化的核心在于追求体验快感,并由此激活了大众文化的抵抗潜能。费斯克认为,大众文化之所以受欢迎,是因为它表达的不仅仅是编码者的意图,更是解码者按照自己的意图、兴趣、欲望、幻想对文本再加工的产物,是在日常生活中抵抗整齐划一的社会秩序、获得快感的重要渠道。这些快感作为独属于个体的琐碎的情感体验和原始冲动,形如鬼魅地游走在缜密复杂的社会秩序的边缘和缝隙中,乃至无法被意义之网捕捉,被符号化、规则化地收编到现存统治秩序中。可以说,快感的存在本身就宣告了对统治集团的有力反抗,统治者力求通过大众文化召唤个体使之沉迷于意识形态幻影中, 而这些个体却力图在日常狂欢中、在追寻生命意志和快感体验中、在永远的反叛姿态中寻求冲破现实的

---

① Fisk,John,*Understanding Popular Culture*,Routledge,1989,p.348.

② Ibid.,pp.4–5.

出口。费斯克的精妙之处在于,深入挖掘葛兰西思想中的抵抗潜能,将快感体验变成了一种政治行动,并导向了一种"庶民文化的乐观主义"和"符号民主"。①

英国文化研究在《仪式与抵抗》《学习劳动》《制服危机》等著作中对大众文化的实践形式——青年亚文化进行葛兰西式分析并指出,青年亚文化不是被操纵裹挟的堕落文化,而是一种主动选择的叛逆抵抗姿态,是一种表达对英国社会现状不满和呼吁社会变革的文化抵抗形式。青年亚文化的出现源于二战后英国社会大众文化、种族主义、女权主义等各种文化现象和社会运动的勃兴,这些新生事物对英国传统有机的"共同文化"产生巨大冲击,使"整体的生活方式"瓦解为碎片化、多样化、异质化的生活方式,即"亚文化"。"亚文化"的目的在于向英国主流的中产阶级价值观发起抵抗,利用标新立异的时尚元素、奇装异服、言行举止等"符码",创造出不同于一般主流标准的独特的风格和身份,试图在主流文化和消逝的传统文化之间,通过协商形成一个过渡型空间,以抵抗的姿态追求自身独立身份的表达。由此可以说,青年亚文化的本质在于寻求一种身份认同,是一种具有鲜明政治性和强烈批判性的身份认同政治。然而作为一种未能涉及资本主义生产方式和经济基础的文化反抗形式,青年亚文化往往看似激进,实则保守。

第三,性别和种族的身份认同。霍尔在借后结构主义将阿尔都塞的多元决定论解构为偶然差异链接论的基础上,又挪用葛兰西的霸权思想提出要将少数族裔、女性等社会边缘群体及其意识形态诉求结合起来,形成反对资本主义的新的"历史集团",从而将反霸权的链条从阶级整体扩展到女性、少数族裔等多元主体,提出了建构多元身份同一的差异政治学。具体内容包括:

其一,对女性"他者"身份的突围。英国文化研究不仅在阿尔都塞意识形态理论启发下揭示了资本主义和父权制通过意识形态召唤深度参与了女性"他者"身份的建构,而且进一步借鉴葛兰西的霸权思想,力图在大众文化、亚文化和性别研究的多重张力中实现女性身份认同。他们强调,大众文化消费和亚文化中蕴含着对抗男性话语霸权的无限潜力,并建议英国文化研究在阶级、性别、种族理论主题之外,补充"流行""休闲"和"快感"三个概念,强

---

① See Fisk,John,*Understanding Popular Culture*,Routledge,1989,p.348.

调女性可以在消费休闲和快感中创造抵抗空间。他们既反对将大众文化看作可操纵、粗俗、唯利是图的工业产品，也反对将其看作统治阶级贩卖娱乐和规训工人阶级的意识形态工具，而是主张要深入分析和历史地看待大众文化的发展和分类。同时，他们将建立亚文化看作创造新意义的重要手段，为了改变女性在亚文化中的边缘地位，他们运用葛兰西的霸权理论探究摩托车女孩、摩德女孩、嬉皮士等亚文化中的能动空间。不论是身穿皮衣、大胆性感、与传统女性气质相左的摩托车女孩，外表精致有加、穿戴时髦的摩登女孩，还是特立独行、藐视传统的嬉皮士女孩，女性以多样的方式安排自己的文化生活，深度参与构建亚文化以抵抗颠覆主流女性文化，逃离现存社会秩序，扰乱既定公共规范理念并寻找自身身份认同。

其二，对少数族裔"他者"身份的突围。尽管"结构主义"将少数族裔身份看作统治集团主导下的意识形态生产，在葛兰西的权力观的启发下，英国文化研究在《葛兰西与我们》《文化研究及其遗产》等文本中将种族身份看作展开权力斗争争夺话语权的动态过程，并强调少数族裔可以在实践中突破资本主义权力关系和重塑文化身份，强调少数族裔对身份困局的突围潜藏在以"历史"和"差异"为核心的身份认同之中。所谓"历史"，是指身份不是根植于过去的固定本质和已经完成的东西，而是在历史进程中不断生成。所谓"差异"，是指身份由必要的异质性和多样性所定义。身份在根本上是源于主体历史与文化体验的多元性和差异性，是多种因素缝合和共同作用的结果。族群散居的身份要凭借转化和差异来不断地生产和再生产，从而达到自新。由此通过反抗文化霸权，强调身份的差异性建构，提倡一种少数族裔不仅可以在日常生活和文化实践中不断更新重塑自己的身份，而且不同肤色、宗教、文化传统的边缘群体可以共存的认同政治。

总体说来，在对种族、性别问题的探讨中，如果说英国文化研究借阿尔都塞的意识形态理论揭示了种族主义、男性至上主义中的霸权是如何运作的，那么葛兰西介入下的差异政治学不仅肯定了不同类型的文化和边缘群体的价值，而且表达出一种推翻霸权和政治变革的努力。

3.英国文化研究在对阿尔都塞和葛兰西的误读中走向抽象文化研究

英国文化研究积极借鉴和改造阿尔都塞和葛兰西思想进行理论建构，进一步彰显了西方马克思主义的当代生命力。但英国文化研究的理论改造既富有创造性,又有所误读。其创造性具体体现为以下三点:一是借阿尔都塞和葛兰西视角赋予文化以丰富内涵,与经济决定论划清界限,即在"结构主义"范式下将文化解读为统治集团规训主体,麻痹和消解大众反抗意识的意识形态工具,在"葛兰西转向"中将文化看作包含压制与反抗双重向度的斗争场域, 在对文化的多维解读中发展出一种探讨资本主义文化霸权运作机制,并将文化当作介入政治和变革资本主义权力关系的文化批判理论。二是始终保持一种"为我所用"的理论开放性,在与后现代主义、女性主义和后殖民主义等思潮的理论对话中, 将理论主题从葛兰西和阿尔都塞关注的宏观阶级,扩展到大众文化、性别、种族和身份认同等微观问题。三是在解放主体上正视边缘文化和女性、少数族裔等边缘群体的利益诉求,将后者当作反抗资本主义的重要力量。尽管英国文化研究深刻认识到资本主义在文化、性别、种族等领域的剥削,敏锐地从差异和微观层面把握当代资本主义变化,重申受正统排挤的边缘文化和边缘群体的重要性, 但他们在拒斥经济决定论和阶级决定论时因噎废食、本末倒置,逐渐走向脱离政治经济学批判、片面强调文化身份的抽象文化研究,背离了葛兰西和阿尔都塞的理论初衷。具体而言:

第一,在拒斥经济决定论时放弃对资本主义的政治经济学批判,以主观主义的身份政治代替经济变革。葛兰西和阿尔都塞在反对经济还原论的前提下,坚持经济因素的基础性和变革资本主义生产方式的必要性。对此,葛兰西提出了文化主导,包括经济和政治统治在内的霸权理论,阿尔都塞提出了经济因素最终起决定作用的多元决定论。虽然英国文化研究赞同前者关于经济基础和上层建筑有机互动的观点,强调一方面阶级利益、阶级地位和物质因素在分析任何思想形态时都是有用的甚至是必要的出发点, 意识形态不能脱离社会政治经济条件而独立运作;另一方面,需要借助文化来说明真实历史社会中思想的实际经验倾向和运动。总之进行经济分析必须关注起作用的意识形态传统,分析意识形态话语或文本也应该关注法律工具、经济力量等的运作。但霍尔也承认,在研究过程中将意识形态和经济分析并举存在难度。这也导致他早期在解读电视信息的生产传播时融合了经济分析,将马克思的商品生产、流通、分配、消费、再生产模式,置换为电视传播的制作、发行、传播、消费和再生产过程,力图取消生产环节的最终作用,强调生产活动是由具有差异又可以组合起来的生产、分配、交换和消费环节共同决定的。但在后期探讨女性和少数族裔等文化身份时倾向于忽视其物质基础，从文化权力层面分析资本主义文化霸权的作用机制。忽视资本主义生产方式变革，从接合差异性身份要素出发探讨社会边缘群体的自由解放，走向一种未能把经济分析与高度复杂的意识形态分析结合起来的抽象文化研究。这种做法虽然与经济决定论划清了界限，但是他们因脱离政治经济学批判，实际上只把握到了资本主义生产方式变化所导致的经验表象，没有认识到性别、少数族裔等多元差异身份背后的资本逻辑同一性，看不到多元主义"把帝国主义和统治的现象与商品化结构更为复杂地联系在一起，使从前较为公开和明显的暴力转变为精巧微妙和形而上的复杂物"①，其结果只能是限于身份来理解个体行动和历史进程，无法解析文化现象的现实土壤——现实的经济关系。在革命策略上也未触及资本主义根基——资本主义制度和生产方式，主张在不改变资本主义制度前提下进行文化和权利抗争，使他们难逃看似激进，实则保守，被资本主义所收编、同化、利用的命运。

　　第二，在拒斥阶级决定论时远离阶级分析，推崇微观反抗和差异政治。他们对阶级范畴的理解也不同于葛兰西和阿尔都塞。不论是葛兰西还是阿尔都塞，都坚持历史唯物主义的阶级范式。葛兰西认为，霸权本质上是一种阶级斗争，通过霸权接合形成以阶级为基础的利益集团至关重要；阿尔都塞也强调阶级革命，主张意识形态通过意识形态国家机器发挥作用，其功能在于隐蔽地维护特定阶级的生产关系的再生产，生产关系作为剥削关系构成了阶级关系的基础。无论意识形态具有怎样的形式（宗教的、道德的、法律的等），都始终表达一定的阶级立场。只有从阶级斗争的观点出发，才有可能解释特定社会形态中存在的各种意识形态。而英国文化研究则将阶级当作消解个性和多样性的本质主义加以拒斥，将阶级政治看作微观政治的对立面，转而考察微观的种族、民族、性别等身份问题。这种误读实际上并未理解马克思的阶级概念，并不构成对人的个体性的妨碍，相反，人的问题是马克思主义的根本问题。阶级概念表明，马克思主义是从经济关系的人格化角度来界定历史主体，虽然相对弱化了日常生活中的个人维度，但是他深刻洞悉了

---

　　①　[美]弗雷德里克·詹姆逊：《马克思主义：后冷战时代的思索》，张京媛译，牛津大学出版社，1994年，第17页。

资本主义私有制对于雇佣工人的剥削。相比之下，英国文化研究只认识到社会边缘群体的"特殊性身份"，而没有深入探究后者在资本主义生产关系中的"普遍性身份"，即多元主体的出现是资本主义采取分化策略的结果，其根源在于资本主义生产方式的转换和统治策略的转型，他们作为资本寻求增殖、获取剩余价值来源的被剥削的本质并没有发生改变。在这个意义上，不论采取何种身份立场和抵抗姿态，他们仍是被剥削阶级。换言之，阶级结构只是隐匿，并未消失。由此，在资本逻辑主导的总体化的资本主义社会中，关注社会边缘群体的微观、局部和特殊的反抗有其必要性，但是将解放的希望寄托于微观的身份抵抗，终究无法抵御资本的总体性逻辑。

由此可见，与葛兰西和阿尔都塞坚持马克思主义总体性原则、阶级和经济范式，力图发展历史唯物主义不同，英国文化研究解构了这些核心范式，在误读葛兰西和阿尔都塞思想的基础上背离了历史唯物主义，并由此导致的理论结局便是英国文化研究迷失在身份政治的幻象中，无法深入解析新自由主义的资本逻辑运作和无力对抗新自由主义的收编，在后期逐渐趋于式微，并遭到特里·伊格尔顿等的"文化左派的后撤""理论过于直率""结构主义、解释学等等令人头昏""已让位于更可感知的后现代主义和后殖民主义的现实"①等讽刺与指责。

总的说来，西方马克思主义的文化转向，以及英国文化研究借鉴葛兰西和阿尔都塞思想在后现代语境中对其所作的当代改造对我们在当代发展马克思主义具有重要启示。应对当代越发狡黠的资本主义，一方面需要我们辩证地对待政治经济学批判和文化批判、宏观权力与微观权力的关系，即在资本主义批判策略上，既要对经验性的文化现象进行解析，又要通过政治经济学批判把握资本主义的逻辑运作和内在矛盾；既坚持文化变革，又坚持资本主义生产方式变革，这样对资本主义的批判才会行之有效。在解放策略上既要承认微观政治和反抗，尊重多元主体的利益需求，又要将多元主体的解放纳入政治议程。另一方面，要认识到文化批判固然重要，对资本逻辑展开政治经济学批判才能找到问题的症结；微观反抗固然重要，但总体性的阶级解放才是根本。只有这样才能从根本上变革资本主义社会，实现当代人的自由解放。

---

① ［英］特里·伊格尔顿：《理论之后》，商正译，商务印书馆，2009年，第52页。

（四）西方马克思主义对晚期马克思主义的影响

詹姆逊在《晚期马克思主义：阿多诺，或辩证法的韧性》一书中较早明确使用"晚期马克思主义"（Late Marxism）这一术语。在该文本中，詹姆逊将阿多诺看作终结西方马克思主义的节点人物，认为其所持有的马克思主义立场正是"我们当今需要的"晚期马克思主义。就概念使用而言，詹姆逊的"晚期马克思主义"是指"产生于现存的晚期资本主义体制，即后现代时期、或曼德尔所称的信息资本主义或跨国资本主义的第三阶段的马克思主义"①。中国学术界最早使用"晚期马克思主义"概念的是张一兵教授。张一兵教授认为，晚期马克思主义是西方马克思主义的理论构想应对后工业社会面临的问题的结果，并认为其与纷繁复杂的激进思潮有着本质的区别，因为晚期马克思主义在原则上依旧坚持马克思哲学的基本立场，它与西方马克思主义有诸多相似性，特别表现在以生产方式为核心的历史观层面。我们认同和采用张一兵教授的上述观点，将晚期马克思主义看作坚持唯物史观的叙事框架，依据当代资本主义的运行机制、矛盾和危机的新变化，探索当代西方人的自由和解放之路而形成的国外马克思主义新流派，其代表人物主要有詹姆逊、德里克、哈维、伊格尔顿、奈格里和哈特等人，他们主要从文化、历史、地理学、技术、政治角度对全球化问题、后现代主义问题和解放政治学问题展开了探讨，力图把反对资本的地方和微观斗争上升到反对资本的总体斗争，实现西方人的自由和解放。在这一过程中，西方马克思主义的研究方法、对总体性的追求和空间理论对晚期马克思主义产生了重要的影响。

1.西方马克思主义对晚期马克思主义理论建构其研究方法论的影响

西方马克思主义对晚期马克思主义理论建构其研究方法论的影响主要体现在，他们借鉴了西方马克思主义的总体性研究方法来修正和完善马克思的生产方式分析方法，这在詹姆逊与哈维那里体现得最为明显。

西方马克思主义反对对马克思主义的经济决定论和技术还原论的解

---

① ［美］弗雷德里克·詹姆逊：《论现实存在的马克思主义》，载俞可平主编：《全球化时代的"马克思主义"》，中央编译出版社，1998年，第82页。

释，强调人类社会历史发展的基本趋势是由主观因素和客观因素构成的总体相互作用的结果，由此形成了以阿尔都塞为代表的"结构总体"的研究方法和人本主义流派的以人类实践为基础的总体性研究方法，对晚期马克思主义的理论建构的方法论产生了重要的影响。

具体来说：晚期马克思主义理论家通过借用阿尔都塞的共时态研究方法和"多元决定论"，强调应当把历时性分析方法和共时性分析方法有机结合起来，从而完善马克思的生产方式分析方法。阿尔都塞从反对对马克思主义理论的经济决定论、技术还原论和历史目的论的解释，捍卫马克思主义理论的科学性，并在西方实证主义哲学，特别是法国科学认识论和结构主义的影响下，提出了重视共时性的"理论总问题"研究方法，认为马克思的思想经历了一个从意识形态理论总问题到科学理论总问题的"认识论"的断裂，而创立历史唯物主义科学的，并明确把历史唯物主义科学规定为建立在"结构性因果观"基础上的"多元决定"的历史观。与近代哲学的"线性因果观"和"表现性因果观"不同，历史唯物主义是以"结构性因果观"为基础的，由于"线性因果观"仅仅强调一个因素对另一个因素的机械决定作用，"表现性因果观"则强调总体的本质能够还原为经济或精神因素，都只能导致经济主义或机械决定论，而"结构性因果观"则坚持全面性结构对局部性结构及其构成要素的决定作用，同时又坚持后者对前者的相对独立性和反作用，这就决定了历史唯物主义秉承"多元决定"的理论本性，只有这样才能避免对马克思主义理论的经济决定论和技术还原论的解释。

詹姆逊一方面认为分析和批判当代资本主义社会，必须坚持马克思的生产方式分析方法，但他同时认为马克思的生产方式分析方法存在着缺陷，需要借用阿尔都塞上述思想展开修正和完善。因为马克思的生产方式分析范式把人类社会划分为从原始社会到共产主义社会的发展过程，不仅具有浓厚的历史主义特征，而且存在着无法把社会演进的历史规律与对社会结构的分析有机结合的缺陷。

哈维在他的代表作《正义、自然和差异地理学》一书中建构他的地理学历史唯物主义理论，正是直接以怀特海过程哲学的"过程辩证法"为基础，借鉴和参考卢卡奇等西方马克思主义辩证法思想，提出了他的社会过程辩证法，作为他的地理学历史唯物主义理论的方法论基础。怀特海哲学秉承"关

系实在论"的本体论,提出了以"流变"和"生成"为主要内容的过程辩证法,
成为哈维建构社会过程辩证法的直接理论来源。以卢卡奇等为代表的西方
马克思主义理论家提出的以人类实践为基础的"总体性辩证法",打破了马
克思主义哲学史中对辩证法的本体论化和经验论化的理解,为哈维坚持历
史生成性原则论述马克思主义辩证法提供了参考和借鉴。与卢卡奇等人一
样,哈维强调马克思主义辩证法是唯物主义的辩证法,而不是唯心主义辩证
法。"我反对一种正在出现的趋势,它建立在辩证的和关系思维方式之上,产
生了可以被称为'新唯心主义'的东西,它认为,思想和话语是塑造社会——
生态和政治经济变迁之历史地理的根本原因。"①他主张人类社会历史发展
趋势是由诸如语言、权力、信仰,以及物质实践和社会关系等主客观多种因
素所构成的总体所决定的,其中人类的物质实践和经济因素在人类社会发
展进程中起决定作用。与之相对应,马克思的辩证法在哈维看来也应该是一
种以人类实践为基础的总体性辩证法。他所建构的地理学历史唯物主义的
目标就是以社会过程辩证法为方法论基础所提出的社会过程,"使空间(以
及'与自然的关系')作为基本要素整合其中。完成这一目标的唯一途径是,
特别地,把'空间生产',或者更一般地,把'自然的生产'所意味的东西加以
理论化"②,并以社会过程辩证法为基础,处理历史发展进程中的总体性与特
殊性的关系。

2.西方马克思主义的总体性理论对晚期马克思主义的影响

晚期马克思主义对总体性的捍卫与追求,深受西方马克思主义的总体
性理论影响。重视对总体性问题的研究可以说是西方马克思主义理论的共
同点,但是他们对于"总体性"问题的理解却存在着分歧。这种分歧既体现在
人本主义流派内部,也体现在人本主义流派与科学主义流派之间。

从人本主义流派内部的分歧看,卢卡奇、柯尔施、葛兰西、列斐伏尔等人
本主义流派都把"总体性"与"实践辩证法"联系起来,他们所讲的"总体性"
既是一种总体性的方法,又是一种与实践相联系的主体性辩证法,并成为对
抗自然科学实证主义方法论和批判资本主义社会异化的理论武器,强调当
代西方社会使得无产阶级的阶级意识呈现出碎片化的现象,并由此导致了

①　[美]戴维·哈维:《正义、自然和差异地理学》,胡大平译,上海人民出版社,2010年,第10页。
②　同上,第11页。

无产阶级阶级意识的危机,是西方革命失败的根本原因。他们重视和研究总体性的根本原因在于要破除对马克思主义的经济决定论解释,把人类社会历史的发展看作由主客体因素形成的总体所决定的,并要求发挥马克思主义哲学的批判价值功能,形成无产阶级的阶级意识。因此,他们都充满了对"总体性"的渴望。而法兰克福学派则把"总体性"与"同一性"等同起来,并肯定"非同一性"的重要性。阿多诺对此指出,在黑格尔那里,"绝对同一性的原则是自相矛盾的,它使非同一性以被压抑和被破坏的形式永存下去。黑格尔带有这方面的痕迹,他极力用同一性哲学来同化非同一性,用非同一性来规定同一性。然而,黑格尔歪曲了事实真相,因为他要证实同一性,承认非同一性是否定的——尽管是必然的——他因此而误解了普遍性的否定性"①。法兰克福学派由此强调,"否定的辩证法"才是辩证法的真实含义,认为"总体性"意味着对个体性的否定,并导致了当代西方社会的总体化发展趋势和对个人的吞没,由此主张应当摧毁总体,把个体从总体的吞没中拯救出来。因此,他们与卢卡奇等人研究总体的出发点和目的是存在着根本区别的。

从科学主义与人本主义流派的分歧看,阿尔都塞也非常重视对"总体性"问题的研究,但他所说的"总体性"是与人类实践毫无关系的"结构总体",并批评卢卡奇等人以实践为基础的总体性理论必然导致对马克思主义的人道主义解释,贬损马克思主义理论的科学性。他由此把人类社会看作由经济结构、政治结构和文化结构所构成的"总体",并提出了人类社会发展的趋势归根结底是由经济结构所决定的,但文化上层建筑因素在一定历史条件下也能起决定作用的"多元决定"的历史观。他认为只有这样才能够既反对对马克思主义理论的经济决定论、技术还原论和历史目的论的解释,又能够避免对马克思主义理论的人道主义解释,搞清楚马克思主义理论与资产阶级人道主义理论的根本区别和特殊性。他由此提出了马克思主义理论是理论上的反人道主义、反历史主义和历史是"无主体的历史过程"的命题。

晚期马克思主义不仅反对经济决定论的形而上学解读,也反对以后现代思潮消解和钝化马克思的批判价值向度以及过度诉诸文化批判的做法。他们始终坚持历史唯物主义的分析框架,并在政治、经济和文化共同构成的

① [德]西奥多·阿多诺:《否定的辩证法》,张峰译,重庆出版社,1993年,第317页。

总体性批判中寻求社会解放路径。基于上述认知，他们一方面旗帜鲜明地为西方马克思主义展开辩护，认为后马克思主义实际上是剥离了阶级政治的激进型退守；另一方面强调只有坚持和运用总体性理论和方法，才能科学把握晚期资本主义社会的变化与发展趋势，才能保证社会主义政治的正当性。晚期马克思主义在为西方马克思主义总体性理论作辩护的同时，又强调应当根据时代发展进一步细化和完善西方马克思主义的总体性理论。晚期马克思主义理论家詹姆逊由此借助阿尔都塞的意识形态理论和波朗查斯的社会构型理论，在坚持对晚期资本主义展开政治经济学批判的基础上，把西方马克思主义总体性理论具体化为"认知测绘"方法，并以此为基础提出了应当以实现宏观的经济变革和微观的文化革命为途径的解放的乌托邦。凯文·林奇在《城市的意象》一书中最早提出了"认知测绘"的概念，其内涵和目的是解决主体在与居住城市的疏离感越来越强烈的情况下，通过经验、记忆、想象来获得对城市的印象。詹姆逊所说的"认知测绘"概念，实际上是把林奇的"认知测绘"概念与阿尔都塞的"意识形态"概念相综合的结果。阿尔都塞的"意识形态"概念表征的是主体对其真实生存状况的想象，是主体真实体验与想象的辩证统一。詹姆逊通过把二者的概念加以综合，提出只有用"认知测绘"的方法，才能真正认识和把握晚期资本主义社会的社会结构和总体性质，从而制定政治实践的有效策略。"不能进行社会测绘有害于政治经验，就如同不能进行空间测绘有害于城市经验一样。不言而喻，这个意义上的认知测绘美学是任何社会主义政治规划的必要组成部分。"[①]詹姆逊所说的"认知测绘"，实际上就是要求在把握晚期资本主义社会的总体化运动与个人的现实处境的关系的基础上，提出政治规划和把握主体的政治命运。

3.西方马克思主义的空间理论对晚期马克思主义的影响

如果说阿尔都塞的"多元决定论"使得人们开始立足经济、政治、文化等因素展开对社会空间的再造的话，列斐伏尔则提出了以空间生产为基础的历史辩证法，开启了历史唯物主义空间化道路。[②]列斐伏尔在思考资本主义社会何以能够幸存这一问题的过程中提出了他的空间生产理论，并提出了

---

① 王逢振主编：《詹姆逊文集：新马克思主义》（第1卷），中国人民大学出版社，2004年，第304页。
② 参见刘怀玉：《历史唯物主义的空间化问题》，江苏人民出版社，2022年。

"三元空间辩证法"思想。他反对近代空间认识论脱离人类实践看待空间,只重视物理空间而忽视社会空间的观点,认为空间不只是牛顿力学意义上的惰性质料,同时也有社会关系的属性,特别是就当前的资本主义生产而言,已经从空间中商品的生产转向空间本身的生产,突出表现为资本的城市化和全球化现象,其目的就是要将融入资本主义生产关系的空间最大限度地拓展开来,从而巩固并强化自身的意识形态统治。列斐伏尔据此提出了空间生产的辩证法,并重述了马克思对于人类社会的历史分期。例如,他把历史发展进程区分为象征人类原始自然状态的"绝对空间"、代表蒙昧时期或暴君统治的"神圣空间"、以希腊式城邦为代表的"历史性空间"、反映资本财产关系的"抽象空间"、代表全球化时代的"矛盾性空间",以及蕴含解放状态的"差异性空间"。在上述空间形态中,列斐伏尔认为资本主义生产的抽象空间同样将其蕴含的矛盾机制注入其中,主要表现为中心与边缘、全体与部分、全球和地方等,而只有通过空间批判的理论视角予以识别和阐发,方能实现从资本主义空间到社会主义空间的转换。

　　列斐伏尔的空间生产理论开启了当代西方思潮的"空间转向",为揭示资本城市化和全球化蕴含的意识形态内涵以及系统建构资本空间批判理论提供了理论资源。例如,哈维正是在列斐伏尔的启发下系统建构了"历史–地理唯物主义理论"。在他看来,列斐伏尔虽然揭示了资本主义的空间殖民现象,但他并没有立足时空共予性维度展开深度讨论。哈维则认为:"在一般的金钱经济中,尤其是在资本主义社会里,金钱、时间和空间的相互控制形成了我们无法忽视的社会力量的一种实质性的连结系列。"[①]哈维正是在克服列斐伏尔脱离时间,片面强调空间的缺陷的基础上,强调应当把时间和空间有机结合起来,并通过具体分析资本在空间生产过程中是如何制造出不平衡的地理生产及其后果,来找寻社会主义解放政治学的可能途径。哈维把资本空间生产和资本全球化进程中的各种争论的核心归结为"公正的地理差异的公正生产的问题",并认为"需要批判地理解生态、文化、经济和社会条件上的差异是如何生产出来的(特别地,通过那些我们大体上能够改变和控

---

　　①　[美]戴维·哈维:《后现代的状况——对文化变迁之缘起的探究》,阎嘉译,商务印书馆,2003年,第 282 页。

制的人类活动),也需要批判地评价这种生产出来的差异之正义或非正义性质"①,并利用他的地理学历史唯物主义理论分析资本主义空间生产的后果。哈维把资本主义空间生产本质归结为资本主义的全球化,并把资本的空间生产的后果归结为生产和组织形式的专业化和全球化,大大降低了商品生产和流通的成本,也使生产在地理上更加分散化,极大地增加了跨国公司的权力,工人阶级在地理上更加分散化以及在文化上更加多元化和异质化,如何把日益分散的工人运动组织成反对资本主义的总体运动,是西方社会主义运动面临的难题。

不仅如此,全球化既促进了新自由主义的进一步发展,不仅凸显了处理民族国家和资本主义全球化的关系的难题,而且也凸显了经济发展与环境保护之间的矛盾,也使人们对从区域性的环境问题更加转向对全球性环境问题的关注。在阐发资本主义空间生产的后果的基础上,哈维提出了"领土逻辑与资本逻辑""时空修复理论"和"时空压缩理论",来论述资本如何通过空间生产获得实现资本积累和维系政治统治。"领土逻辑与资本逻辑"主要揭示了资本积累的当代策略,即不仅依靠时间层面的循环周转,也同时凭借空间生产的地理学手段。"时空修复理论"主要讨论资本是如何通过不同层级的资本循环以缓解过度积累的危机。"时空压缩理论"则是哈维用以描述后现代时空体验的概念。在他看来,随着福特制向后福特制的转型以及信息技术的普及,资本积累的方式也愈加灵活和便捷,这就在极大程度上削弱了人们以往的时空观感。例如,我们可以利用信息技术体验即时通信的快捷,也可以通过各大网络平台感受数字货币的便利,而不断加快的节奏使人们倾向于将"当下"的体验看作关于生活的全部体验,至于持续弱化的空间感则使人们仿佛居住在"地球村"一般。但哈维同时也强调,"时空压缩"的悖论在于,"空间障碍越不重要,资本对空间内部场所的多样性就越敏感,对各个场所以不同的方式吸引资本的刺激就越大。结果就是造成了在一个高度一体化的全球资本流动的空间经济内部的分裂、不稳定、短暂而不平衡的发展"②。显然,哈维试图结合当下资本主义的生产技术范式转型、全球化和城市化的

① [美]戴维·哈维:《正义、自然和差异地理学》,胡大平译,上海人民出版社,2010年,第6页。

② [美]戴维·哈维:《后现代的状况——对文化变迁之缘起的探究》,阎嘉译,商务印书馆,2003年,第370页。

全面展开、信息技术的发展以及国家和区域间不平衡发展的现实,探究空间生产时代的资本积累策略及其矛盾机制,并据此给出解放政治的空间构想。大体而言,哈维一方面借鉴了列斐伏尔关于"差异性空间生产"的表述以适应晚期资本主义遭遇的后现代状况,另一方面也积极通过政治经济学批判,揭示资本空间积累、循环和周转过程中的逻辑悖论,进而寻找凝聚阶级政治的解放可能性。

　　总体而言,西方马克思主义的理论效应具有积极和消极两重面向。一方面,使国外马克思主义新思潮,如后马克思主义和英国文化研究思潮,进一步夸大主观因素在历史发展进程中的作用,并最终背离了历史唯物主义,这是西方马克思主义文化转向的消极效应;另一方面,以哈维、詹姆逊和伊格尔顿等人为代表的晚期马克思主义理论家,则坚持马克思的生产方式理论,在吸收西方马克思主义文化转向积极成果的基础上,对晚期资本主义社会展开经济批判、文化批判和意识形态批判,构成了国外马克思主义哲学的第二次转向,即政治经济学研究的回归,这是西方马克思主义文化转向的积极效应。

三、西方马克思主义对中国马克思主义理论研究的影响

　　要评判西方马克思主义对中国马克思主义理论研究的影响,就必须在厘清中国学术界对西方马克思主义的解释史和接受史的基础上,结合中国马克思主义理论建设和中国特色社会主义实践的历程予以系统的考察。

(一)中国学术界对西方马克思主义的解释史与接受史

　　中国学术界一般把徐崇温先生在 1982 年出版的《"西方马克思主义"》一书作为西方马克思主义系统传入中国学术界的开始,至今已经四十余年。我国学术界对西方马克思主义的解释经历了全盘否定、到否定中有肯定和以肯定为主的发展阶段,与之相对应,中国学术界对西方马克思主义的接受史也经历了拒斥、同情的理解和接受的发展历程。中国学术界对西方马克思主义的解释史与接受史,既与中国学术界对马克思主义哲学、马克思主义哲学发展观的理解密切相关,又与中国特色社会主义实践的深化密切相关。

按照我国西方马克思主义学科的奠基人徐崇温先生的说法，我国西方马克思主义研究一开始是为了完成政治任务而被带动起来的，即为了给党和国家领导人提供国外访问时如何回答、如何看待西方马克思主义思潮这一问题提供参考意见而被带动的，后来才发展为学术界的一种学术自觉。我国西方马克思主义研究的起步阶段为 1982—1986 年，有三点原因制约了中国学术界对西方马克思主义的深入研究和科学认识。具体来说：

第一，对马克思主义哲学的僵化理解。虽然经真理标准问题大讨论和党的十一届三中全会拨乱反正，把经济建设置于党和国家的工作重心，但"左"的教条主义思想还没有根本肃清，中国学术界由此把对马克思主义哲学的"辩证唯物主义与历史唯物主义"的解释模式看作唯一正确的解释模式，并成为评价包括西方马克思主义在内的哲学思潮和理论问题理论得失的唯一标准，而西方马克思主义就是在反思和批判"辩证唯物主义与历史唯物主义"的过程中产生和发展起来的。这就使得我国学术界在研究方法上不是立足西方马克思主义所处的社会历史条件、文化传统和所面临的时代问题，而是在介绍西方马克思主义的具体理论观点的基础上，与"辩证唯物主义与历史唯物主义"的具体理论观点作简单的对照，以此评判其理论得失，由此必然既无法真正理解西方马克思主义理论命题的真实含义，也把西方马克思主义看作一股马克思主义发展史上的异端或修正主义，使得西方马克思主义研究主观批判有余，科学分析不足。

第二，对马克思主义哲学发展观的狭隘理解。当时中国学术界把马克思主义发展观归结为革命导师、革命领袖思想的发展史，而不是把马克思主义发展史看作马克思主义基本原理与各国社会历史条件、文化传统相结合的世界化和民族化的发展历程，而且强调革命导师、革命领袖的观点不容置疑。而西方马克思主义则不同意恩格斯和列宁以及苏俄马克思主义对马克思主义哲学的理解，并对恩格斯和列宁的理论观点提出批评和疑问，由此导致中国学术界把西方马克思主义看作一股按照西方哲学世界观，修正恩格斯、列宁主义的一股重新设计马克思主义的反马克思主义思潮和非马克思主义思潮，并对西方马克思主义采取了否定和拒斥的态度。

第三，中西方社会发展的不同阶段和面临的不同问题，妨碍了我们同情地理解西方马克思主义。西方马克思主义产生和发展的时期，西方正处于从现代社会向后现代社会转型阶段，西方马克思主义不仅从哲学上反思了理性主义哲学文化的弊端，而且反思西方现代化进程中出现的"现代性问题"，先后提出了反思技术理性批判问题、消费主义价值观和生存方式问题、物质与精神发展的平衡问题及生态问题等。而西方马克思主义传入中国学术界之时，中国正处于从前现代化向现代化过渡的时期，面临着树立理性主义文化和如何通过发展解决温饱的问题，社会发展阶段的差异，使得我们对西方马克思主义的理论命题显得相当有隔膜，也难以真正理解西方马克思主义理论命题的真实含义。正是因为上述三个原因，使得中国学术界对西方马克思主义从总体上采取了否定和拒斥的态度。

1986 年以后，随着改革开放和中国特色社会主义实践的深入，客观上要求正确批判包括西方马克思主义在内的国外哲学文化思潮，同时西方马克思主义理论家的代表性著作被陆续翻译成中文，为学术界客观研究西方马克思主义提供了基础。而中国学术界开始反思"辩证唯物主义与历史唯物主义教科书体系"，出现了或者立足主客体关系角度，或者从实践角度，或者从人学和人道主义角度的多种对马克思主义哲学的理解，为学术界以不同的哲学理念认识和评价西方马克思主义创造了条件。对马克思主义哲学理解的多样化又导致了对马克思主义哲学发展观的不同理解，学术界开始把马克思主义哲学发展史看作以马克思和恩格斯思想为源，与各国具体历史条件和文化传统相结合的世界化和民族化的发展过程，并强调西方马克思主义是 20 世纪马克思主义哲学发展的内在组成部分。对马克思主义哲学的不同理解和马克思主义哲学发展观的变化，导致中国学术界对如何看待和评价西方马克思主义发生了争论和分歧，并由此形成了看待西方马克思主义的否定派、具体问题具体分析派和肯定派三种不同观点，虽然这一时期否定派在学术界依然处于主导地位，但学术界已经开始努力同情地理解西方马克思主义。进入 20 世纪 90 年代以后，学术界对西方马克思主义的研究进入一个新阶段。其体现在：

第一，研究主题的转换。从 20 世纪 80 年代开始，学界主要从西方马克思主义的理论性质入手，关注其是否在观点、立场和方法上与经典马克思主义保持性质上的一致性，而当下则推进到以人物和问题为导向的深度研究。

第二，研究群体不断拓展、研究机构不断壮大。研究群体从哲学研究者进一步拓展到从事文化研究和社会批判的群体，研究机构从主要集中于复旦大学、南京大学、黑龙江大学，进一步拓展到中南财经政法大学、山西大学和东北师范大学等高校和研究机构，为壮大西方马克思主义的研究队伍奠定了必要的基础。

第三，研究范式和评价的多样化。除了原有的"辩证唯物主义与历史唯物主义研究范式"之外，还出现了"问题式研究范式""实践唯物主义研究范式"和"马克思主义哲学中国化研究范式"，多元研究范式并存使得学术界对如何看待和评价西方马克思主义的看法更加多样化，也凸显了解决西方马克思主义研究在中国的目的和意义问题的重要性。①

由于西方马克思主义的性质问题不仅是一个难以达成共识的问题，而且也是一个具有政治意识形态风险的问题，部分学者从推进我国西方马克思主义研究这一目的出发，提出用一个纯地域性的"国外马克思主义研究"的概念代替兼有地域性和意识形态性的"西方马克思主义概念"，并逐渐获得了学术界的认同，国务院由此于 2005 年在马克思主义理论学科中专门设置了"国外马克思主义研究"这个二级学科，从而实现了我国学术界从西方马克思主义研究到国外马克思主义研究的转变。同时，伴随着我国学术界对西方马克思主义研究和中国现代化实践的深入，西方马克思主义所提出的理论命题的真实含义为学术界所理解和接受，由此学术界既把西方马克思主义看作中国马克思主义理论建设的思想资源，认为卢卡奇、葛兰西和柯尔施等人对马克思哲学的解释的意义在于，"不但指出了马克思的哲学超越西方近代哲学，而且领悟到了马克思的哲学还超越了西方现当代哲学"②，甚至认为他们的哲学观点代表了中国马克思主义哲学改革和发展的方向；又把西方马克思主义理论看作解决中国现代化实践进程中的科学技术的社会效应、消费主义价值观和生产方式弥漫，以及生态问题等现代性问题的理论资源。

中国学术界对西方马克思主义的接受史与解释史是同一历史过程，如何解释西方马克思主义，决定对待西方马克思主义是采取拒斥、同情地理解

---

① 参见王雨辰：《论改革开放以来中国西方马克思主义研究的历史与逻辑》，《哲学研究》，2018年第 12 期。

② 陈学明：《情系马克思：陈学明演讲集》，武汉大学出版社，2010 年，第 259 页。

还是接受的态度。具体来说:

20世纪80年代中期以前,我们主要将西方马克思主义理解为一种融合了黑格尔主义、弗洛伊德主义和存在主义等学说的唯心主义思潮,这就不可避免地将其看作马克思主义发展史上的"异端",而我们的理论研究任务就是在译介其观点和学说的同时予以否定和批判。

在1986年至1989年的西方马克思主义研究的大争论后,虽然对西方马克思主义的"否定派"依然占据主导地位,但既出现了要具体分析卢卡奇、葛兰西和阿尔都塞这些理论家对发展马克思主义理论的重要贡献,要求把他们与一般的西方马克思主义理论家区分对待的观点,[①]也出现了质疑徐崇温先生的"西方马克思主义"概念体系所指称的"西方马克思主义思潮"并不存在,[②]而且批评徐崇温先生全盘否定西方马克思主义的观点一是看不到马克思主义的理论本性是科学性与革命性辩证统一的特点,决定了马克思主义理论必然与各国具体实践相结合为自己的发展开辟道路;二是看不到西方马克思主义是马克思主义在当代西方历史条件下的体现,全盘否定西方马克思主义这一观点的实质是"唯我独马""唯我独革"的教条主义的体现。[③]

进入20世纪90年代之后,伴随着研究范式的多样化和对西方马克思主义研究的深入,学术界主流的观点转变为如何借用西方马克思主义的理论资源,服从和服务于中国马克思主义理论建设和中国特色社会主义实践。在谈及应当如何看待西方马克思主义时,陈学明教授指出:"当我们接触一种国外思潮时,为什么置其一切合理之处于不顾,非得把注意力集中于批判其弱点、错误上。这种批判是必要的,但把对一种思潮、学派的研究等同于对其短处的揭露与批判,就有点失策了。我们为什么不想方设法地在理解和消化的基础上,吸收其至当不易之论,来一个有一善处,洋为中用。"[④]在论及我国西方马克思主义研究的目的和价值归宿时,陈学明教授反对就西方马克

---

① 参见张翼星:《卢卡奇、葛兰西与一般"西方马克思主义"者的区别》,《马克思主义研究》,1988年第4期。

② 参见杜章智:《"西方马克思主义"是一个含糊的、可疑的概念》,《马克思主义研究》,1988年第1期。

③ 参见张本:《关于当代西方马克思主义的研究对象——兼与徐崇温同志商榷》,《现代哲学》,1988年第2期;《我们为什么要研究西方马克思主义》,《人民日报》,1988年10月28日。

④ 陈学明:《法兰克福学派的批判理论在当代中国的意义》,《江海学刊》,2000年第5期。

思主义研究西方马克思主义，也不同意把西方马克思主义研究与中国马克思主义研究割裂开来，成为一个自我放逐和自我孤立的相对独立的小圈子，而应当把西方马克思主义的研究目的和价值归宿定位于促进中国马克思主义理论建设和有利于中国特色社会主义实践。陈学明教授回顾自己研究西方马克思主义时指出："当今的马克思主义正面临严重的挑战，围绕马克思主义有许多至关重要的问题需要回答，对'西方马克思主义'的研究必须瞄准这些重大问题。"[①]上述观点的转变意味着中国学术界从拒斥西方马克思主义转向了接受西方马克思主义，并把它作为中国马克思主义理论建设的重要思想资源。

（二）西方马克思主义对中国马克思主义理论研究的影响

自从西方马克思主义系统传入中国学术界，即便在对西方马克思主义的"否定派"占据主导地位时，就对中国马克思主义理论研究产生过巨大的影响。对此，张一兵教授在谈到西方马克思主义对他的马克思主义理论研究的影响时指出："最初接触这一新的理论领域，还是在读研究生的时候。其时是在徐崇温先生撰写《"西方马克思主义"》（1982年）中第一次听说这个思想流派的。在当时的直觉中，有一种深深的震惊，研究马克思哲学还能这样出彩？可是，由于传统哲学解释构架的惰性制约……总在找西方马克思主义哲学什么地方错了。"[②]正是怀疑当时评判西方马克思主义理论标准的"辩证唯物主义与历史唯物主义"，为了找寻评判西方马克思主义的理论标准，他重新研读马克思主义经典著作，形成了多次印刷，并在学术界产生重要影响的《回到马克思》一书。而当时对"文化大革命"和"左"的教条主义指导思想的反思，中国学术界兴起了人道主义和异化问题的大讨论，西方马克思主义对《1844年经济学哲学手稿》的研究，对异化和人道主义的研究，就成为中国学术界反思"文革"的思想资源。随着我国西方马克思主义研究的深入，中国学术界越来越从西方马克思主义理论中吸取思想资源，并形成了中西马克思

---

① 陈学明：《时代的困境与不屈的探索》，黑龙江大学出版社，2007年，第2~3页。

② 张一兵：《文本的深度耕犁》，后记，中国人民大学出版社，2004年。

主义研究有机互动的关系。西方马克思主义对中国马克思主义理论研究的影响主要体现在：

第一，推进了中国学术界对"辩证唯物主义与历史唯物主义教科书体系"的反思和马克思主义哲学改革的发展。孙正聿先生把中国马克思主义哲学发展的历程划分为 20 世纪 80 年代以前的教科书范式、80 年代的教科书改革范式和 90 年代以后的后教科书范式三个阶段。所谓教科书范式就是指，按照斯大林主持的《联共(布)党史简明教程》一书在第四章第二节中"辩证唯物主义与历史唯物主义"的有关论述中来理解、学习和宣传马克思主义哲学，并形成了各种版本的马克思主义哲学教材。依据我国学者徐长福教授的考证，1961 年出版的由艾思奇主编的《辩证唯物主义与历史唯物主义》是中国具有权威性的马克思主义哲学教材，但这本教材就其上篇"辩证唯物主义"来说，几乎看不到马克思的理论文本。而在 1977 年人民出版社出版的《马列著作选读：辩证唯物主义与历史唯物主义(试编本)》一书中，选择的主要是马克思、恩格斯、列宁和斯大林的理论文本。选择马克思、恩格斯、列宁的理论文本的比例为 1∶15∶10，而事实上在已出版的《马克思恩格斯全集》(第 1—26 卷)中，马克思与恩格斯理论文本的比例为 1∶0.6。也就是说，虽然马克思的理论文本相对于恩格斯的理论文本较多，但对马克思主义哲学的教科书体系的解释模式主要不是根据马克思的著作编写而成，而主要是根据恩格斯的《反杜林论》《路德·维希·费尔巴哈和德国古典哲学的终结》《自然辩证法》，列宁的《唯物主义和经验批判主义》等著作编写而成。徐长福教授把这种现象称为解释马克思主义哲学的学术失范。①《联共(布)党史简明教程》第四章第二节对马克思主义哲学的解释是立足近代理性主义哲学思维方式，把马克思主义哲学解释成一种近代知识论哲学，从而论证历史规律不以人的意志为转移的客观性。其特点是把"辩证唯物主义"看作马克思主义哲学的世界观，把历史唯物主义看作"辩证唯物主义"在历史领域的推广和运用，"历史唯物主义就是把辩证唯物主义的原理推广去研究社会生活，应用于研究社会历史"②。这种对马克思主义哲学的解释虽然在宣传和普及

---

① 参见徐长福：《本文与解释：论马克思主义哲学解释的学术规范》，《哲学研究》，1997 年第 11 期。

② 《联共(布)党史简明教程》，中共中央马克思、恩格斯、列宁、斯大林著作编译局译，人民出版社，1975 年，第 115~116 页。

马克思主义哲学原理方面起了巨大的作用，但其缺陷在于脱离实践和辩证法，割裂"辩证唯物主义"与"历史唯物主义"的内在统一，混淆了历史规律和自然规律的本质区别，是一种"以物为本"的解释模式。对于这种对马克思主义哲学的解释，西方马克思主义提出过激烈的批评。以卢卡奇、柯尔施和葛兰西等为代表的早期西方马克思主义理论家将这种对马克思主义哲学的解释斥之为机械决定论、经济决定论的解释和物质与精神绝对对立的旧式形而上学，"不仅取消了马克思和恩格斯对黑格尔辩证法的唯物主义的颠倒，而且他把唯物主义和唯心主义的全部争论拖回到从康德到黑格尔的德国唯心主义已经超越了的历史阶段"①。葛兰西在《狱中札记》一书中，通过专门评论布哈林根据《联共（布）党史简明教程》而撰写的《历史唯物主义理论——马克思主义社会学通俗教材》一书，批评这种对历史唯物主义的解释脱离辩证法，把辩证唯物主义理解为以自然科学方法为基础的机械唯物主义，把历史唯物主义看作辩证唯物主义在社会历史领域中推广和运用的结果，是一种违背马克思的原意的对马克思主义哲学的机械决定论的理解。早期西方马克思主义因此强调实践、辩证法和主体性在马克思主义哲学中的基础和决定地位，要求区分历史规律与自然规律的区别，并把马克思主义哲学理解为关于人与人、人与自然关系的实践唯物主义哲学。西方马克思主义的上述思想极大地推进了中国学术界对马克思主义哲学教科书体系的反思，由此形成了对马克思主义哲学的实践唯物主义、实践本体论和人学等不同的理解，不仅打破了教科书体系的解释模式一统天下的局面，而且使得西方马克思主义反复讨论的"实践""辩证法""主体性""主体间性"成为中国马克思主义哲学讨论的热点问题，使中国马克思主义哲学研究进入教科书范式改革发展阶段。

第二，推进了中国学术界对马克思主义哲学本质的理解。马克思主义哲学的本质包含马克思主义哲学到底是一种近代形态的哲学还是一种现代形态的哲学，以及如何理解马克思主义哲学的功能与使命两方面的内容。一是如何理解马克思经由感性活动引发的哲学革命，二是关于上述革命的内容、性质和本质的解读。就此而言，西方马克思主义学者立足近现代哲学的断裂

---

① ［德］卡尔·柯尔施：《马克思主义和哲学》，王南湜等译，重庆出版社，1989年，第81页。

点上展开思索，并反对将马克思主义哲学理解为一种以主客二元分裂为特征的近代哲学，认为马克思正是通过超越近代哲学实现哲学革命的。以卢卡奇、葛兰西等为代表的早期西方马克思主义理论家是通过比较马克思的"总体性辩证法"和近代哲学的理性主义方法的异同、哲学主题的转换两个角度论证马克思哲学革命道路，反对立足近代理性主义哲学的立场来理解和阐发马克思主义哲学，强调马克思主义哲学是一种现代形态的哲学。①法兰克福学派把马克思的唯物主义哲学称为以政治经济学批判为基础的社会批判哲学，以区别于以自然科学方法论为基础的传统理论，并把马克思主义哲学解释为现代实践唯物主义哲学、实践人道主义哲学。②阿尔都塞认为，马克思的思想经历了一个从信奉近代人道主义的意识形态理论总问题，到创立生产力、生产关系、社会形态等科学理论总问题的"认识论"的断裂而创立历史唯物主义科学，进而实现哲学革命的。③生态学马克思主义反对把马克思的唯物主义哲学理解为经济决定论和技术还原论，把马克思主义哲学解释为实践唯物主义哲学或文化唯物主义哲学。④在肯定了马克思主义哲学是现代形态的哲学之后，西方马克思主义强调马克思所实现的哲学革命的实质是，使得马克思主义哲学不再像近代哲学那样把整个世界作为自己的研究对象，把探讨整个世界的普遍规律和绝对本质作为自己的使命，而是把人与人、人与自然的关系作为自己的研究对象，把如何求得人的自由解放作为自己的使命。

　　西方马克思主义上述对马克思主义哲学本质的理解和中国哲学界对西方哲学现代转型问题的研究，使得中国学术界从根本上摆脱了立足近代哲学的思维方式理解马克思主义哲学，把马克思主义哲学理解为现代形态的哲学方法。对于上述问题，刘放桐教授、陈学明教授、杨耕教授等人都作了系统的论述。

　　刘放桐教授在论述西方哲学的现代转型的基础上，论述马克思主义哲

---

　　① 参见王雨辰：《论经典西方马克思主义对马克思哲学革命变革道路和实质的考察》，《马克思主义与现实》，2009 年第 6 期。

　　② 参见王雨辰：《略论法兰克福学派的马克思主义哲学观》，《武汉科技大学学报》，2020 年第 6 期。

　　③ 参见王雨辰：《阿尔都塞的马克思主义理论研究》，中国人民大学出版社，2018 年，第一章。

　　④ 参见王雨辰：《论生态学马克思主义的马克思主义哲学观》，《北京大学学报》，2020 年第 5 期。

学的现代性质及其与西方马克思主义的关系。刘放桐教授认为,近代西方哲学具有肯定理性和人的主体性的进步和革命意义的同时,又走向了对理性的迷信和崇拜,而且其主客二分的思辨形而上学使得对"人的主体性和创造性、自由和人格的尊严等由此被消解于理性思辨体系中了"①,近代西方哲学的这种缺陷被现代西方哲学家归结为"基础主义""本质主义""本体论的思维方式""逻各斯中心主义"和"在场的形而上学"等,其核心就是要求建立一个无所不包的形而上学体系,并使之成为一切知识的基础。西方现代哲学要求以人的活动为基础,破除了近代哲学主客二分的思辨形而上学,完整认识人的存在、价值和意义。刘放桐教授强调,只有立足西方哲学现代转型这一大的哲学文化背景,摒弃近代哲学思维方式,转向现代哲学思维方式,才能真正理解马克思所实现的哲学革命的本质与意义。马克思主义哲学和西方马克思主义都属于西方哲学现代转型的组成部分,其在思维方式上超越了近代哲学所秉承的心物二元论,但马克思主义哲学不仅仅属于西方哲学的现代组成部分,而且超越了现代西方哲学的局限性,因为现代西方哲学对近代哲学的超越仅仅是在某些方面或环节上的超越,整体来讲却依然徘徊在旧的哲学框架范围内,往往以不同的形式重复近代哲学的缺陷。西方马克思主义的产生和发展既与他们反思和批判对马克思主义的歪曲有关,也离不开他们对于本土化革命道路的探索,尽管其在具体的方法、内容和理论结局层面存在缺陷,但我们也应当看到西方马克思主义者研究的深刻性,特别是在彰显马克思主义哲学批判价值维度和批判机械论的解读模式层面,为我们提供了启发和借鉴。将西方马克思主义和经典马克思主义抽象地对立起来并排斥于马克思主义的理论谱系,显然不是马克思主义者应有的态度。刘放桐教授由此强调,应当大胆借鉴现代西方哲学和西方马克思主义的研究成果,破除立足近代哲学思维方式把马克思主义哲学归结为几条能反映自然、社会和精神等一切领域的普遍规律为基本框架的理论体系,并以此为基础揭示一切领域的特殊规律的做法,而应当立足现代哲学思维方式重新理解和阐发马克思主义哲学。

　　陈学明教授与刘放桐教授具有完全一致的价值取向。陈学明教授认为,

---

　　①　刘放桐:《现代哲学发展趋势》,上海人民出版社,2019 年,第 109 页。

西方马克思主义代表人物所开辟的对马克思主义哲学新的解释路向代表了马克思主义"真精神",其特点是强调马克思已经超越了纯粹形而上学和近代形而上学思维方式,确认马克思的哲学属于现代哲学。其中最关键的是"突出人的社会实践在整个哲学中的决定性作用,强调马克思主义哲学的要点是突出实践性、历史性和总体性。……论证马克思主义哲学是一种以主客体统一为主要特征的实践哲学"①。在西方马克思主义看来,马克思主义哲学和西方现代哲学既是反对近代形而上学世界观和思维方式的同盟军,但马克思主义哲学对近代哲学的超越又不像西方现代哲学仅仅是个别问题的突破和超越,而是一种整体性的超越。陈学明教授认为,西方马克思主义既有利于我们把握马克思主义哲学与西方现代哲学的关系,又有利于我们把握马克思主义哲学的"真精神",而且有利于我们把回归马克思和推进马克思有机结合起来。

　　杨耕教授在系统回顾马克思主义哲学体系演变的基础上,指出苏联马克思主义哲学体系虽然深化和普及了马克思主义哲学的一些观点,"但从总体上看,它曲解了马克思的哲学,忽视了实践的世界观或本体论地位,否定了人的主体地位,颠倒了马克思哲学的总体逻辑"②。他认为,卢卡奇的创造性贡献就是确认科学的实践观是历史唯物主义的理论基础,并通过实践范畴把社会和自然联系起来,赞扬"卢卡奇回到马克思,恢复了历史唯物主义的本来面貌,并展示一个新的思想地平线"③,并由此认为马克思主义哲学实现了对传统哲学理论主题的转换,即从传统哲学关注"世界何以可能的问题"转向"人类解放何以可能的问题",从而"使哲学的聚焦点从宇宙本体转向了人的生存本体"。④可以说,西方马克思主义的理论探索极大地推进了中国学术界对马克思主义哲学本质问题的理解。

　　第三,西方马克思主义对马克思主义理论科学性和意识形态职能关系

---

①　陈学明:《情系马克思:陈学明演讲集》,武汉大学出版社,2010年,第185~186页。

②　杨耕主编:《马克思主义哲学体系研究:历史演变与基本问题》(上),四川人民出版社,2019年,第40页。

③　杨耕主编:《马克思主义哲学体系研究:历史演变与基本问题》(下),四川人民出版社,2019年,第370页。

④　杨耕主编:《马克思主义哲学体系研究:历史演变与基本问题》(上),四川人民出版社,2019年,第7页。

问题的探索,推进了中国学术界对马克思主义哲学理论本性的理解。马克思主义理论的科学性和意识形态职能关系问题, 是自卢卡奇以来的西方马克思主义反复探讨的问题。西方马克思主义既反对当时马克思主义阵营对马克思主义哲学的经济决定论理解, 又反对对马克思主义持政治实用主义的态度,要求既发挥马克思主义的批判意识形态功能, 又保证马克思主义理论的科学性,或者克服无产阶级的阶级意识危机, 或者唤醒西方个人的自主意识和独立人格。应该说,除了葛兰西之外,西方马克思主义并没有真正解决好马克思主义理论科学性与意识形态职能的关系问题。伴随着我国学术界对教科书体系的反思和马克思主义哲学改革进程的深入, 西方马克思主义关于这一问题的讨论也对我国学术界关于马克思主义理论本性的探讨发生了重要的影响,并具体体现为关于马克思主义的"学术性"与"现实性"关系的讨论。

部分学者从反思和批判教科书体系, 避免长期以来存在的将马克思主义理论沦为论证党的方针、政策的工具的做法,推进中国马克思主义哲学理论建设出发,强调应当增强马克思主义理论的学科意识,由此他们把苏俄版本、中国版本的马克思主义称作"政治版本"的马克思主义,把西方马克思主义看作"学术版本"的马克思主义,不仅出现了"以西解马"的现象,而且还要求马克思主义研究去现实化, 进而把马克思主义理论研究变成自说自话的学院研究,由此导致了关于马克思主义的"学术性"与"现实性"关系的争论。这场争论既是西方马克思主义关于马克思主义理论的科学性和意识形态职能关系问题讨论在当代中国学术界的回响, 也与当代中国马克思主义理论建设的现实密切相关。部分学者要求避免马克思主义理论的政治实用主义化,进而要求增强马克思主义理论的学科意识和学术意识,这原本对于推进中国马克思主义理论建设具有积极作用,但他们却由此走向了另一个极端。因为他们把马克思主义理论的现实化等同于意识形态化, 认为增强马克思主义理论的学科意识就是要使马克思主义理论去现实化, 这既违背马克思主义理论的本质,也不符合马克思主义的理论本性。从马克思主义哲学的本质看,马克思主义哲学批判和超越了近代思辨形而上学,把理论主题转向如何实现人的自由和解放问题, 这就决定了马克思主义哲学必须关注和揭示人的现实生存境遇和人的生存的价值问题, 这也决定了马克思主义哲学内在地包含现实维度；从马克思主义哲学的理论本性看，马克思主义哲学不仅是科学的世界观和方法论，而且是无产阶级争取自身解放的理论工具，是科学性与革命性的内在统一，而要求马克思主义理论去现实化的核心是去意识形态化，这显然违背了马克思主义理论的本性。这场争论的关键是如何在保证马克思主义理论的科学性的基础上，发挥马克思主义理论的意识形态职能，而不应当是如何"去意识形态化"的问题。

第四，西方马克思主义理论与中国马克思主义哲学研究的新论域的开启。中国马克思主义哲学研究通过对教科书体系反思、批判和对教科书体系的改革，把马克思主义哲学看作一种关于如何实现人的自由和解放的实践哲学，这种实践哲学不是要建立如同近代哲学那样的包罗万象的哲学体系，而是要真正建立与人的现实生活世界的联系。也就是说，马克思主义哲学应当有自己的哲学体系，但它本质上不是一种"体系哲学"，而是一种关注人的现实生活世界的"问题哲学"，中国马克思主义哲学由此进入后教科书时代。

在后教科书时代，中国马克思主义哲学建立起了与中国特色社会主义实践、中国人的现实生活世界的联系，西方马克思主义的文化批判理论、日常生活批判理论、技术理性批判理论、政治哲学研究和生态批判理论，对中国马克思主义哲学开启文化哲学、生活哲学、技术批判哲学、生态哲学等新论域起了巨大推进作用。具体来说：

其一，西方马克思主义的文化批判理论不仅开启了中国马克思主义哲学对马克思主义文化理论的研究，而且展开了对大众文化、消费主义文化的批判，最终形成了文化哲学的研究范式，并借用这种文化哲学研究范式，探讨不同民族文化传统在马克思主义哲学世界化与民族化的作用和不同形态的马克思主义哲学的文化个性，探讨中国现代化进程中大众文化、消费主义文化的实质与危害，促进中国现代化进程中的文化建设问题。

其二，西方马克思主义的异化与日常生活批判理论，对中国马克思主义哲学克服传统的知识论哲学观，建立马克思主义哲学与人们日常生活世界的有机联系，通过日常生活批判重建中国人的精神世界，形成日常生活批判理论和生活哲学起了巨大的启示和推进作用。①

---

① 参见李文阁：《复兴生活哲学：一种哲学观的阐释》，安徽师范大学出版社，2010年。

　　其三，西方马克思主义的技术理性批判对于中国马克思主义哲学重建科学技术理论和反思科学技术的社会效应起了积极的推动作用。自卢卡奇开始，反思科学技术合理性问题，揭示科学技术非理性运用的哲学世界观根源和现实根源，通过重建人与社会的关系、人与自然的关系，保证科学技术运用对于实现人与人、人与自然和谐共同发展，是西方马克思主义技术理性批判理论的核心。长期以来，我国学术界对科学技术理论的研究主要停留在两个核心观点上，即科学技术始终是推动生产力发展，进而是推动人类社会历史发展的革命性因素，以及科学技术本身无价值属性，科学技术的社会效应取决于承载它的社会制度和价值观的性质。西方马克思主义的技术批判理论不仅揭示了科学技术进步对社会发展的影响，而且反复探讨了科学技术与哲学世界观的关系、科学技术与社会制度及其统治方式的关系、科学技术与人的欲望的关系，在此基础上提出只有将科学技术建立在正确的哲学世界观的指导和有利于人的自由全面发展的社会制度下，才能克服科学技术的异化使用和负面效应。在西方马克思主义上述观点的影响下，结合中国现代化进程中科学技术运用的消极后果，我国学术界集中讨论了科学技术作为一种推动人类历史发展的积极因素应当具备的前提性问题，如何处理科学技术与人的欲望、作为观念或理论形态的科学技术与科学技术之间的关系问题、科学技术在历史唯物主义理论中的地位问题，以及科学技术的意识形态功能问题，上述探讨对于如何正确处理科学技术运用的负面效应和推进科学技术理论问题的研究起了重要的作用。①

　　其四，西方马克思主义的政治哲学研究对于中国学术界开启政治哲学研究起了重要的推动作用。西方马克思主义根源于对西方社会主义革命道路的探索，后来逐渐发展成为包括以探讨作为整体的无产阶级的自由和解放与探索作为西方个人的自由和解放为目的的两种理论。他们从不同的理论目的出发，对诸如文化意识形态领导权问题、公共领域问题、意识形态国家机器问题、平等与社会正义问题、女性解放问题展开了系统的研究。我国学术界对西方马克思主义政治哲学的研究最早关注的是他们的意识形态理论和公共领域理论。随着我国学术界对分析学马克思主义，特别是柯亨的平

　　① 参见俞吾金：《实践与自由》，武汉大学出版社，2010年，第209~231页。

等与正义理论的研究，我国学术界开始援引西方马克思主义政治哲学思想和以罗尔斯、诺齐克为代表的西方政治哲学思想，开始挖掘和构建马克思主义政治哲学，并使政治哲学成为学术界的显学。①

其五，西方马克思主义的生态批判理论，使得中国学术界把建构生态哲学和生态文明理论的理论资源，从主要借鉴西方生态哲学、生态中心论和人类中心论的生态思潮，进一步拓展到对西方马克思主义生态批判理论的借鉴，进而挖掘和整理马克思主义生态哲学思想与生态文明思想，促进了我国的生态哲学与生态文明理论研究。我国生态哲学和生态文明理论研究是20世纪80年代开始于对西方生态哲学和环境伦理学的引进、评介和借鉴而展开的，并由此形成我国的生态哲学和环境伦理学研究。随着我国学术界对西方马克思主义生态批判理论，特别是对生态学马克思主义研究的深入，如何通过挖掘、整理马克思主义生态哲学和生态文明思想，建构不同于西方的割裂自然观与历史观辩证统一关系的生态哲学和生态文明理论，成为我国学术界思考的问题，并最终形成多重理论谱系的生态哲学与生态文明理论同时并存的格局。其中，西方马克思主义生态批判理论对于我们建构以马克思主义生态思想为基础的生态文明理论起了至关重要的作用，并为实现人类生态文明思想革命变革的习近平生态文明思想奠定了理论基础。习近平生态文明思想就是在坚持马克思主义生态思想的基础上，吸收了西方生态哲学有机论、整体论的哲学世界观和自然观，批判地继承了西方生态中心论和人类中心论的生态文明思想的积极成果，对中国传统生态智慧进行创造性转换的结果。②

---

① 参见段忠桥:《为社会主义平等主义辩护——G.A.科恩的政治哲学追求》,中国社会科学出版社,2014年;李佃来:《马克思的政治哲学:理论与现实》,人民出版社,2015年。

② 参见陈学明:《谁是罪魁祸首——追寻生态危机的根源》,人民出版社,2012年;王雨辰:《生态学马克思主义与生态文明研究》,人民出版社,2015年;王雨辰:《论我国学术界对生态学马克思主义研究的历程及其效应》,《江汉论坛》,2019年第10期;王雨辰:《西方生态思潮对我国生态文明理论研究和建设实践的影响》,《福建师范大学学报》,2021年第2期;王雨辰:《论西方环境伦理学对我国生态文明理论研究的影响》,《伦理学研究》,2022年第1期;王雨辰:《论习近平生态文明思想对人类生态文明思想的革命》,《马克思主义理论学科研究》,2022年第3期。

四、西方马克思主义的实践效应

西方马克思主义的实践效应主要可以划分为在西方和在中国的实践效应两部分内容。在西方的实践效应又可以划分为，对西方社会主义运动和新社会运动的影响；在中国的实践效应主要是指，如何影响中国学术界看待和处理中国现代化进程中的"现代性问题"。

（一）西方马克思主义在西方的实践影响

西方马克思主义产生于对西方社会主义革命战略与策略的争论。西方共产党内的理论家从反思西方按照俄国十月革命模式展开的西欧革命失败的原因出发，强调西方社会结构和文化传统与俄国有根本的差别，认为西方革命不应当照抄照搬俄国十月革命的模式，而应当根据西方的社会历史条件和文化传统，探索适合西方的社会主义革命道路，建立一种适合于西方历史文化传统的社会主义社会。

具体而言，西方马克思主义认为，与俄国单纯的暴力统治不同，西方社会是包含政治暴力统治、经济剥削和文化意识形态控制在内的总体统治，西方革命失败的原因正在于工人阶级在资产阶级意识形态的支配和市场经济物化意识的侵袭下，把资本主义统治秩序看作自身生存不可或缺的存在物，这标志着无产阶级的阶级意识的危机。而当时的马克思主义阵营流行的是对马克思主义哲学经济决定论、技术还原论的解释，不注重对资产阶级意识形态的批判和无产阶级阶级意识的培育，造成了无产阶级的阶级意识的危机。他们由此强调，应当重新理解和阐释马克思所实现的哲学革命的实质，认为马克思所实现的哲学革命主要体现为超越建立在近代理性主义哲学思维方式之上知识论模式的哲学，形成了以人类实践为基础，以探讨人的自由和解放为目的的实践唯物主义哲学。

鉴于西方社会结构与历史文化传统不同于俄国，西方革命应该采取不同于俄国革命的总体革命模式。这原本是当时马克思主义阵营内对西方社会主义革命战略与策略问题的探索，应当是马克思主义发展史和国际共产主义运动史上的正常现象,但是由于教条主义的指导思想,对于这场关于西方社会主义革命战略问题与策略问题的分歧与争论并没有采取说理的方式解决,而是诉诸政治权力予以解决,西方马克思主义理论家由此在马克思主义阵营内受到了批判,他们或者被迫作自我批评,或者被开除出党,其后果不仅是他们都不得不丧失与有组织的工人运动的联系,而且也使西方马克思主义逐渐在党外发展,最终形成了以探求整体的无产阶级自由和解放为目的的理论,以及以探寻作为西方个人自由和解放为目的的两种类型的理论。前者主要以早期西方马克思主义理论家、列斐伏尔、阿尔都塞、生态学马克思主义、分析学马克思主义理论家为代表,后者主要以法兰克福学派、萨特等为代表。由于其理论的不同侧重点,特别是他们与西方共产党的关系具有各自不同的特点,使得他们在当代西方体现出不同的实践效应。

英国学者佩里·安德森对此指出,由于马克思主义阵营中的教条主义和斯大林化运动,西方马克思主义受到了激烈的批评,不仅使得他们不可能把马克思主义理论与有组织的工人运动相结合,而且也使西方马克思主义理论家不得不面临抉择。"一种抉择是,理论家加入共产党并遵守其严格的纪律。在这种情况下,他有可能同国内工人阶级的生活保持某种名义上的接触(无论如何,党必须得同工人阶级有联系),他还有可能至少获得马克思主义和列宁主义经典著作在哲学方面的连续性(研读马克思主义和列宁主义,在党内是强制性的)。以这样做来接近工人阶级日常现实斗争(虽然只是相对的接近)它的代价是对工人阶级斗争的实际情况保持缄默。……卢卡奇和阿尔都塞可作为这种抉择的例证。相反的抉择是作为一名自由知识分子置身于任何一个党组织之外。在这种情况下,他们在表达政治见解的形式上没有任何组织约束;但是反过来,他们在唯有马克思主义理论著作中对其有根本好处的社会阶级内部,也没有立足点。萨特和马尔库塞以不同的方式体现了这种地位的变化形态。"①其共同结果是不得不丧失与有组织的工人阶级的政治实践的联系。我国学术界错误地把安德森这里所讲的西方马克思主义与有组织的工人阶级的政治实践分离引申为理论与实践的分离,实际上,不仅关注当代西方社会是西方马克思主义理论的突出特征,而且他们的理论

① [德]佩里·安德森:《西方马克思主义探讨》,高铦等译,人民出版社,1981年,第59~60页。

探索始终或者围绕作为整体的无产阶级的自由解放问题，或者围绕西方个人的自由解放问题展开，并提出了诸多新的理论论题，推进了西方社会主义运动和西方新社会运动的发展。

以实现作为整体的无产阶级自由和解放为目的的西方马克思主义理论家，把能否形成成熟的无产阶级阶级意识看作西方社会主义革命能否获得成功的关键。他们由此反对把马克思主义哲学解释为一种近代形态的知识论哲学，认为马克思主义哲学是以实现人的自由与解放为目的的现代形态的哲学，认为人类社会历史发展的基本趋势是由主客观因素构成的总体所决定的，并要求正确处理马克思主义理论的科学性与意识形态职能的关系，运用马克思主义哲学批判资产阶级意识形态，夺取意识形态的领导权，强调无产阶级主观精神的发展程度在西方社会主义革命中的重要性，认为西方社会主义革命只能通过阶级政治来实现，依据西方社会历史和文化传统中的政治社会和市民社会的二分以及悠久的民主传统，建立不同于苏俄的适合西方的社会主义社会。卢卡奇既高度赞扬列宁对国际共产主义运动和社会主义运动的重要贡献，又揭示了资产阶级政治统治的专制本质，批评斯大林等人把马克思主义曲解为一种经济决定论，进而把社会主义仅仅理解为一种促进经济发展的工具，完全忽视了人民群众的民生和应当享有民主问题，批判了资产阶级民主本质上是一种操纵自由的虚假的民主，认为社会主义民主的实质是既让人民群众真正参与国家和社会管理过程，又是一个使人们日常生活不断民主化的过程。葛兰西和柯尔施则强调，社会主义应当建立在以工人自我管理和工人自治为特征的"工厂委员会"的基础上。生态学马克思主义认为，资本主义制度和生产方式是当代生态危机的根源，消费主义价值观和生存方式又进一步强化了生态危机。解决生态危机的途径只能是生态运动和社会主义运动彼此之间消除误解，建立反对资本主义的同盟，将生态运动引向激进的阶级运动，变革资本主义制度和生产方式，建立遵循生态理性和使生产的目的定位于满足人民群众，特别是穷人基本生活需要的生态社会主义社会。生态社会主义社会不仅克服了资本主义生产的非正义性，把生产目的定位于生产使用价值，而不是交换价值，而且工人是生产过程和管理过程的主人，克服了资本主义生产的高度集中和缺乏民主的缺陷，使工人阶级能够体会劳动创造的欢欣，有助于工人阶级理顺生产、需要、商品与满足的关系,摆脱以异化消费为基础的消费主义价值观和幸福观,树立劳动创造幸福观,并能够使技术进步和经济增长既有利于实现人的自由全面发展,又能够实现人类与自然的和谐共同发展。分析学马克思主义基于当代西方社会不存在马克思所讲的工人阶级,生态制约使得科学技术进步和生产力高度发展来论证社会主义的必然实现变得不可能,但是他们又批判了资本主义社会是一个充满剥削、不平等和不道德的社会,根据当代西方政治哲学家诺齐克和罗尔斯等人对私有制的辩护和对马克思主义、社会主义的攻击,强调应当从道德规范性的维度论证社会主义社会在道德上是正当、正义和可欲的,而且建构了"证券"市场社会主义和"经济民主"市场社会主义模式。在他们看来,由于资本主义社会存在着资本和劳动的对立,市场在资本主义社会必然带来资源的巨大浪费和不平等、不正义现象的产生。由于社会主义社会不仅不存在资本和劳动的对立,这就决定了市场社会主义在通过增加竞争提高生产效率的同时,又能够克服资本主义社会剥削和不公平的现象,是一个兼顾效率与平等的社会。总的看来,他们强调社会主义社会应该是一个生产力高度发达,人的主观精神高度发展,没有剥削、自由和平等的社会。

以如何实现西方个人的自由和解放为目的的西方马克思主义理论家,既指认当代资本主义社会是一个总体统治和总体异化,使人丧失自主意识和独立人格的法西斯主义社会;又认为苏联模式的社会主义社会"在斯大林的统治下,苏维埃制度丧失了它原有的社会主义理想的最后一点内容"[1],是一个官僚制和独裁的虚假的社会主义社会。但他们依然坚持社会主义的理想和追求,因为只有社会主义社会才包含真正的人性和道德的希望,才能够使人们之间充满友爱,并把人的创造性潜能充分发挥出来。只不过他们所追求的社会主义社会是既变革资本主义社会,又不同于现实社会主义社会的"人道主义的社会主义"社会。其实现途径就是按照《1844年经济学哲学手稿》中的"异化"和"人道主义"精神,把马克思主义哲学解释为反抗异化和实现人的自由和解放的学说,把实现"第三条道路"的革命主体寄托在具有批判精神的青年学生和知识分子群体上,并力图发挥马克思主义哲学的批判

---

① [美]埃利希·弗洛姆:《健全的社会》,欧阳谦译,中国文联出版社,1988年,第242页。

精神,反抗资本主义社会的总体异化和总体控制,通过文化批判和艺术审美来培育个人的自主意识和独立人格。他们提出了通过走"第三条道路"实现"人道主义的社会主义"的理想,并认为人道主义的社会主义社会的特征是每个人都具有自主意识、独立人格、奉献精神,并能够自由地表达自己的意愿,真正克服了异化劳动的人与人之间充满尊重和爱的理想社会。

从西方新社会运动发展的维度看,西方马克思主义的影响主要体现在,推进了反对西方主流文化的"青年学生造反运动"、生态运动等新社会运动的发展上。"青年学生造反运动"起源于 1968 年法国的"五月风暴",并迅速弥漫于整个西方世界。其原因在于学生不满当时西方社会鼓吹的消费主义价值观和生存方式,人的精神世界被消费主义价值观所支配,社会呈现出单向度的发展趋势,并使得大学教育沦为职业培训所,因而把反叛资本主义文化作为反抗资本主义社会的一种方式。可以说,当时青年学生造反运动正是"对大学本身的理念以及背后整个资产阶级生活方式的质疑"①。西方马克思主义理论家与青年学生造反运动形成了双向互动的关系,一方面,西方马克思主义理论家及其理论观点成为青年学生崇拜的对象,萨特的异化理论、马尔库塞在《单向度的人》等著作中所提出的对资本主义采取"大拒绝"和审美救世主义的革命方略为青年学生所推崇,并把"3M",即马克思、毛泽东和马尔库塞尊奉为他们的精神领袖,马尔库塞甚至被称为"青年造反哲学家";另一方面,马尔库塞、萨特等西方马克思主义理论家走上街头,支持和声援青年学生的造反运动,使得西方马克思主义理论在"五月风暴"中得以实践,彰显了其理论的重要影响。

西方的生态运动是伴随着生态危机全球化发展趋势使得人们的生态意识萌发,由此出现了以追求可持续发展为目的的人类文明发展的生态转向,并由此形成了各种生态思潮和在这些生态思潮指导下的生态运动。具体而言:从生态思潮的维度看,主要包括以生态中心主义为理论基础的生态自治主义和生态无政府主义思潮,以现代人类中心主义为基础的环境主义、生态现代化理论和可持续发展理论;从生态运动的维度看,主要有与上述生态思潮相联系的不顾人类的生存权利、片面强调生态利益的激进环境运动和追

---

① 于治中:《法国 1968:终结的开始》,生活·读书·新知三联书店,2001 年,中文版序言第 12 页。

求资本主义经济可持续发展的环保运动。生态问题是西方马克思主义非常重要的理论论题，从卢卡奇提出"自然是一个社会范畴"的命题开始，他们就把马克思主义哲学看作关于人与人、人与自然关系的学说。法兰克福学派所阐述的实践自然观、对技术理性的生态后果的揭示和批判、对自然解放与人的解放关系的论述，直接影响了生态学马克思主义的理论建构。生态学马克思主义就是继承和发展了西方马克思主义的生态批判理论，以历史唯物主义为基础，反思和批判了西方生态中心主义和现代人类中心主义生态思潮在理论和实践上存在的问题，提出了包括制度变革和价值观变革在内的生态社会主义运动，并使拘泥于资本主义制度框架范围的西方生态运动走向了激进的阶级运动，既避免了生态运动走向忽视人的利益和尊严的激进生态运动，又避免了生态运动沦为维系资本主义可持续发展的环保运动，从而使生态运动真正促进人与自然、人与社会关系的和谐发展。

（二）西方马克思主义在中国的实践效应

西方马克思主义在中国的实践效应主要体现为，对反思和解决中国现代化实践中出现的问题的影响上，这种影响突出体现在如下三个方面。具体来说：

第一，如何看待和处理中国现代化实践中出现的消费主义价值观和消费主义生活方式的弥漫，避免现代化进程中物质丰裕而精神迷茫的负面现象问题。当西方马克思主义传入中国学术界之时，中国的现代化还没得到充分发展，西方马克思主义对消费主义生存方式和价值观的批判对我们而言，显得较为有隔膜而无法真正理解。随着中国现代化实践的发展，在生产力迅速提高和社会物质财富日益增加的同时，中国社会也出现了以占有和消费物质商品为幸福体验的消费主义生存方式和价值观盛行的现象，西方马克思主义的消费主义理论不仅得到了中国学术界的理解，而且成为用来分析和解决中国现代化进程中的消费异化问题的理论武器。

第二，西方马克思主义对于科学技术的社会效应的研究，对于我们反思和处理中国现代化进程中的唯科学主义和科学技术崇拜问题起了积极的推动作用。当西方马克思主义科学技术批判理论传入中国学术界时，由于中西方现代化实践的时空错位，我们难以真正把握和理解其理论的真实含义与价值。但是随着中国现代化实践的深入，科学与人文的断裂与对立、唯科学主义和科学技术崇拜思潮也在中国兴起，中国学术界在坚持马克思主义关于科学技术是第一生产力的论断的基础上，以西方马克思主义科学技术理性批判理论为思想资源，反思中国现代化进程中的科技与人文、科技运用与人的自由全面发展、科技运用与生态问题的关系等现代性问题。

第三，西方马克思主义的生态批判理论，为我们摆脱生态文明理论的西方霸权话语，结合中国现代化实践和当代全球环境治理，建构以马克思主义为指导的中国形态的生态文明理论提供了思想资源。中国生态文明理论研究开始于对西方生态中心论和人类中心论的环境思潮的引进和评价，生态中心论和人类中心论的环境思潮脱离社会制度和生产方式维度探讨生态危机的根源与解决途径，推卸了资本应当承担的全球生态治理的责任和义务，是服务于资本利益的西方中心主义的生态思潮。从历史维度看，我国最早的生态文明理论研究借鉴了生态中心论和人类中心论的相关思想，特别是在概念和研究范式层面，而研究中的主体性不足，导致我们既无法有力反驳西方在生态文明理论研究中的话语霸权，也难以从根本上维护自身的发展权和环境权。我国自20世纪90年代开始关注并引进生态学马克思主义相关理论，在很大程度上推动了学术界对于马克思主义生态文明理论的关注、挖掘和整理，并逐步提出了以"历史唯物主义研究范式"为基础，建构中国形态的生态文明理论。在生态文明建设过程中，逐渐摆脱了生态中心论和人类中心论的生态思潮或者把生态文明建设与经济发展、科技运用对立起来的做法，或者把生态文明建设归结为维系资本主义生产自然条件的环境保护和实现以维护资本利益为目的的经济可持续发展，而是以历史唯物主义和习近平生态文明思想为指导，借鉴生态学马克思主义对生态文明本质的理解，坚持环境民生论，把经济发展、技术运用与生态文明建设有机结合起来。我国学界从借鉴、认同西方中心主义的环境思潮，转换到以历史唯物主义范式为基础探寻生态问题；从把生态文明建设与经济发展、技术运用对立起来，转换到生态文明建设与经济发展、技术运用有机结合起来，认为树立生态文明建设的根本目的和归宿是为了满足人民生活需要，其中生态学马克思主义起了巨大的促进作用。

参考文献

一、中文文献

1.《马克思恩格斯文集》(第一至十卷),人民出版社,2009 年。

2.《习近平谈治国理政》(第二卷),外文出版社,2017 年。

3.习近平:《论坚持人与自然和谐共生》,中央文献出版社,2022 年。

4.中共中央文献研究室编:《习近平关于社会主义生态文明建设论述摘编》,中央文献出版社,2017 年。

5.[德]A.施密特:《历史和结构:论黑格尔马克思主义和结构主义的历史学说》,张伟译,重庆出版社,1993 年。

6.[德]A.施密特:《马克思的自然概念》,欧力同等译,商务印书馆,1988 年。

7.[英]G.A.科恩:《卡尔·马克思的历史理论——一种辩护》,段忠桥译,高等教育出版社,2008 年。

8.[英]G.A.科恩:《为什么不要社会主义?》,段忠桥译,人民出版社,2011 年。

9.[英]G.A.柯亨:《自我所有、自由和平等》,李朝晖译,东方出版社,2008 年。

10.[英]G.H.R.帕金森:《格奥尔格·卢卡奇》,翁绍军译,上海人民出版社,1999 年。

11.[德]G.齐美尔:《桥与门——齐美尔随笔集》,涯鸿等译,生活·读书·新知三联书店,1991 年。

12.[美]R.纳什:《大自然的权利》,杨通进译,青岛出版社,1999 年。

13.[德]阿多尔诺:《否定辩证法》,王凤才译,商务印书馆,2019 年。

14.[德]阿多诺:《美学理论》,王柯平译,上海人民出版社,2020 年。

15.[法]阿尔贝特·史怀泽:《敬畏生命》,陈泽环译,上海社会科学院出版社,1995年。

16.[法]阿尔都塞:《哲学与政治——阿尔都塞读本》,陈越编译,吉林人民出版社,2003年。

17.[德]阿克塞尔·霍耐特:《为承认而斗争》,胡继华译,上海人民出版社,2005年。

18.[美]埃利希·弗洛姆:《健全的社会》,欧阳谦译,中国文联出版公司,1988年。

19.[美]埃里希·弗罗姆:《逃避自由》,刘林海译,国际文化出版公司,2002年。

20.[美]埃·弗洛姆:《为自己的人》,孙依依译,生活·读书·新知三联书店,1988年。

21.[美]埃里希·弗洛姆:《在幻想锁链的彼岸:我所理解的马克思和弗洛伊德》,张燕译,湖南人民出版社,1986年。

22.[美]埃伦·梅克辛斯·伍德等:《保卫历史:马克思主义与后现代主义》,郝名玮译,社会科学文献出版社,2009年。

23.[意]安东尼奥·葛兰西:《现代君主论》,陈越译,上海世纪出版集团,2006年。

24.[意]安东尼奥·葛兰西:《狱中札记》,曹雷雨等译,中国社会科学出版社,2000年。

25.[意]安东尼奥·内格里:《超越帝国》,李琨等译,北京大学出版社,2016年。

26.[意]安东尼奥·奈格里:《〈大纲〉:超越马克思的马克思》,张梧等译,北京师范大学出版社,2011年。

27.[英]安德鲁·埃德加:《哈贝马斯:关键概念》,杨礼银等译,江苏人民出版社,2009年。

28.[美]奥尔多·利奥波德:《沙乡年鉴》,侯文蕙译,吉林人民出版社,1997年。

29.[美]巴里·康芒纳:《封闭的循环:自然、人和技术》,侯文蕙译,吉林人民出版社,1997年。

30.[英]保罗·鲍曼:《后马克思主义与文化研究》,黄晓武译,江苏人民出版社,2011年。

31.[加拿大]本·阿格尔:《西方马克思主义概论》,慎之等译,中国人民大学出版社,1991年。

32.[英]布赖恩·巴克斯特:《生态主义导论》,曾建平译,重庆出版社,2007年。

33.陈炳辉等:《后马克思主义的理论》,中国社会科学出版社,2011年。

34.陈学明:《情系马克思:陈学明演讲集》,武汉大学出版社,2010年。

35.陈学明:《时代的困境与不屈的探索》,黑龙江大学出版社,2007年。

36.陈学明:《谁是罪魁祸首——追寻生态危机的根源》,人民出版社,2012年。

37.陈学明、王凤才:《西方马克思主义前沿问题二十讲》,复旦大学出版社,2008年。

38.陈学明、王凤才主编:《20世纪马克思主义发展史:20世纪上半期马克思主义在西方国家的发展》(第四卷),中国人民大学出版社,2020年。

39.陈学明等:《西方马克思主义在中国的历程与影响研究》(上、下),天津人民出版社,2020年。

40.陈学明主编:《20世纪西方马克思主义哲学历程》(第一至四卷),天津人民出版社,2013年。

41.陈永森等:《人的解放与自然的解放:生态社会主义研究》,学习出版社,2015年。

42.程巍:《中产阶级的孩子们:60年代与文化领导权》,生活·读书·新知三联书店,2006年。

43.崔延强等:《国外马克思主义前沿问题研究》,人民出版社,2018年。

44.[英]达罗·谢克特:《从马克思至今的左派史》,魏南海译,重庆出版社,2021年。

45.[美]戴维·哈维:《后现代的状况——对文化变迁之缘起的探究》,阎嘉译,商务印书馆,2003年。

46.[美]戴维·哈维:《正义、自然和差异地理学》,胡大平译,上海人民出版社,2010年。

47.[英]戴维·麦克莱伦:《马克思以后的马克思主义》(第 3 版),李智译,中国人民大学出版社,2017 年。

48.[英]戴维·佩珀:《生态社会主义:从深生态学到社会正义》,刘颖译,山东大学出版社,2005 年。

49.[英]戴维·佩珀:《现代环境主义导论》,宋玉波等译,上海人民出版社,2011 年。

50.[美]丹尼尔·A.科尔曼:《生态政治——建设一个绿色社会》,梅俊杰译,上海译文出版社,2002 年。

51.段方乐:《总体性的终结:从卢卡奇到阿多诺》,中国社会科学出版社,2009 年。

52.段忠桥:《理性的反思与正义的追求》,黑龙江大学出版社,2007 年。

53.段忠桥:《为社会主义平等主义辩护:G.A.科恩的政治哲学追求》,中国社会科学出版社,2014 年。

54.[英]恩斯特·拉克劳:《我们时代革命的新反思》,孔明安等译,黑龙江人民出版社,2006 年。

55.[英]恩斯特·拉克劳、查特尔·墨菲:《领导权与社会主义的策略》,尹树广等译,黑龙江人民出版社,2003 年。

56.冯颜利等:《国外马克思主义研究专题》,当代世界出版社,2010 年。

57.[美]弗雷德雷克·詹姆逊:《晚期资本主义的文化逻辑》,陈清侨译,生活·读书·新知三联书店,1997 年。

58.[美]弗雷德里克·詹姆逊:《文化转向》,胡亚敏等译,中国社会科学出版社,2000 年。

59.[美]弗雷德里克·詹姆逊:《政治无意识》,王逢振等译,中国社会科学出版社,1999 年。

60.[美]弗罗姆:《占有还是生存》,关山译,生活·读书·新知三联书店,1989 年。

61.高宣扬:《新马克思主义导引》,上海交通大学出版社,2017 年。

62.郭华:《偶然相遇的唯物主义:阿尔都塞晚期哲学思想研究》,北京师范大学出版社,2018 年。

63.韩秋红等:《西方马克思主义现代性理论批判》,人民出版社,2018 年。

64.何萍:《马克思主义哲学史教程》(上、下),人民出版社,2009年。

65.何畏:《危机的宿命:奥康纳资本主义危机理论研究》,北京师范大学出版社,2018年。

66.和磊:《伯明翰学派》,北京大学出版社,2017年。

67.[美]赫伯特·马尔库塞:《爱欲与文明:对弗洛伊德思想的哲学探讨》,黄勇等译,上海译文出版社,2005年。

68.[美]赫伯特·马尔库塞:《单向度的人——发达工业社会意识形态研究》,张峰等译,重庆出版社,1988年。

69.[美]赫伯特·马尔库塞等:《工业社会和新左派》,任立等译,商务印书馆,1982年。

70.[美]赫伯特·马尔库塞:《理性与革命——黑格尔和社会理论的兴起》,程志民等译,重庆出版社,1993年。

71.[美]赫伯特·马尔库塞:《马尔库塞文集》(第三卷),陶锋等译,人民出版社,2020年。

72.[美]赫伯特·马尔库塞:《马尔库塞文集》(第四卷),朱春艳等译,人民出版社,2020年。

73.[美]赫伯特·马尔库塞:《马尔库塞文集》(第五卷),黄晓伟等译,人民出版社,2019年。

74.[美]赫伯特·马尔库塞:《马尔库塞文集》(第一、二、六卷),高海青等译,人民出版社,2019年。

75.[美]赫伯特·马尔库塞:《审美之维》,李小兵译,生活·读书·新知三联书店,1989年。

76.[美]赫伯特·马尔库塞:《苏联的马克思主义:一种批判的分析》,张翼星等译,中国人民大学出版社,2012年。

77.[法]亨利·列斐伏尔:《空间的生产》,刘怀玉等译,商务印书馆,2021年。

78.[法]亨利·列斐伏尔:《马克思的社会学》,谢永康等译,北京师范大学出版社,2013年。

79.[法]亨利·列斐伏尔:《日常生活批判》(第一至三卷),叶齐茂等译,社会科学文献出版社,2018年。

80.洪镰德:《西方马克思主义》,扬智文化事业股份有限公司,2004年。

81.洪镰德编：《西方马克思主义论战集》，森大图书有限公司，1990年。

82.侯惠勤：《马克思的意识形态批判与当代中国》，中国社会科学出版社，2010年。

83.胡大平：《西方马克思主义话语转向研究》，南京大学出版社，2019年。

84.胡大平：《西方马克思主义哲学概论》，北京师范大学出版社，2010年。

85.郇庆治主编：《当代西方生态资本主义理论》，北京大学出版社，2015年。

86.黄继锋等：《马克思主义基本原理在当代西方》，中国人民大学出版社，2013年。

87.黄继锋主编：《西方左翼学者的马克思主义观》，中国人民大学出版社，2018年。

88.[美]霍尔姆斯·罗尔斯顿：《环境伦理学》，杨通进译，中国社会科学出版社，2000年。

89.[美]霍尔姆斯·罗尔斯顿：《哲学走向荒野》，刘耳等译，吉林人民出版社，2000年。

90.[日]今村仁司：《阿尔都塞：认识论的断裂》，朱建科译，河北教育出版社，2001年。

91.[德]卡尔·柯尔施：《马克思主义和哲学》，王南湜等译，重庆出版社，1989年。

92.[德]卡尔·科尔施：《卡尔·马克思——马克思主义的理论和阶级运动》，熊子云等译，重庆出版社，1993年。

93.[美]凯特·米利特：《性的政治》，钟良明译，社会科学文献出版社，1999年。

94.[英]柯林尼可斯：《阿图塞的马克思主义》，杜章智译，台湾远流出版事业股份有限公司，1990年。

95.孔明安等：《当代国外马克思主义新思潮研究》，中央编译出版社，2012年。

96.蓝江：《忠实于事件本身：巴迪欧哲学思想导论》，北京师范大学出版社，2018年。

97.李佃来：《马克思的政治哲学：理论与现实》，人民出版社，2015年。

98.李隽：《英国新马克思主义文化批判思想转向研究》，北京师范大学出版社,2020年。

99.李培超:《伦理拓展主义的颠覆:西方环境伦理思潮研究》,湖南师范大学出版社,2004年。

100.李青宜:《当代法国"新马克思主义"》,当代中国出版社,1997年。

101.李银河主编:《妇女:最漫长的革命——当代西方女性主义理论精选》,中国妇女出版社,2007年。

102.刘放桐:《现代哲学发展趋势》,上海人民出版社,2019年。

103.刘怀玉:《历史唯物主义的空间化问题》,江苏人民出版社,2022年。

104.刘怀玉:《现代性的平庸与神奇:列斐伏尔日常生活批判哲学的文本学解读》,中央编译出版社,2006年。

105.刘敬东等:《国外马克思主义思潮评介》,北京师范大学出版社,2021年。

106.刘仁胜:《生态马克思主义概论》,中央编译出版社,2007年。

107.刘森林:《焦虑的启蒙:以〈启蒙辩证法〉为核心的启蒙反思》,北京师范大学出版社,2022年。

108.刘同舫:《马克思的解放哲学》,中山大学出版社,2015年。

109.[匈]卢卡奇:《理性的毁灭》,王玖兴等译,山东人民出版社,1988年。

110.陆俊:《理想的界限:"西方马克思主义"现代乌托邦社会主义理论研究》,社会科学文献出版社,1998年。

111.[法]路易·阿尔都塞:《保卫马克思》,顾良译,商务印书馆,2006年。

112.[法]路易·阿尔都塞、艾蒂安·巴里巴尔:《读〈资本论〉》,李其庆等译,中央编译出版社,2001年。

113.[法]路易·阿尔都塞:《黑格尔的幽灵:政治哲学论文集(Ⅰ)》,唐正东等译,南京大学出版社,2005年。

114.[法]路易·阿尔都塞:《来日方长》,蔡鸿滨译,上海人民出版社,2013年。

115.[法]路易·阿尔都塞:《列宁和哲学》,杜章智译,台湾远流出版事业股份有限公司,1990年。

116.[法]路易·阿尔都塞:《论再生产》,吴子枫译,西北大学出版社,2019年。

117.[法]路易·阿尔都塞:《自我批评论文集》,杜章智等译,台湾远流出版事业股份有限公司,1990年。

118.［法］路易·阿尔都塞等:《自我批评论文集》(补卷),林泣明等译,台湾远流出版事业股份有限公司,1991年。

119.［美］罗伯特·诺齐克:《无政府、国家与乌托邦》,姚大志译,中国社会科学出版社,1991年。

120.罗钢等编:《文化研究读本》,中国社会科学出版社,2000年。

121.罗钢等编:《消费文化读本》,中国社会科学出版社,2003年。

122.［德］罗莎·卢森堡:《论俄国革命·书信集》,殷叙彝等译,贵州人民出版社,2001年。

123.［美］罗斯玛丽·帕特南·童:《女性主义思潮导论》,艾晓明等译,华中师范大学出版社,2002年。

124.［德］马克斯·霍克海默:《批判理论》,李小兵等译,重庆出版社,1989年。

125.［德］马克斯·霍克海默、西奥多·阿道尔诺:《启蒙辩证法:哲学断片》,渠敬东等译,上海人民出版社,2003年。

126.［德］马克斯·韦伯:《学术与政治》,钱永祥等译,广西师范大学出版社,2010年。

127.［美］迈克尔·哈特、［意］安东尼奥·奈格里:《大同世界》,王行坤译,中国人民大学出版社,2016年。

128.［美］迈克尔·哈特、［意］安东尼奥·奈格里:《帝国:全球化的政治秩序》,杨建国等译,江苏人民出版社,2003年。

129.［美］默里·布克金:《自由生态学:等级制的出现与消解》,郇庆治译,山东大学出版社,2008年。

130.［希腊］尼科斯·波朗查斯:《政治权力与社会阶级》,叶林等译,中国社会科学出版社,1982年。

131.欧阳谦:《文化与政治》,中国人民大学出版社,2012年。

132.欧阳谦等:《文化的转向:西方马克思主义的总体性思想研究》,中国人民大学出版社,2015年。

133.［英］佩里·安德森:《当代西方马克思主义》,余文烈译,东方出版社,1989年。

134.［英］佩里·安德森:《西方马克思主义探讨》,高铦等译,人民出版社,1981年。

135.[美]乔尔·科威尔:《自然的敌人:资本主义的终结还是世界的毁灭?》,杨燕飞等译,中国人民大学出版社,2015 年。

136.[英]乔纳森·休斯:《生态与历史唯物主义》,张晓琼等译,江苏人民出版社,2011 年。

137.乔瑞金:《英国新马克思主义思维逻辑研究》,北京师范大学出版社,2020 年。

138.乔瑞金等:《英国的新马克思主义》,人民出版社,2013 年。

139.[匈]乔治·卢卡奇:《关于社会存在的本体论》(上、下),白锡堃等译,重庆出版社,1993 年。

140.[匈]乔治·卢卡奇:《历史与阶级意识》,杜章智等译,商务印书馆,2004 年。

141.[匈]乔治·卢卡奇:《民主化的进程》,张翼星等译,中国人民大学出版社,2015 年。

142.秦美珠:《女性主义的马克思主义》,重庆出版社,2008 年。

143.[法]让·萨特:《辩证理性批判》(上、下),林骧华等译,安徽文艺出版社,1998 年。

144.任平等:《当代中国马克思主义哲学创新学术史研究》,人民出版社,2021 年。

145.上海社会科学院哲学研究所外国哲学研究室编:《法兰克福学派论著选辑》(上卷),商务印书馆,1998 年。

146.沈恒炎等编:《国外学者论人和人道主义》(第一辑),社会科学文献出版社,1991 年。

147.[斯洛文尼亚]斯拉沃热·齐泽克、[德]泰奥德·阿多尔诺等:《图绘意识形态》,方杰译,南京大学出版社,2002 年。

148.[英]斯图亚特·霍尔:《文化身份问题研究》,河南大学出版社,2010 年。

149.[英]斯图亚特·西姆:《后马克思主义思想史》,吕增奎等译,江苏人民出版社,2011 年。

150.孙承叔等:《重建历史唯物主义:西方马克思主义基础理论研究》,复旦大学出版社,2015 年。

151.孙大飞:《西方马克思主义和后马克思主义历史观研究》,中国社会科学出版社,2021 年。

152.[英]唐纳德·萨松:《欧洲社会主义百年史:二十世纪的西欧左翼》,姜辉等译,社会科学文献出版社,2017 年。

153.[英]特德·本顿主编:《生态马克思主义》,社会科学文献出版社,2013 年。

154.[英]特里·伊格尔顿:《后现代主义的幻象》,华明译,商务印书馆,2000 年。

155.[英]特里·伊格尔顿:《理论之后》,商正译,商务印书馆,2009 年。

156.[英]特里·伊格尔顿:《马克思为什么是对的》,李扬等译,新星出版社,2011 年。

157.[英]特里·伊格尔顿:《审美意识形态》,王杰等译,广西师范大学出版社,2001 年。

158.汪明安编:《生产:五月风暴四十年反思》(第六辑),广西师范大学出版社,2008 年。

159.汪信砚:《马克思主义哲学中国化:理论与方法》,人民出版社,2021 年。

160.王晓升:《为个性自由而斗争:法兰克福学派社会历史理论评述》,社会科学文献出版社,2009 年。

161.王晓升:《走出现代性的困境:法兰克福学派现代性批判理论研究》,江苏人民出版社,2020 年。

162.王晓升等:《西方马克思主义意识形态理论》,社会科学文献出版社,2009 年。

163.王雨辰:《生态学马克思主义与后发国家生态文明理论研究》,人民出版社,2017 年。

164.王雨辰:《生态学马克思主义与生态文明研究》,人民出版社,2015年。

165.王雨辰:《哲学批判与解放的乌托邦》,黑龙江大学出版社,2007 年。

166.王雨辰:《中国语境中的西方马克思主义哲学研究》,湖北人民出版社,2010 年。

167.[奥]威尔海姆·赖希:《法西斯主义群众心理学》,张峰译,重庆出版社,1990 年。

168.[加拿大]威廉·莱斯:《满足的限度》,李永学译,商务印书馆,2016 年。

169.[加拿大]威廉·莱斯:《自然的控制》,岳长龄等译,重庆出版社,1993 年。

170.[美]大卫·哈维:《希望的空间》,胡大平译,南京大学出版社,2006 年。

171.[英]大卫·麦克里兰:《意识形态》,孔兆政等译,吉林人民出版社,2005 年。

172.吴汉全:《中国马克思主义学术史》(第一至五卷),人民出版社,2019 年。

173.吴晓明:《黑格尔的哲学遗产》,商务印书馆,2020 年。

174.吴晓明等:《西方马克思主义的存在论视域及其批判》,北京师范大学出版社,2021 年。

175.[德]西美尔:《货币哲学》,陈戎女、耿开君等译,华夏出版社,2002 年。

176.夏莹:《从批判到抗争:西方马克思主义的嬗变及其当代形态》,清华大学出版社,2019 年。

177.徐崇温:《"西方马克思主义"论丛》,重庆出版社,1989 年。

178.徐崇温:《"西方马克思主义"》,天津人民出版社,1982 年。

179.徐崇温:《西方马克思主义理论研究》,海南出版社,2000 年。

180.徐艳梅:《生态学马克思主义研究》,社会科学文献出版社,2007 年。

181.[法]雅克·德里达:《马克思的幽灵》,何一译,中国人民大学出版社,1999 年。

182.严泽胜:《拉康与后马克思主义思潮》,人民出版社,2013 年。

183.[日]岩佐茂:《环境的思想:环境保护与马克思主义的结合处》,韩立新等译,中央编译出版社,2006 年。

184.杨耕主编:《马克思主义哲学体系研究:历史演变与基本问题》(上、下),四川人民出版社,2019 年。

185.仰海峰:《西方马克思主义的逻辑》,北京大学出版社,2010 年。

186.[美]伊丽莎白·韦德、何成洲主编:《当代美国女性主义经典理论选读》,南京大学出版社,2014 年。

187.[德]尤尔根·哈贝马斯:《公共领域的结构转型》,曹卫东等译,学林出版社,1999 年。

188.[德]尤尔根·哈贝马斯:《交往行动理论:行动的合理性和社会合理化》(第 1 卷),洪佩郁等译,重庆出版社,1993 年。

189.[德]尤尔根·哈贝马斯:《交往与社会进化》,张博树译,重庆出版社,

1989 年。

190.[德]尤尔根·哈贝马斯:《认识与兴趣》,郭官义等译,学林出版社, 1999 年。

191.[德]尤尔根·哈贝马斯:《作为"意识形态"的技术与科学》,李黎等译,学林出版社,1999 年。

192.[德]于·哈贝马斯:《交往行动理论·第二卷——论功能主义理性批判》,洪佩郁等译,重庆出版社,1994 年。

193.[意]安琪楼·夸特罗其、[英]汤姆·奈仁:《法国 1968:终结的开始》, 生活·读书·新知三联书店,2001 年。

194.俞吾金:《传统重估与思想移位》,黑龙江大学出版社,2007 年。

195.俞吾金:《意识形态论》,人民出版社(修订本),人民出版社,2009 年。

196.俞吾金:《实践与自由》,武汉大学出版社,2010 年。

197.俞吾金:《问题域的转换:对马克思和黑格尔关系的当代解读》,人民出版社,2007 年。

198.俞吾金:《重新理解马克思:对马克思哲学的基础理论和当代意义的反思》,北京师范大学出版社,2005 年。

199.俞吾金、陈学明:《国外马克思主义哲学流派新编:西方马克思主义》 (上、下),复旦大学出版社,2002 年。

200.[英]约翰·B.汤普森:《意识形态理论研究》,郭世平等译,社会科学文献出版社,2013 年。

201.[美]约翰·贝拉米·福斯特:《马克思的生态学——唯物主义与自然》, 刘仁胜等译,高等教育出版社,2006 年。

202.[美]约翰·贝拉米·福斯特:《生态革命:与地球和平相处》,刘仁胜等译,人民出版社,2015 年。

203.[美]约翰·贝拉米·福斯特:《生态危机与资本主义》,耿建新等译,上海译文出版社,2006 年。

204.[美]约翰·罗尔斯:《正义论》,何怀宏译,中国社会科学出版社,1988 年。

205.曾文婷等:《"生态学马克思主义"与马克思主义比较研究》,社会科学文献出版社,2015 年。

206.曾枝盛主编:《后马克思主义》,北京师范大学出版社,2015 年。

207.[美]詹姆斯·奥康纳:《自然的理由——生态学马克思主义研究》,唐正东等译,南京大学出版社,2003年。

208.张佳:《大卫·哈维的历史——地理唯物主义理论研究》,人民出版社,2014年。

209.张佳:《资本批判与希望的空间:大卫·哈维的空间批判理论与历史唯物主义研究》,中国社会科学出版社,2019年。

210.张亮等:《21世纪国外马克思主义哲学若干重大问题研究》,人民出版社,2020年。

211.张亮等:《霍尔文化批判思想研究》,北京师范大学出版社,2020年。

212.张亮等:《理解斯图亚特·霍尔》,北京师范大学出版社,2016年。

213.张秀琴:《马克思意识形态理论的当代阐释》,中国社会科学出版社,2005年。

214.张秀琴:《马克思意识形态概念理解史》,人民出版社,2018年。

215.张秀琴:《西方马克思主义发展史》,人民出版社,2017年。

216.张秀琴:《阅读卢卡奇:西方马克思主义形成史探究》,人民出版社,2021年。

217.张一兵:《启蒙的自反与幽灵式的在场》,黑龙江大学出版社,2007年。

218.张一兵:《文本的深度耕犁:后马克思思潮哲学文本解读》,中国人民大学出版社,2008年。

219.张一兵:《文本的深度耕犁:西方马克思主义经典文本解读》,中国人民大学出版社,2004年。

220.张一兵:《文本学解读语境的历史在场:当代马克思哲学研究的一种立场》,北京师范大学出版社,2006年。

221.张一兵:《问题式、症候阅读与意识形态》,中央编译出版社,2003年。

222.张一兵、胡大平:《西方马克思主义哲学的历史逻辑》,南京大学出版社,2003年。

223.张一兵主编:《当代国外马克思主义研究》,北京师范大学出版社,2017年。

224.张一兵主编:《当代国外马克思主义哲学思潮》(上、中、下),江苏人民出版社,2012年。

225.张云飞:《唯物史观视野中的生态文明》,中国人民大学出版社,2014 年。

226.中共中央编译局编:《葛兰西文选》(1916—1935),人民出版社,1992 年。

227.周凡:《后马克思主义导论》,中央编译出版社,2010 年。

228.周凡主编:《后马克思主义:批判与辩护》,中央编译出版社,2007年。

二、外文文献

1.André Gorz, *Capitalism, Socialism, Ecology*, Verso, 1994.

2.André Gorz, *Ecology as Politics*, South End Press, 1980.

3.André Gorz, *Farewell to the Working Class*, Pluto Press, 1982.

4.André Gorz, *The Division of Labour*, The Harvester Press, 1978.

5.Donna Haraway, *Siminas, Cyborgs, and Women: The Reinvention of Nature*, Routledge, 1991.

6.Gerard Delanty, *Social Science: Beyond Constructivism and Realism*, Open University Press, 1997.

7.Henri Lefebvre, *Dialectical Materialism*, University of Minnesota Press, 2009.

8.John Fisk, *Understanding Popular Culture*, Routledge, 1989.

9.John Roemer, *Analytical Marxism*, Cambridge University Press, 1986.

10.John Roemer, *Foundation of Analytical Marxism*, Cambridge University Press, 1994.

11.John Roemer, *Free to Lose: An Introduction to Marxist Economic Philosophy*, Harvard University Press, 1988.

12.Louis Althusser, *Philosophy of the Encounter: Later Writings, 1978—1987*, Verso, 2006.

13.Lise Vogel, *Marxism and the Oppression of Women Toward a Unitary Theory*, Rutgers University Press, 1983.

14.Margaret Benton, The Political Economy of Women's Liberation, *Monthly Review*, 1969(07).

15.Max Horkheimer, *Eclipse of Reason*, Oxford University Press, 1947.

16.Machiavelli, Niccolò, *The Prince*, Cambridge University Press, 1988.

17.Nelson, Cary and Grossberg, *Lawrence*, *Marxism and the Interpretation of Culture*, University of Illinois Press, 1988.

18.Nicos Poulantzas, *Classes in Contemporary Capitalism*, NLB, 1975.

19.Reiner Grundmann, *Marxism and Ecology*, Oxford University Press, 1991.

20.Reiner Grundmann, *The Power of Scientific Knowledge : From Research to Public Policy*, Cambridge University Press, 2012.

21.Rosemary Hennessy and Chrys Ingraham (ed), *Materialist Feminism : A Reader in Class*, *Difference*, *and Women's Lives*, Routledge, 1997.

22.Stuart Hall, *Colonial Discourse and Post -colonial Theory : A Reader*, Colonial University Press, 1994.

23.Stuart Hall, Representation: *Cultural Representation and Signifying Practice*, Sage Publications Ltd, 1977.

24.Stuart Hall, *The Hard Road to Renewal*, Verso Books, 1988.

25.Stuart Hall and Paddy Whannel, *The Popular Arts*, Hutchinson and Beacon Press, 1964.

26.T.W. Adorno, *Negative Dialectics*, Routledge, 1990.

27.William Leiss, *The Limits To Satisfaction*, McGill—Queen's University Press, 1988.

后 记

本书为我主持的 2017 年度国家社科基金重点项目"西方马克思主义学术史研究"的最终成果。课题的研究目的在于突破我国学术界流行的评介西方马克思主义理论家的具体理论观点和发展历程的局限，力图揭示西方马克思主义的理论问题、理论问题的演进史、理论效应和实践效应，从而推进和深化我国的西方马克思主义研究。"西方马克思主义学术史研究"虽然是我最先提出的研究课题，但是西方马克思主义学术史研究却早已存在于我国的西方马克思主义研究中。它既属于对西方马克思主义理论问题的研究，又属于对我国西方马克思主义研究回顾和反思性讨论的研究课题。本课题的研究是在吸收学术界已有研究成果的基础上展开的。课题虽然完成了，但依然有很多遗憾和问题尚待解决，如西方马克思主义异化与日常生活理论、空间理论等，由于我学力和精力所限，没有展开专门的研究，只有留待将来进一步完善。

作为课题主持人，本书的总体框架和研究思路是我制定的，具体章节分工如下：我负责本书的导论、第一章、第二章、第三章、第六章、第八章[第二节(三)除外]的撰写，孙珮云博士负责第四章、第八章第二节(三)的撰写，张星萍博士负责第五章的撰写，高晓溪博士负责第七章的撰写，全书由我尽量统一不同作者的行文风格，并负责最后统稿。感谢我校科研部赖思源女士、学院办公室主任陈春英副研究员对课题结项给予的大力支持和帮助。

王雨辰

2021 年 6 月于武汉金地格林小城寓所